权威·前沿·原创

皮书系列为
"十二五""十三五"国家重点图书出版规划项目

中国社会科学院创新工程学术出版项目

社会建设蓝皮书
BLUE BOOK OF
SOCIETY-BUILDING

2017年
北京社会建设分析报告

ANNUAL REPORT ON ANALYSIS OF BEIJING
SOCIETY-BUILDING (2017)

主　　编／宋贵伦　冯　虹

执行主编／唐　军　唐志华

副 主 编／胡建国　李君甫

社会科学文献出版社
SOCIAL SCIENCES ACADEMIC PRESS (CHINA)

图书在版编目（CIP）数据

2017年北京社会建设分析报告／宋贵伦，冯虹主编
. --北京：社会科学文献出版社，2017.9
（社会建设蓝皮书）
ISBN 978 - 7 - 5201 - 1246 - 8

Ⅰ.①2… Ⅱ.①宋… ②冯… Ⅲ.①社会发展 - 研究
报告 - 北京 - 2017 Ⅳ.①D671

中国版本图书馆 CIP 数据核字（2017）第 202486 号

社会建设蓝皮书
2017 年北京社会建设分析报告

主　　编／宋贵伦　冯　虹

执行主编／唐　军　唐志华

副 主 编／胡建国　李君甫

出 版 人／谢寿光
项目统筹／邓泳红　郑庆寰
责任编辑／张　媛　郑庆寰

出　　版／社会科学文献出版社·皮书出版分社（010）59367127
　　　　　地址：北京市北三环中路甲 29 号院华龙大厦　邮编：100029
　　　　　网址：www. ssap. com. cn
发　　行／市场营销中心（010）59367081　59367018
印　　装／北京季蜂印刷有限公司

规　　格／开本：787mm × 1092mm　1/16
　　　　　印张：25.25　字数：418 千字
版　　次／2017 年 9 月第 1 版　2017 年 9 月第 1 次印刷
书　　号／ISBN 978 - 7 - 5201 - 1246 - 8
定　　价／89.00 元

皮书序列号／PSN B - 2010 - 173 - 1/1

《2017 年北京社会建设分析报告》
编撰人员名单

编 委 会 主 任	宋贵伦　冯　虹
编 委 会 副 主 任	张　坚　唐　军　杨　茹

编辑委员会成员

蔡扬眉	曹飞廉	陈　锋	胡建国	鞠春彦
韩秀记	李君甫	李　升	李晓婷	宋贵伦
宋国恺	唐　军	唐志华	杨桂宏	杨　荣
杨　茹	王　敏	岳金柱	张　坚	赵丽琴
赵卫华	朱　涛			

主　　　　　编	宋贵伦　冯　虹
执 行 主 编	唐　军　唐志华
副　主　编	胡建国　李君甫

撰　稿　人

曹飞廉	陈　晶	杜　鹏	耿梦然	韩秀记
胡建国	胡元瑞	黄　锂	黄造玉	鞠春彦
兰　宇	李歌诗	李君甫	李　升	李筱婧
李晓婷	李晓壮	刘鸿桥	卢　磊	聂　品
任　奕	宋贵伦	宋国恺	汤溥泓	唐志华
王　敏	王　涛	王学武	吴　斌	吴镝鸣
吴群利	杨桂宏	杨　荣	张晓锐	赵卫华
朱　涛				

主要编撰者简介

宋贵伦 男，河北人，中共党员，研究员；中共北京市委社会工作委员会书记、北京市社会建设工作办公室主任；北京师范大学本科毕业，北京市委党校在职研究生毕业；历任中央文献研究室秘书处秘书，理论研究组助理研究员，中央宣传部办公厅副处级秘书，北京市西城区委宣传部副部长（挂职）、常务副部长（正处级）、部长，北京市委宣传部副巡视员，北京市委宣传部副部长，北京市社会科学界联合会党组书记、常务副主席（2002年破格晋升为研究员）。第十一届全国人大代表，2012年7月3日当选中国共产党北京市第十一届委员会委员。

冯　虹 男，重庆市人，经济学博士、教授，博士研究生导师；北京工业大学前纪委书记，首都社会建设与社会管理协同创新中心（北京市）主任兼首席科学家；中国劳动科学教学研究会副会长，中国社会学会劳动社会学专业委员会副会长，中国人力资源开发研究会常务理事，国家教育行政管理学术委员会委员，教育部高等学校本科教学工作水平评估专家，北京市高级职称评审委员，北京市哲学社会科学规划项目评审专家，首都经济贸易大学经济学博士生导师；曾任首都经济贸易大学副校长、校学术委员会常务副主任，北京联合大学副校长、校学术委员会常务副主任；先后被评为北京市优秀青年知识分子、北京市中青年学科带头人；主持有国家社科基金重点项目等国家级省部级科研项目多项。

唐　军 男，湖北人，博士、教授，硕士研究生导师；北京工业大学人文社会科学学院院长，社会学学科部主任，社会学研究所所长，首都社会建设与社会管理协同创新中心首席教授；中国社会学会理事，中国社会思想史分会理事，北京市社科院北京社会管理研究中心专家组成员；主要研究方向为社会学理论、发展社会、劳工研究、家庭研究；主持有教育部人文社会科学研究项目、法国国家科学研究中心"国际合作计划"项目、北京市教委人文社会科学重点项目等课题。成果有《蛰伏与绵延——当代华北飘荡家庭生长的历程》、《历史上最具影响力的社会学名著 20 种》、《仪式性的消减与事件性的加强——当代华北村落家庭生长的理性化》（《中国社会学科学》）、《对村民自治制度下家族问题的理论反思》（《社会学研究》）、《生存资源剥夺与传统体制依赖》（《江苏社会科学》）等。

唐志华　男，高级政工师，中共北京市委社会工作委员会、北京市社会建设工作办公室政策法规处处长；中国人民大学国际关系专业毕业；曾就职于中共北京市委统战部、北京市黄埔军校同学会；2008 年进入北京市委社会工委、市社会办，从事社会建设、社会治理工作，主要研究涉及社会建设统筹协调机制、政府购买服务、基层社会治理、社会体制改革等；参与编写了《北京社会建设分析报告》《中国社会建设报告》等系列蓝皮书。

胡建国　男，山东人，博士，教授，硕士研究生导师；北京工业大学人文社会科学学院副院长，社会学系主任，首都社会建设与社会管理协同创新中心秘书长；中国社会学会劳动社会学专业委员会副秘书长，中国社会学会理事；主要研究领域为社会分层与社会流动、劳动社会学；主持有国家社科基金、北京市自然科学基金、北京市社科基金、北京教育科学规划项目等国家及省部级科研项目；入选北京市社科理论中青年优秀人才"百人工程"、北京市属高校人才强教"拔尖人才"、北京工业大学"京华人才"，2010 年中国博士后制度设立 25 周年之际，被评选为北京市博士后"杰出英才"。

李君甫　男，陕西人，博士，北京工业大学人文社会科学学院社会学系教授，诺丁汉大学中国研究中心客座研究员，硕士研究生导师，中国社会学会劳动社会学专业委员会常务理事，主要研究领域为住房问题与住房政策、城乡社会学、劳动社会学等；主要研究成果有《北京的住房变迁与住房政策》、《北京的人口、社会阶层与空间结构》、《农民的非农就业与职业教育》、《当代中国社会建设》（合著）、《北京社会建设 60 年》（合著）、《北京的社会空间分化与隔离—基于社会阶层分布的研究》、《农村人口过疏化对社会建设的挑战》、《走向终结的村落——山区人口流失、社会衰微与扶贫政策思考》等。

摘　要

本书是北京工业大学"北京社会建设分析报告"课题组 2016～2017 年度的研究成果，分为七个部分，包括总报告、特稿、社会结构篇、公共服务篇、社会治理篇、地方社会建设篇和调查报告篇。报告充分利用了北京市政府和相关部门发布的统计数据和资料，结合课题组成员调研和观察，分析了 2016 年北京社会建设的主要成就和北京社会建设面临的挑战，对北京未来的社会建设提出了若干政策建议。

2016 年是北京加快疏解非首都功能，加快北京副中心建设的重要一年。北京社会建设体制机制进一步完善，首都特色的社会建设模式进一步成形，在基本公共服务供给、基层社会治理和社会结构优化等方面取得了显著成就，为北京疏解非首都功能，加快副中心建设，维护社会稳定、建设宜居城市、改善人民福祉做出了新的贡献。人口增长趋缓、外来人口减少，城乡差距缩小，就业结构优化；基本公共服务力度加大，教育、医疗、住房等基本公共服务得到加强，公共交通建设加速，共享交通蓬勃发展。北京的社会建设还存在一些挑战，还需要进一步推动公共服务均等化，完善社会治理体制机制，优化社会结构，社会建设的财政投入还需要大幅增加。

北京的社会建设还需要从以下三个方面推进，第一，完善社会政策，提高公共服务水平；第二，加强社会治理主体培育，完善社会治理机制；第三，发展高端产业，调整社会结构。

关键词：社会建设　社会治理　公共服务　社会结构

目　录

Ⅰ　总报告

Ⅱ　特稿

Ⅲ　社会结构篇

VI 地方社会建设篇

VII 调查报告篇

皮书数据库阅读**使用指南**

总 报 告

General Report

B.1

首都功能新定位背景下的
北京社会建设报告

北京社会建设分析报告课题组

执笔人：李君甫　韩秀记

摘　要： 在疏解非首都功能的背景下，2016年的北京社会建设围绕社
会治理现代化的目标，制定了新的社会治理规划，扎实推进
城市精细化管理，提高基本公共服务水平，积极培育社会组
织，完善购买社会服务和基层社会治理机制，社会建设取得
了良好的业绩。北京的社会建设还面临着交通拥堵、住房拥
挤等"城市病"问题和社会建设投入不足、管理低效等许多
挑战，在新的一年里北京还需要进一步发展社会组织、提高
公共服务水平。夯实社会治理的基础，完善城市治理机制和
社会政策，推动社会治理的现代化。

关键词： 社会建设　社会治理　公共服务

2016年是北京落实"十三五"规划的开局之年，也是北京加快城市副中心建设，加大力度疏解非首都功能的一年。在这样的大背景下，2016年11月11日，北京市在全国率先印发《北京市"十三五"时期社会治理规划》，提出了构建"六大体系"、提高"四大能力"的社会治理现代化建设思路，为"十三五"时期的社会建设指明了方向。新的时期，北京的社会建设要继续以现实问题为导向、以群众需求为导向、以发展目标为导向，深化社会治理改革，提升治理和服务水平，为全面建设小康社会、实现社会治理体系的现代化打下坚实基础。

一　北京社会建设年度形势

2016年，北京在社会建设中致力于保障和改善民生，促进城市功能改善，提高城市管理水平，促进协商共治，增强城市文明，加快京津冀协同发展，完善具有时代特征、中国特色、首都特点的社会治理体制，积极建设国际一流的和谐宜居之都，保障经济社会平稳健康发展，实现了"十三五"阶段社会建设的良好开局。

（一）经济社会协调发展，更加惠及城乡居民

2016年，北京经济形势总体保持平稳，并稳中求进，继续保持新常态，经济结构进一步优化。2016年，北京市实现地区生产总值24899.3亿元，比上年增长6.7%。其中，第一产业增速进一步降低，占比仅有0.5%；第二产业增加值4774.4亿元，增长5.6%，占比19.2%；第三产业增加值19995.3亿元，增长7.1%，占比最大，达80.3%。其中，金融、科技、信息等行业成为优势产业，增速突出，其产值占全市总量的36.3%，对经济增长的贡献率合计超过一半，服务型经济更加稳固。①

经济较快增长带动了政府财政和居民收入的增长。2016年北京市一般公共预算收入5081.3亿元，突破5000亿元大关，增长7.5%，相当于全市地区

---

① 《北京市2016年国民经济和社会发展统计公报》，北京统计信息网，http://www.bjstats.gov.cn/tjsj/tjgb/ndgb/201702/t20170227_369467.html，2017年2月25日。

生产总值的 20.4%①，为地方经济发展和民生改善提供了强有力的支撑。同时，居民获得感不断增加。从人均 GDP 来看，全市人均 GDP 达到 11.5 万元，人均 GDP 超过 1.7 万美元，继续处于地区经济发展第一梯队②，地区经济社会发展水平整体上达到中上等收入国家水平。全市居民人均可支配收入 52530 元，扣除价格因素，实际增长 6.9%，快于经济增速 0.2 个百分点。城镇居民人均可支配收入 57275 元，农村居民人均可支配收入 22310 元，扣除价格因素后，城乡居民收入实际增速分别为 6.9% 和 7.0%③。城乡居民收入增速高于地区生产总值增速，在经济蛋糕做大的同时，也逐渐提升了居民支配财富的再分配比重（见图 1）。

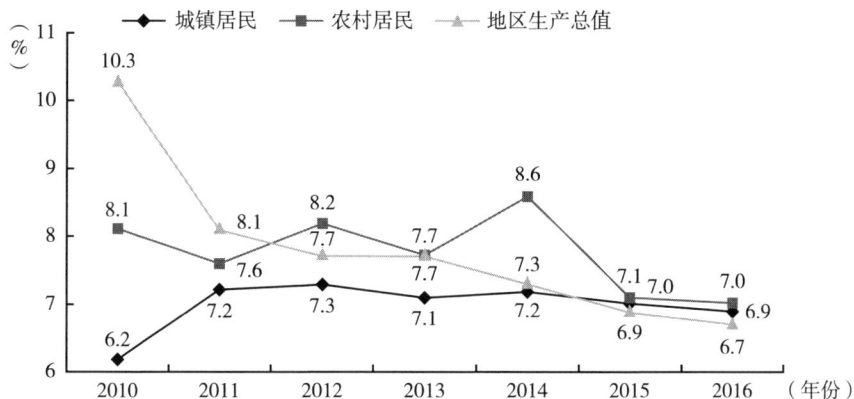

图 1　2010～2016 年地区生产总值与城乡居民收入增长速度比较

资料来源：根据北京市历年国民经济和社会发展统计公报整理。

居民收入的增长带动了消费增加，促进了消费升级。2016 年，全市实现服务性消费 8921.1 亿元，增长 10.1%，占市场总消费的 44.8%，对市场总消费增长的贡献率达到 55.1%，成为带动消费增长的主要力量。服务性消费引

---

① 《稳中求进谱写新篇章 "十三五" 实现良好开局——〈北京市 2016 年国民经济和社会发展统计公报〉解读》，北京统计信息网，http://www.bjstats.gov.cn/tjsj/tjgb/ndgb/201702/t20170227_369468.html，2017 年 2 月 27 日。

② 《人均 GDP 比拼：9 省超 1 万美元，广东不及内蒙古》，第一财经网，http://www.yicai.com/news/5235032.html，2017 年 2 月 28 日。

③ 《北京市 2016 年国民经济和社会发展统计公报》，北京统计信息网，http://www.bjstats.gov.cn/tjsj/tjgb/ndgb/201702/t20170227_369467.html，2017 年 2 月 25 日。

领首都消费转型升级。全市居民人均消费支出达到35416元，比上年增长4.8%。其中，人均服务性消费支出17817元，增长8.9%，占据了人均消费支出的一半（50.3%）。[①] 在满足衣、食、住、行等必需消费的基础上，居民更加注重提升生活品质。消费的增加反过来进一步拉动了经济的增长，成为地区经济发展的首要动力。

与此同时，京津冀一体化发展进程加速推进，包括社会建设在内的发展成果突出，受到社会广泛关注，三地居民获得感不断增强。三年来，京津冀以交通、环保、产业三大重点领域为突破口，大力推进一体化进程，共享一体化发展成果，城乡居民收入稳步增长。2016年京津冀城镇居民人均可支配收入分别为57275元、37110元和28249元，比上年分别增长8.4%、8.8%和8.0%；农村居民人均可支配收入分别为22310元、20076元和11919元，比上年分别增长8.5%、8.6%和7.9%。[②] 有调查显示，79.5%的受访者表示关注京津冀协同发展。其中，84.9%的居民对京津冀协同发展有信心；90%以上的居民认为协同发展带来积极影响。[③]

（二）疏解人口工作日显实效，城市精细化管理和服务水平提升

2016年，北京市围绕首都城市战略定位，以治理"大城市病"、优化提升首都核心功能为目标，通过疏解非首都功能和产业，有效带动了人口调控，促进城市精细化管理和服务，治理城市问题。调查显示，居民对北京市社会治理评价总体良好，满意度明显提升，73.6%的被调查者对社会治理表示非常满意和比较满意，比2012年提高6.8个百分点。[④]

1. 人口结构继续优化，常住外来人口开始由增转减

2016年，北京市常住人口2172.9万人，比上年末增加2.4万人。其中，

---

① 《北京市2016年国民经济和社会发展统计公报》，北京统计信息网，http：//www. bjstats. gov. cn/tjsj/tjgb/ndgb/201702/t20170227_ 369467. html，2017年2月25日。

② 《京津冀共享一体化发展成果　居民收入稳步增长》，北京统计信息网，http：//www. bjstats. gov. cn/zxfb/201702/t20170227_ 369495. html，2017年2月27日。

③ 《协同发展受关注对居民生活产生积极影响》，北京统计信息网，http：//www. bjstats. gov. cn/zxfb/201611/t20161122_ 363284. html，2017年3月2日。

④ 《居民共享改革红利社会治理满意度提升》，北京统计信息网，http：//www. bjstats. gov. cn/tjsj/sjjd/201702/t20170228_ 369532. html，2017年2月28日。

全市户籍人口1362.9万人，比上年末增加17.7万人；常住外来人口807.5万人，占常住人口的37.2%，比上年末减少15.1万人（见图2）。值得注意的是，常住外来人口在2016年首次出现较大幅度的下降。

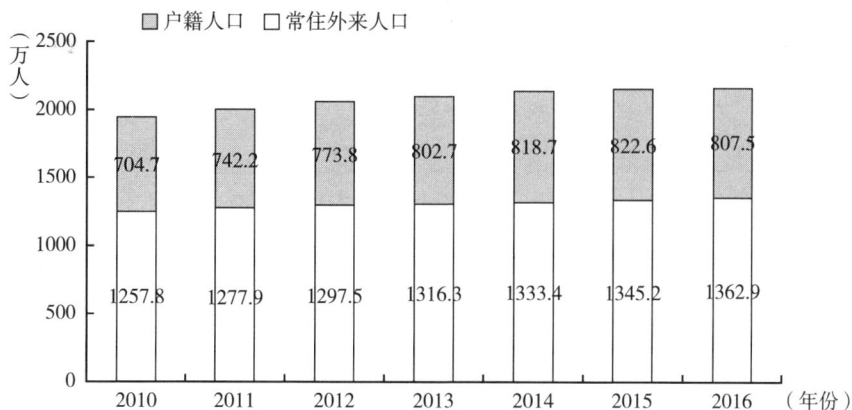

图2 2010年以来北京市常住人口构成变化趋势

资料来源：根据《北京市统计年鉴》和《北京市2016年国民经济和社会发展统计公报》整理。

实际上，自2010年以来，北京市常住人口增量和增速逐年递减。如图3所示，2010年之后，人口增量逐年递减。尤其是2015年和2016年，人口增速进一步下探。2016年，新增人口仅有2.4万人，增速近乎停滞。这表明，过去几年非首都功能疏解工作的人口调控效果逐渐显现。可以预测，2017年，北京市有可能首次出现人口减少的转折点，人口增长势头将彻底扭转。

2.完善居住证制度，强化服务管理

完善居住证制度，促进人口管理制度升级。2016年10月1日，北京市针对外来人口，取消暂住证制度，全面启动居住证政策。截至11月25日，本市公安机关已累计办理居住证（卡）82.3万件。[①] 这为积分落户的实施提供了前期准备。居住证制度的实施意义重大，持有居住证的外来人口将和北京本地

---

① 《居住证网上申领预计下周三开通》，《北京日报》，http://www.bjd.com.cn/jx/toutiao/201611/27/t20161127_11046394.html，2016年11月27日。

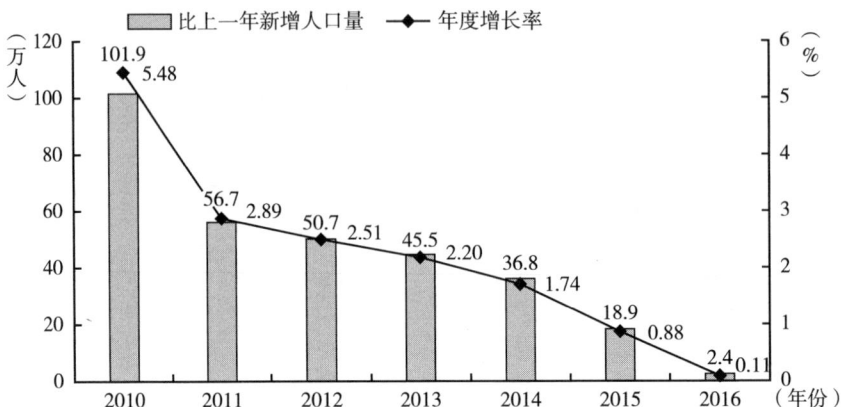

图3 2010~2016年北京市常住人口增量及增长速度分析

资料来源：根据《北京市统计年鉴》和《北京市2016年国民经济和社会发展统计公报》整理。

居民享受一系列同等的公共服务，一些符合条件的常住外来人口可以申请办理北京户籍。在外来人口增量趋于减少的情况下，通过积分落户，北京外来人口的比例会逐渐下降，有利于北京社会的和谐稳定。

3. 加强城市精细化管理，提升城市环境品质

北京市整治开墙打洞、无照经营等城市顽疾，拆违换新。有报道指出，无证无照经营40%集中在市区，而朝阳区、海淀区、丰台区尤甚。[1] 因此，整治城市违章问题是城市精细化管理的重要内容。据统计，从2011年至2016年底，全市共完成5418处、458万余平方米地下空间整治工作，消除各类安全隐患9.9万多处次[2]。同时，致力于改善民生和人居环境，违建拆除后用于留白增绿，完善市民身边的菜场商铺，发展新业态，增强城市居民获得感。通过行动，46个区域环境得到综合改善，100条背街小巷环境得到整治，286个老旧小区的环境得到提升[3]。

---

[1] 《多部门联合惩戒"开墙打洞"》，《北京日报》2017年3月12日，第6版。

[2] 《人防工程清理后主要用于公益便民》，《北京日报》2017年4月24日，第3版。

[3] 《2016年北京市政府重点工作情况汇编之提升城市规划建设管理水平篇》，首都之窗网站，http：//zhengwu. beijing. gov. cn/zwzt/hb/nr/t1465441. htm。

4. 推动公共交通和绿色出行，缓解城市拥堵

2016 年，日均交通指数为 5.6，相比 2015 年同期（5.7）有所降低，实现 2013 年以来的首降；绿色出行比例达到 71%，全市交通运行总体安全、平稳、有序。公共交通完成客运量 76.5 亿人次，同比下降 2.3%。其中，轨道交通客运量 36.6 亿人次，同比增长 10.2%；公共电汽车（含郊区客运）客运量 39.9 亿人次，同比下降 11.5%。着力优化自行车骑行环境。全年新增公共自行车 3.1 万辆，总规模达 8.1 万辆，进一步扩大覆盖范围，加大站点密度，优化站点分布。①

（三）推进基本公共服务，保障民生发展

2016 年北京市基本公共服务建设坚持问题和需求导向，在养老、医疗、教育、就业、住房、交通等方面，通过全面深化改革，顺应广大人民群众过上更加美好生活的新期待。

1. 养老服务

（1）进一步完善覆盖城乡的养老保障服务网络。2016 年，北京市连续第 24 次增加企业退休人员基本养老金，平均水平提高到每月 3573 元，人均提高 220 元，234 万退休人员受益。2017 年 1 月，包括老年人在内的城乡居民医保待遇再度提高。通过一系列制度建设，北京已在全国率先形成了包括老年人在内的面向"职工 + 居民"的城乡社会保障体系。②

（2）北京市加快出台相关养老政策，明确未来为老服务方向。2016 年，北京市出台一系列政策文件，促进和扶持了养老产业发展，加快市场化供给；加快推进政府购买服务，通过无偿、低偿、补贴、支持、置换等方式加快养老机构和设施建设与发展；构建起市、区、街（乡镇）、居（村）四级养老服务体系，推进居家养老和社区养老服务，加快实施居家养老幸福工程。通过社会化方式委托专业社会组织，面向全市老年人深入开展法律援助、法律咨询、法律培训、普法宣传等维权服务。

---

① 《2016 年北京市政府重点工作情况汇编之缓解交通拥堵篇》，首都之窗网站，http://zhengwu. beijing. gov. cn/zwzt/hb/nr/t1465253. htm。
② 《本市率先形成覆盖城乡的"社会保障网"》，《北京日报》2017 年 3 月 11 日，第 1 版。

（3）试点并推广使用"北京通—养老助残卡"，利用"互联网＋"的便利。2016 年 10 月，北京通－养老助残卡试点启用。老年人持卡可享受免费乘坐公交、游览市属公园、购买折扣商品等助老为老服务。[①] 截至 2016 年底，共为 135 万 65 周岁及以上的老年人免费办理了"北京通—养老助残卡"。[②]

2. 医疗卫生

健康是全体市民的基本需求，是人全面发展的基础。2016 年，北京市医疗卫生事业健康稳定发展，持续改善了市民医疗服务。北京市医疗卫生领域社会建设主要集中在以下几个方面。[③]

（1）推动部分市属医院疏解，优化医疗资源布局。进一步优化医疗卫生资源的整体布局和规划，以非首都功能疏解为契机，通过建立分院、整体迁建等方式，推动优质医疗资源从核心城区向城市副中心、资源薄弱地区转移，增强卫生资源布局均衡性。根据安排，有序积极推进北京天坛医院、北京同仁医院、北京友谊医院、北京安贞医院、北京口腔医院等搬迁和疏解。

（2）加快医疗服务体制改革，试点建立医疗联合体。积极推进医联体建设，全市共建立包括 50 家核心医院和 558 家合作医疗机构在内的 50 余个区域医联体。强化医联体内部分工协作，完善社区首诊、双向转诊的分级诊疗服务制度，试点建立康复医联体。

（3）优先发展社区居家养老服务，加强社区医疗服务。在东城、海淀、朝阳等区开展国家级医养结合试点，在东城、西城、丰台等区探索开展社区卫生机构为居家老人上门提供医疗服务工作。在 6 个区的 40 家社区卫生服务中心试点设立中医药健康养老专区，培养 397 名中医养老技术服务人员，为社区老年人提供中医健康养老服务。加强农村医疗卫生服务机构建设，开展乡村医生岗位人员招募，补充乡村医生岗位人员 107 人。

3. 教育发展

过去一年，北京市深化教育领域供给侧结构性改革，促进教育公平、提高

[①] 《"北京通—养老助残卡"明年全面启用 四区试点 可当公交卡、逛公园等》，中国新闻网，2016 年 10 月 29 日。

[②] 《北京市民政局：老年优待卡可延期至明年 3 月底》，《北京青年报》2016 年 12 月 28 日。

[③] 《北京市卫生计生委关于 2016 年度政府绩效管理任务完成情况》，北京市卫计委网站，http：//www.bjchfp.gov.cn/xwzx/wnxw/201702/t20170210_ 210778.htm，2017 年 2 月 1 日。

教育质量、优化教育结构，教育事业稳步发展，呈现健康稳定发展态势，城市人力资源水平持续提高。以 2015 年数据来看，北京市学前三年毛入园率达 95%，义务教育毛入学率保持在 100%，高中阶段教育毛入学率达 99%，高等教育毛入学率达 60%，高考录取率连续多年保持在 80% 以上，受过高等教育的主要劳动年龄人口比例达 40%，新增劳动力平均受教育年限达到 15 年，从业人员继续教育年参与率达到 60%，教育事业发展在全国领先。[①]

加快教育均等化供给，使优质教育资源惠及边远地区和人群。实施"北京教育新地图"建设，进一步深化学区制改革，通过名校办分校、委托承办、共建共享、学校深度联盟、九年一贯制等方式，促进优质教育资源均衡分布。全市各区县均通过国家义务教育发展基本均衡县评估，进一步扩大"就近入学"比例。北京市教委推进"双增量"改革：一是鼓励和推动在京高校、教科研部门、社会力量以多种方式开办学校、参与支持中小学发展；二是增建城乡一体化学校 65 所，新增优质学位 4 万多个，新建、改扩建 200 所中小学。妥善解决来京务工人员随迁子女义务教育问题，进一步健全残障儿童少年入学保障机制。教育资助体系不断完善，教育更加公平。[②] 创新教育供给方式，推进政府购买公共教育服务工作，购买内容涉及那些市场化提供、社会力量能够承担的公共教育服务，比如特色教育教学课程、竞赛和活动的组织和实施、教育政策的宣传与推广等。

严控新增规模，部分高校疏解稳步推进。北京城市学院、北京信息科技大学、北京电影学院、北京第二外国语学院、北京化工大学、中国人民大学、中央民族大学等新校区陆续启动建设或投入使用。高校毕业生就业率保持较高水平。截至 2016 年 10 月 31 日，2016 届北京地区高校毕业生共有 22.9 万余人，总体就业率为 97.39%。在就业去向方面去各类企业就业是主要方式，占比为 63.8%，高于机关（6.6%）和事业单位（14.9%）；而行业选择方面，信息传输、软件和信息技术服务业是就业人数最多的三个行业。[③]

① 《北京市"十三五"时期教育改革和发展规划（2016~2020 年)》，首都之窗网站，http：//zhengwu. beijing. gov. cn/gh/dt/t1457650. htm，2016 年 11 月 12 日。

② 《北京市"十三五"教育改革和发展规划解读》，人民网，http：//edu. people. com. cn/n1/2016/0928/c1053-28746299. html，2016 年 9 月 28 日。

③ 《2016 年北京地区高校毕业生就业质量年度报告》，北京市教委网站，http：//zfxxgk. beijing. gov. cn/fgdyna. prinfodetail. prDynaDetailInfo. doc。

4. 就业工作

2016年，面对着疏解非首都功能、加快产业转型升级的挑战，北京市就业工作顺利推进，总体就业形势良好，就业和失业情况同过去五年基本保持平衡。相关数据显示，全年城镇新增就业42.8万人，比上年增加0.2万人。年末城镇登记失业率为1.41%①，控制在年度目标3%以内，处于全国最低水平②。2016年就业工作推进措施主要包括以下几个方面。

首先，积极落实促进就业新政策。2016年，北京市人力资源和社会保障局先后出台《关于全面建设社会公益性就业组织有关问题的通知》《公益性岗位纳入社会公益性就业组织征集评估认定工作方案》等政策，全面推进社会公益性就业组织建设，进一步增强"托底"安置城乡就业困难人员功能。

其次，推行精细化就业服务和援助，加大对就业困难群体的统筹帮扶力度。出台职工权益保障政策，对随企业外迁的本市职工给予外迁岗位补贴，对稳定本市职工就业的外迁企业给予特殊稳定就业岗位补贴；积极帮助低收入农户就业增收，强化地区"人岗"对接协作和公益性"托底"安置；组织270余场高校毕业生招聘活动，提供岗位18万个，累计服务65万人次。选聘797名应届高校毕业生到村任职，优化基层就业。着力推行以"精细化信息采集、一对一职业指导、全程化跟踪回访"为主的精细化服务，有针对性地开展职业素质测评、职业介绍、职业指导等服务。

最后，做好失业保险支持企业稳定岗位工作。全年共发放稳岗补贴资金8.35亿元，涉及企业12046家，职工293.3万人。③

5. 住房建设与安置工作

2016年，北京市商品住宅（不含保障性住房）量降价升，销售均价高企，再创新高。去库存速度加快，市场整体供不应求，尤其是城市副中心住房销售火爆。政府出台一系列政策，加强市场监管，发力保障房建设。

---

① 北京市统计局、国家统计局北京调查总队：《北京市2016年国民经济和社会发展统计公报》，http://www.bjstats.gov.cn/zxfb/201702/t20170224_369411.html。

② 北京市人力资源和社会保障局：《市人力社保局2016年度绩效任务完成情况》，http://www.bjrbj.gov.cn/xxgk/ghjh/201701/P020170110628391794027.docx。

③ 北京市人力资源和社会保障局：《市人力社保局2016年度绩效任务完成情况》，http://www.bjrbj.gov.cn/xxgk/ghjh/201701/P020170110628391794027.docx。

全年商品房供应压缩，全域内商品房价格高涨，房地产开发投资额同比下降，新建商品房供应短缺，尤其是上半年房价增长较快。根据北京市住房和城乡建设委员会的统计数据，2016 年，全市完成房地产开发投资 4045.4 亿元，同比下降 4.3%。全市商品房竣工面积为 2383.1 万平方米，同比下降 9.4%。[①]

为了应对住房价格暴涨，北京市出台一系列调控政策，推行限购措施，加强对房价高企后住房市场的监管。一方面出台限购措施，特别是在城市副中心限购住房，并把整治和限购商住房作为重要发力点。另一方面突出信贷调控，分别提高一套房、二套房等的首付和信贷利率，倾向扶持刚需购房，严厉限制投资投机性购房。此外，不断推进保障房工程建设。全年新开工、筹集各类保障性住房 5.6 万套，竣工 6.4 万套，公开配租配售 9.7 万户，超额完成年度目标。其中，自住型商品房被纳入保障房序列。全市自住型商品房完成投资 212.6 亿元，施工面积为 682 万平方米，其中新开工面积为 99.9 万平方米。[②]

（四）统筹推进城乡社区建设，满足社区居民需求

2016 年，北京市在"三位一体"社区治理格局的基础上，为社区减负，继续推进协商共治和公共服务体系建设，促进社区居民满足感提升。

1. 出台社区减负清单

2016 年，北京市完善社区公共服务事项准入制度，制定社区居委会协助政府开展工作的事项清单，取消社区层面的各类评比考核项目，清理各职能部门在社区设立的工作机构、工作台账等，减轻社区工作负担。社区减负带来了社区不同工作职能的分化与转变，社区居委会工作重心转向居民事务方面的议事、决策、监督；强化社区服务站公共服务职能，就近为居民办理公共事务。将原来社区承担的 200 多项任务精简了 150 多项。[③]

---

① 北京市住房和城乡建设委员会：《2016 年北京市房地产市场运行情况》，http：//www.bjjs. gov. cn/bjjs/xxgk/sjtj/412674/index. shtml。

② 北京市住房和城乡建设委员会：《2016 年北京市房地产市场运行情况》，http：//www. bjjs. gov. cn/bjjs/xxgk/sjtj/412674/index. shtml。

③ 《本市"十三五"时期民政事业发展规划发布城乡低保标准年均增 10%》，《北京日报》2016 年 9 月 1 日，第 5 版。

2. 深入推进"三社联动"

推进社区、社会组织、专业社工人才"三社联动"是创新基层社会治理方式的重要内容，是加快基层社会治理与服务改革创新的新引擎、新动力。北京市是全国较早开展"三社联动"实践探索的地区，其核心是通过政府购买服务，运用社工机构的专业支撑，以项目为纽带，与街道社区组建起充分合作、分工的联动服务机制。截至2016年初，全市共有城乡社区6800余个，建成了市、区、街道三级社区服务中心200余个，城乡社区服务站6200余个，社会组织10046家，专业社工机构150余家。① 这些为开展"三社联动"奠定了坚实的基础。通过"三社联动"，在专业社会组织指导下，以"居民提案"的形式引导居民参与社区治理。

3. 扩大城乡"一刻钟社区服务圈"覆盖范围

继续推进社区服务圈建设，推进社区标准化建设，增强社区服务功能。2016年，北京市城市社区基本实现管理服务用房达标。新建106个"一刻钟社区服务圈"，累计达到1342个，社区覆盖率达到84%，完成老旧小区自我服务管理试点建设161个。建设社区心理服务站32个，新建社区志愿服务站85个，基本实现全覆盖。累计建成商务楼宇志愿服务站626个，覆盖74%的商务楼宇。持续推进社区服务"十大覆盖"工程，不断丰富服务项目，完善服务设施。扩大"区域化党建、多元性自治、开放式服务"试点，拓展社区服务站服务功能和服务范围。研究制定社区服务与管理工作规范，全市新建社区规范化示范点119个。②

推进"一刻钟社区服务圈"建设向广大农村延伸。共筹集资金5262万元，完成118个试点建设任务，组织村民服务需求调查3065次，增设、完善服务项目668个、服务设施369处，开展村民公益活动996次。这扩大了村级社会服务项目，丰富了服务内容，改善了服务设施，健全了服务机制，进一步增强了广大村民的幸福感和获得感。

（五）发展和壮大社会组织力量，促进社会文明建设

2016年，北京市坚持多元共治、共建共享，引导和支持社会力量参与社

---

① 李万均：《"三社联动"助力首都社会治理创新》，《中国社会报》2016年2月29日，第6版。
② 北京市社会建设委员会：《回眸2016——2016年全市社区服务体系不断完善》，北京社会建设网，http://www.bjshjs.gov.cn/2017/0210/3080.shtml，2017年2月10日。

会治理和社会服务，大力发展志愿服务，倡导社会捐赠，促进慈善事业的发展，促进社会参与专业力量的发展，为社会和谐与文明进步做出贡献。

1. 转变政府理念，推进政府购买社会服务行动

2016年，北京市委社会工委使用社会建设专项资金，面向北京地区各级各类社会组织购买500个服务项目。项目内容涵盖了社会公共服务、社会公益服务、社区便民服务、社会治理服务、社会建设决策咨询服务五大类。自2010年开始，北京市已连续六年共购买了2732个社会组织服务项目，投入总计4.2亿元，撬动配套资金6亿多元。① 此外，北京市各区县以及一些街道、乡镇也推出政府购买社会服务项目。像朝阳、西城等区社工委购买社会服务的资金达3000万元之多。总体来看，北京政府购买社会服务的力度非常大，全市所有的街、镇可使用的资金预算在10亿元左右，16个区有一半以上开展了政府购买服务，在全国遥遥领先。②

一些"枢纽型"社会组织也是政府购买服务的实施主体。2016年，北京市残联共购买助残服务项目129个，投入资金7078万元，项目数和资金量分别比上一年度增长126%和130%。③ 市总工会投入400万元购买社会组织服务项目，涵盖职业技能培训、职工心理健康、职工子女教育等多个类别，是"枢纽型"社会组织购买社会服务的典型，成为标杆性社会组织。④

2. 继续完善"枢纽型"社会组织工作体系，促进社会组织参与治理和服务供给

2016年，北京市继续完善"枢纽型"社会组织工作体系。印发《市级"枢纽型"社会组织业务工作规范》和《街道"枢纽型"社会组织培育发展社区公益服务项目指南》。新认定15家市级"枢纽型"社会组织，总数达到51家，服务管理社会组织覆盖率达到90%以上；认定区级"枢纽型"社会组织231家，街道、乡镇级467家，基本形成三级体系框架，以三级社会组织孵化

---

① 《政府出资购买500项社会服务》，《法制晚报》2016年1月8日，第A6版。
② 黄晓勇主编《中国社会组织报告（2016~2017）》，社会科学文献出版社，2017。
③ 《回眸2016——市残联2016年采取多项措施支持社会组织发展》，北京社会建设网，http：//www.bjshjs.gov.cn/2017/0306/3472.shtml，2017年3月2日。
④ 《回眸2016——市总工会2016年社会组织工作取得新成效》，北京社会建设网，http：//www.bjshjs.gov.cn/2017/0228/3338.shtml，2017年2月28日。

中心为依托，推动"枢纽型"社会组织孵化基地建设。① 全市"枢纽型"社会组织工作体系更加完善。

3. 发挥社会组织活力，促进社会服务发展

2016 年，全市持续开展社会组织"公益行"系列活动，共计 3048 项15000 场次，服务居民超过百万人次。成功举办第二届"北京社会公益汇"，1600 多家社会组织参与展示、交流、互动，发布公益项目 180 多个，召开了"枢纽型"社会组织发展、京津冀社会公益协同、公益大数据等主题研讨会。同时，支持举办"首届北京市社会组织知识大奖赛"，召开"首届北京市社会组织协商民主恳谈会"。②

4. 完善志愿服务体系，扩大志愿服务范围

2016 年，全市新建社区志愿服务站 85 个，城市社区基本实现全覆盖；新建商务楼宇志愿服务站 262 个，累计建成 626 个，覆盖率 74%；新建非公有制经济组织志愿服务组织 82 家，累计建立 250 家；新建专业社工机构志愿服务组织 28 家，累计建立 103 家。促成 58 家社会组织、43 家社工事务所和 29 座商务楼宇认领对接 173 个志愿服务项目，受益群众 30 余万人次。到 2016 年底，全市实名注册志愿者人数达到 372 万人，志愿服务团队5.72 万支。③

5. 促进慈善事业发展，扩大社会捐赠

目前，市、区、街（乡）三级部门登记慈善组织 238 家，注册"慈善项目"251 个。全市共设立街（乡）慈善救助专项基金 294 个，覆盖率达88.8%，资金数额达 12265.85 万元，有 12 个区实现所属街（乡）慈善救助专项基金全覆盖。据统计，2016 年慈善力量救助本市困难群众 82275 人次，使

---

① 《回眸 2016——2016 年全市"枢纽型"社会组织工作体系更加完善》，北京社会建设网，http：//www. bjshjs. gov. cn/2017/0213/3094. shtml，2017 年 2 月 13 日。

② 《回眸 2016——2016 年全市社会组织活力进一步激发》，北京社会建设网，http：//www. bjshjs. gov. cn/2017/0214/3137. shtml，2017 年 3 月 2 日。

③ 《我市社会领域志愿服务覆盖面进一步扩大》，北京社会建设网，http：//www. bjshjs. gov. cn/2016/1230/2150. shtml，2016 年 12 月 30 日；《回眸 2016——2016 年全市社会领域志愿服务工作迈上新台阶》，北京社会建设网，http：//www. bjshjs. gov. cn/2017/0222/3266. shtml，2017 年 2 月 22 日。

用善款 8078.18 万元。① 不断完善社会捐助体系。截至 12 月底，新建 195 个社会捐助站点，通过开展"市民爱心捐赠日""春风送暖""冬衣送暖"社会捐助活动，北京市接收捐赠资金 1156.47 万元，接收捐赠物资 116.29 万元。②

6. 加快社会工作人才队伍建设，提升社会参与和管理水平

截至 2016 年底，全市社会工作专业人才总量达 6.15 万人，主要包括社会建设、民政、老龄、人社、教育、公安、司法、医管、信访、工会、共青团、妇联、残联等相关系统的社会工作专业人才，以及全市社区工作者、专业社工机构及两新组织中的社会工作专业人才。其中，40 岁以下人员占 62.39%，大专及以上学历占 85.85%，取得社会工作者职业资格证书的人员占 40.76%。与 2015 年相比，全市社会工作专业人才总量增加了 1100 余人，接受高等教育的比例增加了 2.35 个百分点。③

二 北京社会建设面临的挑战和难题

（一）公共服务的供需矛盾

1. 交通拥堵依旧严重

2016 年，北京城六区开工建设 101 项支路项目，其中已经完工 49 项，在建 52 项。完成市级疏堵工程 33 项，完成城六区道路疏堵工程 63 项。改善主要路口交通组织和区域微循环系统，累计实施交通组织优化方案 368 个，实现 20 个区域、36 条道路区域微循环建设。对 139 处拥堵点段进行了交通组织优化，有效缓解二、三环路交通压力。

北京人口规模、机动车保有量增速放缓，但是总量仍然继续上升，出行的总量仍将随经济社会发展而持续增长，因而，北京的交通供给仍然存在较大缺

---

① 《北京市民政局 2016 年度市政府绩效任务完成情况汇总表》，北京民政信息网，http：//www.bjmzj.gov.cn/news/root/jxrw/2017-01/121408.shtml，2017 年 1 月 10 日。

② 《北京市民政局 2016 年度市政府绩效任务完成情况汇总表》，北京民政信息网，http：//www.bjmzj.gov.cn/news/root/jxrw/2017-01/121408.shtml，2017 年 1 月 10 日。

③ 《目前全市社会工作专业人才 6.15 万人》，北京社会建设网，http：//www.bjshjs.gov.cn/2017/0106/2504.shtml，2017 年 2 月 22 日。

口，交通供需矛盾仍是未来相当长一个时期北京交通面临的主要矛盾。"道路堵、停车乱、地铁挤、公交慢、换乘不便等问题仍很突出，城市交通的便捷、舒适程度以及个性化需求满足程度，与市民日益增长的交通品质需要仍有相当大差距。"[①] 城市核心区拥堵程度居高不下。根据高德地图数据，2015 年度北京居全国堵城之首，北京高峰时段拥堵延时指数为 2.06，平均车速 22.61 公里/小时，也就是说北京驾车通勤要花费交通顺畅情况下的 2 倍时间，拥堵时间成本全国最高。

2. 住房资源依旧短缺

2016～2017 年，北京住房价格不断攀升，尽管 2016 年 9 月底采取了限购的措施，但是效果不明显，2017 年 3 月，北京住房价格依旧涨幅较大。房价上涨的原因是复杂的，一方面是居民的刚性需求和改善性需求的拉动，也有市场预期带来的投资和投机需求拉动的原因，另一方面是住房供给不足和供给结构不合理。

住宅用地供给不足。2014 年国土资源部督查发现，2009～2013 年北京市批而未供土地 2 万公顷（30 万亩），批而未供土地达 74.5%。2012 年以来，除 2013 年以外，北京没有 1 年完成住宅供地计划，2016 年的完成率仅有 12.1%。近 5 年来，住宅施工面积和住宅竣工面积是总体下降的，下降的幅度还比较大。住宅销售面积逐年下降，待售面积略有波动，2016 年是下降的（见表 1）。可以看出，北京住宅的供给是呈下降趋势的，在刚性需求增长的情况下，供需矛盾突出。

从保障房的供给结构来看，2014～2015 年保障房的投资在增加，施工面积和竣工面积在减少，2015 年的新开工面积有所增加（见表 2）。从保障房的内部结构上看，2015 年竣工的保障性住房中，经济适用房占 2.7%，限价房占 18.7%，公租（廉租）房占 4.1%，定向安置房占 74.6%。定向安置房占了近 3/4，而轮候的家庭可申请的保障性住房只有 1/4，保障房的供给结构极不平衡，需要较大幅度的调整。

---

① 《2016 年北京市政府重点工作情况汇编之缓解交通拥堵篇》，http：//zhengwu. beijing. gov. cn/zwzt/hb/nr/t1465253. htm。

表 1　近 5 年住房建设情况

单位：万平方米

年份	住宅施工面积	住宅竣工面积	销售面积	待售面积
2012	7510.4	1522.7	1483.4	789.5
2013	7406.9	1692.0	1363.7	829.3
2014	6999.7	1804.3	1141.3	864.8
2015	6314.6	1378.2	1127.3	867.7
2016	5927.6	1275.2	993.5	845.8

资料来源：2012～2016 年北京国民经济和社会发展统计公报。

表 2　保障性安居工程建设情况

类别 年份	2015	2014	2015 占 2014 的比例（%）
完成投资额（亿元）	824.0	639.0	129.0
经济适用房	24.5	36.7	66.8
限价房	303.4	131.9	230.1
公租（廉租）房	73.6	85.0	86.6
定向安置房	422.5	385.4	109.6
施工面积（万平方米）	3870.5	4368.0	88.6
经济适用房	200.7	328.0	61.2
限价房	578.3	607.6	95.2
公租（廉租）房	395.5	381.7	103.6
定向安置房	2696.0	3050.8	88.4
竣工面积（万平方米）	881.8	1201.6	73.4
经济适用房	23.8	116.4	20.4
限价房	164.6	217.7	75.6
公租（廉租）房	35.8	55.7	64.3
定向安置房	657.6	811.9	81.0
当年新开工面积（万平方米）	636.6	509.5	124.9
经济适用房	18.9	56.5	33.5
限价房	183.3	177.4	103.3
公租（廉租）房	63.3	75.9	83.4
定向安置房	371.0	199.8	185.7

资料来源：2016 年北京统计年鉴。

3. 就业压力依旧很大

随着疏解非首都功能进程的加速，北京制造业、批发业迁退以及一些污染企业关停的力度加大，造成了关停企业的人员安置和再就业的问题，其中的"40、50人员"转岗比较困难。随着流动人口的下降，一些靠出租房屋为生的北京本地人也会面临租金下降甚至消失、收入减少的情况，其中的一些人需要找工作。城市副中心建设、新机场建设等重点工程造成的拆迁居民也需要解决就业问题。

北京的户籍政策有所收紧，进京指标减少，但是大学毕业生理想的就业地仍是首选北京。北京市统计局、国家统计局北京调查总队对北京高校的1686位应届毕业生进行了就业意愿调查。结果显示，"近6成毕业生选择直接就业，选择在北京就业的毕业生占71.6%，比上年下降2.5个百分点；选择赴西部就业的毕业生占8.2%，比上年提高1.7个百分点；而选择广东和上海的毕业生分别占3.3%和3%，与上年基本持平。"①

4. 养老压力日益增加

2015年，北京60岁及以上户籍老年人有313.3万，占户籍人口的23.4%，北京户籍人口老龄化的程度排在全国第二位。常住的老年人口有340.5万人，占全部常住人口的15.7%。预计2020年北京市户籍老年人口超过380万人，常住老年人口超过400万人。北京已经完全进入老龄化社会，老年人口增长的速度持续加快，少子化、老龄化趋势十分明显。预计到2030年，北京户籍的老年人口比例将超过北京户籍人口的30%。到那时候，北京户籍的老年人口将达到500万～600万，70岁、80岁的老年人口也会持续增加。这对养老保障、老龄服务和医疗保障都会是一个巨大的挑战。北京已有的养老机构数量不足，地理分布偏向郊区和远郊区，这和养老需求是错位的。老年人更希望在离家较近的城区以及离医院较近的地方养老，而北京的养老机构大部分分布在郊区。随着城市交通拥堵和污染的加剧，在城市功能和人口疏解的大背景下，一些专家提出北京老人可以去河北养老，但是异地养老还有很多体制上的障碍，即使体制上的障碍得到解决，愿意去的老人究竟有多少呢，北京郊区都嫌远，何况河北。所以，异地养老的设想要付诸行动也很难落实。

---

① 《6成北京毕业生选择直接就业》，http://beijing.qianlong.com/2016/0810/820792.shtml。

（二）社会治理机制问题

1. 社会组织有待发展

经过 10 年的努力，北京的社会组织建设和管理体系已经逐步完善，以"枢纽型"社会组织为抓手的社会组织发展机制已经建立。2016 年底，全市已经认定了 51 家市级"枢纽型"社会组织，区级"枢纽型"社会组织 231 家，街道、乡镇一级"枢纽型"社会组织 467 家。"枢纽型"社会组织服务管理的社会组织已经覆盖到北京社会组织的 90% 以上。北京首创的"枢纽型"社会组织管理体制已经在全国产生了示范作用，各地纷纷学习北京的经验。北京市委社会工委和区级社会工委也采取了措施孵化培育社会组织，有力地促进了社会组织的发展。

随着经济社会的发展，居民对公共服务的需求日益强烈，对服务的需求也日益多样化，靠政府部门难以满足日益增长的社会服务需求。充分利用社会组织的力量，满足广大居民的社会服务需求是社会服务的发展潮流。然而，北京社会组织的发展距离社会发展的需要以及人民群众的需求还有较大的差距。北京万人拥有社会组织 5.9 个，而发达国家一般超过 50 个。[①] 目前，北京市专业社会工作事务所只有 200 多家，多数规模比较小，人员队伍专业性不强；经费来源单一，财力不足。所以，需要加大对专业社会工作机构的支持和帮扶力度，推动专业社会组织的成长。

2. 社会治理投入不足

社会治理像其他社会事业和社会服务一样，具有难以计量的社会效益。社会治理体系的运行需要人力、物力和财力的投入，资源投入的不足会导致社会治理体系的低水平、低效率。北京的社会治理力度有所加大，但是跟一个巨大的世界城市应有的水平还有一定的距离，这就需要不断加大社会治理的资源输入力度。2016 年北京市社会建设部门投入市级社会建设专项资金 6770 万元，市民政部门投入福利彩票公益金 2000 万元，共购买社会组织服务项目 611 个。平均每个项目投入 14.35 万元，平均到每个街道、乡镇 26.82 万元，平均到每

[①] 唐军、刘金伟：《北京社会组织管理体制改革的思路与对策》，《北京社会组织发展研究》，社会科学文献出版社，2015，第 22 ~ 35 页。

个社区也就 1 万多元，平均每个常住人口不到 4 元。各个区县的投入力度也不一样，大的区比如朝阳区每年政府购买社会治理服务投入的资金在 3000 万元左右，而一些小的区还没有开展政府购买社会治理服务的项目。而广东省 2009～2012 年政府用于购买社会工作服务的资金分别为 8893 万元、18133 万元、26767 万元、57316 万元，南京市政府财政每年用于购买公共服务的资金已经达到 3 亿多元。① 相比之下，北京市政府购买社会组织服务的力度还有待加大，有限的资源投入约束着社会治理机制的调整和改善，影响社会治理水平的提升。

3. 社会工作队伍待遇过低

社会工作者由两部分构成，一是专业社会工作机构的社会工作者，二是庞大的服务在基层社区里的社区工作者队伍。这两类社会工作者的工资待遇都低于社会平均工资。2016 年 6 月 2 日，深圳市民政局发布了《关于执行购买社会工作岗位新标准的通知》，将社会工作岗位整体打包购买标准调整为 9.3 万元/人·年，而原购买标准是 7.6 万元/人·年。按照各个标准，社会工作者的工资福利实际可以达到每月 6018 元。② 2016 年北京市对社区工作者实行新的薪酬体系，要求社区工作者的工资不能低于社会平均工资的 70%。如果按照年平均工资不低于社会平均工资 70% 的标准，社区工作者的薪酬应该达到年工资 79151.1 元，月工资 6595.9。根据 2016 年北京统计年鉴，北京各行业年平均工资为 113073 元，北京基层群众自治组织，也就是社区的社会工作者年平均工资是 23397 元，月平均工资仅有 1949.75 元，略微高于北京市最低工资标准。全市各行业年平均工资是社区工作者年平均工资的 4.8 倍。北京金融业的年平均工资是 285795 元，竟然是居民自治组织年平均工资的 12.2 倍。工资这么低，如何才能形成一支高素质的宏大的社会工作队伍，怎么可能吸引专业人才进入社区和社会组织，从而提高北京基层社会治理的水平，为社区居民提供专业化的社会服务？

---

① 《中国政府购买社会组织服务研究报告》，http://crm. foundationcenter. org. cn/html/2014 - 01/806. html。

② 《北京、深圳调整政策，社工工资进入增长时代？》，http://www. gongyishibao. com/html/gongyizixun/10790. html。

（三）社会结构的不均衡问题

1. 非首都功能疏解与外来人口问题

2014 年以来，北京启动功能疏解的步伐，到 2016 年，治理拆墙打洞和违章建筑的力度进一步加大，工业和批发市场外迁的力度也进一步加大。全年拆除违章建筑超过 3000 万平方米，2017 年将拆除违章建筑 5000 万平方米。2014～2016 年，共淘汰了 276 万辆黄标车，调整疏解了 117 个商品市场，退出 1341 家一般性制造业企业。2016 年末，北京常住人口 2172.9 万人，比上年末增加 2.4 万人，增长 0.1%，增量比上年减少 16.5 万人，增速比上年回落 0.8 个百分点。北京的常住外来人口 807.5 万人，占常住人口的比重为 37.2%，比上一年度减少 15.1 万人。这说明，北京的功能疏解和人口调控政策在 2016 年取得了明显的成果，北京人口的空间结构得到了改善。然而，由于北京的工作地还主要分布在城六区，要实现功能疏解和人口调控的目标还需要很多努力。

2016 年 10 月 1 日起，北京市正式实行居住证制度，暂住证升级为"居住证"。按照规定，在京居住 6 个月以上，有合法稳定就业、有稳定住所或者连续就读的外来人口可以申请居住证。居住证持有人将在京享受劳动就业、社会保险、住房公积金、义务教育、公共卫生服务等社会权利。居住证还是参与北京积分落户的必要条件。2016 年 8 月，《北京市积分落户管理办法（试行）》公布。积分落户政策的施行，可以解决一部分长期在北京稳定工作并具有稳定居所的外来人口的落户问题，但是在功能疏解和人口调控的背景下，落户的数量是有限的。

2. 社会中层增速缓慢、压力增大

从职业分层来看，北京的阶层结构目前还不是一个橄榄形结构（见表 3）。橄榄形或者纺锤形被认为是理想的社会结构，中间大，两头小，社会上层在阶层结构中所占的比例较低，下层比例也不大。以专业技术人员为主构成的中间阶层成为社会的主流，他们被认为是社会的稳定器。这样的社会比较稳定，不易出现大规模的动乱，社会发展水平较高，发展过程较为平稳。

2000 年北京专业技术人员阶层比例为 17.29%，办事人员阶层比例为 10.75%，两者加起来是北京的社会中层，比例为 28.04%。2010 年专业技术

表 3　2000 年和 2010 年北京社会阶层变迁

类别	2000 年		2010 年		增幅（百分点）
	频数（人）	比例（%）	频数（人）	比例（%）	
国家与社会管理者阶层	9193	1.34	4698	0.48	-0.85
企业负责人阶层	29933	4.35	24336	2.49	-1.86
专业技术人员阶层	118980	17.29	199325	20.39	3.10
办事人员阶层	73985	10.75	151121	15.46	4.71
商业服务业人员阶层	165256	24.01	330555	33.82	9.81
产业工人阶层	201925	29.34	210543	21.54	-7.80
农业劳动者阶层	89008	12.93	56803	5.81	-7.12
合计	688280	100	977381	100	

资料来源：第五次、第六次全国人口普查资料。

人员阶层比例为 20.39%，办事人员阶层比例为 15.46%，两者构成北京的社会中层，占北京从业人员的比例已经达到 35.85%。2000~2010 年，北京社会中层的比例增加了 7.81 个百分点，平均每年增加 0.78 个百分点。以此推算，2016 年北京的社会中层已经达到 40.53%。由于 2014 年以来北京推行城市功能疏解和产业升级，压缩低端产业的发展空间，而高端产业发展迅猛，北京产业结构调整提速，相应地，北京社会结构调整的节奏也更快。职业高层不断增加，职业下层在行政干预下不断减少，这就会带来北京职业结构和社会阶层结构更快的高级化。可以预期，北京在 2030 年会成为一个以中产阶层为主的社会。

然而，我们也可以看到，社会上层的比重是在减小的，这说明不仅是社会下层，而且社会中层要进入社会上层机会也是很少的。从五普和六普数据看，社会上层无论是数量还是比例都是下降的。可能的原因是，2000 年以来，国有和集体企业兼并重组导致企业数量减少，国有和集体企业负责人也相应减少，同时，中小企业发展的力度不大，导致中小民营企业负责人的增加，抵不上国有和集体企业负责人的减少。政府部门的编制控制和中小学校及其他事业单位的合并也导致了社会管理者数量的减少。从最近 10 多年的发展来看，北京并不是个阶层固化的社会，开放度还是比较大的。社会下层要流向社会中层的道路是敞开的，尽管还要付出很多努力，但这也是社会进步的动力所在。但是从社会上层数量和比例的变化我们可以看到，社会中层要进入社会上层是很困难的。

3.居民收入增加、差距扩大

北京城镇居民可支配收入10年来有较大的增长，从2005年的17653元增加到2015年的52859元，增加了1.99倍，居民的生活状况得到了巨大的改善。然而，城镇居民收入的绝对差距和相对差距都在扩大（见表4）。

表4　北京城镇居民可支配收入变化

单位：元

项目	全市平均	低收入户20%	中低收入户20%	中等收入户20%	中高收入户20%	高收入户20%	高收入户与低收入户之比
2005年人均可支配收入	17653	8581	12485	16063	20813	32968	1.87
2015年人均可支配收入	52859	23442	37709	49314	64206	103748	1.96
2005～2015年增加额	35206	14861	25224	33251	43393	70780	2.01
2015年:2005年	2.99	2.73	3.02	3.07	3.08	3.15	

资料来源：历年北京统计年鉴。

北京农村居民可支配收入10年来也有较大的增长，从2005年的7860元增加到2015年的20569元，增加了1.62倍，农村居民的生活状况得到了巨大的改善。农村居民收入的绝对差距在扩大，而相对差距在缩小（见表5）。

表5　北京农村居民可支配收入变化

单位：元

项目	全市平均	低收入户20%	中低收入户20%	中等收入户20%	中高收入户20%	高收入户20%	高收入户与低收入户之比
2005年人均可支配收入	7860	3052	5233	6990	9471	16206	5.31
2015年人均可支配收入	20569	8491	15589	20177	25735	36534	4.30
2005～2015年增加额	12709	5439	10356	13187	16264	20328	3.74
2015年:2005年	2.62	2.78	2.98	2.89	2.72	2.25	

资料来源：历年北京统计年鉴。

2015 年全市居民人均可支配收入 48458 元，20% 的低收入居民人均可支配收入只有 18343 元，而 20% 的高收入居民人均可支配收入达到 99621 元，后者是前者的 5.43 倍。20% 的高收入居民与 20% 的低收入居民之间的绝对差距是 81278 元（见表 6）。

表 6　北京全市居民可支配收入差距

单位：元

项目	全市平均	低收入户 20%	中低收入户 20%	中等收入户 20%	中高收入户 20%	高收入户 20%	高收入户与低收入户之比
2015 年人均可支配收入	48458	18343	32968	45239	60627	99621	5.43

资料来源：北京统计年鉴。

北京城镇居民之间的收入相对差距在扩大，农村居民之间的收入相对差距在缩小，但是农村居民之间的相对差距比城镇居民之间的相对差距要大得多。全市居民中高收入者与低收入者之间的差距要更大。

三　加强北京社会建设的若干建议

（一）完善社会政策，提高公共服务水平

1. 增加住房用地供给，调整住房供给结构

按照国土资源部与住房和城乡建设部联合下发的《关于加强近期住房及用地供应管理和调控有关工作的通知》，"住房供求矛盾突出、房价上涨压力大的城市要合理增加住宅用地特别是普通商品住宅用地供应规模，去库存任务重的城市要减少以至暂停住宅用地供应。"2017 年 1 季度，北京已经供给商品住宅用地 161 公顷，是上年同期商品住宅供地量的 6.2 倍，是 2016 年全年商品住宅用地总量的 1.5 倍。北京市未来五年供应住宅用地 6000 公顷，2017 年计划住宅用地共计 1200 公顷；北京还将集体建设用地纳入五年供地计划，数量达 1000 公顷。北京的住宅用地计划除了增加住宅用地供给以外，还应该注意调整市场的供给结构，北京住房市场上住房户型面积总体偏大，中小户型比例过少，在房价高涨的情况下，中等收入居民的住房负担过重。在住房供给

中，还应加大保障性住房的比例；在保障性住房中，加大自住型商品房和公租房的比例。

2. 采取积极的就业政策，缓解就业紧张局面

2016 年北京举办了"城市功能疏解转岗就业系列招聘会"，出台《公益性岗位纳入社会公益性就业组织征集评估认定工作方案》，研究制定《关于用人单位招用本市高校毕业生、退役士兵等人员享受岗位补贴、社会保险补贴有关问题的通知》，进一步加大鼓励用人单位招用政策的帮扶力度。研究起草《关于做好化解过剩产能疏解非首都功能过程中企业职工分流安置工作的实施意见》，对随企业外迁的本市职工给予外迁岗位补贴，对稳定本市职工就业的外迁企业给予特殊的稳定就业岗位补贴。制定出台《关于做好促进低收入农户就业增收有关工作的通知》，强化地区"人岗"对接协作和公益性"托底"安置，积极帮助低收入农户就业增收。组织 270 余场高校毕业生招聘活动，提供岗位 18 万个，累计服务 65 万人次。截至 2016 年 11 月底，北京城镇登记失业率为 1.46%，处于全国最低水平。2017 年，在京津冀一体化发展和城市副中心建设的背景下，应该继续实施积极的就业政策，采取有力措施，妥善解决产业外迁带来的就业问题。加大培训力度，积极应对农村就业问题和大学生就业问题。

3. 立足社区养老，发展老龄服务

北京实施居家养老服务的"九养"政策，建立起居家养老服务补贴制度，大力发展社区老年餐桌和托老机构，建设了 154 个养老照料中心。对养老床位进行补贴、实施税收减免，扶持社会养老机构，对公办养老机构进行社会化改革，提升机构养老服务效能。成立了北京市老龄产业协会、北京市养老行业协会、北京市社区服务协会等专业化社会组织，积极引导企事业单位和社会组织参与养老服务。"十二五"期间，"全市养老床位数由 7 万张增加到 12 万张，养老机构 70% 实现社会化运营，发展养老服务单位 1.5 万家"①。积极探索异地养老模式，缓解北京的养老压力。但还是要立足北京，迎接老龄化、少子化的挑战。可增加养老机构床位数，对居家养老的老人由政府购买服务提供帮扶，在全市建设 1000 个社区养老驿站，将疏解腾退的厂房、校舍、培训中心

① 北京市人民政府：《北京市"十三五"时期老龄事业发展规划》，http：//zhengce. beijing. gov. cn/library/192/33/50/46/438657/141491/index. html.

等空间优先用于养老事业。

4. 加快城市道路建设，提高交通管理水平

在京津冀协同发展的背景下，北京扩展了首都交通发展空间，由单中心、放射状向多节点、网络状发展，推动区域交通一体化；实施机动车辆总量控制、严格执行交通限行、加大交通执法力度等交通行政管理措施，加强交通法规建设和执行，运用现代科技手段综合治理交通问题。教育引导市民自我约束、遵规守法。共享汽车和共享单车的出现是城市亮丽的风景线，为改善居民出行条件、解决拥堵问题带来了新的机遇。对于共享交通这样的新事物，应该积极的支持，并帮助相关企业解决管理、停车、牌照等问题。网约车的出现，对于改善居民出行贡献巨大，应该积极引导其发展，而不是简单的限制。北京城市副中心和雄安新区的建设从长远来看，会给北京的交通带来正向的影响，但在短期内会对交通造成一定的压力，副中心和中心城区之间的交通压力会进一步加大，特别是北京东西向的车流和人流压力会加大，需要未雨绸缪，加快道路交通的规划与建设。随着功能疏解的加快，北京和河北交通线路的压力同样会增加，也需要尽早研究，制订道路交通的建设计划，避免交通拥堵带来的损失。

（二）加强社会治理主体培育，完善社会治理机制

1. 扶持社会组织发展

社会组织是社会治理的核心主体，大力发展社会组织是国家治理现代化的必然要求。北京需要进一步改革政府职能，加大购买社会组织服务的力度，充分利用各种社会力量来落实公共服务的相关政策，也只有这样政府才能从繁重的社会服务事务中解脱出来，做好政策制定、规划职能、宏观管理和监督的工作，而不是陷于具体的公共服务事务中。所以，北京需要加大购买社会服务的财政支持力度，加大社会组织培育孵化的力度，积极扶持引导民办社会组织的发展。

2. 加强社区组织建设

北京基层社区组织的建设近 10 年来成效显著，社区组织的办公用房得到落实，社区工作队伍基本健全，社区管理的机制逐步完善。但是，随着农转居社区的增加，新的社区建设任务十分繁重。业主委员会是社区建设与管理的核心力量之一，在维护居民权益、防止社区冲突和未来的重大冲突风险中不可忽视，所以应该积极引导其发展而不是限制其发展。对外来人口的管理一直是社

区管理的薄弱环节，未来一段时间，在社区管理中需要积极探索外来人口参与社区管理的问题。

3. 建设社会工作队伍

北京社会工作队伍主要由两个部分组成，一是基层社区组织的社区工作者，二是专业社会工作机构的社会工作人员。这两支队伍都存在待遇低、不稳定、专业性有待提升的问题。2016年北京市委社会工委举办社会工作队伍系列培训，培训近3000人次，与北京城市学院合作实施"社会工作硕士专业学位研究生培养计划"。社工委还督促落实社区工作者工资待遇规范调整工作，指导32家试点社会工作事务所开展规范化建设，继续开展专业社会工作创新项目，面向全市148个街道购买专业社工岗位，扶持成立15家社会工作事务所，表彰了10名"首都最美社工"和40名"首都优秀社工"。随着北京城市功能定位的确立和通州副中心的建设，首都社会工作队伍要适应世界水平、高定位、高标准的要求，队伍建设的任务非常繁重，需要进一步提高薪酬待遇、提高专业化水平。要充分利用北京高校的专业优势，通过在职培训、学历教育、经验交流研讨等方式打造一支高素质的社会工作队伍。

4. 完善社会治理机制

党委领导、政府负责、社会协同、公众参与和法制保障的社会治理模式已经初步形成，取得了显著的成效。下一步还需要进一步完善社会治理机制，完善社会建设会商会议制度，改革和完善街道治理体制。目前的社会治理架构中，街道层面没有人民代表大会制度，街道议事协商会的建设就非常有必要。在基层社会治理方面，北京市基层街道、社区的协商治理已经从试点发展到全面铺开，协商治理机制显现出良好的效果。基层社会议事协商制度逐步普及，但是议事协商会议的质量还需要进一步提升，需要加强引导、交流和培训，使议事协商制度达到更高水平。

（三）发展高端产业，优化社会结构

1. 吸引各类人才，改善人口结构

北京是崛起中的全球城市，是国家首都和中国的文化中心、国际交往中心、科技研发中心，要适应这样的城市定位，人口结构的改善至关重要。全球城市以生产服务业为主，对人口素质的要求很高。尽管北京的人口素质是全国最高的，但是距离顶级全球城市的要求还有一定的差距。这需要大力发展新兴产业，吸引全国、全世界的高级人才来京工作。由于老龄化、少子化时代的到来，北京也需要吸纳来自全国的人才和青壮年劳动力从事各类科学创新和社会服务业工作，居住证制度的实施为吸引各类人才和劳动力奠定了基础，以后还需要不断完善居住证制度和积分落户制度，为改善北京的人口结构打好基础。

2. 发展新兴产业，调整阶层结构

北京的社会阶层结构是全国各大城市最优的，社会中上层的比例较大，社会下层的比例相对较小，社会结构比较开放，各类人才和劳动力都能在北京找到机会、施展才华。随着产业升级和对外开放，北京创造了大量高端就业机会，带动了社会下层的子弟流向社会中高层职位。但是随着企业兼并重组、事业单位的合并，北京企事业单位规模扩大，企事业单位负责人的职位不增反降，加上行政事业单位的编制控制和领导干部岗位的职数控制，社会中层要进入社会上层难度较大。北京需要大力发展生产服务业、科技研发、教育和医疗卫生事业，创造更多的社会中高层职位，从而改善北京的社会阶层结构。

3. 完善社会政策，调整收入结构

北京的收入差距主要表现在城乡之间的收入差距和高收入者与低收入者之间的差距两个方面。收入结构的调整是个难题，市场经济条件下高收入者和低收入者、强者和弱者之间的收入差距会不断拉大。《21世纪资本论》就指出100年来，西方国家高收入者的收入增速远远高于低收入者的收入增速。尽管缩小收入差距很难，但还是有很多措施可以减缓收入差距的进一步扩大。这需要从两个方面入手：一方面提高低收入者的就业技能、创造就业岗位，让他们能够从劳动力市场上增加收入，另一方面加强社会保障和社会救助，增加他们的转移收入。除此之外，还需要增加对低收入者的公共服务政策，加大公共服务的力度，减轻低收入者的经济和社会负担。

特　稿

B.2
北京社会建设的形势与任务

宋贵伦

摘　要： 2016 年，北京社会建设立足新实践、着眼新发展，抓重点、抓
协调、抓落实，进一步完善顶层设计、夯实基层基础，着力推动
全市社会建设、改革、治理工作取得新成效。下一步，北京需要
进一步加快推进社会体制改革，提高社会治理现代化能力，提高
社会服务精准化能力，提高城市服务管理精细化能力和水平，加
强社会组织建设、社会工作队伍建设和社会领域党的建设。

关键词： 社会建设　社会治理　社会服务

一　2016 年北京社会建设工作成效显著

2016 年，是"十三五"开局之年，全市社会建设立足新实践、着眼新发

展，抓重点、抓协调、抓落实，进一步完善顶层设计、夯实基层基础，着力推动全市社会建设、改革、治理工作取得新成效，实现了"十三五"开门红。

（一）"十三五"规划印发实施，社会治理创新站在新起点

一是"十三五"规划印发实施开创新局面。《北京市"十三五"时期社会治理规划》（以下简称《规划》）是全国第一个社会治理"五年规划"，提出了构建"六大体系"、提高"四大能力"的社会治理现代化建设思路，是对具有时代特征、中国特色、首都特点的社会治理路子的新探索，是北京社会建设新的里程碑，是北京社会体制改革的战略部署，开创了北京社会治理的新局面，具有重要的历史意义和现实意义。《规划》印发和实施后，产生了良好的社会反响，东城、西城、朝阳、海淀、丰台、顺义、密云等区也密切结合实际，编制了本区社会治理专项规划、制定了实施意见。

二是社会改革创新取得新成效。协调推动社会体制改革专项小组工作，医疗卫生、养老服务、社会保障、街道社区、社会组织、社会动员等领域改革取得新突破。研究起草本市社会组织管理体制改革意见，稳妥推进行业协会商会与行政机关脱钩，出台《北京市行业协会商会与行政机关脱钩工作方案》，先行推进第一批 73 家行业协会商会脱钩试点。出台《关于进一步开展社区减负工作的意见》《关于加强城乡社区协商的实施意见》等文件，印发《〈关于深化街道、社区管理体制改革的意见〉重点任务分工方案》，进一步推进街道社区管理体制创新。西城、朝阳、海淀等区召开了街道工作会议，丰台、石景山、门头沟、顺义、怀柔、密云等区出台了街道、社区管理体制改革文件。

三是社会建设协调机制不断完善。市社会建设工作领导小组各成员单位协调配合更加紧密，领导小组办公室发挥统筹协调、宏观指导、议事协商、综合评价等职能，着力加强重点工作督查督办。制定《北京市社会工作专业人才队伍建设联席会议工作规则》。在市级层面建立非公有制经济组织和社会组织党建联席会议制度，发挥市委市政府有关部门、市级人民团体等的作用，协同推进全市非公有制经济组织和社会组织党建工作。市网格化工作联席会议强化统筹协调，着力推动重点课题调研和难点问题解决。

四是社会领域法治建设扎实推进。完成 2016 年度市社会办对各区政府依法行政考核相关工作。开展北京市法治社会建设课题研究，举办全市社会工作

部门依法行政能力培训班，制定社会领域法制宣传教育工作要点，深入开展社会领域"以案释法"等学习宣传活动，社会领域法治化进程不断推进。

（二）公共服务体系进一步完善，社会治理水平不断提升

一是社区服务体系不断完善。全市城市社区基本实现管理服务用房达标。新建106个"一刻钟社区服务圈"，累计达到1342个，社区覆盖率达到84%。持续推进社区服务"十大覆盖"工程，不断丰富服务项目，完善服务设施，全市新建、规范提升各类便民商业网点1700个，新增为民办实事便民商业网点550个。扩大"区域化党建、多元性自治、开放式服务"试点，拓展社区服务站服务功能和服务范围。研究制定社区服务与管理工作规范，新建社区规范化示范点119个。深入开展社会心理服务进社区、进基层活动，举办278场次心理服务公益活动。开展社区心理服务站标准化建设试点，建立社区心理服务站32个。

二是社区治理水平不断提升。完成老旧小区自我服务管理试点建设161个。平谷区开展"四员促发展、四岗做贡献"活动，提升老旧小区服务管理水平。印发《关于推进社区服务社会化的指导意见》，推进社区服务中心转型发展，提升社区服务和民生保障水平。开展第七届"北京魅力社区"、第十届"感动社区人物"评选活动。深入推进京台社区交流工作。全市注册社区志愿者人数达161万人。印发《关于深入推进农村社区建设试点工作的实施意见》《关于全面推进以德治理城乡社区工作的指导意见》。城乡社区服务管理一体化不断推进，新建117个村级社会服务试点，开展"1＋3"治理试点工作，探索在一个大党组织统一领导下，村民组织、社区组织、经济组织共商共建共治，进一步提升城乡接合部社会治理水平。通州区加强楼门文化建设，延庆区积极打造世园会、冬奥会主题社区。

三是社会服务水平不断提升。基本公共服务体系进一步健全，全市民生投入超过4000亿元，市政府28件重要民生实事项目全面落实。市有关部门努力促进城乡居民就业增收，在179个街乡设立社会公益性就业组织，帮扶城乡困难人员就业；稳步提高社会保障水平，出台城乡居民医保制度整合方案；建设街乡养老照料中心53个、社区养老服务驿站150个；加强保障房建设和使用管理；大力推动教育公平优质发展；加快建设"健康北京"；组织开展公益文化惠民活动。

（三）社会组织工作体系巩固发展，社会发展活力不断增强

一是"枢纽型"社会组织工作体系更加完善。印发《市级"枢纽型"社会组织业务工作规范》和《街道"枢纽型"社会组织培育发展社区公益服务项目指南》。新认定15家市级"枢纽型"社会组织，总数达到51家，服务管理社会组织覆盖率达到90%以上；认定区级"枢纽型"社会组织231家，街道、乡镇级467家，基本形成三级体系框架。

二是社会组织登记服务管理工作进一步加强。民政部门取消社会团体筹备登记申请，取消基金会分支机构、代表机构审批事项，改革社会组织验资制度，推行社会组织登记"三证合一、一证一码"，简化社会组织办事程序，成立市级社会组织发展服务中心。全市行业协会商会与行政部门脱钩工作有序推进。在税务部门支持下，落实社会组织税费优惠政策。在人力社保部门支持下，成立北京市社会组织人才交流服务平台。

三是社会组织培育扶持力度进一步加大。市财政局印发关于做好行业协会商会承接政府购买服务工作的文件，推动和规范政府购买行业协会商会服务工作。市社会建设部门投入市级社会建设专项资金6770万元，市民政部门投入福利彩票公益金2000万元，共购买社会组织服务项目611个。市总工会、市残联、市社科联、市体育总会等市级"枢纽型"社会组织和大部分区都安排专项资金购买社会组织服务。市科协积极推进科技社团承接政府转移职能工作，全年共有58家科技社团承接了158项政府转移事项及相关任务。社会组织服务（孵化）网络更加完善，市社会组织孵化中心全年共举办各类业务培训146期，累计培训超过6000人次；团市委、市妇联、北京人力资源服务行业协会等9家市级"枢纽型"社会组织成立了服务（孵化）平台，16个区已全部成立本级服务（孵化）平台，有81个街道成立了相应平台。使用市级社会建设专项资金购买社会组织管理岗位360个。举办社会组织治理创新暨能力提升高级研修班，培训社会组织骨干近千人。

四是社会组织活力进一步激发。开展社会组织"公益行"系列活动，全年共计3048项15000场次，服务居民超过百万人次。成功举办第二届"北京社会公益汇"，1600多家社会组织参与展示、交流、互动，发布公益项目180多个，召开了"枢纽型"社会组织发展、京津冀社会公益协同、公益大数据

等主题研讨会。开展"北京市第三届社会组织公益服务品牌"评选活动，评选出金奖 10 个、银奖 30 个、铜奖 60 个。支持举办"首届北京市社会组织知识大奖赛"，召开"首届北京市社会组织协商民主恳谈会"。市工商联、市侨联、市对外友好协会、市法学会等组织的公益活动特色鲜明，市文联、市红十字会、市贸促会等服务京津冀协同发展的活动深受好评。

（四）"三网"融合基本完成，社会服务与城市管理精细化水平明显提高

一是"三网"融合目标基本实现。全市 16 个区"三网"基础数据、指挥体系和信息系统等 9 项融合任务基本完成，"三网"融合目标基本实现。在 52 个街道（乡镇）开展"三网"融合示范点建设，发挥了良好的示范和带动作用。朝阳区团结湖街道以"智慧团结湖"建设为载体，构建"3 + 10 + N"网格化工作模式，荣获 3 项全国性大奖。

二是"网格化 +"行动计划全面实施。印发实施《2016 年北京市"网格化 +"行动计划》，围绕"网格化 +"基本公共服务、便民服务、公益服务、智慧服务、社会组织服务、社会领域党建服务、"大城市病"治理、城市服务管理、治安维稳、京津冀协同发展十个方面提出了 32 项行动计划，各区狠抓落实，成效明显。西城区大力推动"网格化 + 一刻钟社区服务圈"建设，大兴区将无障碍设施管理和打击非法集资工作与网格化管理相结合，产生良好的效果。大力推进"微网格"试点工作，277 个社区（村）开通"微网格"微信公众号，实现随手拍、在线服务、信息发布等功能。"E 通车"网格化市级客户端开发完成并进入测试阶段。

三是社会服务与城市管理能力持续提升。印发实施《北京市"十三五"时期网格化体系建设规划》以及《关于实施气象服务网格化工作的意见（试行）》、《关于进一步深化落实消防安全网格化管理的实施意见》，网格化体系建设不断融合发展。按照《北京市城市服务管理网格化体系建设基本规范（试行）》，首批在全市确定 16 个街道（乡镇）开展标准化示范点建设。全年 16 个区网格化信息系统共接到各类事件 585 万件，解决 538.3 万件，解决率为 92.02%。全市 16 个区纳入网格化服务管理的事项累计达到 15795 项，东城、朝阳、昌平排在前列。

四是智慧社区建设水平不断提高。制定《关于2016年推进全市智慧社区建设的意见》，新建智慧社区549个，累计建成2221个，覆盖75%的城市社区。市委社会工委、市社会办被评为中国智慧城市贡献单位。各区积极探索"互联网＋党建"工作，通过研发手机APP、开通微信公众号等，抢占党建虚拟空间，线上线下相结合助推社会领域党建新发展。编制印发《北京市"十三五"时期社会建设信息化建设规划》，启动"四网六库"优化提升工作。社会建设手机报累计编发358期、信息4796条，网络舆情快报累计编发250期、信息7538条，北京社会建设网累计发布信息4746条、刊物84个、视频56个，用户访问量达198万次，创建《网络舆情监测分析月报》，信息综合服务能力明显增强。

（五）"三社"组织联动工作加快推进，社会协同参与程度不断提高

一是社会矛盾多元调解取得新成效。落实重大决策社会稳定风险评估机制，优化工作方案，从源头上预防和减少矛盾问题的发生。深入开展矛盾纠纷排查调处，把苗头消除在萌芽状态，做到早发现、早预防、早化解。推动市级"枢纽型"社会组织成立矛盾调解专门委员会，成立北京多元调解发展促进会、北京市公益法律服务促进会，并认定为市级"枢纽型"社会组织，推进社会矛盾多元调解协同联动。进一步推进人民调解组织规范化建设，制定《行业性专业性人民调解组织指导规范》，深入推进全市行业性、专业性人民调解组织建设，全年各级各类人民调解组织共调解纠纷154433件，调解成功150276件，成功率为97.3%。积极推进和谐劳动关系创建，加强劳动争议调解联动机制建设，在6个试点区开展劳动争议案件法院立案调解转接工作。坚持把创新完善立体化社会治安防控体系作为深化"平安北京"建设的基础工程，优化完善群防群治力量组织动员机制，着力打造"西城大妈""朝阳群众""海淀网友""丰台劝导队""网警志愿者"等群众组织品牌，大力推动立体化社会治安防控体系转型升级。市委社会工委、市社会办连续第三年被评为首都社会治安综合治理优秀单位。

二是社会动员广泛开展。制定印发街道社会动员试点工作指导标准。开展第四批23个街道社会动员试点，围绕问题和需求，在治理"大城市病"、居民自治、共驻共建、应急动员、志愿服务、创新动员方式等方面，创造了新经

验。目前全市已在 103 个街道开展社会动员试点，覆盖率达到 70% 以上。"首都社会文明行"之文明行车、文明停车宣传活动影响面进一步扩大，微博累计阅读量超过 1.15 亿次。支持引导市场主体参与社会治理，开展社会企业发展的专题调研，制定《北京市企业履行社会责任评价指导标准》，评出 2016 年度北京非公有制企业履行社会责任百家上榜单位。研究编制《2016～2022 年冬奥会和冬残奥会社会文化活动计划》。

三是社会工作队伍建设实现新突破。印发 2016 年落实《首都中长期社会工作专业人才发展规划纲要（2011～2020 年)》任务分解方案。举办社会工作队伍系列培训，累计培训近 3000 人次。与北京城市学院合作，继续实施"社会工作硕士专业学位研究生培养计划"，新录取 31 名学员。落实社区工作者工资待遇规范调整工作，16 个区全部完成实施细则制定工作。印发《关于开展社会工作事务所规范化建设试点工作的意见》，指导 32 家试点社会工作事务所开展规范化建设。继续开展专业社会工作创新项目，面向全市 148 个街道购买专业社工岗位，选择 90 个试点社区实施专业社工社区服务督导项目，扶持成立 15 家社会工作事务所。举办 2016 年"国际社工日"暨第四届"首都最美社工"表彰活动，表彰了 10 名"首都最美社工"和 40 名"首都优秀社工"。开展第五届（2016）"寻找首都最美社工"活动。

四是社会领域志愿服务工作迈上新台阶。新建社区志愿服务站 85 个，城市社区基本实现全覆盖；新建商务楼宇志愿服务站 262 个，累计建成 626 个，覆盖率 74%；新建非公有制经济组织志愿服务组织 82 家，累计建立 250 家；新建专业社工机构志愿服务组织 28 家，累计建立 103 家。面向全市街道、社区广泛征集志愿服务项目，促成 58 家社会组织、43 家社工事务所和 29 座商务楼宇认领对接 173 个项目，涉及扶老助残、关爱儿童、治安巡逻、绿色环保、防灾减灾宣教等十大类志愿服务活动，覆盖 173 个社区（村），受益群众达 30 余万人次。培育支持社会领域志愿服务示范项目 504 个，带动和促进了更多公益服务项目落地社区、服务居民。整合社会志愿者公益行、社会组织公益行、社工公益行三大系列活动，深入开展 2016 年"北京社会志愿者公益行"活动，动员广大志愿者持续开展"保护蓝天、保护碧水、保护文物、服务社区、服务社会"五大公益行动，累计开展活动 6386 项 29005 场。到 2016 年底，全市实名注册志愿者人数达到 372 万人，志愿服务团队 5.72 万支。

（六）"点、线、面系统推进工程"有效推进，社会领域党建工作广泛覆盖

一是非公有制经济组织党建工作取得新进步。在"点"上下功夫，加快推进非公有制企业党建工作广泛覆盖。对全市42个园区进行党建工作调查摸底，印发《关于加强全市园区非公企业党建工作的若干意见》，推进园区非公企业党的建设工作规范化。房山等区出台了加强和改进"两新"组织党建工作的专门文件。市级层面指令性下拨3898个"两新"组织党员发展专用名额，聘请1500名离退休党员干部担任非公党建指导员。开展非公企业和社会组织党组织书记抓基层党建述职评议考核试点。集中实施"两新"组织党建覆盖"百日推进工程"，全市非公有制企业党组织覆盖率达83%。推动商务楼宇联合党组织建设。全市建立623个商务楼宇（联合）党组织，覆盖806座商务楼宇，覆盖率62.1%，其中远郊区实现了商务楼宇党组织100%覆盖。深入开展商务楼宇党员志愿服务，党员志愿服务"V+"工程荣获全国志愿服务最佳项目奖。选取20座商务楼宇开展社会领域新社会阶层人士统战工作试点。推荐各类非公企业党建工作先进典型30余个。

二是社会组织党建工作取得新提升。在"线"上下功夫，以"枢纽型"社会组织为依托，推进社会组织党建工作广泛覆盖。坚持分类管理，健全市、区、街道（乡镇）三级"枢纽型"社会组织党建"3+1"工作机制。印发《关于加强和改进社会组织党的建设工作的实施意见》和《关于加强和改进社会组织党的建设工作三年行动计划》。组织召开不同领域、不同层面社会组织党的建设工作座谈会，着力解决社会组织党建工作中的重点难点问题。指导16个区、102家市级部门、36家市级"枢纽型"社会组织党建工作委员会推进"两个覆盖"，全市社会组织党的组织覆盖率由23%增长到67%。

三是街道社区区域化党建工作取得新成效。在"面"上下功夫，围绕加快推进区域化"街道大工委""社区大党委"机制建设，推动区域化党建广泛覆盖。构建了包括区党建工作领导小组、街道党建工作协调委员会、社区党建工作平台的区域化党建工作体系。进一步加强基层服务型党组织建设，发挥社区党组织服务群众专项经费的服务效益，深化在职党员进社区服务群众活动。对全市25个街道、50个社区和16个调研点开展"三级联创"调研考核，推

动全面从严治党向城乡社区党组织进一步延伸。加强党建工作品牌培育，初步形成"2+3+4+5"区域化党建工作模式，推广叶青大厦"以党建带统战、以统战促党建"的经验，总结了80个社区党建工作典型案例，全市社区党建工作"一区一品"成为特色。

四是社会领域党建调查研究取得新成果。做优社会领域党建研究机构，成立新经济组织党建研究会，筹备成立社会组织党建研究会和社区党建研究会。组织对外交流，定期召开工作例会，推进新经济组织发展研究院建设，搭建新经济组织党建工作和新经济组织发展的研讨交流平台。"北京市商务楼宇党建工作研究报告"获市党建研究会2015年度重点调研课题一等奖、全国党建研究会自选课题三等奖。开展社会领域优秀课题评选，"北京市民办医院党建工作研究报告"被市党建研究会作为优秀课题报送全国党建研究会参加全国优秀自选课题评选。编印《凝聚——北京社会组织党建巡礼》，为社会组织开展党建工作提供借鉴和参考。

五是社会领域"两学一做"学习教育取得新成效。召开全市社会领域"两学一做"学习教育工作初期动员部署会、中期推进会和督导座谈会，联合中共中央党史学会、北京支部生活杂志社举办学习习近平总书记"七一"讲话座谈会，与中国浦东干部学院中国特色社会主义研究院、全国基层党建研究中心举办"学习习近平总书记党的建设思想研讨会"等。召开全市社会领域纪念建党95周年大会，表彰了全市社会领域100个先进基层党组织、100名优秀共产党员、100名优秀党务工作者和100个优秀党建活动品牌项目。举办社会组织党组织负责人、非公有制企业党组织负责人、社区党组织书记、商务楼宇工作站负责人、离退休党员干部非公党建指导员、商务楼宇党员志愿服务示范培训班，以及社会组织党建、全市互联网企业党组织负责人专题培训班，累计培训1000余人次。

总之，以印发和实施《北京市"十三五"时期社会治理规划》为主要标志，2016年全市社会建设取得了新成效，站在新的历史起点上。与此同时，全市社会建设、改革、治理和社会领域党建工作还存在不少薄弱环节，还有不少工作短板。比如，社会组织党组织覆盖率在全国仍然比较低，网格化建设标准化水平有待加速提高，社会动员能力需要进一步提升，社会责任体系需要进一步完善，全面从严治党要求向基层延伸的任务仍然繁重，防范社会建设资金廉政风险的任务仍然艰巨，等等。

二　当前北京社会建设形势分析

（一）要看到成绩，要增强信心

十年磨一"建"，得来很不易。党和政府历来重视社会建设。早在 20 世纪 90 年代，北京市委、市政府就召开五次城市管理会，探讨大城市管理和街道体制改革思路，为社会建设提供了宝贵的经验。特别是党的十七大后，北京社会建设进入了快车道，走在了全国的前列。习近平总书记 2014 年在视察北京工作讲话中，对北京市"大力加强社会建设"给予了充分肯定。在市委、市政府领导下，经过多年的共同努力，北京社会建设体系的"四梁八柱"已经竖立起来，基层基础工程已经进入"90 后"时代，已经形成了纵向到底、横向到边的工作体制和"1＋4＋X"政策体系，已经初步形成"党委领导、政府主导、社会协同、公众参与、法治保障"的基层社会治理结构和运行模式，社区"三位一体"机制、社会组织"枢纽型"工作体系、商务楼宇"五站合一"模式落地生根，影响广泛。实践证明，北京社会建设工作紧紧"抓住党建这个龙头，夯实社区、社会组织建设两个基础，建设社工、志工两支队伍，善用网格化、购买服务两个载体，依靠街道、'枢纽型'社会组织两个骨干，推动政府、市场、社会三位互动，实现社会服务管理和党的建设两个全覆盖"，这套思路是行之有效的。通过建立一支庞大的社工队伍和志愿者队伍，社区、社会组织建设发生了根本性变化。涌现了一大批可敬可爱的先进典型，包括大批"社会好人""最美社工""感动社区人物""魅力社区""社会组织公益服务品牌""企业社会责任上榜单位"，特别是一批优秀党员、先进党组织等。我们用几年的时间，啃下了社区服务站建设、商务楼宇工作站建设、网格化体系建设等硬骨头，基本实现了社会领域党建工作体系全覆盖。社会建设点多、线长、面广，目前全市有 150 个街道办事处、3000 个社区、3 万多家社会组织、10 万多家非公企业，要建设好、管理好特别是服务好北京大社会，绝非易事。这些成绩的取得，是市委、市政府正确领导的结果，是全市上下坚持不懈、共同努力的结果。

（二）要看到问题，要增强紧迫感

"行百里者半九十"，第十年工作做好更不易。北京社会建设工作还有不少薄弱环节和短板，还有不少问题和挑战。许多方面还没有实现全覆盖的目标，比如"一刻钟社区服务圈"建设等。很多工作还未达到预期目标，比如网格化体系建设还不平衡。一些工作还没落实到位，比如基层管理和党的建设还有不少薄弱环节。有的工作力度还未赶上形势发展速度，比如全市社会组织近五年增长了近5000家，社区增长近500个。还有许多挑战，比如疏解非首都功能、推进京津冀协同发展都是新任务。因此，我们不能有丝毫的自满和松懈，要增强忧患意识和紧迫感。

（三）要坚持稳中求进，要增强大局意识

要坚持稳中求进的总基调。要稳思路、稳体系、稳队伍、稳成果、稳品牌，要在体制机制改革、方式方法创新、工作能力提高等方面求"进"。在工作中要特别处理好如下关系：一要处理好巩固与发展的关系。不能另起炉灶、搞"两张皮"，要在巩固已有成果中求发展，通过发展进一步巩固成果。二要处理好增量与提质的关系。不能前边开荒、后边撂荒，要一边保增量、补短板，一边提质量、增效能。三要处理好继承与创新的关系。要继承好经验、好做法，但又不能像驴拉磨一样原地转，而要像上盘山路一样螺旋式上升。四要处理好体系建设与能力提高的关系。完善工作体系与提高工作能力要双轮驱动，抓顶层设计与抓基层基础不可偏废。五要处理好体制改革与机制创新的关系。社会领域改革创新是复杂的系统工程，要循序渐进。一般要先动机制、后动体制，以体制改革为目标创新机制，以机制创新推动体制改革。六要处理好服务与管理的关系。要坚持服务为先，不能"管"字当头。在服务的过程中加强管理，在管理的过程中完善服务。七要处理好政府主导与社会动员的关系。要坚持政府主导与社会协同相统一。八要处理好党建引领与"三社"组织联动的关系。要充分发挥党建引领作用，推动社区、社会组织、社会企业"三社"组织联动。九要处理好统筹协调与狠抓落实的关系。既要善于穿针引线打补丁，又要肯于摁着葫芦扣籽。十要处理好勤政干事与廉洁从业的关系。既要积极鼓励干事创业，又要做到忠诚、干净、担当。

三 2017年北京社会建设任务繁重

2017 年全市社会建设工作的总体思路是：以党的十八大和十八届三中、四中、五中、六中全会精神为指导，认真学习贯彻习近平总书记系列重要讲话精神，按照"五位一体"总体布局和"四个全面"战略布局，坚持"五大发展理念"，坚持稳中求进工作总基调，坚持问题导向、需求导向、目标导向，紧紧围绕加快推进社会治理体系和治理能力现代化大方向，紧紧围绕落实城市功能定位和建设国际一流和谐宜居之都大目标，抓基础、补短板，抓改革、求实效，以优异成绩迎接党的十九大胜利召开。

（一）加快推进社会体制改革，不断提高社会治理现代化能力和水平

一是深化社会治理体制改革。进一步贯彻落实市委《关于深化北京市社会治理体制改革的意见》，以改革创新为动力，着力解决社会建设和治理面临的突出矛盾和问题。进一步完善体制机制，充分发挥社会建设工作领导小组及其办公室综合协调作用，充分发挥社会建设综合评价指标体系价值导向作用，充分发挥社会体制改革专项小组督促落实作用，推动社会建设、改革、治理和社会领域党的建设全面、协调、可持续发展，着力在深化医疗卫生、养老服务等民生领域供给侧结构性改革和街道管理体制改革、社区治理创新、社会组织服务管理、社会事业发展等方面进一步取得新突破。

二是落实"十三五"社会治理规划。进一步做好规划的宣传解读工作，制订实施任务分解方案，按照时间表、路线图和任务书，抓好落实，特别是加强统筹协调，搞好综合性重点任务和跨部门工作的落实。

三是加强重大理论和现实问题研究。认真学习贯彻习近平总书记系列重要讲话，着力加强社会治理体系和治理能力现代化理论研究，探索中国特色社会建设规律。认真回顾北京社会建设十年实践，举行系列研讨活动，系统总结社会治理"北京经验"，进一步探索中国特色大城市社会治理的新路子。围绕推进以疏解非首都功能为重点的京津冀协同发展战略，深入开展调查研究，提出政策建议，在落实首都城市定位、建设国际一流和谐宜居之都等方面，产生一

系列调查研究成果。落实全面依法治国方略，系统梳理社会领域政策法规建设情况，研究制定"十三五"时期社会领域立法工作计划，落实北京市"七五"普法规划，广泛开展法治宣传教育，推动法治国家、法治政府、法治社会一体建设。

四是着力推动北京城市副中心社会建设。按照北京城市副中心建设整体要求，推动社会建设各项任务的落实。比照中心城区的水平和标准，做好城市副中心社会建设规划。全市社会建设改革措施和创新试点尽可能在城市副中心先行先试。指导通州区完善社会建设和社会治理的体制机制，协调落实各项具体工作。

（二）加快推进"一刻钟社区服务圈"体系建设，不断提高社会服务精准化能力和水平

一是完善社区服务体系。再建100个"一刻钟社区服务圈"，使城市社区覆盖率达到85%以上，并按照增量与提质相结合原则，不断加强"一刻钟社区服务圈"示范点建设。深入实施社区服务"十大覆盖"工程，大力推动"互联网＋社区服务"等的开展，扶持社区服务企业发展。开展社区服务需求和满意度调查，促进服务需求与供给的有效对接。完善社区服务站功能和工作机制，开展社区服务事项开放式区域通办试点。整合区域社区服务资源，推动区域性社区服务体系建设。继续开展村级社会服务试点，推进"一刻钟社区服务圈"向城乡接合部和广大农村地区延伸。

二是推动社区共商共治。鼓励社会单位面向社区开放各类公共服务场所，创建首批200个"社区之家"试点。巩固社区"参与式"协商模式建设成果，建立社区党组织领导的多元共治机制。推进社区规范化示范点建设，重点在坚持"七化"标准、规范社区治理、培育创新亮点等方面加强探索。推进老旧小区自我服务管理试点建设，进一步加强自管会规范化建设，推动准物业管理向物业管理转变。加强对保障房社区、新建小区、超大型社区、农转居社区等新型重点社区建设的分类指导，不断健全机制，完善配套服务设施，满足社区居民服务需求。分类指导，加强城乡接合部和农村社会治理工作。

三是加强社会心理服务。充分发挥市社会心理服务促进中心协调指导作用和市社会心理工作联合会联系平台作用，加强社会心理服务体系建设。建立市

级心理综合服务中心，健全市、区、街道（乡镇）、社区（村）社会心理服务网络，完善突发事件心理危机干预机制。以社区心理工作骨干、心理咨询师、心理服务志愿者为对象，开展系统化培训。联合有关部门，整合服务机构资源，开展百场"手拉手、心连心"社会心理服务进社区、进楼宇、进农村、进学校、进企业公益活动。

四是加大典型社区培育力度。完善"北京魅力社区"评选指标体系，鼓励各区开展评选表彰工作。深化京台社区发展交流，确定150个社区（村）作为试点，加快交流成果转化，打造一批精品合作项目。开展"迎冬奥"社区文化活动，普及冬奥知识。继续办好全市"社区大讲堂""十大感动社区人物"评选等系列活动。

（三）加快推进网格化体系建设，不断提高城市服务管理精细化能力和水平

一是加快推进多网融合发展。全面推进城市管理网、社会服务管理网、社会治安网、城管综合执法网等"多网"融合发展。进一步整合各类城市服务管理资源，将相关部门和单位的城市服务管理任务延伸到网格、人员力量下沉到网格、工作职责落实到网格。到本年底，基本建成覆盖城乡、功能齐全、三级联动的工作体系，基本实现全市城市管理服务一体化运行。

二是加快推进"网格化＋"行动计划。全面推动"网格化＋"行动计划深度实施。探索网格化参与环境保护、交通治理等工作的内容和方式，在解决城市管理突出问题上见实效。深入推进网格化标准化体系建设，全面提升规范化水平。发挥网格化机制创新助推街道管理体制改革的作用，积极推进服务管理事项有效对接，实现网上网下协同互动、集约运行，首批选择20个街道开展试点。推进网格化信息系统与各有关部门信息系统的对接延伸，全面整合视频监控系统，全面推进智能终端建设。加快建立综合集成、动态更新、互通共享的网格化大数据云，建立网格化基础数据信息管理使用机制。建立网上网下联动常态化、立体化工作运行体系，对各项服务管理内容进行细化和量化，实现发现问题、解决问题全过程留痕、服务管理可追溯。推进网格化 E 通车应用，推广"微网格"试点经验。优化队伍配置，规范职责任务，提高网格化服务管理队伍专业化水平。在全市试点购买近300个网格化工作督导员岗位。

三是加快推进智慧社区建设步伐。加快推进智慧社区建设步伐和规范化建设，打造一批智慧社区示范点。全面提升智慧社区覆盖率和智慧度，新建362个智慧社区，推进630个社区的升星建设。推动信息化新成果在智慧社区建设中的运用。全面提升社会建设手机报、北京社会建设网、社会服务之窗、社会建设地图网、网格化E通车客户端"五大平台"和"四网六库"大数据服务应用水平，深化业务与技术的融合。建设社会组织服务信息供需对接平台和社会组织即时通信系统，提升社会领域党建信息化水平。

（四）加快推进"枢纽型"社会组织体系建设，不断提高社会组织服务管理能力和水平

一是完善"枢纽型"社会组织工作体系。落实《市级"枢纽型"社会组织业务工作规范》，综合采取项目驱动、岗位支持、规范引导等方式，促进"枢纽型"社会组织进一步提升改造。推动非财政拨款类市级"枢纽型"社会组织成立"社会工作部"（党建工作办公室）。大力推动街道社会组织联合会建设，力争年底前基本实现全覆盖。推动各区加强对本级"枢纽型"社会组织的服务管理，制定工作规范、给予工作支持，促进其发挥更大作用。

二是完善社会组织服务体系。完善市社会组织孵化中心功能，加强对基层孵化机构的技术输出和业务指导；推动基层孵化（服务）体系建设，力争年底前在具备条件的街道全部建立服务（孵化）平台。发挥"社会组织人才交流服务平台"作用，建立社会组织人才服务绿色通道，举办首届京津冀社会组织人才招聘会。推广使用"社会组织'众扶'平台"，从政策集成、联系会员、开展活动、实务培训、互联互通等方面为广大社会组织提供信息化支撑服务工具。加大购买社会组织管理岗位力度，进一步增强岗位设置的精准化、职业化和效能化。继续举办社会组织治理创新暨能力提升研修班，加大专业人才培训力度。

三是激发社会组织创造活力。以"践行公益、服务社会"为主题开展"2017年社会组织公益行"系列活动。举办第三届"北京社会公益汇"，展示精品项目、促进公益资源对接。开展"社会公益好产品"征集、推介工作，探索建立公益服务及产品常态化展销平台。加大社区社会组织建设力度，研究制定街道向社区社会组织委托事项以及利用社区公益补助金支持社区社会组织

发展的相关措施，进一步发挥社区社会组织在基层治理中的作用。重点培育发展社区基金会，积极打造社区资源配置的新载体。

四是完善购买社会组织服务制度。研究制定市级社会建设专项资金转为部门预算后的使用管理办法，进一步提高资金使用效能、加大管理力度。在调研基础上，改进和完善以奖代补政策，试行社会组织服务项目由事前补贴为主改为事后奖励为主；改进和完善资金管理办法，优化立项流程，细化过程监督，强化绩效管理，防范廉政风险。各区社会建设工作领导小组办公室、各市级"枢纽型"社会组织要充分发挥主责单位的监督指导职能，强化对重点、重大项目的过程监管。不断丰富和优化购买社会组织服务的内容和方式，引导"枢纽型"社会组织申报创新型、管理型、综合性项目，引导相关社会组织申报和实施服务京津冀协同发展、缓解北京"大城市病"的相关项目。探索将具有社会工作特色的服务项目向更大领域、更广人群和更多组织覆盖，提升项目影响力和绩效。

（五）加快推进社会工作队伍体系建设，不断提高社会治理专业化能力和水平

一是加强社会工作人才队伍建设。完善市社会工作专业人才队伍建设联席会议机制，选取与群众生活密切相关的 2~3 个领域，探索推动社会工作专业岗位开发设置工作，推动各领域专业社会工作全面发展。加强社会工作人才交流服务平台建设，筹建专业社工机构联盟。继续实施专业社会工作创新项目并进行检查评估，推进社会工作事务所规范化建设试点工作。全面启动社会工作人才队伍素质提升工程，开展社会工作队伍系列培训，与国家行政学院、北京市委党校和北京城市学院联合培养社会工作专业在职研究生，探索与北京开放大学合作开展社会工作专业学历学位教育和市民在线教育。加强检查督促，确保新年度全市社区工作者工资待遇动态调整机制全面落实。深化调研论证，在试点基础上，建立完善进一步拓宽社区工作者选任渠道和发展空间的政策办法。举办 2017 年国际社工日暨最美社工颁奖表彰活动。

二是加强社区志愿者队伍建设。推进城市社区志愿服务站规范提升，推动有条件的农村社区建立志愿服务站。分类推进市级"枢纽型"社会组织成立专业型志愿服务组织。加快推进商务楼宇志愿服务站建设。继续推进非公有制

企业成立志愿服务组织。继续推动专业社工机构建立志愿服务组织。完善"社工＋志工"志愿服务联动工作机制。大力培育志愿服务示范项目。完善志愿服务培训和激励机制。

（六）加快推进社会责任体系建设，不断提高社会文明建设能力和水平

一是努力推动"三社"组织联动。进一步促进社区、社会组织、社会企业"三社"组织联动，参与多元社会治理。与相关研究机构联合开展全市社会企业发展专题调研，制订社会企业认定和试点工作方案，鼓励和支持家政、养老、物业、残障等社会服务机构开展社会企业建设试点，探索和推动购买社会企业服务。

二是健全企业社会责任体系。完善北京市企业社会责任评估指标体系，深入开展北京非公有制企业履行社会责任评价活动，编制年度企业社会责任蓝皮书，培育打造一批履行社会责任的"北京企业榜样"。加强居民需求调查和精准对接，积极协调推动履行社会责任的优秀企业有针对性地提供社区服务。

三是完善社会动员机制。开展第五批社会动员试点建设。研究制定街道社会动员工作指南，总结提升试点经验，探索完善社会动员机制。围绕疏解非首都功能、公共安全、应急维稳、绿色出行、环境美化等城市治理的重点任务，创新社会动员方式和载体，丰富"北京社会志愿服务行"活动内容，动员更广泛的社会力量参与社会治理，在继续开展"五大志愿行动"基础上，推动"社会志愿服务行"向医院和学校扩展延伸。继续开展"社会文明行"宣传教育活动。

四是认真履行意识形态责任制。坚持正面宣传为主，继续用好党报党刊等传统主流媒体宣传阵地，继续办好社会建设手机报、北京社会建设网、市社会办微博等专门的宣传平台。加强与都市报、新闻网站、新闻客户端的合作，利用好微信、微博等新媒体宣传平台，使社会宣传面向更多公众、更易被接受。挖掘社会宣传内容，紧扣现实问题，关注新生事物，继续宣传"身边好人、社会好事""北京魅力社区""首都最美社工""感动社区人物""社会组织公益服务品牌""企业社会责任上榜单位"等先进典型，宣传在非首都功能疏

解、治理"大城市病"、推动京津冀协同发展等工作中涌现的社会领域先进典型和经验，进一步做好社区、"两新"组织、商务楼宇、社会领域党建等相关宣传工作。

（七）加快推进社会领域党建工作体系建设，不断提高党建工作创新引领社会治理创新的能力和水平

一是完善工作机制。把社会领域党建协调机制做强，完善由市委组织部牵头、市委社会工委负责、27家市级部门参加的市"两新"组织党建工作联席会议制度，明确各成员单位主体责任和年度工作任务，进一步形成合力。把党建工作办事机构做大，将市委社会工委党建工作处拆分扩充为社区党建工作处、"两新"组织党建工作处，增强工作力量。把党建工作网络做全，将16个区委社会工委、17个市级部门综合性党委、51家市级"枢纽型"社会组织党建工作委员会、50家规模以上大型非公企业党组织、18个社会建设研究基地作为核心骨干，加强协调联络，强化责任落实。认真落实党风廉政责任制，不断加强机关党的建设，把全面从严治党要求延伸到社会领域基层党组织。

二是扩大工作覆盖面。进一步实施"点、线、面"推进工程，继续推进社会领域党建工作广泛覆盖。非公企业党建从"点"上做起，逐步扩大延伸，探索建立园区、街区、商务楼宇联合党委机制。落实全市园区非公企业党建工作指导意见，明确责任和任务清单，推动园区党建管理机制和工作机制创新，有效扩大园区非公企业党组织和党的工作覆盖面，力争2017年底全市非公企业党组织覆盖率达到90%左右。继续实施商务楼宇党员志愿服务"V+"工程，力争2017年底实现商务楼宇党组织建设全覆盖。社会组织党建从"线"上延伸，以"枢纽型"社会组织体系为依托，分级分类抓落实，有效扩大党组织和党的工作覆盖面，力争2017年底全市社会组织党组织覆盖率达到75%左右。探索建立"枢纽型"社会组织"功能性党组织"，指导新认定的15家市级"枢纽型"社会组织建立党建工作委员会。进一步加强互联网、出租汽车、注册会计师、律师、税务师等行业党建工作。社区党建在"面"上扩展，以街道（乡镇）及社区（村）为依托，进一步完善街道（乡镇）社会工作党委机制和社区（村）党建区域化工作机制，继续深化在职党员进社区活动，推动区域化党建工作有效开展。

三是扩大工作影响力。深化"两学一做"学习教育。紧紧围绕迎接十九大、学习十九大、贯彻十九大，大力宣传社会领域党建先进典型，在社会领域营造良好的氛围。加大社会领域党建调研力度，会同有关部门，建立动态更新工作台账，动态掌握全市社会领域党组织基数。建立长效调研机制，巩固发展北京市社会领域党建研究会工作成果，加强市新经济组织党建研究会建设，筹备成立市社会组织党建研究会和市社区党建研究会，推动社会领域党建工作调查研究创新实践。完善培训体系，着力办好社区、非公企业、社会组织、商务楼宇等不同类型党组织负责人培训班，提升抓党建工作的素质和能力。

四是推进工作规范化。贯彻落实全国城市基层党建工作会议精神，研究制定《全市社会领域党建三年行动方案（2018～2020年)》，筹备召开全市社会领域基层党建工作经验交流会。建立社会领域党建基础数据库，形成社会领域党建资源集约利用效应。开展"两新"组织党群工作室建设试点，并通过购买服务岗位，进一步加大党建指导员派驻力度。落实全市基层党建五年基础保障规划，提升社会领域党建工作人员、资金、阵地等基础保障水平。

社会结构篇

Social Structure

B.3
北京市人口调控政策分析
——基于人口增长的内部结构视角*

杨桂宏**

摘　要： 本文基于人口增长的内部结构视角，分析北京市人口调控政策成效不足的原因。从户籍人口角度来看，北京市人口调控政策不但没有更严格的操作空间，反而因全面放开二孩政策和居住证制度拓宽了增长渠道；从流动人口中的就业人口和非就业人口来看，其控制效果能够从数据上得到验证，但总量依然在增加。因此，北京市人口调控政策应转变思路，从"控"转向"疏"，从疏解低端产业转向疏解高端产业。

关键词： 人口增长结构　人口调控　流动人口

---

* 基金项目：本文得到国家社科基金面上项目（15BSH125）和北京市教委项目一般项目（SM201610005005）支持。

** 杨桂宏，北京工业大学人文学院社会学学科部副教授，主要研究方向为社会保障。

一 问题的提出

北京市人口数量庞大、增速过快、总量屡破规划，多年来一直被认为是北京"大城市病"的主因。因此，近年来严控北京人口数量成为一种社会共识。2011年以来，北京市实施"以证控人、以房管人、以业引人、以学抑人"等严格的人口控制措施，常住人口增量逐步减少且增速逐步放缓。常住人口增量从2011年的56.7万人降至2014年的36.8万人，增速从2011年的2.9%降至2014年的1.7%，达到"十二五"期间最低水平。[①] 在严控外来人口政策的基础上，近两年北京市又通过京津冀协同发展、产业转移以及北京市城区连片拆违等措施来疏解外来流动人口，取得一定成效。2015年，外来人口增速低于常住人口增速，是近10年的首次。从人口增量结构来看，2015年北京每增加的100名常住人口中，常住外来人口从66人降到21人。[②] 但是，这种通过行政权力强控人口增长的措施是否会长期有效，北京市人口总量是否能够得到有效控制，对于北京市严控人口数量和疏解非首都功能来讲都是非常重要的问题。对此，本文从北京市人口增长的内部结构来展开探讨。

二 户籍人口增量的调控

严控超大城市常住人口规模，无非从两个层面着手，即控制户籍人口增长的数量和流动人口增长的数量。我们先从户籍人口增长数量的控制谈起。户籍人口的增长，主要由户籍人口的机械增长和自然增长两部分构成。2000年以来，机械增长一直是主要因素，自然增长近年来有逐步提高趋势，但还没有机械增长的比例高（见图1）。从人口自然增长的角度来讲，2015年10月，国家全面实施二孩政策，这项政策虽然不能说直接提高了北京市人口自然增长率，

---

① 《2014年末北京常住人口2151.6万外来人口818.7万》，凤凰网，http://news.ifeng.com/a/20150123/43002494_0.shtml，2015年1月23日。

② 《2015年末北京常住人口达2170.5万 近四成为外来人口》，新华网，http://news.xinhuanet.com/city/2016-01/20/c_128646566.htm，2016年1月20日。

但至少可以说为其提供了条件。因此，人口自然增长是没有办法进行控制的，想控制户籍人口增长，只能从机械增长上做文章。

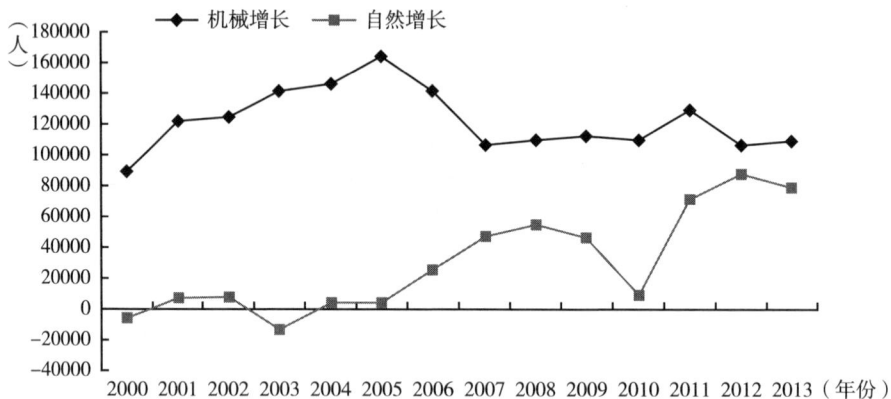

图 1　2000～2013 年北京市户籍人口增量

　　在户籍人口的机械增长方面，北京市为了保证经济社会健康可持续发展和首都的持续创新能力，其调控空间很小。以 2013 年人口的机械增长为例，2013 年北京市的进京指标中北京市级审批进京人数和国家审批进京人数大体相当，北京能够控制的进京指标比例并不高。国家审批的毕业留京比例最大，占整体进京指标的近 1/3；其次是北京市级审批的投靠亲属，占 1/4；再次分别是市级人才引进及随迁家属、国家人才引进及随迁家属和市级毕业留京等（见图 2）。在产业结构转型升级的过程中，北京市需要新兴领域的高端人才，人口控制的对象不是这类人群。而从审批的户籍人口结构来看，除了毕业生留京、引进的人才外，一个占比较大的户籍人口引进就是投靠亲属。目前，北京市在这方面的规定是：夫妻投靠要求投靠人为外省市无业人员或农业户口，年满 45 周岁，结婚需满 10 年，被投靠人是本市非农业户口、在京有合法固定住所；父母投靠子女要达到离、退休年龄，并办理离、退休手续，且在外省市（县）无子女。此外，在全国推进农业转移人口城镇化的进程中，尽管超大城市与其他城市类型相比较实行了非常严格的户籍人口准入措施，但从社会公平和吸引具有创新能力的年轻人来讲，北京也实行了积分落户政策。积分落户政策与原有的户籍人口机械增长的途径并行，并不影响原有的其他落户渠道。也就是说，在户籍人口机械增长这方面，北京市政府拓宽了原有的落户渠道。综合北京市户籍人口的自然增长和机械增长，户籍人口增加的途径都有所拓宽。因此，北京市想控制人口总量，在户籍人口增长方面几乎没有任何可以调控的空间。

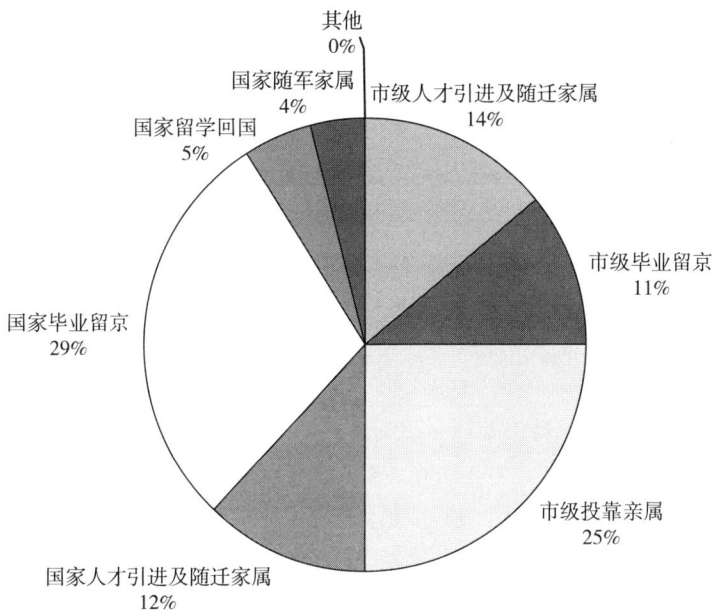

图2　2013年北京市进京指标的分配比例

三　流动人口增量的调控

我们再看流动的常住人口控制。一直以来，北京市控制人口数量的工作主要是在如何控制流动人口上做文章。北京市常住外来人口增长速度快，是北京市人口增加的主要因素（见图3）。因此，2011年以来，北京市政府在流动人口的控制上采取了"以证控人、以房管人、以业引人、以学抑人"等组合拳。近年来，从人口数量控制上看北京市这一系列政策取得了一定效果，但由此也引发了一系列社会问题。

由于流动人口增加是北京市人口增长的主要因素，因此北京市在非京籍人口享有北京市社会权利方面实施更加严格的限制措施。如严格规范流动儿童入托

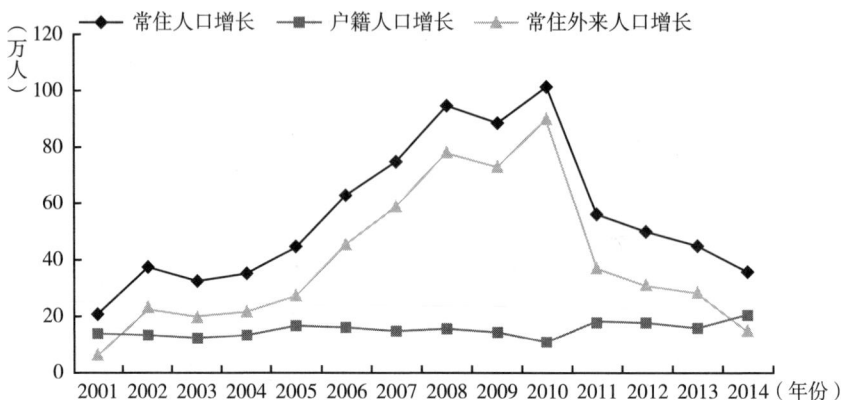

图3　2001年以来北京人口增长情况

入学的制度，非京籍流动人口子女不能参加北京高考，限制流动人口的购房购车权利以及无权享有城市低保等社会福利。但是，当我们具体分析进京流动人口内部结构时，就会发现在北京市流动人口控制上，这些组合拳并没有达到预期目标。

在流动人口数量控制上，先从非就业流动人口说起。非就业流动人口主要由两部分构成，即流动儿童和流动老年人口。在这两部分人群中主要是流动儿童受"以学抑人"政策影响，而随子女流动到北京的老年人口基本不受流动人口控制政策影响。近年来，受"以学抑人"政策影响，流动儿童各年龄段的人数都呈下降趋势，而流动老年人口呈明显上升趋势（见图4、图5）。由于"以学抑人"政策主要通过对流动人口子女就学问题的严格管理来控制人口数量，在流动儿童减少趋势的影响下，其父母是否也随着流动儿童返回老家了呢？这一问题，从2013年就业流动人口（18～60岁）2.75%的增长率来看，可以得到否定的回答。

2013年，北京市流动老年人口40.68万人，流动儿童26.73万人，在京流动老人已超过流动儿童。① 面对40多万流动老年人口，北京市在人口控制上没有任何可操作的空间，而这一群体2013年以47.75%的增长率在飞快增加。这一流动人口增加的现象是值得北京市在制定人口控制政策时认真考虑的。北

---

① 因流动儿童存在就学问题，在公安局登记的比例要高于流动老人，实际上流动老人可能比流动儿童更多。

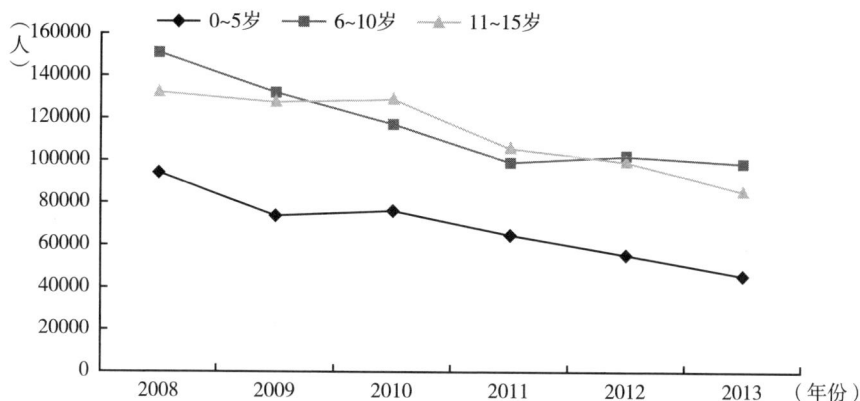

图4　北京市流动儿童数量变化

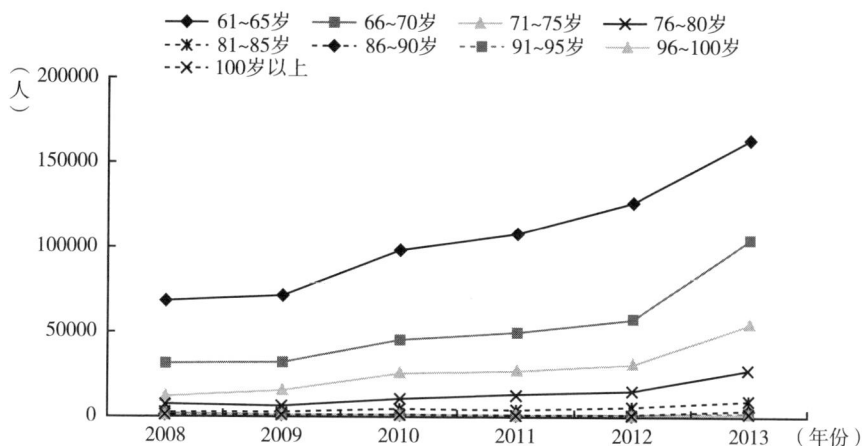

图5　北京市流动老年人口数量变化

京市户籍人口增加多年来主要靠机械增长，前面我们分析户籍人口机械增长部分主要是毕业生留京和人才引进。这些外地进京的大学生父母都是非京籍。在独生子女一代成为劳动力主体后，父母随子女同城相互照顾是必然趋势。但在严控进京指标的前提下，这部分进京人口就体现为非就业的流动老年人口。多年来户籍人口机械增长的累积存量，致使其父母进京呈爆发式增长，而这一群体恰恰是北京市在人口数量控制上没有可操作空间的人群。

　　进一步分析北京市就业流动人口的状况。在后暂住证时代，北京市缺少暂住证时代那样强有力的行政抓手，各级政府主要通过"以证控人、以房管人、以业引人"的政策对就业流动人口进行控制。从"以证控人"来看，北京市颁发各种有关流动人口的证件，更多的是从政府管控的角度出发的，很少提供公共福利和社会服务。因此，在缺少强制行政力量的前提下，"暂住证""工作居住证"等都没有得到流动人口的主观认同。在积分落户政策的激励下，尽管一定比例的流动人口积极申请居住证，但是对那些没有社保、没有固定住所、工作不稳定的农民工来讲，他们申请居住证的主观积极性和客观可能性都并不高。因此，居住证对他们来讲，调控力度有限。

从"以业引人"来看，北京市这一政策取得了一定的成效，但这并不说明其在控制人口数量上有效果。目前，北京市在流动人口的职业结构、就业结构方面都呈现了"以业引人"的人口调控效果。从职业结构来看，单位负责人、专业技术人员和办事人员的比例都呈现增加趋势，而商业服务业人员、生产运输工人和农林牧渔水利生产人员的比例都呈下降趋势（见图6）。从流动人口就业结构来看，传统低端服务业的人数在减少，而新兴服务业就业人数在增加。如建筑业，居民服务、修理和其他服务业，住宿和餐饮业等就业人数都呈下降趋势；而信息传输、软件和信息技术服务业，金融业，科学研究和技术服务业等就业人数都呈增加趋势（见表1）。

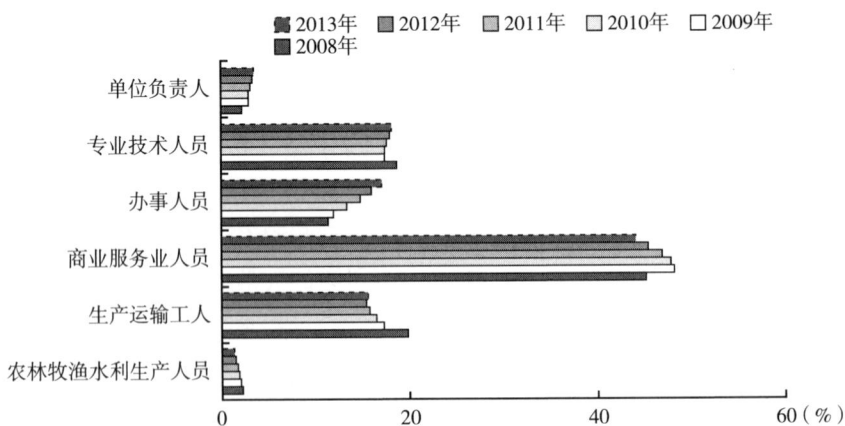

图6　北京市各职业结构人群比例变化

表1 北京市流动人口就业行业人数变化及增长率

单位：万人，%

行业	2011年	2012年	2013年	2012年增长率	2013年增长率
制造业	105.78	101.58	106.56	-3.97	4.90
建筑业	79.17	76.87	76.14	-2.91	-0.95
信息传输、软件和信息技术服务业	30.01	30.74	34.60	2.43	12.56
批发和零售业	125.93	117.51	123.20	-6.69	4.84
住宿和餐饮业	97.38	91.69	91.26	-5.84	-0.47
金融业	7.11	7.57	8.62	6.47	13.87
房地产业	13.04	12.73	14.05	-2.38	10.37
科学研究和技术服务业	7.42	7.53	8.68	1.48	15.27
居民服务、修理和其他服务业	71.42	65.12	63.70	-8.82	-2.18
教育业	9.54	9.43	10.53	-1.15	11.66
卫生和社会工作	4.08	5.59	7.46	37.01	33.45
就业流动人口总计	671.44	636.60	658.32	-5.19	3.41

尽管流动人口职业结构和就业结构在"以业引人"政策影响下都有所变化，但是从流动人口就业总量来看，并没有因政策调整而减少，实际还在增加。值得注意的是，北京市政府人口控制目标一直对准低端服务业流动人口，但是从就业市场来看，这些服务业人员恰恰是北京市经济社会发展中最为需要的，这一点从这些岗位的求人倍率上就能够看出。以2014年第一季度为例，北京市求人倍率排名前十的岗位都是这些低端服务业，如餐厅服务员、厨工，推销、展销人员，治安保卫人员，电信业务人员、话务员以及其他社会服务和居民生活服务人员等（见表2）。从全国的流动人口劳动力市场供给情况和北京市从事这些岗位人员的工资水平来看，流动人口这些岗位的供给并不少，北京市这些岗位的工资水平也不低。那么，为什么北京市这些岗位的求人倍率还这么高呢？这只能从北京市的人口控制政策上进行解析。

从"以房管人"这一政策来看，流动人口居住方式近年来受这一政策影响正发生着变化，但受其影响和控制的流动人口数量也极其有限。在"拆迁蚁族聚集区"、"治理群租房"和"地下室清理"这些"以房管人"政策的影响下，北京市流动人口的居住方式中租赁和单位宿舍的比例呈下降趋势，而借住、寄宿和自购房的人数越来越多（见图7）。当然，在租房市场中，有很多房主房客的租房信息是北京市政府没有掌握的。因为北京市政府试图通过纳税、准租等制度管理出租房进而间接管理流动人口的做法，从一开始便遭遇房东的不配合。

表2 2014年第一季度北京市求人倍率前十位的岗位

单位：人

职业	需求人数	缺口数	求人倍率
简单体力劳动人员	20651	6446	3.20
营业人员	9521	2458	3.87
餐厅服务员、厨工	10822	687	15.75
治安保卫人员	8843	1687	5.24
推销、展销人员	11594	638	18.17
其他社会服务和居民生活服务人员	4928	915	5.39
饭店服务人员	4659	1079	4.32
保管人员	6554	1709	3.83
电信业务人员、话务员	6784	1054	6.44
清洁工	8230	2005	4.10

资料来源：《2014年第一季度北京市人力资源市场职业供求状况分析报告》，http://www.fjlss.gov.cn/news/3884_2.html。

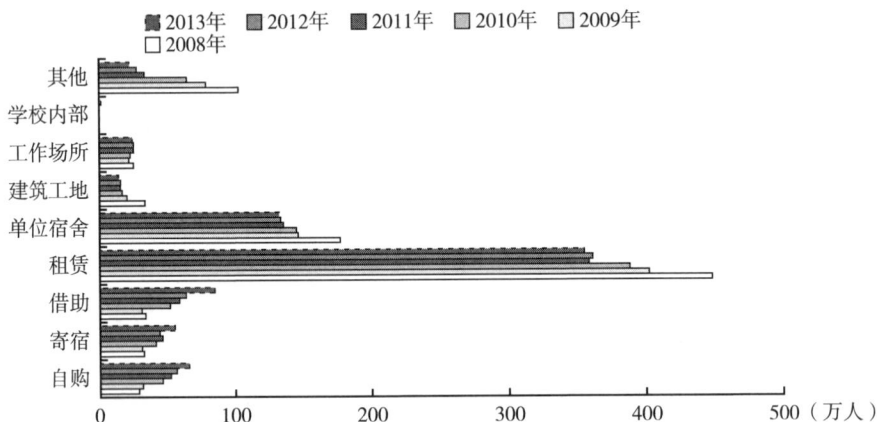

图7 北京市流动人口居住方式变化

纵观北京市的流动人口调控政策效果，"以证控人、以房管人、以业引人、以学抑人"的组合拳成效显著，但是北京市流动人口的绝对总量仍然不断增加，这主要是由于超大城市发展的集聚效应。尽管北京市近年疏解非首都功能，转移一批商贸批发等低端产业，但在其他高端产业的发展方面，依然存在明显的集聚效果，且高端产业就业人口相较于低端产业就业人口，其在家庭人口的流动上带动能力更强。如高端产业吸纳一名流动人口，由于收入高，能够担负家庭人口生活开支，其子女和父母随迁的可能性较之低端产业就业人口会更大。而这在人口总量的控制上，会使政府更为乏力。

四　反思与展望

纵观北京市的人口调控政策，以进京指标为核心的措施严格控制户籍人口增量，同时又加强控制流动人口的进入，但是总量依然有所增加，其中北京市就业市场需求是人口流入的最主要因素。在京津冀协同发展的大背景下，北京市通过产业转移来调整和控制人口数量，表明其在控制人口数量方面已从直接的行政思维转为间接的市场思维。这是北京市人口数量控制观念的转变，适应了市场经济的根本需求。但是，在北京市转移低端服务业的同时，要看到有些低端服务业是北京产业结构中不可或缺的一部分，其对就业人口的需求是刚性的。北京市政府企图通过多重控制流动人口准入政策阻止这部分流动人口进京，只会提高这些低端服务业的劳动力市场价格。否则在全国放开户籍制度的大背景下，北京市对这些行业急需劳动力的吸引力何在？此外，在人口控制方面，不要把流动人口与户籍人口分开来看。我国人口社会流动的一个最重要途径就是以血缘关系、亲缘关系为纽带进行的。北京市通过毕业生留京和人才引进来促进产业结构转型。但是，北京市是否做好了迎接每个毕业生父母进京的准备，甚至娶（嫁）一个非京籍同学及其岳父岳母（公公婆婆）进京的准备？在非京籍独生子女一代获得京籍户口后，这样的流动人口是否会越来越多？这一点在近年来的流动人口年龄结构中已看出端倪。由此可见，北京市企图通过产业结构调整，实施以控为主的人口调控政策不能取得成效。

2017年4月1日，中共中央、国务院决定在河北省雄县、容城、安新3个小县及周边部分区域设立国家级新区，即雄安新区。它是继深圳经济特区和上海浦东新区之后又一具有全国意义的新区，是千年大计、国家大事。这对于集中疏解北京非首都功能，探索人口经济密集地区优化开发新模式，调整优化京津冀城市布局和空间结构，培育创新驱动发展新引擎具有重要意义。也就是说，雄安在疏解北京市人口方面不再是承接原来的商贸批发、加工制造等低端产业，而是要承接具有创新能力的高端产业，打造比肩深圳和上海的国家级新区。雄安新区与通州城市副中心作为北京市疏解非首都功能的两大主要举措，完全可以看出北京市以及国家在北京市人口调控思路上的大转变。也许正是多年来北京市人口调控政策屡调屡败，"大城市病"久治不愈，中央才转换思路，在调控北京市人口总量上由"控"转向"疏"，而且在疏解的思路上也由原来的疏解低端产业人口转向疏解高端产业人口，决定直接转移非首都功能的高端产业，转移高端的教育和医疗资源，这样才可能从根本上治理北京的"大城市病"和疏解北京城市人口。

B.4
"十二五"时期北京流动人口分析报告

李晓壮*

摘　要：　本文基于2011～2015年国家卫生计生委流动人口动态监测数据，从在京流动人口的人口结构、家庭结构、就业结构等十个方面分析了其特征和变化。研究得出，在京流动人口文化素质总体较低，家庭化流动趋势明显；流动人口就业结构、阶层结构与产业结构"相匹配"，但就业质量不高，中产阶层"空心化"明显；收入与消费结构不断优化，但收入水平以及消费层次不高；就城乡和区域结构而言，农业户籍占大多数且流动人口户籍地所在省份特征明显；居住条件尚可，保障水平不断提升，但在相关政策影响下，居住环境和参保率较难有显著改变。

关键词：　北京　流动人口　结构性特征

一　引言

20世纪90年代中期以来，随着户籍管理体制的改革，城市外来流动人口数量进一步扩大，人口迁移作为一种重要的人口变动现象，活跃在广阔的地域上和经济社会中。北京作为首都和快速发展的超大型城市，吸引了大量流动人口，是全国流动人口三大聚集区之一。2016年末，北京全市常住人口2172.9万人，比上年末增加2.4万人。其中，常住外来人口807.5万人，占常住人口

---

* 李晓壮，社会学博士，北京市社会科学院社会学研究所副研究员，首都社会建设与社会管理协同创新中心研究人员，主要从事社会结构、城市社会治理等领域研究。

的比重为 37.2%。"十三五"开局之年，北京常住外来人口占常住人口比重首次出现下降，与 2015 年相比，下降约 0.7 个百分点。然而，人口总量的增长势头并未停止，随着 2020 年北京人口调控红线的临近，调解与疏解人口的压力将不断增加，城市管理与服务也将面临新的挑战，这必将对构建国际一流的和谐宜居之都目标产生巨大影响。因此，回顾北京"十二五"时期流动人口变化，了解和掌握流动人口阶段性特征，对寻求新时期首都人口治理方略以及制定城市发展规划、加强城市治理都具有重大意义。

二 数据来源及说明

本文数据来源于国家卫生计生委流动人口动态监测调查数据（2011～2015 年）。此项调查，自 2009 年开始至 2015 年已经连续开展了七次；调查范围涉及全国 32 个省份、1464 个县级单位、3913 个街道（乡镇）、9204 个居（村）委会；调查采用分层、多阶段、与规模成比例的 PPS 方法对流动人口较为集中的流入地抽取样本点，进行抽样调查，调查结果对全国和各省具有代表性。需要说明的是，国家卫生计生委流动人口动态监测调查数据，根据当年实际情况抽样有所差别，北京抽样情况见表 1。因此，本文关于北京流动人口特征的分析，即基于 2011～2015 年国家卫生计生委流动人口动态监测调查北京方面的样本数据。

表 1 国家卫生计生委流动人口动态监测调查抽样基本情况

单位：份，%

年份	有效样本数	抽取样本地区	居委会比例	村委会比例
2011	4000	东城、西城、朝阳、海淀、石景山、昌平、丰台、大兴等 13 个区县	55.0	45.0
2012	5620	东城、西城、朝阳、海淀、石景山、昌平、丰台、大兴等 16 个区县	60.1	49.9
2013	8000	东城、西城、朝阳、海淀、石景山、昌平、丰台、大兴等 13 个区县	54.8	45.2
2014	7998	东城、西城、朝阳、海淀、石景山、昌平、丰台、大兴等 16 个区县	59.5	40.5
2015	8000	东城、西城、朝阳、海淀、石景山、昌平、丰台、大兴等 16 个区	66.0	34.0

三 北京流动人口特征及分析

本文利用2011~2015年国家卫生计生委流动人口动态监测调查北京方面的样本数据，从流动人口的人口结构、家庭结构、就业结构、收入结构、消费结构、城乡结构、区域结构、阶层结构、居住结构、参保结构十个方面反映北京流动人口变化，展示流动人口的结构性特征，同时，结合流动人口与北京经济社会发展实际进行简要分析。

（一）人口结构及分析

性别、年龄、民族、素质等要素是人口结构的基本构成。因此，本部分主要利用北京流动人口各年份性别比、不同年龄段构成、来京流动人口民族构成、受教育程度构成等反映其人口结构特征。在性别比方面，数据反映出在京流动人口性别比个别年份差异比较大，总体男性多于女性，但性别比有所降低。从不同时期对比来看，近5年来，2012年、2013年、2014年可能由于统计误差等因素出现异常结果，2015年与2011年相比，流动人口性别比有所下降，降至107.2。这表明，越来越多的女性加入北京流动人口队伍中。

在流动儿童方面，数据反映出在京流动儿童（0~14岁）所占比例较高，保持在20%左右。1997年北京市外来人口普查时，流动儿童在全部流动人口中所占比例仅为6.7%，2000年上升到9.2%，2006年提高到14.2%，2015年流动儿童比例大幅度提高到19.8%。从不同时期对比来看，"十二五"时期北京市流动儿童所占比例大幅提高，近两成流动儿童随流动人口迁移。同时，流动儿童所占比例的提高对北京市教育、卫生保健也提出更高的要求。在劳动力人口方面，数据反映出在京流动人口仍以劳动力年龄人口（15~64岁）为主，所占比例近八成。这表明，受北京经济社会发展拉力作用的影响，大量外来流动人口流入北京谋生。同时，以劳动力年龄人口为主的流动人口对北京经济社会发展也发挥着重要作用，流动人口的劳动力红利效用十分巨大。在老龄人口方面，数据反映出在京流动人口中老龄流动人口（65岁及以上）所占比例较低，大部分年份在0.5%以下，2011年、2015年所占比例在1%左右。较少老龄流动人口在京的事实表明，大多数老龄人口未随流动人口大军迁移，或成为留守老人。

在民族构成方面，数据反映出在京流动人口民族特征差异较小，汉族流动人口占绝对比例，达到95%以上。同时，满族、蒙古族、回族的流动人口在京占有一定比例，但比例很低。这表明，少数民族人口的流动进程较为滞后，随着新型城镇化、户籍制度改革、精准扶贫等政策的实施，可预期少数民族人口的流动规模将有所扩大。

在受教育程度构成方面，数据反映出在京流动人口受教育程度逐年提高，主要表现是低学历人口逐年减少，高学历人口逐年增加，流动人口素质正处于明显提高的进程中。但是，流动人口的受教育程度仍以初中为主，占近四成，低于2000年北京市第五次人口普查平均受教育年限的10年和2010年北京市第六次人口普查平均受教育年限的11.5年。从不同时期对比来看，未上过学的流动人口所占比例保持在1.0%以下；小学学历所占比例总体逐年下降，2015年所占比例为6.7%；初中学历所占比例总体逐年下降，2015年所占比例为38.3%；高中和中专学历所占比例保持在20%左右；大学（专科、本科）学历所占比例逐年上升，2015年所占比例达到28.9%；研究生学历所占比例逐年上升，2015年所占比例达到2.5%。需要说明的是，尽管在京流动人口以初中学历为主，但是大学学历已经占流动人口的近三成，而且研究生学历所占比例也在不断提高。

（二）家庭结构及分析

婚姻、家庭类型是家庭结构的显著特征。因此，本部分主要通过在京流动人口婚姻状况、家庭类型情况反映其家庭结构特征。结合动态监测调查数据，本文将在京流动人口家庭界定为婚姻状况为初婚、再婚、离婚、丧偶的，即不含未婚。在京流动人口家庭类型使用单亲家庭、核心家庭、扩大家庭进行说明，其中，单亲家庭包括已婚家庭中离婚和丧偶，或其中之一加未婚子女；核心家庭包括已婚家庭中夫妻或夫妻加未婚子女；扩大家庭包括夫妻加父母（或公婆或岳父母或兄弟姐妹或孙辈或外祖父母或媳婿）以及夫或妻加父母（或公婆或岳父母或兄弟姐妹或孙辈或外祖父母或媳婿）。在婚姻构成方面，数据反映出在京流动人口以已婚为主，所占比例近八成；未婚流动人口所占比例近二成；再婚和离婚所占比例总体有所上升；丧偶所占比例变化不大。在家庭类型方面，从2011～2015年数据来看，在京流动人口家庭类型以核心家庭为主，总体变化不大。其中，单亲家庭所占比例在12%左右；核心家庭所占比例在80%左右；扩大家庭所占比例在4%左右。在京流动人口以已婚和核心家庭为主的特征，在某种程度上说明，流动人口"家庭化"趋势比较明显，这要求相关政策制定应从以往关注流动人口个体发展向关注流动人口家庭能力提升方面转变。同时，这一特征对北京社会和谐稳定也具有积极意义。

（三）就业结构及分析

三次产业劳动力就业比例情况是反映就业结构的显著性指标。因此，本部分主要通过在京流动人口中第一产业劳动力就业比例、第二产业劳动力就业比例、第三产业劳动力就业比例情况反映其就业结构特征。2011～2015年，在京流动人口就业结构中，第一产业劳动力就业比例基本保持在2%以下，第二产业劳动力就业比例逐渐下降，第三产业劳动力就业比例逐渐上升，且超过八成。从不同时期对比来看，2015年与2011年相比，北京第三产业劳动力就业比例提高明显，提高近10个百分点，这与北京市产业结构是"相互匹配"的（2015年北京三次产业结构比例为0.6∶19.6∶79.8）。但需要说明的是，在京流动人口中第三产业劳动力就业主要集中在批发零售、居民修理服务、住宿餐饮等行业，科研技术、卫生、教育等行业的劳动力就业比例较低。这表明，北京市第三产业集中了较多的非高端行业，亟须加快推进第三产业供给侧结构性改革。

（四）收入结构及分析

家庭收入、个人收入对反映收入结构具有显著性。因此，本部分主要通过在京流动人口家庭和个人在京收入来反映其收入结构特征。在家庭收入分组方面，在京流动人口收入结构中，家庭在京平均每月总收入0～5000元的低收入组所占比例逐年降低，其余收入组所占比例整体呈上升趋势。这说明，在京流动人口家庭总收入有所增加，收入环境逐步改善。在个人收入分组方面，在京流动人口本人上个月/上次就业收入分组，与家庭在京平均每月总收入分组呈现相同特征，即0～3000元低收入组所占比例逐年降低，其余收入组所占比例整体呈上升趋势。从不同时期比较来看，2015 年与 2011 年相比，家庭收入、个人收入变化明显，均呈现收入结构升级倾向，但相对而言收入水平仍较低（见表2）。

表2 收入结构特征

单位：%

年份	家庭在京平均每月总收入分组				
	0～5000 元	5001～10000 元	10001～20000 元	20001～40000 元	40001 元以上
2011	67.7	24.2	6.1	1.2	0.8
2012	59.4	28.5	8.8	2.4	0.9
2013	54.5	33.4	9.4	2.0	0.7
2014	43.1	39.5	13.3	3.2	0.9
2015	34.5	41.6	18.2	4.5	1.2

年份	您个人上个月/上次就业的收入分组				
	0～3000 元	3001～5000 元	5001～8000 元	8001～10000 元	10001 元以上
2011	69.0	19.9	6.8	2.3	2.0
2012	62.9	23.5	7.9	3.2	2.5
2013	57.1	28.4	9.1	3.3	2.1
2014	41.3	33.5	15.0	5.6	4.6
2015	31.8	34.2	16.8	8.1	9.1

（五）消费结构及分析

家庭月平均食品支出、家庭月住房支出、家庭月总支出可以在一定程度上反映消费结构。因此，本部分主要通过在京流动人口家庭在京月平均食品支出、家庭在京月住房支出、家庭在京月总支出等指标反映其消费结构特征。在家庭支出分组方面，2011～2015 年，家庭在京每月平均食品支出分组中0～1000 元低支出组所占比例逐年下降，其余支出组所占比例呈上升趋势。需要说明的是，在京流动人口每月平均食品支出以 3000 元及以下为主。在家庭或个人月缴纳房租分组方面，2011～2015 年，家庭或个人在京每月缴纳的房租分组中0～1000 元低支出组和1001～2000 元较低支出组所占比例有所下降，其余支出组所占比例有所提高（见表3）。这表明，受房租市场价格提高的影响，在京流动人口用于房租的支出比例有所提高。在家庭每月总支出分组方面，2011～2015 年，家庭在京每月总支出分组中0～2000 元低支出组所占比例逐年下降，2001～4000 元较低支出组所占比例基本持平，其余支出组有所提高（见表4）。这表明，在京流动人口总支出有所提高，生活成本也随之提高。而且，房租与食品支出相比，占总支出的比例较高，即在京流动人口吃的花费少，住的花费多。

表3 消费结构特征之一

单位：%

年份	家庭在京每月平均食品支出分组				
	0～1000元	1001～2000元	2001～3000元	3001～4000元	4001元以上
2011	63.6	27.9	6.0	1.4	1.1
2012	61.7	27.9	7.3	1.7	1.4
2013	60.9	27.8	8.2	1.8	1.3
2014	50.4	32.0	12.5	2.7	2.4
2015	45.6	33.8	14.0	3.7	2.9
年份	家庭或个人在京每月缴纳的房租分组				
	0～1000元	1001～2000元	2001～3000元	3001～4000元	4001元以上
2011	74.2	15.9	7.0	1.9	1.0
2012	83.7	9.5	4.6	1.6	0.6
2013	77.2	12.4	6.0	2.7	1.7
2014	67.3	15.9	9.2	4.4	3.2
2015	61.9	14.6	10.0	7.0	6.5

表4 消费结构特征之二

单位：%

年份	家庭在京每月总支出分组				
	0～2000元	2001～4000元	4001～6000元	6001～8000元	8001元以上
2011	53.4	30.1	10.9	3.1	2.5
2012	46.7	32.0	13.2	3.7	4.4
2013	46.2	32.7	12.2	4.5	4.4
2014	33.8	35.5	17.1	6.6	7.0
2015	26.7	33.0	19.5	9.0	11.8

（六）城乡结构及分析

户口类型是反映城乡结构的重要指标。因此，本部分主要通过在京流动人口户口性质，即农业户口或非农户口来反映其城乡结构特征。在农业户口方面，从不同时期对比来看，在京流动人口农业户口占比逐年降低，2015年与2011年相比降幅达11.3个百分点，为65.1%。在非农户口方面，在京流动人口非农户口占比逐年上升，2015年占比达到34.9%。虽然，在京流动人口中农业户籍人口有所下降，非农业户籍人口有所上升，但农业户籍人口仍占大多数。由于城乡之间经济社会发展的不平衡性，大量农村剩余劳动力流入城市，来京寻找就业机会。

（七）区域结构及分析

区域结构主要包括内部区域结构与外部区域结构。内部区域结构是指，流动人口在流入地的空间分布情况；外部区域结构是指，流动人口在流出地的空间分布情况。简而言之，内部区域结构是指在京流动人口在各区的分布情况；外部区域结构是指在京流动人口户籍所在省份的分布情况。需要说明的是，本部分内部区域结构即在京流动人口在各区的分布情况，使用各相关年份常住外来人口来表示。主要原因，一是九成以上流动人口在京居住半年以上；二是动态监测调查数据不包括流动人口在京各区的分布情况。在内部区域结构方面：从各区常住外来人口规模看，朝阳、海淀处于第一档；昌平、大兴、丰台处于第二档；通州、顺义处于第三档；东城、西城、石景山、房山处于第四档；怀柔、门头沟、平谷、密云、延庆处于第五档（见表5）。从常住外来人口增减态势来看，朝阳、昌平、大兴、房山、通州等城市发展新区常住外来人口仍呈增长态势，东城、西城、海淀等常住外来人口呈明显下降趋势。需要说明的是，随着北京人口调控目标的临近、非首都功能疏解力度的加大，常住外来人口规模增长势头将会放缓，城市核心区常住人口规模有所缩减，但是城市远郊区常住外来人口规模可能有所增加，生态涵养区因资源禀赋结构与其他功能区差距较大，短时期常住人口规模变动幅度不大。

在外部区域结构方面，从在京流动人口流出地看，2011~2015年在京流动人口户籍地流动人口超过3%的省份包括河北、河南、山东、安徽、黑龙江、湖北、四川、山西等，流出地省份分布基本恒定，流动人口户籍所在省份特征明显。从在京流动人口规模看，河北籍流动人口所占比例达20%以上，占绝对比重；其次是河南籍和山东籍流动人口，所占比例分别在14%、12%左右，三者所占比例近50%。需要强调的是，河北、河南、山东都是人口大省，也是农业大省，北京人口调控与疏解在做好"内功"的同时，更需要这些人口流出大省加强经济社会建设，创造更多就业机会，吸引流出人口回流。

表 5　内部区域结构特征

单位：万人，%

年份 区市	2005	占比	2010	占比	2011	占比	2012	占比	2013	占比	2014	占比	2015	占比
全市	357.3		704.7		742.2		773.8		802.7		818.7		822.6	
东城区	15.3	4.28	22.0	3.12	21.4	2.88	21.2	2.74	21.0	2.62	21.2	2.59	20.7	2.52
西城区	21.1	5.91	32.7	4.64	32.0	4.31	33.3	4.30	34.4	4.29	32.8	4.01	31.0	3.77
朝阳区	84.0	23.51	151.5	21.50	160.9	21.68	169.5	21.90	176.1	21.94	179.8	21.96	184.0	22.37
丰台区	36.6	10.24	81.3	11.54	84.3	11.36	83.7	10.82	85.0	10.59	85.1	10.39	83.8	10.19
石景山区	14.9	4.17	20.7	2.94	21.3	2.87	21.4	2.77	21.4	2.67	21.2	2.59	21.0	2.55
海淀区	73.7	20.63	125.6	17.82	133.5	17.99	138.4	17.89	143.5	17.88	150.3	18.36	148.6	18.06
房山区	11.9	3.33	19.5	2.77	21.4	2.88	22.8	2.95	24.6	3.06	26.7	3.26	27.4	3.33
通州区	19.7	5.51	43.5	6.17	47.7	6.43	50.7	6.55	53.6	6.68	55.5	6.78	55.9	6.80
顺义区	15.6	4.37	27.9	3.96	31.3	4.22	34.5	4.46	37.3	4.65	38.9	4.75	40.2	4.89
昌平区	21.9	6.13	84.7	12.02	89.6	12.07	95.7	12.37	100.6	12.53	100.2	12.24	102.6	12.47
大兴区	25.3	7.08	64.4	9.14	67.7	9.12	71.4	9.23	73.5	9.16	75.6	9.23	76.1	9.25
门头沟区	4.1	1.15	4.7	0.67	4.8	0.65	4.9	0.63	5.0	0.62	4.9	0.60	4.8	0.58
怀柔区	5.3	1.48	10.3	1.46	10.2	1.37	10.3	1.33	10.6	1.32	10.4	1.27	10.5	1.28
平谷区	2.4	0.67	4.9	0.70	5.1	0.69	5.2	0.67	5.3	0.66	5.3	0.65	5.3	0.64
密云区	3.5	0.98	6.9	0.98	7.0	0.94	7.1	0.92	7.2	0.90	7.2	0.88	7.1	0.86
延庆区	2.0	0.56	3.9	0.55	4.0	0.54	3.7	0.48	3.6	0.45	3.6	0.44	3.6	0.44

资料来源：《北京区域统计年鉴（2016）》电子版。

（八）阶层结构及分析

职业结构是社会分层的一种可操作性方法。因此，本部分主要通过在京流动人口所从事的职业来反映其阶层结构特征。从纵向维度来看，主要阶层结构中商业服务业人员阶层、专业技术人员阶层、产业工人阶层、办事人员和有关人员阶层、国家与社会管理者阶层所占比例呈依次递减态势。从不同时期对比看，总体上专业技术人员阶层小幅上升，农民阶层小幅下降（见表6）。另外，从统计数据来看，北京市流动人口基本形成"中间大，两头小"的"橄榄形"阶层结构。但是，在职业结构分类中，只有国家与社会管理者、专业技术人员、办事人员和有关人员等才能构成中产阶层。换言之，只有这些阶层才构成中产阶层，是"中产社会"的主体。由于流动人口基本特征，向上流动的可能性较小，导致所从事的行业和职业较为集中，且大多处于"消费型"服务业的末端。由此，需要注意的是，提高流动人口劳动力素养，增强流动人口劳动技能，使其能够提供更高质量的服务，是北京构建"高精尖"产业结构的重要基础。

表6　阶层结构特征

单位：%

阶层结构	2011 年	2012 年	2013 年	2014 年	2015 年
国家与社会管理者	1.05	0.87	0.74	1.53	1.27
专业技术人员	14.86	12.17	11.34	15.48	15.61
办事人员和有关人员	7.75	3.03	2.14	3.18	3.93
商业服务业人员	57.53	69.63	69.62	67.12	63.95
产业工人	13.22	11.77	13.43	10.47	10.86
农民	1.61	0.47	0.97	0.54	0.51
无固定职业	0.70	0.72	0.93	0.91	0.82
其他不便分类的从业人员	3.28	1.34	0.83	0.77	3.05

（九）居住结构及分析

住有所居，是民生建设的基本保障。因此，本部分将通过居住结构直接反映流动人口的居住环境。由于2015年国家卫生计生委流动人口动态监测调查问卷没有设置"住房属性"问题，因此本文仅对 2011～2014 年北京市流动人口居住结构进行分析。第一，在京流动人口租住私房的比例较高，约占六成；第二，在京流动人口自购房的比例有所提高，2014 年 14.2% 的流动人口拥有自有产权房；第三，在京流动人口中一成以上由单位/雇主提供免费住房；第四，在京流动人口中租住单位/雇主提供的住房的也占有一定比例；第五，在京流动人口享有政府提供廉租房、公租房的比例极低（见表 7）。总体而言，在京流动人口居住条件尚可，约六成租住私房、一成以上自购房、一成以上由单位/雇主提供免费住房。但是，房价上涨助推房租价格上涨，会给雇主以及雇员带来不小的经济压力。因此，在京流动人口能够享有单位/雇主提供免费住房、租住单位/雇主的机会有可能变少，单位/雇主提供免费住房的比例逐年下降也反映了这一点。同时，约六成在京流动人口租住私房，这有可能导致职住分离情况的出现，某种程度上增加交通压力。最后，随着北京一系列"住房新政"的出台，在京流动人口自购房、享有政府提供廉租房和公租房的机会将进一步变少。居住支出将成为在京流动人口主要经济压力。

表 7　居住结构特征

单位：%

住房属性	2011 年	2012 年	2013 年	2014 年
租住单位/雇主房	9.88	7.28	10.06	8.54
租住私房	61.33	56.81	60.41	61.77
政府提供廉租房	0.08	0.23	0.05	0.04
政府提供公租房	—	—	0.04	0.03
借住房	2.78	2.40	1.41	2.20
单位/雇主提供免费住房	14.68	13.50	11.80	10.90
自购房	—	12.90	12.63	14.20
自建房	8.88	0.10	0.50	0.10
就业场所	1.33	4.50	2.80	1.50
其他非正规居所	1.08	2.30	0.30	0.80

（十）参保结构及分析

病有所医、老有所养等社会保障制度是流动人口生存和发展的重要基础。

因此，本部分将通过医疗保险、养老保险等社会保险指标来反映流动人口的参保结构。由于2012年、2015年国家卫生计生委流动人口动态监测调查问卷没有设置"社会保险"相关问题，因此本文仅对2011年、2013年、2014年北京市流动人口参保结构进行分析。从不同时期比较看，在京流动人口"五险一金"参保率不断提高，养老保险、医疗保险、失业保险、生育保险四项指标均在35%左右，社会保障水平显著提升。但总体而言，由于大多数在京流动人口为非正规就业，雇佣单位为减轻负担不帮其缴纳保险，其社会保险参保率并不高，而且住房公积金等社会保险仅供给具有城镇户口的流动人口。在当前经济新常态下，政策的倾向是减轻企业负担，加之流动人口的非正规就业特征，在一段时间内，在京流动人口的社会保险参保率将不会有太大变化。

表8 参保结构特征

单位：%

社会保险	养老保险	医疗保险	工伤保险	失业保险	生育保险	住房公积金
2011年	25.20	29.10	24.60	17.90	4.90	8.30
2013年	28.10	26.10	29.40	26.40	11.70	12.20
2014年	37.80	36.90	28.50	35.10	34.10	20.30

四 主要结论与讨论

第一，21世纪以来，北京市流动人口发生了重大结构性变化，因北京和周边省份之间经济社会发展水平的势差，大量外来流动人口流入北京谋生，而且劳动力年龄人口占80%左右。但是，规模如此庞大的流动人口或劳动力年龄人口却以初中学历为主，低于2000年北京市第五次人口普查平均受教育年限的10年和2010年北京市第六次人口普查平均受教育年限的11.5年，劳动力年龄人口素质亟待提升。

第二，流动人口家庭化趋势明显，以核心家庭为主，在家庭类型中所占比例达到80%左右。一方面，流动人口家庭化特征可以减少留守儿童、留守老人等不良社会问题;另一方面,也增加了流入地公共服务与管理的压力。同时,根据流动人口这一特点,在制定社会政策的取向上,应逐步从以往关注流动人口个体发展向关注流动人口家庭能力提升方面转变,提高流动人口适应能力、融合能力。

第三,随着经济社会发展,在京流动人口收入逐年增加,消费结构逐渐优化。但是,受相关政策影响,在京流动人口收入总体水平并不高,而且随着房价、物价上涨,消费支出中用于居住的支出占家庭总支出比重将不断增加。

第四,从城乡和区域结构看,由于城乡发展的不平衡性,虽然在京流动人口中农业户籍人口比例下降,非农业户籍人口比例上升,但是农业户籍人口仍占六成以上。因人口政策调整,可以预见,在京流动人口将以圈层的方式逐渐向城市边缘地区迁移。由于区域发展的不平衡性,河北、河南、山东等省份的流动人口所占比例近50%,这需要北京在人口调控与疏解方面发挥"内功",同时更需要这些人口流出大省加强经济社会建设,创造更多就业机会,吸引流出人口回流。

第五,从统计数据上看,流动人口就业结构与北京整体产业结构基本是"相互匹配"的,但是占大头的第三产业就业质量不高,大多集中在非高端的服务行业。在京流动人口阶层结构不断优化,但是由于流动机制受阻,其上升空间有限,流动人口大多分布在商业服务等"消费型"产业的末端,所占比例在六成左右,流动人口中的中层阶层呈现"空心化"特征。有什么样的产业,就有什么样的职业,职业结构与就业的产业结构也是相互匹配的。因此,当前亟须提高流动人口劳动力素养,增强流动人口劳动技能,使其能够提供更高质量的服务,加快推进第三产业供给侧结构性改革,从而为北京构建"高精尖"产业结构打好基础。

第六,从居住和社会保障方面看,在京流动人口居住条件尚可,约六成租住私房、一成以上拥有自主产权房、一成以上由单位/雇主提供免费住房。但是,房价上涨助推房租价格上涨,会给雇主以及雇员带来不小的经济压力,居住支出将成为在京流动人口主要经济压力。近年来,在京流动人口社会保障结构不断优化,参保率有所提高,社会保障水平提升明显。但是,由于政策的倾向,加之流动人口的非正规就业特征,在一段时间内,在京流动人口的社会保险参保率将不会有太大变化。

参考文献

马侠：《中国城镇人口迁移》，中国人口出版社，1994。

国家卫生和计划生育委员会流动人口司编《中国流动人口发展报告2016》，中国人口出版社，2016。

翟振武、段成荣、毕秋灵：《北京市流动人口的基本特征》，《红旗文稿》2007年第12期。

李晓壮：《北京社会阶层结构变迁及趋势》，《北京社会科学》2016年第3期。

李春玲：《当代中国中产阶层的构成及比例》，《中国人口科学》2003年第6期。

B.5
北京市转居农民阶层分化研究报告[*]

宋国恺　李歌诗[**]

摘　要： 随着城市化、工业化快速发展，土地征用如火如荼地开展，农民群体中逐渐分化产生了"转居农民"，同时其群体内部的异质性也在增强。依据著名社会学家陆学艺以职业为基础，以占有经济资源、文化资源、组织资源状况为标准的社会阶层划分框架，将转居农民从高到低划分为管理人员、私营企业主、技术人员、个体劳动者或个体工商户、雇工、农业劳动者或兼农劳动者、无业或失业人员七个群体类型，而导致不同类型的转居农民生存现状存在较大差异的原因主要是人力资本与社会资本以及征地、安置就业等社会政策的不同。2015年中央一号文件强调"完善对被征地农民合理、规范、多元保障机制"，因而要缩小转居农民内部差异，还需深化土地征收及安置制度改革，建立转居农民社会保障体系，真正做到让农民从征地中更多获益。

关键词： 城市化　征地　转居农民　阶层分化

　　随着我国城镇化进程的快速推进，"转居农民"成为一个新的社会群体。转居农民不仅是从农民阶层"母体"中脱胎出来的一个新群体，而且其内部也分化为不同的亚群体，并面临不同的社会适应问题。2013年党的十八届四

---

    * 本报告为北京市哲学社会科学规划项目"新世纪以来北京市转居农民就业状况调查"（项目编号：13SHB003）阶段性成果。

  ** 宋国恺，首都社会建设与社会管理协同创新中心、北京工业大学人文社会科学学院教授，社会学博士，硕士研究生导师；李歌诗，首都社会建设与社会管理协同创新中心研究人员。

中全会明确指出"缩小征地范围，规范征地程序，完善对被征地农民合理、规范、多元保障机制"。2014年、2015年中央一号文件反复强调这一重要要求。这不仅体现了中央对于转居农民群体的高度重视，而且为维护其权益指明了方向。基于以上认识，本课题拟从社会阶层分化视角，考察转居农民社会分化问题，这对于"完善对被征地农民合理、规范、多元保障机制"，提出针对转居农民更加精准、更具实效、分类施策的建议，具有重要的理论和实践意义。

一 转居农民——政策导向下的新群体

在我国城市化快速发展的背景下，城市范围逐步扩大，征地工作如火如荼地开展。国家统计局数据显示，近10年北京市城市建设用地面积呈现持续上升趋势，2015年为51584.10平方公里，征用土地面积更是达到1548.53平方公里。[①]《北京统计年鉴》数据也显示，北京市村民委员会数量自2001年以来一直处于下降趋势，2015年更是减少至3936个，15年间共计减少74个。同时，涌现了大批因失地而发生户籍转变的人群，即本文中的转居农民。2015年北京市农业户籍人口下降至233.8万人，仅占户籍总人口的17.38%（见图1）。

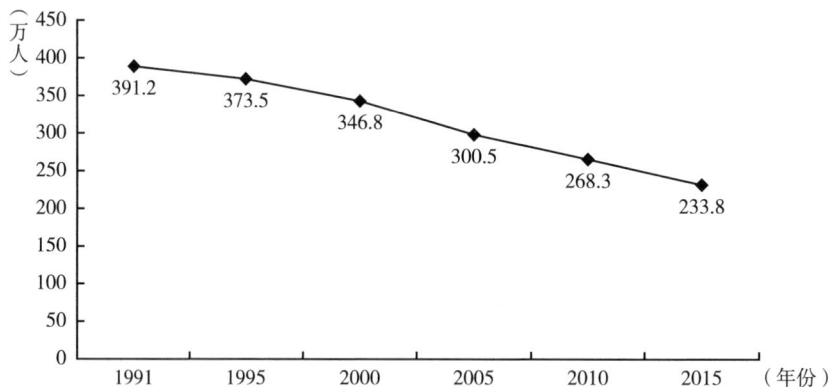

图1 历年北京市农业户籍人口数量变化趋势

资料来源：《北京统计年鉴》，北京统计信息网，http://www.bjstats.gov.cn/nj/main/2016-tjnj/zk/indexch.htm。

---

① 参见国家统计局分省年度数据，http://data.stats.gov.cn/easyquery.htm? cn = E0103。

转居农民群体的诞生是农民阶层内部分化的结果。著名社会学家陆学艺在研究中指出改革开放后随着市场经济体制和家庭联产承包责任制的实施，农民成为独立的商品生产者①，实现了在农村内部的流动和异地间的流动。2015年，北京市第一产业从业者为50.3万人，远远低于233.8万农业户籍人口数量，可见农业劳动者阶层在逐渐缩小，农民职业结构发生了变化。随着近十年来征地力度的加大，在农民阶层中又分化出转居农民这一群体。根据倪志伟的市场转型理论，导致社会分层的主要方式可以分为市场机制和行政权力两类，受到市场引导的农民来到城市从事非农工作产生了农民工群体，而由于国家征地而出现的转居农民则是行政权力导向的产物。陆学艺在多篇文章中均指出，征地潮带来4000多万失地农民，他们本是中国最富裕、最有文化、最会经营的农民，但由于征地后缺乏合理补偿和安置而被迫沦为"种田无地、就业无岗、低保无份、上告无门"的群体，其中更是有不少成为挣扎在贫困线上的无业游民。②

转居农民是从农民群体中分化出来的，同时其内部也已经发生阶层分化。人们对于转居农民群体常常会产生两极分化的评价。一方面，人们认为转居农民因获得了非农户口和征地拆迁补偿而跃升为富人阶层，媒体报道中"一拆暴富"也成为转居农民的代名词。另一方面，因过度挥霍、沾染不良生活习惯而"一夜返贫"现象频现，并且多位学者的实证调研结果均表明作为农民阶层中的亚群体，转居农民面临着严峻的社会适应问题，容易成为未来城市中的新贫困群体，不断增多的由征地引发的上访、冲突和群体性事件也证明了转居农民容易成为社会的不稳定因素。产生这两种截然不同结论的原因正是转居农民群体内部存在着较强的异质性，不同类型转居农民的生存现状差异巨大。2016年习近平总书记在安徽小岗村主持召开的农村改革座谈会上表示，新形势下深化农村改革主线仍然是处理好农民和土地的关系。③

① 陆学艺：《重新认识农民问题——十年来中国农民的变化》，《社会学研究》1989年第6期。
② 陆学艺：《关于解决当前农业、农村、农民问题的几点意见》，《陆学艺文集》，社会科学文献出版社，2002，第498页；陆学艺：《调整城乡关系，解决好农村、农民问题》，《陆学艺文集》，社会科学文献出版社，2002，第602页。
③ 《加大推进新形势下农村改革力度　促进农业基础稳固农民安居乐业》，《人民日报》2016年4月29日，第1版。

因而解决征地问题需要对转居农民进行分化研究，了解其内部差异及群体类型特征，这对有针对性地解决其存在的困难，促进征地、安置制度的完善，增强社会保障，使所有转居农民都能更好地从征地中获益具有必要性和重要的现实意义。

本研究的资料来源于北京市社科规划项目"新世纪以来北京市转居农民就业状况调查"，该项调查选取了北京市朝阳 Q1、Q2 社区，朝阳 H 社区，昌平 Z 社区，密云 T 社区，延庆 J、S 社区等"村改居"社区进行走访，对转居农民进行抽样问卷调查以及焦点访谈，访谈对象情况如表 1 所示。

表 1 访谈对象具体情况

调查地点	访谈对象及情况
朝阳 Q1、Q2 社区	村委会主任、转居亲历者，共计 2 人
朝阳 H 社区	村转居社区干部 3 人，转居农民代表 2 人
昌平 Z 社区	村转居社区干部 5 人
密云 T 社区	转居农民代表 3 人，村转居社区干部 2 人，街道社工 1 人
延庆 J、S 社区	街道办事处工作人员 2 人，转居农民代表 11 人

二 分化群体类型与分化机制

（一）理论依据

社会结构的相关理论很多，对社会结构进行划分的标准也各有不同。在研究中国社会分化问题上，陆学艺提出了以职业分类为基础，以经济资源、文化资源、组织资源的占有状况为标准划分社会阶层的理论框架。其中经济资源是指对生产资料的所有权、使用权和经营权；文化资源代表了拥有的知识和技能；组织资源则是依据国家政权组织和党组织系统而拥有的支配社会资源的能力。在此分类标准下，中国社会被划分为"国家与社会管理者，经理人员，私营企业主，专业技术人员，办事人员，个体工商户，商业服务业员工，产业工人，农业劳动者，城乡无业、失业、半失业者"十大阶层[①]，这也成为学者们分析中国社会

---

① 陆学艺主编《当代中国社会阶层研究报告》，社会科学文献出版社，2002，第 8~22 页。

结构与阶层最常借鉴和使用的方法。另外，根据这一分类依据陆学艺先生还将中国农村社会概括为"农村管理者、乡镇企业管理者、私营企业主、个体劳动者与个体工商户、农民知识分子阶层、雇工、农民工、农业劳动者"八个阶层①。

因而，本文也沿用陆学艺十大阶层（以下简称"十大阶层"）的分类标准，按照从上到下的顺序将转居农民划分为"管理人员、私营企业主、技术人员、个体劳动者或个体工商户、雇工、农业劳动者或兼农劳动者、无业或失业人员"七个群体类型。

（二）分化群体类型

1. 管理人员

农村管理者阶层一般指农村基层干部，对农村的政治、经济与社会生活有组织管理职责。而在转居农民中"村转居"社区工作人员及干部、村集体经济管理者都属于管理人员，这类人群拥有最多组织资源，但在转居农民中所占比例较小。如朝阳 Q1、Q2 两个社区居委会的工作人员大多是本地转居农民，原本在村委会和村党委工作，工作中积累的组织资源使其在村改居后被返聘到新成立的社区组织中继续从事社区管理工作。

2. 私营企业主

转居农民中私营企业主是指企业生产资料私有，自主经营且雇佣 8 名以上工人的转居农民。他们所拥有的经济资源在所有转居农民群体中是最多的，且多在征地前就有相关的经营经验，此类群体规模同样较小。私营企业主解决了其自身的生计问题，同时其经营的企业更是吸纳了大规模转居农民中的雇工阶层就业，为其提供可持续生存的经济来源。

3. 技术人员

转居农民中的技术人员是在教育、科技、医药、文化、艺术等领域从事具有一定专业技术性工作的劳动者，如会计、电工、木匠、瓦匠、裁缝、维修工、教师、乡村诊所医生、专职司机等都是这一群体从事较多的职业，另外也

---

① 陆学艺：《中国农民的过去、现在与未来》，陆学艺主编《当代中国社会阶层研究报告》，社会科学文献出版社，2002，第 170～173 页。

有接受了高等教育的青年转居农民在本地区之外的 IT 行业就职。这些专业技术人员都是转居农民中的能工巧匠，普遍拥有较多的文化资源，且在转居前就有从事相关工作的经历，因而无论是在农村还是城市其都能满足劳动力市场的需求，生活受征地的影响相对较小，工作也较为稳定。

4. 个体劳动者或个体工商户

农村中的个体劳动者或个体工商户阶层是拥有专门技术或具有一定经营能力和生产资料，从事专业劳动或经营小型工、商、服务行业的劳动者和经营者。转居农民群体中的个体劳动者或个体工商户通常不仅拥有经济资源，还具有一定的职业技能和经营经验，但其从事的工作对职业技能、经营资本的要求要低于专业技术人员和私营企业主，通常超市小卖部、理发店、修理店、餐馆、服装店是这一群体主要涉及的经营领域，昌平 Z 社区也有转居农民利用互联网进行个体经营，如开网约出租车，做微商或开网店，其经济收入与转居前相比有了较高增长。

5. 雇工

雇工是农村中的工人阶级，受雇于私营企业或个体工商户。同样属于受雇佣者，雇工与技术人员的区别在于其主要从事体力劳动，并且依据其签署劳动雇佣合同的形式可以分为临时雇工和长期雇工两类。这类转居农民的劳动技能与文化素质有所欠缺，主要从事保安、保洁、收银员、商场导购、仓库管理员、山林巡查员等职业，是转居农民中规模最大的群体。这一群体以年龄较大的转居农民最为常见，劳动力水平与学习能力的下降使得年龄越大的转居农民越难融入城市，只能从事技术性不强的工作。以朝阳 Q1、Q2 社区为例，由于人力资本受限，该社区有大量转居农民只能在临近的低端制造业、运输业企业打零工，其中有 20% ~30% 的雇工年龄在 50 岁左右。与临时雇工相比，长期雇工的职业门槛、收入水平都相对较高，且在能够提供较长期正式雇佣合同的企业中工作更为稳定，企业的规范化管理也保障了转居农民的合法权益[①]，一般政府安置就业的工作多属于此类。为安置转居农民就业，密云政府成立 SZ 物业公司和野生公园景区，共计安排 T 社区 3800 余名转居农民从事保安、保洁、

---

① 陈浩、陈雪春、谢勇：《城镇化进程中失地农民职业分化及其影响因素研究》，《中国人口·资源与环境》2013 年第 6 期。

景区售票员、监控管理、游乐设施维护等工作，且接受政府安置就业的人群中再失业率较低。昌平Z社区也积极吸纳转居农民到新成立的社区中从事服务工作，解决了60~70名转居农民生活问题的同时也保障了社区基础建设。

6. 农业劳动者或兼农劳动者

十大阶层中农业劳动者阶层指的是承包集体耕地，从事种植业、养殖业劳动，全部或大部分依靠农业取得收入并作为生活来源的人群，其原本是中国社会中规模最大的阶层，但随着城市化的快速发展，农民阶层不断缩小，同样的情形也发生在转居农民阶层内部。征地过后，绝大部分转居农民因失去土地而转向从事第二、第三产业工作，但仍然还有很小一部分转居农民选择继续从事农业生产。这些转居农民中有的土地并没有全部被征用，但仅靠剩余土地又无法满足生存需求，因而选择以非农工作为主业的同时兼职农业劳动。还有的村集体土地仍然保留或成立了以第一产业为主的集体经济，如农场或农产品加工工厂等，部分转居农民会继续在集体企业中工作。这一群体不拥有组织资源，其文化资源、经济资源与其他转居农民群体相比也较少。

7. 无业或失业人员

农民不仅是户籍身份，而且是职业身份，拥有土地就拥有了经济和社会保障，因而在传统农民阶层中失业人群所占比例很小。然而，随着征地越来越普遍也开始出现失业的农民，在十大阶层的城乡无业、失业、半失业阶层中也有学者明确指出因征地而在城镇中找不到合适职业的转居农民就是其中一类代表。此类人群在转居农民中占了不小的比例，相关数据显示，有20%~30%的转居农民处于没有工作的状态，在北京市转居农民就业状况调查中969个转居农民个案中处于无工作状态的就占到21.5%。

无固定职业的转居农民中一类是处于法定劳动力年龄的失业人员，其中一部分失业转居农民拥有一定的经济资源，他们依靠征地补偿款、集体经济分红和出租闲置房屋维持生计，虽然依靠一次性补偿在转居初期能够维持生计，然而随着货币贬值，其生活水平难以得到长期保障。相比主动失业的食利阶层，另一部分失业转居农民则属于被动失业。这其中包括了由于肢体残疾或精神障碍而丧失劳动能力的转居农民，还有受教育水平不高，土地全部被征用又缺乏非农工作经验的具有就业能力的转居农民。这类转居农民在城镇劳动力市场中的竞争力不足，不仅找工作困难，就业后更是存在较大的失业风险，企业裁员时往往成为首选对象。在人力资本受束缚的同时，转居农民又对再就业工作薪酬抱有较高期待，"高不成低不就"的失地综合征造成企业需求与转居农民劳动力水平不匹配的"结构性失业"局面。如在以低端产业为主的延庆 J、S 社区，当地企业对青年转居农民以及转居农民子女的吸引力度不够，就业需求的不匹配导致了部分青年人待业在家。

另一类无固定职业的转居农民是法定劳动力年龄之外的无业人员，包括16 岁以下儿童以及退休转居农民或超转人员（指年龄超过转工安置年限的人员、孤寡老人以及法定劳动年龄范围内经鉴定完全丧失劳动能力且不能进入社会保险体系的病残人员）。由于此类群体没有就业能力，因而其生活主要依靠社会保障。2014 年出台的《北京市征地超转人员服务管理办法》、2015 年北京市政府颁布的《关于完善征地超转人员生活和医疗保障工作的办法》都在不断促进转居农民医疗、养老保障与城镇社会保障制度并轨，2016 年北京市民政局再次下发《关于 2016 年调整征地超转人员生活补助费的通知》，这些政策提升了超转人员的生活水平。以延庆区为例，调整补助费标准后该区超转人员每人每月可以领取补助 1845.5 元到 2085.5 元不等，平均为 2022 元/月左右，高于北京市 1050 元/月的最低生活保障标准。

综上所述，无业或失业人员、雇工、个体劳动者或个体工商户占了转居农民群体的较大比例，而农业劳动者或兼农劳动者、技术人员、私营企业主与管理人员所占比例较小，如图 2 所示。另外通过实证资料分析可见，转居农民中拥有较多经济资源、组织资源和文化资源的个体劳动者或个体工商户、技术人员、私营企业主、管理人员群体受征地的影响较小，生活水平较转居前也有所提高；而缺乏这些资源的雇工、农业劳动者与兼农劳动者则从征地中获益较少，生活水平有所下降，面临的生存风险与发展风险极大，这些群体也更容易出现对征地的不满，引发社会矛盾与冲突。[1] 从社会流动角度来看，转居前缺乏非农工作经验的农业劳动者，在失去土地后会面临社会地位的下降，有可能沦为失业群体中的一员。转居前就选择从事非农职业的农民工、技术人员、私营企业主、管理人员，其转居后的社会地位与转居前基本保持不变，但其中也有部分转居农民选择自主失业，成为食利阶层。

---

[1] 冯晓平、江立华：《阶层分化下的失地农民风险研究》，《中州学刊》2011 年第 5 期。

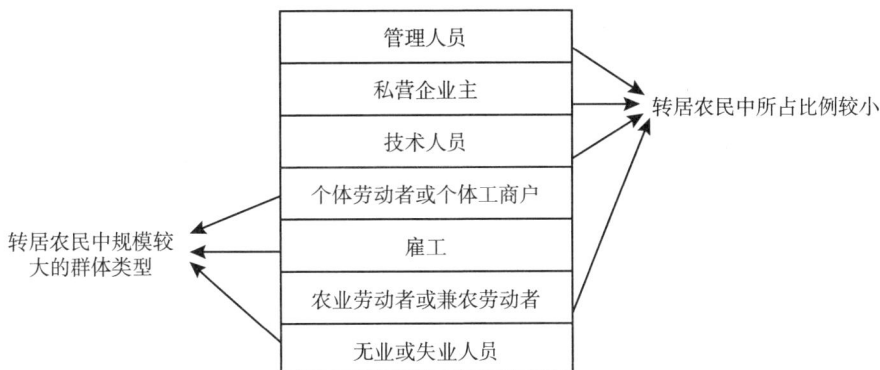

图2　转居农民分化群体类型

（三）分化机制

转居农民内部分化为以上七个群体类型是城镇化、工业化大环境影响的直接结果，这不仅与个人拥有的人力资本和社会资本有关，而且受到社会政策的影响，转居农民群体占有的经济资源、文化资源、组织资源有所不同，从而造成了群体间的差异。

1. 社会政策

社会政策会对转居农民拥有的各项资源产生综合影响。征地补偿政策与就业安置政策影响着转居农民拥有的经济资源。国家的征地补偿与安置政策在不同地区有较大差异[1]，合理的补偿款与集体分红为转居农民创业提供了资金，能够促进转居农民从雇工转化至个体工商户或私营企业主。同时也有研究表明，征地补偿对工资收入较高的本地非农就业者和外出打工者的影响较小，而对转居前收入较低的农业劳动者产生了显著的负面影响。[2]

另外，地区的发展政策也决定了转居农民的发展空间，经济开发区的建设规划与集体经济、乡镇企业的鼓励发展政策也为转居农民提供了向上流动的机会。例如以"首都生态涵养发展区"和"建设国际一流生态文明示范区"为

---

[1]　章辉美、何芳芳:《失地农民社会分层机制的实证研究》,《江汉论坛》2008 年第 5 期。

[2]　谢勇:《土地征用、就业冲击与就业分化——基于江苏省南京市失地农民的实证研究》,《中国人口科学》2010 年第 2 期。

定位的延庆，其征地大部分都用于植被覆盖和生态保护，仅有公共设施维护以及"村改居"社区能够提供就业安置机会，从而造成了 J 和 S 社区的转居农民面临就业无岗的失业局面。相比就业安置名额有限的延庆，获得政府支持建设的密云 T 社区的转居农民则对征地转居持较为满意的态度。

2. 人力资本

个人人力资本的差异决定了转居农民拥有文化资源的能力不同，体现了劳动力水平的差距，在转居农民群体中主要表现为受教育水平、非农就业技能与非农工作经验方面。拥有较高的人力资本能够帮助转居农民更好地适应职业上的转变，其转居后的生存风险与发展风险都较小。

3. 社会资本

个人社会资本的差异使得不同群体的转居农民拥有的组织资源不同。社会网络的异质性越高、社会交往越广泛的转居农民越容易在转居后获得社会地位的提升。原本属于管理人员、个体工商户、私营企业主群体的农民在转居后依靠工作中积累的社会资本依然能够保持社会地位不下降。

三 政策建议

对转居农民进行分层研究，目的是了解哪些农民在经历转居后会面临生存困境，在明确了征地会对怎样的人群产生较为严重的冲击后才能够进行精准施策、精准扶贫，有针对性地解决转居农民面临的问题，促进社会和谐稳定。近年来，多个中央文件都提及了促进农村征地改革的任务。党的十八届四中全会通过的《中共中央关于全面深化改革若干重大问题的决定》中明确指出要缩小征地范围，规范征地程序。2014 年中央一号文件提出要改变对被征地农民的补偿办法，除补偿农民被征收的集体土地外，还必须对农民的住房、社保、就业培训给予合理保障。因地制宜地采取留地安置、补偿等多种方式，确保被征地农民长期受益。2015 年中央一号文件进一步主张完善对被征地农民合理、规范、多元保障机制。2016 年中央一号文件则强调推进农村土地征收制度改革。因而要减少转居农民内部差异，使转居农民顺利完成城镇化，还需不断进行土地征收及安置制度改革，促进转居农民社会保障与城镇社会保障体系接轨，真正让农民从征地中更多获益。

（一）完善征地补偿与安置政策，促进转居农民经济资源积累

解决转居农民生计问题不仅要促进就业，还要合理地做好补偿工作。公平的补偿机制能够确保转居农民分享到土地带来的利益，经济资源的积累更有利于促进转居农民自主创业。另外政府还应提高安置就业比例，使转居农民能够有充足的就业选择能力，降低失业率。

（二）积极开展职业技能培训，丰富转居农民文化资源

劳动力水平一定程度上决定了人们所处的职业地位，因而要使转居农民获得较为稳定的生活来源，提升其向上层流动的概率，还需积极为其开展多类型、有针对性的职业技能培训，提高转居农民素质。另外，促进城乡一体化的劳动力就业服务体系建设，确保就业信息传递通畅也极为重要。

（三）建立转居农民社会保障体系，促进与城镇保障体制并轨

多位学者通过大量实证研究提出，解决转居农民问题应依据"以土地换保障，以保障促就业，以就业促发展"的思路展开，因而建立转居农民社会保障体系，促进其与城镇社会保障体制接轨，确保转居农民能与城镇居民享有同等的待遇将是未来转居工作的重点内容之一。

B.6
超大城市中的"流动老人"特征分析报告*

——基于对北上广深流动家庭的调查

李 升 黄造玉**

摘　要：　根据国家卫计委2015年全国流动人口动态监测调查数据，本文对北上广深超大城市流动老人的流动特征和生活特征进行了分析。在流动特征方面：北上广深的流动老人在户籍来源上存在差异，京沪主要是非农业户籍的流动老人，广深则更多是农业户籍的流动老人；流动老人流入地选择有"就近"倾向，京沪表现为周边地区跨省流动，广深则是省内流动比例较大；流动老人的流动时间存在城市差异，相较于广深城市，京沪两地更偏于"长期化"；流动老人的流动原因主要为照顾晚辈、养老和务工经商，选择"养老"的更多为非农业户籍流动老人，选择"务工经商"的更多为农业户籍流动老人。在生活特征方面：离退休金是流动老人的主要经济来源，其次是家庭支持和劳动收入；流动老人的收支情况存在城市间的差异，广州流动老人家庭收支最低，北京住房支出最高；大部分流动老人身体健康，健康状况与教育和家庭收入有关，且多数流动老人持有医疗保险；多数流动老人在流入地有朋友，身体越健康的老人越容易在流入地有朋友。

---

　* 本文为国家社科基金项目(14CSH012)的阶段性成果。

　** 李升，北京工业大学首都社会建设与社会管理协同创新中心、人文社会科学学院社会学系副教授；黄造玉，北京工业大学人文社会科学学院社会学系本科生。

关键词： 超大城市　流动老人　流动特征　生活特征

伴随中国城市化和人口老龄化进程的不断发展，流动人口中的老龄群体，即流动老人成为越来越需要关注的重要群体。已有分析指出流动老人的数量正在快速增长：2010 年第六次全国人口普查数据显示，2010 年，我国户籍不在原地且离开户口登记地半年以上的 60 岁以上人口数量达到 934.4 万人，与 2005 年 1% 人口抽样调查相比，5 年间流动老年人口增加了 87.1 万人，占全部流动人口的 5.79%。[①] 国家卫计委发布的《中国流动人口发展报告 2016》指出，流动老人占流动人口总量的 7.2%，整体上呈现增长态势，照顾晚辈、养老与务工经商构成老人流动的三大原因。流动老人数量的增长给流入城市的基础设施建设和医疗保障制度等社会支持都带来了压力和挑战，尤其是对于北上广深这样的超大城市。以往关于流动老人的研究中，一般只基于户籍所在地和居住地的变化对流动老人的流动身份进行了限定，而未对流动老人所在家庭的性质进行划分，而且在数据来源方面，一般只针对一个或几个范围较小的流动人口聚集区进行调查，缺少大的区域数据的使用。因此，通过大样本数据的使用以及对流动老人所在家庭"流动"性质的界定，本研究尝试描述超大城市中的流动老人特征。

研究报告使用的数据来源于国家卫计委 2015 年全国流动人口动态监测调查，将"流动老人"界定为在调查时点 60 周岁及以上的流动人口。接受调查的流动家庭中，半边户（即夫妻一方为户籍人口，另一方为流动人口）不属于调查对象，"流动"是指调查样本地点区别于调查对象户籍所在地的情况。从调查数据中选取北上广深的流动老人共 6600 人，其中，北京调查的流动老人 3040 人，上海调查的流动老人 3008 人，广州调查的流动老人 116 人，深圳调查的流动老人 436 人。研究报告将主要从调查对象的基本特征、流动特征和生活特征三个方面，对北上广深超大城市中的流动老人特征进行分析。

---

① 吴少杰：《43% 流动老人流动原因为照料晚辈》，《中国人口报》2016 年 10 月 27 日。

一 调查对象的基本特征分析

从调查数据的整体结果来看，受访流动老人年龄大部分在 60~75 岁，男女比例基本均等，非农业户籍人口比例略高于农业户籍人口。男性非农业户籍流动老人的受教育程度明显较高，年龄较大的女性流动老人则更有可能处于丧偶的状态。

在性别和年龄构成方面，调查的流动老人年龄跨度较大，年龄最小为 60 岁，最大为 93 岁。流动老人年龄总体趋于"相对年轻化"，有 47.5% 的流动老人年龄在 65 岁以下，约 90% 的流动老人年龄不超过 75 岁。年龄在 85 岁以上的流动老人仅占总人数的 1%。在流动老人的性别方面，两性的比例约为 1∶1，女性略多于男性，占总人数的 50.2%。

在户籍类型方面，非农业户籍流动老人所占比例为 56.7%，比例略高于农业户籍流动老人。北上广深各城市农业户籍与非农业户籍流动老人的比例存在差异，北京和上海"非农"流动老人所占比例更大，广州和深圳则是农业户籍流动老人所占比例更大。如图 1 所示，在北上广深四个城市中，农业户籍流动老人所占比例依次升高，北京农业户籍流动老人所占比例为 35.0%，深圳农业户籍流动老人所占比例达 80.7%。

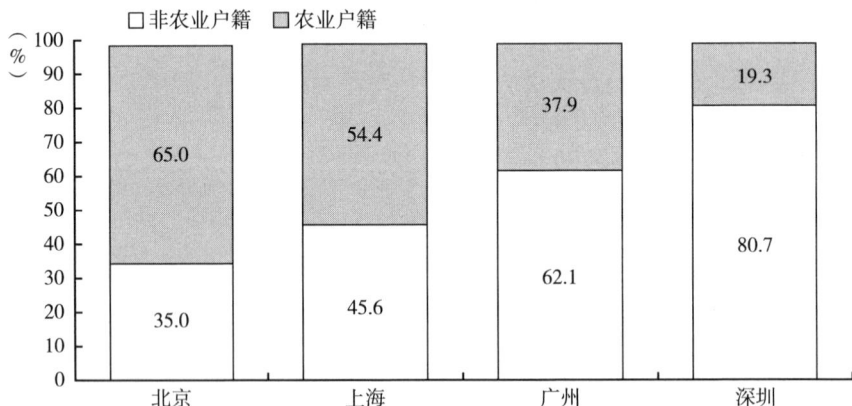

图 1 不同城市中流动老人户籍类型分布

在受教育程度方面，不同户籍类型、不同性别的流动老人受教育程度特征不同。如图 2 所示，女性流动老人的受教育程度整体低于男性，受教育程度在小学及以下的女性流动老人比例达 44.0%，而受教育程度在大专/大本及以上的女性流动老人比例为 10.7%，同一受教育程度的男性流动老人比例为 19.6%。户籍类型也是影响流动老人受教育程度的重要因素，64.9% 的农业户籍流动老人受教育程度在小学及以下，受教育程度为大专/大本及以上的流动老人比例仅为 0.8%。相比之下，非农业户籍流动老人的受教育程度普遍较高，受教育程度在大专/大本及以上的比例为 26.1%。

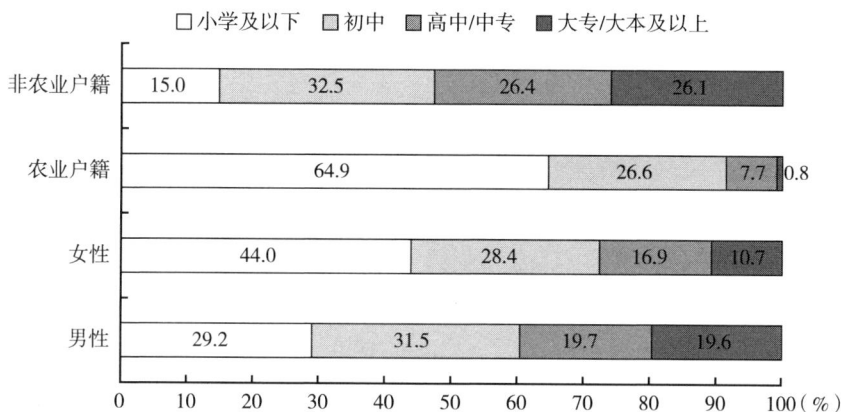

图2　不同性别和户籍类型流动老人的受教育程度分布

二　超大城市流动老人的流动特征分析

调查数据显示，北上广深超大城市的流动老人主要来自东部和中部地区，流动老人在流入地的选择上存在"就近"的倾向，如河北的流动老人主要流入北京，江苏的流动老人主要流入上海等。整体上看，约半数的流动老人在流入地的生活时间不到 5 年，照顾晚辈（包括照顾孙辈和照顾子女）、养老及务工经商是其流动的主要原因，但不同超大城市存在差异。

（一）流动老人流入地选择有"就近"倾向，京沪主要是周边地区跨省流动，广深省内流动比例较大

在北上广深超大城市中，户籍所在地在东部地区的流动老人最多，占总人

数的36%，其次是中部地区，占总人数的34%，流动老人主要来自安徽（11%）、江苏（10%）、河北（10%）、黑龙江（8%）、河南（7%）等省份（见图3）。图4展示了流动老人在不同省份之间流动的情况，弦的联结表示流动老人在弦两端的省份之间产生了流动，弦的宽度表示流动老人的数量。户籍所在地为河北及东三省的流动老人主要流入北京；户籍所在地为安徽、江苏、浙江、江西等地的流动老人主要流入上海；流入上海、深圳的流动老人除了省内跨市流动外，湖南和湖北是其主要的户籍所在地。

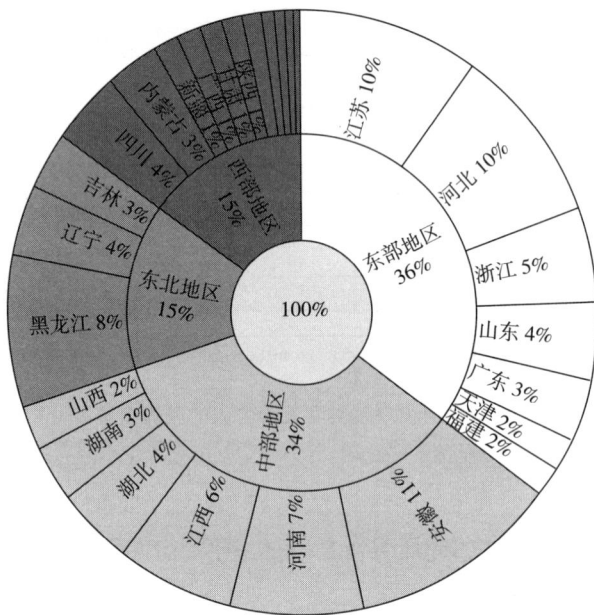

图3　流动老人户籍所在地分布

在流动老人的流动范围方面，北上广深四个城市的流动老人中，跨省流动的流动老人占全部受访流动老人的97.3%，省内跨市流动的流动老人比例仅为2.7%。京沪和广深流动老人的流动范围存在差异：流入地为北京和上海的流动老人表现为跨省流动；流入地为广州和深圳的流动老人中，有32.6%属于省内跨市流动，在户籍所在地为广东的流动老人中，有81.8%的老人属于省内跨市流动。

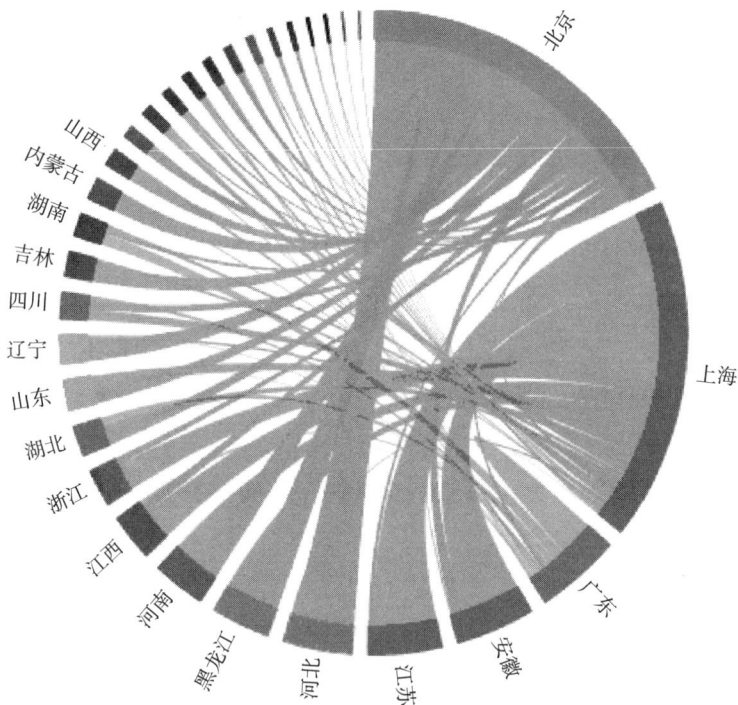

图4 流动老人流动方向

（二）流动老人的流动时间存在城市差异，相较于广深城市，京沪两地更偏于"长期化"

整体上看，流动老人的流动时间分布比例如图5所示，流动老人的流动时间主要集中于1~3年，流动时间在3年以内的流动老人所占比例最大，且随着流动时间的增长，各个时间段内的流动人口比例基本逐渐下降。具体分城市来看，不同城市流动老人的流动时间分布比例不同，北京和上海两地的情况相似，广州和深圳两地的情况相似，广深城市流动老人的流动时间明显短于京沪城市。调查数据显示，约75%的流动老人在广深两地的流动时间在3年以内，而在京沪两地流动时间在3年以内的流动老人比例约为35%，京沪两地有约30%的流动老人流动时间在10年以上。从表1的数据结果也可以看出，京沪两地流动老人的流动时间平均为7.2年，广深地区则为3.3年左右。

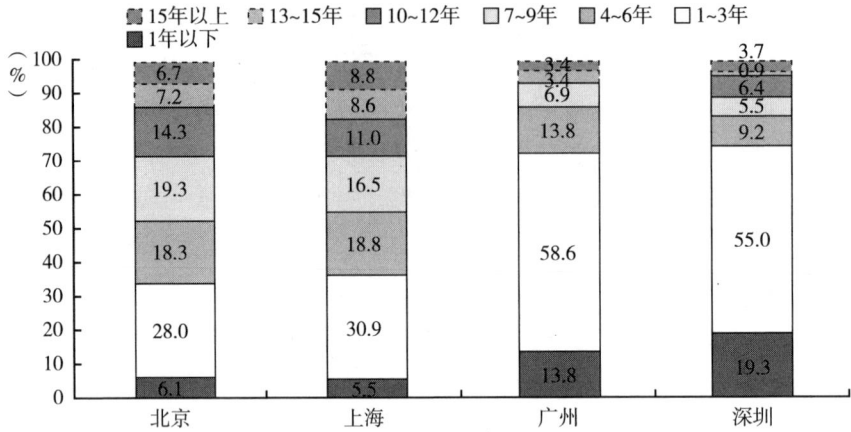

图5 不同城市的流动老人流动时间分布

进一步对流动老人的流动时间和全部流动人口的流动时间进行比较分析，可以看出，在不同城市的差异上，北京与上海的数据特征仍然接近，广州与深圳的数据特征与北京和上海的数据特征有所不同。在京沪两地，流动老人的平均流动时间比当地流动人口的平均流动时间长约1年，与流动人口流动时间的分布相比，流动老人流动时间分布的离散程度较大；在广深两地，流动老人和流动人口的流动时间基本一致，广深两地流动人口的流动时间分布比流动老人的流动时间分布更为分散（见表1）。

表1 不同超大城市流动老人和流动人口流动时间统计比较

单位：年

类别		北京	上海	广州	深圳
流动老人流动时间	均　值	7.2	7.2	3.3	3.4
	中　值	6.0	6.0	3.0	2.0
	标　准　差	6.3	6.4	3.7	4.5
流动人口流动时间	均　值	6.1	6.7	3.3	4.3
	中　值	5.0	5.0	2.0	3.0
	标　准　差	5.7	5.7	4.3	4.8

（三）流动老人的流动原因主要为照顾晚辈、养老和务工经商，不同超大城市存在差异

从北上广深流动老人的整体情况来看，流动老人的家庭化流动特征突出：因照顾孙辈而流动的流动老人比例最大，占35.2%，其次是因养老而流动的流动老人，占23.1%，再次是因照顾子女而流动的流动老人，占19.2%。另有相当一部分老年人仍未退出劳动力市场，主要因务工经商而流动的流动老人比例为14.5%。此外，出于治病及其他原因流动的老人比例为8%。

1. 不同超大城市流动老人的流动原因

尽管照顾子孙构成超过半数流动老人的主要流动原因，但具体到不同城市中，流动老人的主要流动原因占比不同。如图6所示，广州和深圳的情况类似，在这两个城市中流动老人分别有51.7%和53.2%因为照顾孙辈而流动，而流动老人因照顾子女流动的比例则相对较低，深圳该比例为12.8%，广州这一比例仅为3.4%；北京和上海的情况相似，在北京和上海两地虽然照顾孙辈仍是占比最大的流动原因（35%左右），但与广州和深圳相比这一比例明显较低。相对的，在京沪两地流动老人因为照顾子女而流动的比例明显高于另外两个城市，在北京流动老人主要流动原因是照顾子女的比例为18.8%，这一比例在上海为21.0%。广州和深圳因照顾孙辈而流动的流动老人比例比北京和上海大的原因可能在于不同城市相异的人口特征：2015年，广州和深圳的人口出生率分别为17.7‰和19.6‰，明显高于北京出生率8.0‰和上海出生率7.5‰。[①]

从不同城市中流动老人流动原因的分布也可以看出超大城市的不同特色。在北京和上海因治病而流动的流动老人比例分别为1.1%和0.3%，而在受访流动老人中，不存在因为治病而流动到广州和深圳的情况。同时，在北京和上海养老的流动老人比例也高于在广州和深圳养老的流动老人比例，可见京沪相对广深来说，在集中高质量的医疗资源方面具有优势。与其他三个城市相比，在广州因务工经商而流动的流动老人比例最高，占17.2%，反映出广州经济发展较为活跃，就业机会较多的特点。

---

① 数据来源于广州市统计局、深圳市统计局和国家统计局，因统计口径存在差异，数据仅供参考。

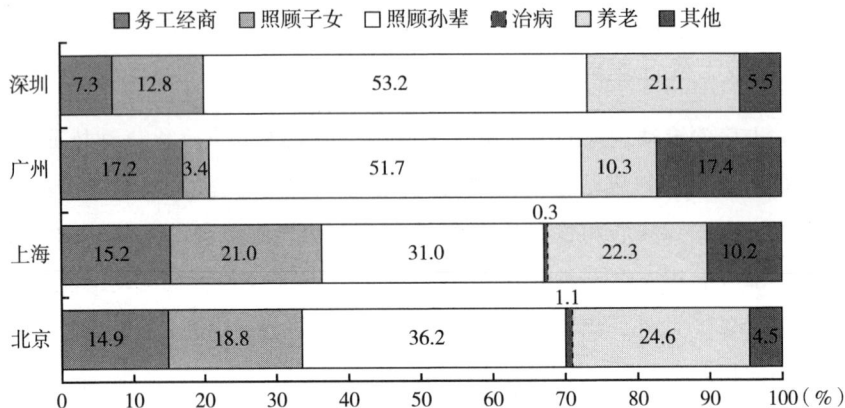

图6　不同城市中流动老人的流动原因分布

2. 不同主体特征流动老人的流动原因

除了地区差异之外，流动老人的主体特征也是影响流动原因的因素。表2显示了性别、户籍类型和流动原因的交互关系。在性别差异上，男性流动老人中有更大的比例因为务工经商流动，而在女性流动老人中则有更大的比例因为照顾子女和孙辈流动。户籍类型给流动原因分布带来的差异主要表现在以下两方面：首先，农业户籍流动老人比非农业户籍流动老人在"分工"的性别差异上更为显著，务工经商的农业户籍流动老人中男女比例为5∶2，而对应非农业户籍流动老人的男女比例约为9∶5；非农业户籍的流动老人与农业户籍的流动老人相比，有更大的比例因为养老而流动。其次，不同户籍类型流动老人的主要流动原因分布不同，农业户籍流动老人的流动原因按所占比例由大至小依次为照顾孙辈（38.0%）、务工经商（22.5%）、养老（17.6%）、照顾子女（15.2%）和治病（1.1%），非农业户籍流动老人的流动原因按所占比例由大至小依次为照顾孙辈（33.0%）、养老（27.3%）、照顾子女（22.1%）、务工经商（8.4%）和治病（0.2%）。即与农业户籍流动老人相比，养老是非农业户籍老人更为主要的流动原因；与非农业户籍流动老人相比，务工经商和治病是农业户籍老人更为主要的流动原因。

如表3所示，以务工经商为主要流动原因的流动老人年龄相对较小，平均年龄约为64岁，身体健康的比例达97.1%，以劳动收入为主要经济来源的流

表2 流动老人性别、户籍类型与流动原因交叉

单位：人，%

性别	户籍类型	流动原因						合计
		务工经商	照顾子女	照顾孙辈	治病	养老	其他	
男性	农业户籍	32.7	12.5	31.5	1.1	17.3	4.8	1408
	非农业户籍	10.9	20.6	31.7	0.2	27.7	8.9	1880
女性	农业户籍	12.7	17.9	44.4	1.1	17.9	6.1	1452
	非农业户籍	6.0	23.7	34.4	0.2	26.9	8.8	1860

动老人比例为70.0%，可见大多数流动老人务工经商的目的是满足其基本生活需要。另外，有22.9%的流动老人以离退休金/养老金为主要收入来源。在流入地务工经商的流动老人普遍受教育程度不高，受教育程度在小学及以下的流动老人比例为46.3%，可以推断，务工经商的流动老人从事较低端行业或体力劳动的可能性较大。因务工经商而流动的流动老人家庭月总收入比因养老而流动的流动老人家庭月总收入低约2000元。

表3 流动原因为务工经商和养老的流动老人特征统计

类别		流动原因	
		务工经商	养老
年龄(中值;均值;极小值;极大值)(岁)		63;64;60;78	67;69;60;93
婚姻状况(人)	未婚	8(0.8)	0(0.0)
	已婚	884(92.1)	1232(80.0)
	离婚	28(2.9)	4(0.3)
	丧偶	40(4.2)	288(18.9)
受教育程度(人)	小学及以下	444(46.3)	456(29.9)
	初中	288(30.0)	448(29.4)
	高中/中专	140(14.6)	300(19.7)
	大专/大本及以上	88(9.2)	320(21.0)
身体健康状况(人)	健康	932(97.1)	1380(90.5)
	不健康,但生活能自理	24(2.5)	656(8.1)
	生活不能自理	4(0.4)	124(1.3)
最主要经济来源(人)	劳动收入	672(70.0)	36(2.4)
	储蓄及理财	16(1.7)	1040(68.2)
	离退休金/养老金	220(22.9)	48(3.1)
	家庭其他成员	44(4.6)	340(22.3)
	其他	8(0.8)	60(3.9)
家庭月总收入(中值;均值)(元)		6000.0;8721.6	8000.0;10208.6

注：表中括号内为占比情况，单位为%。

以养老为主要流动原因的流动老人年龄相对较大，身体状况欠佳，流动老人身体不健康和不能自理的比例分别为 8.1% 和 1.3%，且丧偶的流动老人比例高达 18.9%。区别于务工经商的流动老人，储蓄及理财（68.2%）和家庭其他成员（22.3%）是因养老而流动的流动老人两种最主要的经济来源。上述数据说明部分流动老人选择异地养老的主要动机可能在于寻求家庭成员的照料以及精神慰藉。以养老为主要流动原因的流动老人受教育程度分布较为均等，大专/大本及以上受教育程度的流动老人占 1/5，这也间接说明了以养老为主要流动原因的流动老人所在家庭收入水平相对较高的原因。

3. 不同超大城市流动老人的流动原因变迁

图 7 至图 9 分别反映了在北京、上海以及广州和深圳的流动老人流动原因随流入时间不同而变化的比例分布，从图像的形状可以看出，北京和上海的情况类似。由于对流动老人流动原因的调查发生在某一个时点，所以可能存在流动原因发生变化的情况，比如流动老人最初以务工经商为流动原因，后来随着年龄的增长以及子女在流入地事业的发展转以照顾子孙为主要流动原因。但大体上，图中所呈现的流动原因变迁仍能表现出一定的趋势性。在京沪两地，1980 年之前流动老人以务工经商为主要流动原因；1980 年之后，因照顾子孙而流动的流动老人比例逐步增大，务工经商的流动老人比例逐渐缩小；1995 年前后，照顾子孙和务工经商的流动老人比例基本对等；到 2015 年，照顾子孙完全取代务工经商成为流动老人最大的流动原因。需要强调的是，这里所说的变化仅

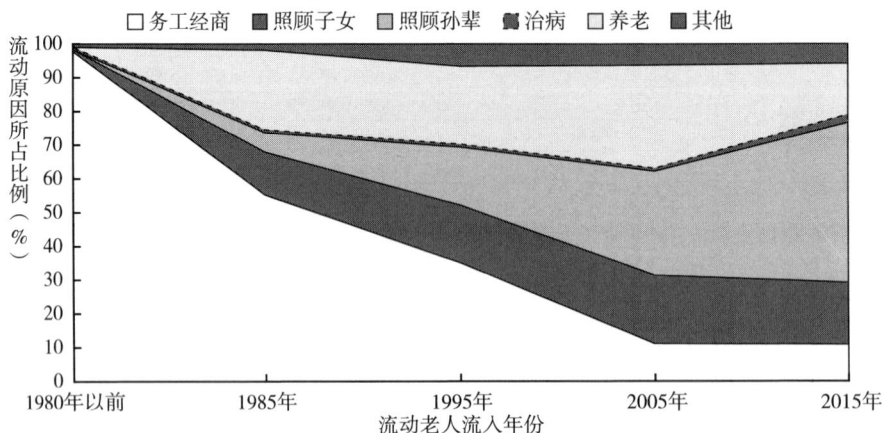

图 7 在北京的流动老人流动原因比例变化

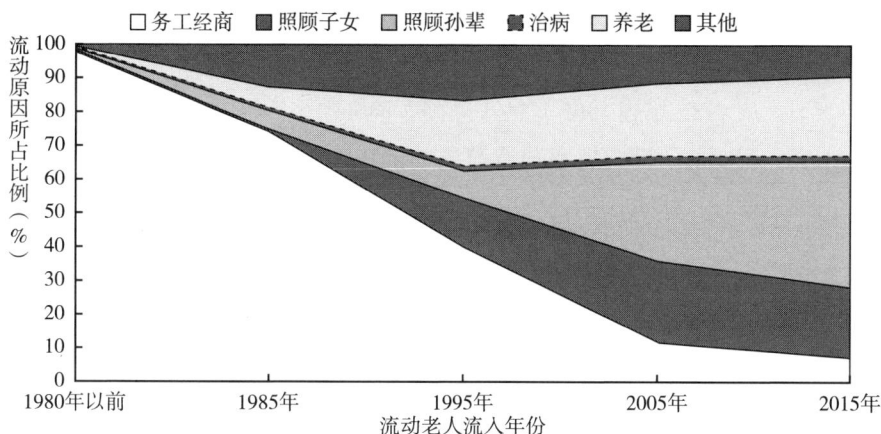

图8　在上海的流动老人流动原因比例变化

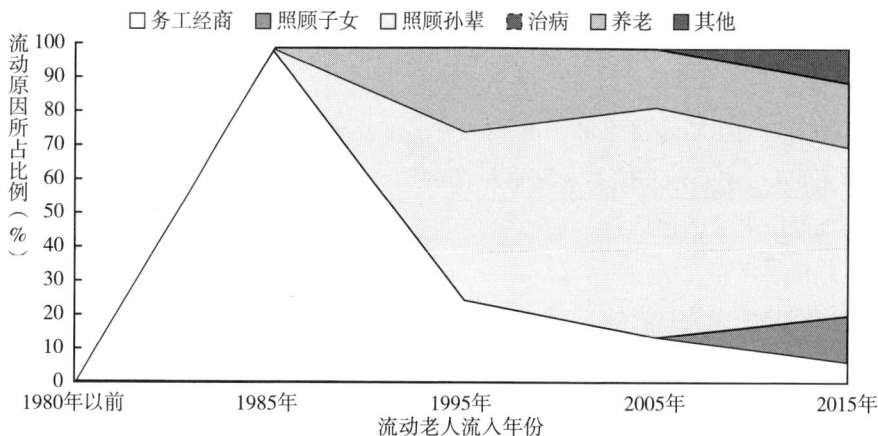

图9　在广州和深圳的流动老人流动原因比例变化

仅指比例的变化，与绝对数量无关，从抽样调查的情况看，2015年流入的务工经商流动老人数量多于1980年之前流入的流动老人数量。

另外，不同流动原因的变化速度是不同的，在北京，因照顾孙辈而流入的流动老人比例增长最快，而因照顾子女而流入的流动老人比例则在近10年变化趋于平缓，因养老而流入的流动老人比例则在经过约20年的扩大之后，在近10年比例逐渐缩小。可以推断，随着国家生育限制的逐步放开，未来因照顾孙辈而流动的老人比例可能会继续上升。在上海，流动原因主要为照顾孙辈和养老的流动老人比例增长缓慢，出于其他原因而流动的流动老人比例有下降的趋势，未来在上海照顾孙辈和养老的流动老人比例可能将进一步扩大。在广州和深圳，从1985年到1995年的十年间，因务工经商而流动的流动老人比例急速下降，相对的，因为照顾孙辈而流动的流动老人比例则实现了从0到约50%的快速增长，从2005年开始，因照顾子女而流动的流动老人才开始出现并且比例逐渐增大，若将此趋势延续下去，则在广州和深圳因为照顾子女而流动的流动老人比例将逐渐扩大，但照顾孙辈在一定时间内仍将是流动老人流动的最主要原因。

三　超大城市流动老人的生活特征分析

从北上广深流动老人整体的情况来看，离退休金、家庭供养和劳动收入仍是流动老人经济来源的三大支柱。57.3%的流动老人的主要经济来源是离退休金/养老金，22.3%的流动老人的主要经济来源是家庭其他成员，劳动收入也是流动老人的主要经济来源，占12.0%，依靠最低生活保障金的流动老人比例为1.8%，主要依靠储蓄及理财生活的流动老人比例最少，仅占1.5%，依靠其他经济来源的比例为5.1%。

户籍类型和性别是流动老人收入来源的影响因素（见表4）。从户籍差异看，家庭其他成员是农业户籍流动老人中比例最大的经济来源，而超过80%的非农业户籍流动老人主要依赖离退休金/养老金。与非农业户籍流动老人相比，农业户籍流动老人有更大的比例依靠劳动收入和最低生活保障金。在性别差异方面，男性流动老人比女性流动老人更加经济独立，农业户籍流动老人中，

表4　流动老人户籍类型、性别和主要经济来源交互

单位：%

户籍类型	性别	主要经济来源						合计
		劳动收入	储蓄及理财	离退休金/养老金	最低生活保障金	家庭其他成员	其他	
农业户籍	男性	31.3	1.1	21.6	2.8	37.8	5.4	100.0
	女性	11.3	1.7	22.6	3.9	50.1	10.5	100.0
非农业户籍	男性	6.0	1.7	85.7	0.2	4.0	2.3	100.0
	女性	4.1	1.5	82.8	1.1	7.3	3.2	100.0

女性流动老人经济来源依靠家庭其他成员的比例为50.1%，男性流动老人依靠家庭其他成员的比例为37.8%。另外，男性流动老人比女性流动老人有更大的比例以劳动收入为主要经济来源。非农业户籍流动老人经济来源的性别差异小于农业户籍流动老人经济来源的性别差异。

（一）流动老人的收支情况存在城市间的差异，广州流动老人家庭收支最低，北京住房支出最高

总体来看，北京、上海和深圳的流动老人家庭月均收支金额高于广州的流动老人，同时，与另外三个城市相比，广州流动老人家庭月均收支金额分布相对集中（见表5）。在流动老人家庭月食品支出方面，深圳流动老人家庭月食品支出最高，均值为2601.9元，高出北京和上海流动老人家庭月食品支出约500元，高出广州流动老人家庭月食品支出约1000元；在流动老人家庭月住房支出方面，北京流动老人家庭月住房支出约3000元，高出上海和深圳流动老人家庭月住房支出约1000元；在流动老人家庭月总支出方面，深圳流动老人家庭月总支出最高，均值为6134.9元，其次是北京流动老人的家庭月总支出，均值为5901.4元，再次是上海流动老人的家庭月总支出，比北京流动老人家庭月总支出少约500元；在流动老人家庭月总收入方面，北京、上海和深圳三地流动老人家庭月总收入水平相近，均值在13000元左右，广州流动老人家庭月总收入明显较低，均值为8835.7元。

表5　不同超大城市流动老人家庭收支情况统计

单位：元

类别		北京	上海	广州	深圳
家庭月食品支出	均值	2072.2	2174.4	1637.9	2601.9
	中值	2000.0	2000.0	1500.0	2500.0
	标准差	1176.1	1247.1	623.8	1196.0
家庭月住房支出	均值	2958.0	2056.3	1462.5	1995.2
	中值	3000.0	1500.0	1400.0	1500.0
	标准差	2130.9	1852.7	1000.5	1982.9
家庭月总支出	均值	5901.4	5400.2	4406.9	6134.9
	中值	5000.0	4500.0	4100.0	5000.0
	标准差	4471.2	3697.3	2407.8	5426.8

类别		北京	上海	广州	深圳
家庭月总收入	均值	13516.0	12760.3	8835.7	13088.9
	中值	9000.0	10000.0	7500.0	9000.0
	标准差	37675.3	15375.8	4300.6	14920.8

（二）大部分流动老人身体健康，健康状况与教育和家庭收入有关

身体健康是老年人生活质量的保障，身体健康的程度限制了老人活动的范围和活动的方式。超大城市中流动老人身体健康状况总体良好，受访流动老人中身体属于健康的比例达到95.8%，属于不健康但生活能自理的比例为3.7%，生活不能自理的流动老人仅占0.5%。流动老人身体状况总体良好的另一个表现是在过去的一年中，患有医生诊断需要住院的病/伤的受访流动老人比例仅为5.8%。同时，流动老人存在潜在健康风险的可能性较大。首先，在平时生病的处理上，受访流动老人中，53.3%的人选择看医生，41.6%的人选择在本地买药或自我治疗，2.1%的人选择从老家带药，1.7%的人选择不处理等待自愈（1.3%选择其他方式）；其次，受访流动老人高血压或糖尿病的患病率较高，医生确诊患有高血压或糖尿病的流动老人比例为25.6%；最后，受访流动老人中在过去一年参加社区卫生服务站或中心组织的免费健康体检的比例不高，参加过上述体检的流动老人占22.3%，明确没参加过的流动老人占72.4%，在参加过体检的流动老人中，自我评价身体状况属于不健康的流动老人比例仅占2.7%，而这一比例在没参加体检的流动老人中为4.6%。也就是说，很大一部分流动老人很有可能因为患有慢性疾病，没有及时参加体检，并且生病时选择自己处理，因而没有及时发现自己身体状况存在的隐患。

如表6所示，流动老人受教育程度越高，其身体健康的比例越大。受教育程度在小学及以下的流动老人中，身体健康的流动老人比例为94.5%，身体不健康的流动老人比例为5.0%，生活不能自理的流动老人比例为0.5%。随着受教育程度的提高，身体健康的流动老人比例上升，而身体不健康和生活不能自理的流动老人比例呈下降趋势。受教育程度在大专/大本及以上的流动老

人中，身体健康的流动老人比例达到98.4%，身体不健康的流动老人比例下降至1.6%，不存在生活不能自理的流动老人。

表6 流动老人受教育程度与健康状况交叉

单位：%

受教育程度	健康状况			合计
	健康	不健康	生活不能自理	
小学及以下	94.5	5.0	0.5	100.0
初中	96.0	3.6	0.4	100.0
高中/中专	96.0	2.6	1.3	100.0
大专/大本及以上	98.4	1.6	0.0	100.0

表7显示了流动老人的健康状况与其户籍类型、家庭月总收入的关系。不同户籍类型的流动老人，其健康状况与家庭月总收入的关系不同。在农业户籍的流动老人中，其家庭月总收入越高，身体健康的比例越大。家庭月总收入在5000元以下的流动老人中，有93.9%身体健康，当家庭月总收入达到20000元以上时，身体健康的流动老人比例上升至97.9%。非农业户籍流动老人中，其健康状况随家庭月总收入增长基本呈倒U形变化。家庭月总收入在10000~15000元区间范围内的流动老人健康状况最好，身体健康的流动老人比例为98.4%，没有生活不能自理的流动老人。在10000~15000元区间范围两侧，流动老人身体健康的比例下降。家庭月总收入在20000元以上的流动老人身体健康的比例又出现小幅回升。

表7 流动老人户籍类型、家庭月总收入与健康状况交叉

单位：%

户籍类型	家庭月总收入	健康状况			合计
		健康	不健康	生活不能自理	
农业户籍	5000元以下	93.9	5.1	1.0	100.0
	5000~10000元	94.5	5.5	0.0	100.0
	10000~15000元	96.0	4.0	0.0	100.0
	15000~20000元	96.0	1.3	2.7	100.0
	20000元以上	97.9	2.1	0.0	100.0

户籍类型	家庭月总收入	健康状况			合计
		健康	不健康	生活不能自理	
非农业户籍	5000 元以下	96.8	2.7	0.5	100.0
	5000~10000 元	97.2	2.5	0.3	100.0
	10000~15000 元	98.4	1.6	0.0	100.0
	15000~20000 元	93.4	5.1	1.5	100.0
	20000 元以上	95.5	3.8	0.8	100.0

（三）多数流动老人在流入地有朋友，身体越健康的老人越容易在流入地有朋友

流动老人退出工作领域后，原有因业缘关系而形成的社会网络弱化，加之流动老人流动之后生活空间发生改变，与原居住地的亲戚朋友等联系减少，因而在流入地，流动老人需要重构其社会网络关系，在新的环境中获得社会支持。流动老人在流入地的朋友数量是反映其社会交往状况的一个指标，可以推测，流动老人在流入地朋友数量越多，其情感、社交等需求越有可能得到满足。在所有受访的流动老人中，其朋友数量主要集中在 1~5 人区间（41.6%），其次是 6~10 人区间（25.6%）。流动老人的健康状况是影响其朋友数量的重要原因：流动老人身体越健康，其在流入地拥有更多朋友的可能性就越大。如表 8 所示，在身体状况为"健康"的流动老人中，拥有 16 个及以上流入地朋友的比例为 15.6%，在身体状况为"基本健康"的流动老人中，拥有 16 个及以上流入地朋友的比例下降至 10.1%，该比例在身体状况"不健康"的流动老人中为 3.3%，在生活不能自理的流动老人中基本为 0，可见良好的身体状况是充分参与社会生活的基础之一。

表 8　流动老人健康状况与流入地朋友数量交叉

单位：人，%

健康状况	流入地朋友数量						合计
	没有朋友	1~5 人	6~10 人	11~15 人	16~20 人	20 人以上	
健康	12.3	38.2	26.8	7.0	7.0	8.6	3520
基本健康	14.4	45.1	25.1	5.3	4.1	6.0	2804
不健康	26.7	55.0	15.0	0.0	0.0	3.3	240
生活不能自理	44.4	22.2	22.2	11.1	0.0	0.0	36

四 小结

通过对国家卫计委 2015 年全国流动人口动态监测调查数据的分析，本文描述了超大城市中流动老人的特征，主要结论如下。北上广深四个城市的受访流动老人年龄大部分在 60 ~ 75 岁，男女比例基本均等，非农业户籍人口比例略高于农业户籍人口。男性非农业户籍流动老人的受教育程度明显较高，年龄较大的女性流动老人则更有可能处于丧偶的状态。

在流动特征方面，东部和中部地区是流动老人主要的户籍所在地，流动老人在流入地的选择上大致存在"就近"的倾向，约半数的流动老人在流入地生活时间不到 5 年，照顾晚辈、养老和务工经商是老人流动的主要原因。流动老人的主要经济来源与流动原因存在一定关系：因务工经商而流动的流动老人的主要经济来源占比更大的是劳动收入，因养老而流动的流动老人的主要经济来源占比更大的是储蓄及理财。离退休金、家庭支持和劳动收入构成了流动老人经济来源的三大支柱。

在生活特征方面，大部分流动老人身体健康，大体上受教育程度越高、家庭月总收入越高的流动老人身体健康的比例越大。需注意的是，由于流动老人高血压或糖尿病患病率较高、社区体检参与度低等，其健康存在潜在风险。身体越健康的流动老人在流入地朋友数量越多的可能性越大，良好的身体状态有利于流动老人在流入地社会关系网的建构，10% 以上的流动老人在流入地没有朋友，即部分流动老人在流入地缺乏社会支持。从不同城市的角度来看，北京和上海两地情况类似，广州和深圳两地情况类似。与广州和深圳相比，在北京和上海的流动老人在本地生活的时间更长，非农业户籍流动老人所占比例更大，因养老和治病而流动的流动老人比例更大。

整体而言，北上广深超大城市的流动老人经济水平相对较高，其流动更多的是以照顾晚辈等形式支持家庭发展，但在生活来源上却主要依靠自身的退休收入与劳动获得。因此，流动老人保持身体健康是非常重要的，既推进了家庭发展，又能够产生劳动收入及社会交往。但从相反的角度来看，流动老人需要来自家庭与社会的支持，这样才有助于持续且稳固地保障流动老人的晚年生活。

B.7
首都中产阶层子女出国留学热
背后的社会心态探析

赵丽琴　吴群利*

摘　要：　近年来自费出国留学的人数急剧增加，其中以北京、上海、
　　　　　广州、深圳等城市最为突出。本文以北京市为例，考察了首
　　　　　都中产阶层子女出国热的影响因素，对出国热背后折射出的
　　　　　社会心态进行了分析，旨在为首都的社会建设提供参考依据。

关键词：　中产阶层　出国留学　社会心态

　　自1992年国家放开出国留学的相关政策以来，公派出国和自费出国的人数都显著增长。近年来自费出国留学的人数增长迅猛，很多家庭不惜支付昂贵的费用送子女出国，出国留学成为一种热潮，留学人群也呈现新的态势和特点，其中低龄化和优质生源出国人数的增加颇引人注目。本文试以北京为例，就首都中产阶层子女出国留学的状况、出国动机以及背后的社会心态进行了调查研究，以期为首都的社会建设提供一定的参考依据。

一　出国留学"热潮"暗涌

　　在国内大学毕业生人数剧增、就业形势严峻、国民经济能力普遍提升以及留学目的国对中国的留学政策更加开放等多重因素的共同影响下，中国留学市

---

*　赵丽琴，北京工业大学人文社会科学学院社会工作系教师，副教授，研究方向为社会心理、
　　青少年社会工作；吴群利，北京工业大学人文社会科学学院社会学学科部2016级硕士研究
　　生，研究方向为社会心理。

场进入了"大众化留学时代"。据教育部最新公布的数据，1978~2015年中国出国留学的人数累计达404.21万人。2015年我国出国留学总人数为52.37万人，同比增长13.9%。2000~2015年，中国留学人员数量以年均13.9%的增长率迅速增长。但自2013年始，增速有所放缓，尽管2015年的增长速度13.9%比2014年的11.1%略有提高，但比2012年的17.63%下降接近4个百分点。① 总的来说，出国留学呈现以下几方面的特点。

（一）中国成为世界第一大国际留学生来源国

截至2015年，中国成为世界主要留学去向国的最大生源国。中国自2010年超过印度，蝉联了"最大留学生输出国"称号六次。② 中国不仅是美国、加拿大、澳大利亚、英国等英语国家的最大留学生生源国，留学生人数占美国、加拿大、澳大利亚和英国总留学生人数的比例分别为31.2%、32.5%、27.3%、18.8%，而且还是日本、韩国、新加坡等亚洲国家的最大留学生生源国。随着亚洲经济的发展，亚洲发达国家也渐渐成为中国留学生出国留学的选择。仅以日本和韩国为例，2015年中国留学生人数占这两个国家总留学生人数的55.9%和62.0%。③

根据2015年中国主要留学国家的数据，以北美以及英国等为代表的英语国家仍然是中国留学人员的主要选择；紧随其后的就是日本、韩国等亚洲新兴工业发达国家。其中，美国是最受中国留学生青睐的国家，有超过3000所可授予学位的高等院校，而且拥有规模可观的排名前列的高等学府。据胡润研究院《2014海外教育特别报告》，美英加三国是"最受富豪青睐的孩子国际教育地"前三名。④

（二）留学"平民化"

2015年，国家及单位公派留学人数为4.19万人，而自费出国留学人数则

① 徐丽：《出国留学进入大众化时代》，《深圳商报》2008年1月9日，第B05版。
② 《留学发展报告显示：中国成最大的留学生输出国》，《教育发展研究》2012年第17期。
③ 王辉耀、苗绿：《中国留学发展报告（2016）》，社会科学文献出版社，2016，第13~14、22~23页。
④ 舒朝普：《胡润报告：80%中国富二代或在海外留学》，《中国外资》2014年第23期。

高达48.18万人，年度自费留学比例达到92%。本文研究出国留学状况的主要对象就是自费出国留学的家庭及个人。据《中国留学发展报告（2016）》，自2000年以来，年度自费留学比例稳定在80%以上，近十年来，年度自费留学比例一度攀升到90%以上，近五年来，年度自费留学比例突破92%[①]

报告显示，21世纪以来，国家公派留学人数只是小幅攀升，而自费出国留学的人数则大幅增长。自费留学中的工薪家庭比例日益增加。2009年下半年，来自普通工薪家庭的留学人数只占2%，而2010年攀升到34%左右。[②]

在麦可思对中国大学毕业生需求与培养质量的调查报告中我们可以看到，绝大部分大学毕业后出国留学人员的留学费用来自父母及亲友资助，所占比例从2010届的86%一路狂飙到2015届的91.1%。与此形成鲜明对比的则是其他经济来源所占的零星比例，2015届依靠中国政府、高校或其他机构资助留学的学生仅占到0.8%。[③] 由此我们可以看出国内自费出国留学的热潮，这也反映了相关政府部门和高校开设的各类留学与国际交流资助项目还很有限，覆盖面较窄。

（三）留学低龄化现象愈加明显

随着我国经济的发展，中产阶层内部富裕人群的规模不断扩大，国内教育体制、资源分配积弊太深，加之国际主要留学目的国放宽了低龄儿童的签证政策，掀起了国内高中生出国留学的热潮，低龄留学趋势将在我国越来越明显。

美国《门户开放报告2015》显示，2014～2015学年，在美国的中国留学生中，本科生的比例较前一学年增长了12.7个百分点，首次超过同期在美研究生。高中生已经成为继研究生、本科生之后的第三大出国留学人群。另据2015年新东方前途出国报告，海外高中生申请美国大学的人数较2013年增长了123%，达到咨询总人数的10%，增速惊人。[④]

低龄化趋势绝不止步于高中生。据新东方对有计划留学的学生人群进行调

---

① 王辉耀、苗绿：《中国留学发展报告（2016）》，社会科学文献出版社，2016，第14～15页。

② 《留学发展报告显示：中国成最大的留学生输出国》，《教育发展研究》2012年第17期。

③ 王辉耀、苗绿：《中国留学发展报告（2016）》，社会科学文献出版社，2016，第14～15页。

④ 新东方前途出国，http：//liuxue. xdf. cn/special/test/7/2016_ white_ book/。

查，咨询小学阶段赴美出国求学的家庭数量非常可观，已由原来的 3% ~5%
上升至 7%，同比 2015 年，中学阶段学生申请量增加了 53%，低龄化趋势愈
加明显。① 美国国际教育协会（Institute of International Education，IIE）2013 年
的一项报告显示，中国已成为美国、英国、加拿大以及澳大利亚等国家中等教
育留学生的第一大输出国，其中赴美人数最多，占该国同类留学生的 32.3%，
占英国同类留学生的 37.1%，占澳大利亚同类留学生的 48.9%，占加拿大同
类留学生的 31.2%。尤其是传统留学目的国签证政策的改革，如澳大利亚在
2014 年的签证改革、英国的 Tier 4（Child）Student Visa（其中 23.1% 都发给了
中国学生）、美国的学生签证（F Visa），都对中小学留学产生了一定的推动作
用。②

（四）优质生源出国留学趋热

优质生源出国留学的比例攀高也是近年来学生自费出国留学的一个重要趋
势。2010 年以来，北京、上海、南京、深圳等城市的优质中学纷纷成立国际
部，越来越多的优质生源选择在本科，甚至是高中去国外求学。如北京师范大
学附属实验中学、北京四中、人大附中、十一学校等，这些教学质量优良的学
校纷纷成立国际部，学生放弃中考、高考，直接申请去国外接受中学教育及本
科教育成为新的潮流。统计资料显示，在 9 所北京市高中国际班的录取中，分
数线从 2013 年到 2016 年每年都在上涨。2016 年部分学校的国际部录取分数线
甚至超过该校普通班的中考录入分。

以北京师范大学附属实验中学为例，其国际部毕业生连续七年有 60% 以
上被美国排名前 30 位的大学录取，97% 以上的毕业生被美国排名前 50 位的大
学录取，其中不乏名校，包括哈佛大学、耶鲁大学、普林斯顿大学、哥伦比亚
大学、芝加哥大学、麻省理工学院、加州理工学院、宾夕法尼亚大学、杜克大
学、威廉姆斯学院、阿姆斯特学院、威尔斯利女子学院等一批世界级名校，还
有一部分学生被顶级大学的王牌专业录取。③

---

① 新东方前途出国，http：//liuxue. xdf. cn/special/test//7/2016_ white_ book/，2016。
② 英国移民局数据，https：//www. gov. uk/government/organisations/uk – visas – and – immigration。
③ 北京师范大学附属实验中学，http：//www. sdsz. com. cn/Item/Show. asp？ m = 115&d = 67。

在这些成立国际部的学校中，一个班均成功申请到世界名校的事情常有发生，名校申请率也成为各大高中互相比拼的重要指标。以往印象中那种出国留学的群体大多家境好但是成绩差的情况不复存在，学业优秀、全面发展的学生选择出国接受中学教育及本科教育的比例持续走高，这将是未来留学状况的新特点之一。

国内一流大学中，相当一部分学业优秀的毕业生选择出国留学，还有些学生在考上国内大学后选择转到国外大学去读书。

（五）中产阶层的子女成为出国的主要人群

作为家长主导型留学的新形态，如今留学生的家长以"65后"甚至"70后"为主，大多呈现"三高"特点：高学历、高职位、高薪水。新东方前途出国发布《2016年中国留学白皮书》中留学生家长背景要素的调查结果表明，计划留学的学生家长来自各行各业，20%的学生家长来自国有企业，28%的学生家长来自私营企业，11%的学生家长来自合资或外资企业，7%的学生家长来自政府机关，16%的学生家长来自事业单位，18%的学生家长来自个体经营或其他。其中18%的学生家长是单位负责人，40%的学生家长为中层领导，32%的学生家长为一般员工。同时6%的家长拥有海归背景。[①] 以北京某重点小学为例，该校的学生中一半以上的家庭经济社会地位比较优越，该校2005年毕业的45名学生中，一半以上的学生在国外读高中，超过一半以上的比例会选择出国读大学。

二 首都中产阶层子女出国留学的动机分析

出国留学是关系个人前途和家庭发展的重要决策，中产阶层选择付出高额费用让子女出国留学，主要动机是什么？依据阿尔特·巴赫的推拉理论，本文把影响首都中产阶层子女出国留学的动机因素分为"拉动"因素和"推动"因素。

（一）"拉动"因素

1. 追求高质量的教育

希望在更好的教育环境下接受更好的教育是驱动学生出国留学的重要因

---

① 新东方前途出国，https：//sanwen8.cn/p/17eTjue.html。

素。出国留学者为了接受更为良好的教育，往往会将选择目光放在传统留学目的国，其中美国是留学人数最多、升学竞争最为激烈的国家。很多家长送子女出国留学，重要的原因之一就是崇尚国外的教育，希望子女能够接受发达国家的教育。相比国内繁重的课业压力和升学压力，国外某些方面的教育优势会具有很大的吸引力。如国内某重点中学实验班的一名学生，在国内感觉学业压力很大，去加拿大读高中后感觉功课非常轻松，而且在数学、物理等课程的学习中很占优势，自信心大增，并升入加拿大名校多伦多大学。国外名校丰富的图书资源、一流的师资队伍等，都是吸引学生出国留学的重要因素。在美国名校加州伯克利大学读书的学生反映，学校有很多诺贝尔奖获得者，课程有难度，学习氛围浓厚，会学到很多东西。刘扬、孔繁盛等对国内7个城市高中生自费出国留学的抽样调查发现：我国高中生自费出国留学的意愿比较强烈，四成以上学生表示有不同程度的留学意愿；美、法、英等发达国家依然是学生留学意愿的主流方向。在被北京大学或清华大学录取的情况下，有近42%的学生表示如果同时被国外大学录取的话，仍希望自费出国留学。同时，留学意愿随着被国内大学录取层次的下降而逐渐增强。[①]

2.积累就业资本

预期回国后会有更好的就业前景是驱动学生出国留学的强有力因素。虽然近年来一些海外归国人员并未找到理想的职业，成为人们戏谑的"海待"，但是国外名校的光环、"海归"璀璨的标签，在很多情况下还是有可能帮助求职者找到一份相对较好的职业。国外留学的经历、国际化的视野、先进的知识技能会让求职者获得更多的就业机会，获得更好的工作和待遇，可选择的机会也比较多，有更多的机会实现自我。以高校为例，现在很多高校在引进人才时往往会优先考虑有国外留学背景的人才，名校毕业的人才更有可能获得丰厚的回报。

3.开阔国际视野

随着全球化时代的到来，国际交流日益频繁。作为生活在国际化大都市的人们，首都中产阶层大多希望子女能够拥有国际化的视野，更多地体验多元文化。北京是一座国际化程度较高的城市，很多孩子从小就有各种机会接触到多

---

① 刘扬、孔繁盛、钟宇平：《我国高中生自费出国留学意愿调查研究——基于7个城市的抽样调查数据》，《教育研究》2012年第10期。

元文化，国际视野、跨文化的背景，是吸引学生出国留学的重要原因。

> 访谈中某设计院的一位工程师谈道："我们的孩子以后都应该成为有国际视野的人。上了大学后，肯定希望他能出国增长见识，开阔视野。"

> 某高校教师谈道："每年暑期我都会带孩子去哈佛等名校，让孩子接受熏陶。对于现在的学生，他们应该是国际人，具有国际视野、拥有世界眼光，能够掌握最前沿的知识。不管孩子将来在哪里发展，走出去开阔视野、增长才干是非常必要的。"

4. 提升个人综合素质

出国留学是对学生的全面考验。语言文化的适应、个人生活的料理、学业压力的应对、矛盾冲突的处理等，对于青年人的成长都很重要。虽然近年来留学生出现各种问题的情形时有发生，但很多家长认为出国留学对孩子综合素质的提升会有帮助。

> 某高校教师谈道："孩子出国读大学后，在几个方面都得到了很好的锻炼，生活自理能力、时间管理能力、自主学习能力都进步很大，在学业上有了更高的追求，感觉成熟了很多。"

> 还有在某事业单位工作的一名学生家长谈道："孩子出去读美国高中，虽然也很辛苦，吃了不少苦，但是这几年下来越来越独立，自己处理生活和学业上的很多事情，成熟了很多，适应环境方面基本没有什么问题，大量的阅读对她来说很有帮助。"

（二）"推动"因素

1. 国内教育质量亟待提高

虽然国内各级各类的教育改革一直在进行，也取得了一些可喜的变化，但是教育理念、办学质量等方面的问题依然十分突出。

以中小学为例，减轻中小学生的课业负担、全面提升学生的综合素质已经成为人们的共识，各级教育主管部门也采取了各种措施加以落实，但是学生的负担似乎有增无减，唯分数至上、过分追求升学率的情况依然十分突出。不少学校领导、教师、家长对于分数看得很重，关于学生的身心发展、综合素养的提升更多的是流于形式。尤其是中学教育中，学生的课余时间大多用来补习功课，各种社团也只是学校的一种点缀，真正受益的学生并不多。访谈中发现很多学生渴望上大学就是希望能够在大学里放松一下。

> 某位出国读美国高中的学生家长谈道："我们孩子在学校里成绩一直很好，当初并没有想过这么早出去。孩子升入高中后，在重点中学实验班压力很大。老师要求很高，同学之间竞争激烈，孩子过得很不开心，总是在抱怨，我们担心这样下去孩子的心理会出问题。"

对于国内高等教育的诟病从未间断。学生不同程度地存在学业倦怠，一些学生混文凭的现象十分突出；教师压力大、应付了事的现象也时有发生；学生毕业后在知识、能力、修养等方面都与社会的预期存在很大差距，很多大学生甚至是研究生的综合素质存在很多问题。大学的培养目标、教学内容、教学方法、管理体制有待优化，学生培养质量亟待提升。

2. 就业形势严峻

1999 年大学扩招以来，大学生早已不是过去的"天之骄子"，大学毕业后找到满意的工作难上加难，就业过程中的不正之风依然存在，不正当竞争、拉关系走后门的现象很难杜绝，一些学生依靠家里的资源和关系获得各种就业机会。严峻的就业形势和激烈的竞争，"推动"学生和家长选择出国留学，寻找更多的机会和空间。

近年来，国内不少单位对于员工的招聘条件越来越高，拥有海外留学背景，在国内往往能帮助求职者提高竞争力。例如高校招聘老师时，会有固定的编制名额给那些拥有海外留学背景的学者；很多公务员岗位、国企考试中，"海归"标签也能让其增色不少；在外企招聘中，国外的知识体系以及职业体系也与外企体系更对接，使求职者相对容易地获得职位。

> 一名刚入职的高校教师谈道："我之所以出国交流一年，除了想出去开阔眼界外，更主要的是因为现在很多单位看重求职者的海外背景。"

3.优质教育资源短缺

北京作为中国的文化中心，集中了很多优质教育资源，但对于满足民众日益增长的教育需求来说，这些资源远远不够。小升初的择校热、天价的学区房、昂贵的课外补习费，足以说明家长对于优质教育资源的强烈需求。优质学校在师资、经费、硬件设施和教育质量等方面都有明显的优势，北京市政府及教委一直在采取各种措施整合优质资源，但是远远不能满足民众的实际需求。首都中产阶层对于名校的情结、对于子女的过高期望，都会催生家长对于送孩子出国留学的需求。

访谈中有家长谈道："在北京想上清华北大或其他985院校也是很难的。首先需要考上北京的重点高中，这样机会才会大一些。升入重点高中后竞争也是相当激烈的。与其如此，不如让孩子出国读高中，这样升入美国名校的机会更大。在国内投资一套学区房，完全可以在美国买一套房子。"

4.国际交流机会不足

全球化的时代，国际交流日益普遍，文化交流日渐成为国民的一种精神需求。国内有限的交流机会远远无法满足个人对于国际文化交流的需求。近年来，各个高校都在积极拓展国际交流项目，但是公派留学的比例偏低，国内高校与境外高校的合作项目并未达到学生和家长的预期，一方面合作培养的项目数量有限，与境外名校的联合培养项目更是有限，另一方面已有的交流项目质量还有待提高。日益增长的国际交流需求与有限的交流机会之间的矛盾，也是促使很多中产阶层选择让子女自费出国留学的重要原因。

某位学生家长谈道："孩子虽然在985高校就读，但是学校与国外高校的合作培养项目都不是很好，所以还是希望孩子通过考试出国读研究生。"

三 出国留学热背后的社会心态

社会心态折射社会现实，是反映人们利益需求并对社会生活有广泛影响的群体心理状态，是一段时间内弥散在整个社会或社会群体类别中的宏观社会心境状态，是整个社会的情绪基调、社会共识和社会价值观的总和。[①] 目前出国留学的主力军是来自中产阶层家庭的子女，中产阶层对国家和社会的发展有着重大的影响。中产阶层家庭选择送子女留学，看似是一种教育投资行为，但这种行为背后折射出该阶层的某些社会心态，值得国家及各级政府部门的关注。

（一）对国内教育的不满与担忧

虽然国内的中小学教育和高等教育一直在进行改革，但各级教育中存在的一些问题依然十分突出，如激烈的升学压力、优质教育的紧缺、亟待提升的高等教育质量。很多家长对国内教育的发展持悲观态度，与此同时对国外一流大学的期望也加深了这种对国内教育的担忧。

许多高校教师送子女出国，接受国外的本科教育和研究生教育，这一方面是文化资本的投资，另一方面也能反映出国内教育质量无法满足人们对教育的需求。就拿高等教育来说，招生规模的扩大、高校在办学思想和管理方面的诸多弊端一直为社会所诟病，重科研轻教学的现象依然十分突出，教育行政化的倾向有增无减，课程设置脱离学生的实际需求，大学文凭的含金量遭到质疑，大学生不再是曾经的"天之骄子"。

访谈中某高校教师谈道："身边的老师们都很敬业，但压力太大，科研的压力、本科生研究生的教学让人几乎没有节假日，各种烦琐的行政事务也会牵涉很多精力。我自己在高校工作，对于学生的学习状态感到担忧，关键还是我们的教育缺乏真正有效的淘汰机制，大家都不愿意做恶人，学生明明很差，但又不愿意得罪学生，也不想因为自己影响学生毕业，学生就会认为大学毕业是水到渠成的事情，连研究生也是这样认为的，因此大学毕业证甚至研究生学位证的含金量都大打折扣。再就是课程的设置，虽然教学计划会定期调整，但是在课程设置、内容更新方面还有很多问题。国内好的学校教师出国交流机会很多，但对于我们来说，机会很少，更多的是闭门造车。还有一个重要的方面就是社会上的不正之风。

[①] 杨宜音：《个体与宏观社会的心理关系：社会心态概念的界定》，《社会学研究》2006 年第 4 期。

不少学生的就业是靠家长或亲戚的关系，而非自己的实力，这在一定程度上也让学生产生读书无用论的想法。"

随着经济全球化与国际交流日益普遍化，文化交流日渐成为国民的一种精神需求。但是国内有限的交流机会和项目远远无法满足个人对于国际文化交流的需求。国内公派留学生以及国家资助的出国留学人员比例较低，高等院校的各类国际交流项目还很有限，如"2＋2""3＋1"出国项目等，建立合作关系的国外高校的层次也有待提升，远远不能满足学生和家长日益增长的实际需求。

（二）对未来的焦虑情绪蔓延

现在似乎是一个全民焦虑的时代。中产阶层对于国家和社会的发展、对于社会环境和自然环境、对于自己和子女的未来有很多的思考，他们的忧患意识似乎更强。虽然改革开放以来中产阶层的收入水平、物质生活条件有了很大提升，但是他们对未来有更高的期望，面临国内高房价、空气污染、食品安全等问题，其不同程度地存在焦虑与担忧。一些家境优越的家庭，即使生活无忧，也依然处于焦虑的状态。

> 访谈中有人谈道："我们目前看似家境不错，但对于未来还是有一种不安全感。中国社会正处于转型时期，很多问题处于不确定状态。虽然手头有几套房子，但这都是说不好的事情，也许一夜之间房地产泡沫来了，有可能就会变得一钱不值。对于未来，我有点悲观。"

（三）面对现实问题的无助感

出国留学在一定程度上反映出中产阶层面对各种现实问题时的一种逃避心理，是对自己前途命运和周围环境的无力感和无助感。近年来，各种社会问题凸显，空气质量、环境污染、食品安全、医疗保障、交通拥堵、高额房价、子女教育等关乎民众的基本问题亟待解决，对于这些问题一些人持观望的态度，感到力不从心，还有一些人持悲观失望的态度，因此一些经济条件许可的家庭就希望让子女出国留学来摆脱现有的种种问题。

访谈中北京某医院的一位医生谈道:"孩子在国内高中经常感到不开心。虽然她学习成绩非常好,老师们也不舍得让她走,但是我们还是决定让她转学到国外读高中。现在雾霾如此严重,我们也很担心孩子的身体健康,孩子在国外起码能呼吸到新鲜空气。"

(四)教育投资中的从众心理

从众是指根据他人而做出的行为或信念的改变。每个人不同程度上都有从众心理。对于首都中产阶层来说,他们在子女教育方面除了个人的理性选择外,在一定程度上也会受到周围环境的影响。北京高校中选择让子女出国读书的大有人在。身边亲戚、朋友、同事的选择,对于不少人来说有一定的引导示范作用。以北京市某重点中学为例,该校教师绝大多数选择让子女去加拿大读书,已经成为一种风气。

访谈中北京某银行的高层领导曾说道:"我身边的很多朋友都把孩子送到美国读高中了。他们的决策也会影响到我的决定。"

四 几点建议

(一)继续坚持开放的留学政策

1992年8月,国务院发布《关于在外留学人员有关问题的通知》,明确把"支持留学,鼓励回国,来去自由"作为我国留学工作的总方针。[①] 经过国家和各级地方管理者以及出国留学人员的不懈努力,出国留学工作已经成为中外

---

① 刘扬、孔繁盛、钟宇平:《我国高中生自费出国留学意愿调查研究——基于7个城市的抽样调查数据》,《教育研究》2012年第10期。

文化交流的窗口，也为我国输送了一大批优秀的人员，这些人员已经成为国家重要的人才库、知识库、思想库。因此，国家应继续坚持"支持留学，鼓励回国，来去自由"的政策总目标，为有出国留学意愿的家庭提供方便的政策通道。

首都中产阶层家庭送子女出国留学的意愿普遍比较强烈，面对这种旺盛的出国学习和交流需求，国家应提供方便，这样既能满足家庭和个人的精神文化需求，也能为国家发展和社会建设培养优秀的人才。

（二）整合优质教育资源

国家和北京市政府已经花力气整合教育资源，这项工作需要持之以恒，落到实处。同时，需要改变教师工资待遇，吸引优质师资投身到教育行业中来。在学校内部，需要真正将素质教育落到实处，在重视培养学生自主学习能力、良好学习习惯的同时，全面提升学生的身心健康水平，为学生营造良好的学习氛围。

（三）改革高校管理体制

建立一流大学绝非停留在理念层面上，需要各级政府部门深入实际，了解教师与学生的实际需求和期望，立足实际，加大改革力度，让广大教师有更多的时间和精力投入教学、科研及人才培养之中。

高校行政化色彩浓厚，在许多管理制度上极大地制约了广大教师的工作积极性。因此，加强对高校管理体制的改革是提升高校人才培养质量的根本。建议加强对本科生及研究生教学的制度保障，制定切实可行的措施激励教师加大教学投入；改变过分重视科研数量、科研经费而忽视科研成果质量的现状；杜绝学术造假和职称评审中的弊端，营造健康的学术氛围；简化各种申报程序和行政事务，为教师提供良好的工作环境；建立完善高校对学生的管理与淘汰制度，营造浓厚的校园学习风气。

（四）拓宽国际交流渠道

国际化是未来社会发展的重要趋势，高等院校需要深入了解学生和家长的实际需求，积极拓宽国际交流渠道，加强与国外一流大学的交流与合作，为学生提供更多的选择机会。政府层面需要积极筹措资金，为那些学业优秀的学生提供更多资金上的支持，鼓励学生出国交流学习，支持出国留学人员实现梦想，为国家发展贡献力量。

（五）加强首都的社会治理

当前出国留学或者移民国外的群体，看重的是发达国家稳定的秩序、良好的生态环境、优质的教育资源和公民自由等，这些都是国内需要不断努力改进的方向。首都作为全国的政治、经济和文化中心，对于全国特大城市的发展具有标杆作用，因此加强首都的环境治理，让首都成为宜居城市，成为北京社会治理的重要任务。

国家及北京市政府需要继续加大力度，在交通拥堵、医疗保障、教育资源等关乎民生的重大问题上狠抓不懈，除了制定相应的法律法规来给予制度上的切实保障外，还应采取各种有效措施，改善居住环境、工作环境和自然环境，让更多高层次人才愿意在国内生活、工作，为中国留住财富、留住人才。

公共服务篇

Public Service

B.8
北京市保障性住房发展现状与
有效供给的政策思考

王　敏[*]

摘　要：　北京市作为中国住房制度改革的排头兵和风向标，现已初步
形成较为完备的多层次、分梯度的保障性住房体系。基于住
房保障制度的政策演进，本文梳理了北京市保障性住房供给
的基本情况，从住房保障政策逻辑、保障性住房供应思路和
结构变化、保障性住房规划设计等方面总结出北京市保障性
住房的发展特点。研究发现，长期以来北京市保障性住房供
给都是在充当房地产短期调控的工具，受住房市场波动及商
品住房政策影响较大，既不是由中低收入家庭的实际需求量
决定的，也缺乏稳定的供应机制。对此本文提出，将住房保
障制度嵌入房地产调控的长效机制构建中，改变"相机抉择"

* 王敏，管理学博士，北京工业大学人文社会科学学院社会学系助理研究员，首都社会建设与
社会管理协同创新中心研究人员，研究方向为社会保障、住房政策。

的随意性和不可持续性的政策建议。

关键词： 北京　住房保障　保障性住房

　　北京作为首都，是国内最具经济活力的城市之一，完善的城市功能、集聚的公共资源以及充分的就业机会，使北京成为常住人口增速最快的城市。2016年北京全市年末常住人口达到2172.9万人，与2010年北京市第六次人口普查数据相比，增加了211.7万人。人口的快速膨胀、稀缺的建设用地等因素，不断推高北京的住房价格。从1998年全国房改启动以来，北京住房价格的波动也呈现与国家房地产调控政策相一致的趋势，表现为"上涨－调控－平稳调整－新一轮的上涨－新一轮的调控"的循环。

　　2014年以来，中国经济进入新常态，在"稳增长"和"去库存"的政策诉求下，中央采取了宽货币、降首付和财税支持，地方采取了财政补贴、农民工市民化、公积金政策调整、棚改货币化安置等一系列措施。然而，2016年政策执行反馈出总量库存压力大①、区域住房价格分化等信号，一线城市房价暴涨，居民住房支付能力恶化，三、四线城市去库存艰难，呈现中国住房市场高空置率与不可负担共生的结构性矛盾。在这一轮房价上涨的过程中，北京居民有效支付能力进一步恶化，据上海易居房地产研究院《全国30省房价收入比排行榜》，2015年北京房价收入比为14.5，连续三年位列全国第一；中房智库发布的40个重点城市房价收入比排行显示，2016年北京房价收入比为19.32②。为应对此轮一、二线城市房价暴涨，打击投机性需求，北京于2016年9月30日率先发布楼市调控新政，提出进一步完善差别化住房信贷政策、

---

① 转引自任泽平、熊义明（2016）：房地产库存分为狭义库存和广义库存，狭义库存指待售面积，广义库存包括待售面积和施工面积。2015年，全国商品房待售面积为7.2亿平方米，施工面积（潜在库存）高达73.6亿平方米，广义库存量达80.8亿平方米。按照2015年全国商品房12.8亿平方米的销售速度，去化时间为6.3年。

② 两大研究机构采用的房价数值为统计部门公布的当年新建商品住宅成交均价（2016年为33412元/平方米），从居民主观感受看，使用这一均价计算出的房价收入比相对有低估的效应。

加大住宅用地供应力度、加快自住型商品住房用地供应、强化"控地价、限房价"交易方式等措施。然而,此轮调控的政策降温期仅维持了两个月,链家相关数据显示,从 2017 年 1 月起,成交量集中爆发,接近 2016 年最高值;截至 2017 年 3 月第二周,北京二手房均价已达到 67621 元/平方米,较 2016 年"9·30"政策出台时的均价上涨了 29%。

2016 年 12 月,中央经济工作会议提出"房子是用来住的,不是用来炒的",这是我国 1998 年房改以来,第一次从国家层面对住房居住属性进行强调。在此定位下,北京自 2017 年 3 月 17 日以来,18 天内密集出台 10 项限购政策,4 月 7 日,北京发布《北京市 2017~2021 年及 2017 年度住宅用地供应计划》和《北京市 2017 年度国有建设用地供应计划》,提出未来五年,北京市计划供应住宅用地 6000 公顷,保障 150 万套住房的建设需求,其中产权类住房 100 万套,租赁住房 50 万套。自住房供地将大幅增加,达到 1020 公顷,拟建 25 万套自住型商品房,同时,研究扩大租赁住房赋权,进一步扩大向非京籍家庭提供公共租赁住房。可以看出,此次调控,强化推进了住房用地供给侧结构性改革,着眼于租购并举住房体系的建设与完善。当前北京的住房市场,既处于政策调控期,也处于保障性住房发展的机遇期,对北京市保障性住房政策进行客观评估,并将其嵌入房地产调控的长效机制中进行政策设计,具有重要的现实意义。

一 北京市住房保障的政策框架

自 1998 年住房货币化改革以来,北京人口资源环境约束与不断增长的住房需求之间的矛盾越来越突出,高企的房价使中低收入家庭面临住房不可支付的问题。为此,北京市政府出台了一系列政策,在保障性住房建设与供给上取得了显著成绩。"十三五"阶段,北京面临城市空间布局和产业优化、非首都功能疏解等任务,加快解决城市中低收入家庭住房困难、实现住房市场与经济发展相匹配,将保障性住房政策设计纳入房地产调控长效机制的构建中,是政府干预住房市场的方向。

住房保障制度是国家住房宏观制度的重要组成部分,受国家住房制度政策目标和价值取向影响。北京市作为中国住房制度改革的排头兵和风向标,保障性住房制度的政策演进也伴随国家不同阶段宏观住房政策目标的变化而不断调整和完善。从 2006 年起,全国范围开始对住房过度市场化进行检讨和反思,北京市政府加大了保障性住房建设投入,廉租住房和公共租赁住房比重大幅增加,保障范围持续扩大。按照"低端有保障、中端有支持、高端有市场"的思路,目前北京已初步形成较完备的多层次保障性住房体系和政策框架,从最初针对低收入家庭提供经济适用房到廉租住房供给,从"四房合一"到公共租赁住房与廉租住房的并轨运行,以及用于满足刚需、改善性需求的产权类自住型商品房等,既有对不同收入家庭和阶层住房支付能力的考虑,也形成了以租赁住房、共有产权和自有产权为区分的住房消费梯度,反映出北京市在住房公共政策中的成就。

二 北京市住房保障基本情况与发展特点

(一)北京市保障性住房建设供应基本情况

"十一五"时期,北京市累计开工建设、收购各类保障性住房 48.5 万套,其中廉租住房 2.3 万套,经济适用住房 12.9 万套,限价商品住房 16.7 万套,公共租赁住房 2.6 万套,其他首都功能核心区保护性改造、城乡接合部整治、城市和国有工矿棚户区改造等各类定向安置住房 14 万套。① "十二五"时期,北京市保障性住房累计开工 100.9 万套,超额完成《北京市"十二五"时期住房保障规划》确定的 100 万套目标。2015 年全年新开工、筹集各类保障性住房 108438 套,其中,公租房 20330 套、经济适用房 2099 套、限价房 42902 套、棚户区改造定向安置房 43107 套;基本建成 81558 套,其中,廉租房 267 套、公租房 9284 套、经济适用房 8645 套、限价房 8407 套、棚户区改造定向安置房 54955 套。② 公开配租配售 7.8 万户。③

---

① 《北京市"十二五"时期住房保障规划》,北京市住房和城乡建设委员会、北京市发展和改革委员会,2012 年 1 月。

② 《2015 年北京市政府重点工作情况汇编:改善居住条件篇》,首都之窗,http://www.beijing.gov.cn/sy/2016lh/2015zdgzqkhb/t1421960.htm,2016 年 1 月 25 日。

③ 《北京市 2015 年暨"十二五"时期国民经济和社会发展统计公报》。

从表 1 可以看出，北京市不同类型保障性住房建设比重呈现相应的变化趋势，总体来看，经济适用房建设不断减少，投资完成额从 2004 年最高点 97.9503 亿元急剧下降，到 2015 年，年完成投资额仅有 24.5 亿元，只占当年保障性住房建设总投资额的 2.97%；从新增规模和总体体量等统计指标上看，定向安置房常年占据北京市保障性住房建设的主体地位；限价商品房自 2008 年起推出，当年开工建设量达到最高点 773.4 万平方米，此后逐渐下降并趋于平稳；廉租房和公租房并轨以后，租赁型住房成为保障性住房的重要补充，呈现稳定发展的趋势。

表 1　北京市保障性住房建设统计

类型	统计项	年份					
		2004~2010	2011	2012	2013	2014	2015
经济适用住房	完成投资额（亿元）	521.585	71.9	61.2	45.5	36.7	24.5
	竣工面积（万平方米）	1682.9	113.7	241.0	115.3	116.4	23.8
	开工面积（万平方米）	3176.6	96.0	74.8	57.9	56.5	18.9
廉租住房	完成投资额（亿元）	31.9	廉租住房与公共租赁住房并轨分配，自 2011 年起数据并入公租房数据				
	竣工面积（万平方米）	23.0					
	开工面积（万平方米）	113.8					
限价商品住房	完成投资额（亿元）	427.8	140.8	153.9	112.3	131.9	303.4
	竣工面积（万平方米）	361.5	155.7	197.7	196.2	217.7	164.6
	开工面积（万平方米）	1676.5	278.8	142.2	101.2	177.4	183.3
公共租赁住房	完成投资额（亿元）	24.1	38.7	49.3	77.9	85.0	73.6
	竣工面积（万平方米）	15.8	83.4	37.8	78.0	55.7	35.8
	开工面积（万平方米）	175.0	106.3	109.8	119.5	75.9	63.3
定向安置住房	完成投资额（亿元）	193.9	494.8	593.1	494.0	385.4	422.5
	竣工面积（万平方米）	166.6	161.0	276.1	689.7	811.9	657.6
	开工面积（万平方米）	659.1	1245.6	785.5	686.3	199.8	371.0

资料来源：北京市统计年鉴（2005~2016）、北京市国民经济和社会发展统计公报（2005~2016）。

图 1 是北京市自住型商品房供应情况，截至 2016 年 12 月，全市累计入市自住房项目 69 个，房源 6.3 万套，销售 59 个项目，已签约 5.7 万套，入市项

目均价每平方米 1.8 万元。① 根据北京市 2017 年度住宅用地供应计划，自住型商品房用地供应 200 公顷，相比原计划的 83 公顷，增加 117 公顷，计划供应 5 万套，占当年全市住房建设总需求 30 万套的 16.7%。②

图 1　北京市自住型商品房项目分布

资料来源：该图根据北京市住房和城乡建设委员会自住型商品房公示项目整理绘制，截至 2017 年 4 月底共 63 个。

（二）北京市住房保障的发展特点

1. 北京市住房保障政策受住房市场波动及商品住房政策的影响较大

20 年来，北京市保障性住房供给状况与房地产调控政策周期呈现高度的一致性。伴随着宏观住房政策在"市场"和"保障"之间的选择和波动，长期以来，政府一方面过分依赖房地产的"支柱产业"地位，另一方面又不得不纠正住房的过度市场化及由此带来的中低收入家庭的居住问题。因此，一定

---

① 《北京市"十三五"规划开局之年住房保障工作情况新闻发布会（北京市人民政府新闻办公室和北京市住房和城乡建设委员会共同举办）》，《"十三五"期间北京市将建设保障房 20 万套》，京华网，http://beijing.jinghua.cn/20170228/f281744.shtml，2017 年 2 月 28 日。

② 《2017 年自住房供应 5 万套》，《北京日报》2017 年 4 月 10 日。

程度上可以说，北京市住房保障政策更多表现为房地产市场调控的重要工具，是一种对住房市场状况的"相机抉择"。在住房市场过热时，政府期望通过加大保障性住房供给影响住房存量、调整住房结构，从而降低住房价格、提高居民的住房可及性。

在过去的 20 年，北京市经济适用房投资建设呈现反复波动趋势，每一个增长阶段、下行区间、投资额高点和低谷的背后，既体现出受住房市场波动和住房政策的影响，也隐含着"相机调控"的政治逻辑。2003 年国发〔2003〕18 号文将"增加普通商品住房供应""以商品住房取代经济适用房成为住房供应体系的主要形式"确定为国家住房政策发展方向，结束了 1999 年以来经济适用房建设的持续增长期，在 2004 年第一个高点后，投资总额急速下降；然而，2005 年在投资总量低位运行不到一年时间之后，18 号文出台引致的商品住房价格迅猛上涨，使政策选择了增加经济适用房供给总量以达到调控房价的目标，因此 2006 年又迎来了经济适用房投资的恢复性上涨；此后，受 2008 年美国金融危机影响，国内亟须通过房地产业发展扩大内需、刺激经济增长，2009 年经济适用房当年完成投资额达到了历史最高点，并在 2009～2011 年保持了三年相对高位的供给量。此外，2008 年北京市限价商品房的推出，也是保障性住房政策作为"逆经济周期"相机抉择工具的运用，并于当年达到新开工面积历史最高点 773.4 万平方米。

2. 北京市保障性住房供应思路从强调"住房所有权"向强调"住房居住权"转变，政府对租赁型保障性住房的重视程度在提高

住房保障制度建立之初，国家就确立了"重点发展经济适用住房"的政策目标，经济适用房作为"销售型保障性住房"，反映出政府住房政策的关注点在于用购买的方式实现中低收入家庭的住房自有；在土地和人口等因素助推北京房价持续上涨的背景下，"销售型保障性住房"存在的"一次性保障""房源流失严重"等效率漏损，使政府意识到强调"住房所有权"的政策很难真正有效保障中低收入家庭住房需求，同时对市场房价也很难做到有效调控。2009 年，北京市推出公共租赁住房制度，政府住房政策关注点逐渐向实现居住权和居住条件的改善转变，图 2 以"四房"各年新开工面积占比反映了租赁型保障性住房建设规模近年来不断增长的趋势。

"十二五"时期，北京市开始着重调整保障房的供应结构，提高租赁型保

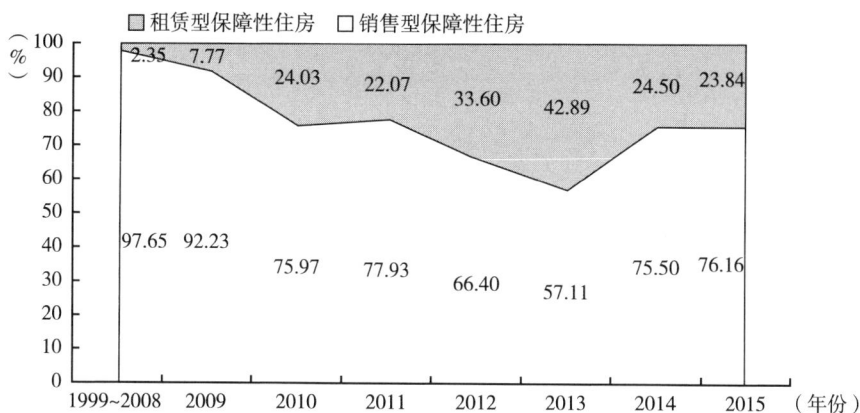

图2 租赁型与销售型保障性住房建设规模占比与趋势

资料来源：根据北京市统计年鉴各年数据整理绘制。

障性住房的比例。2016年北京市大力发展公共租赁住房，全年公租房分配9.6万套，全市累计分配公租房14.5万套，分配率达到70%以上。为加快推进轮候家庭解困进度，2016年10月，北京市启动了迄今为止最大规模的公租房分配工作，涉及29个项目、近3.2万套房源。同时，2016年北京市开展了公租房面向新就业无房职工专项配租试点，不限收入，不搞轮候，资格一次有效，符合条件的本地和外地户籍职工均可申请。此外，在实物配租之外，2016年北京市还通过货币补贴的方式发放市场租房补贴1.2万余户1.2亿元。

3. 北京市保障性住房规划设计形成了职住分离、居住分异的压力

由于中心城区建设用地的稀缺，土地价值较高，北京市保障性住房规划的地理位置大多较远，多分布在五环边缘至六环以外的区域，呈现"保障住房先行建设、交通滞后发展"的模式，职住分离问题严重。

根据2016年北京市统计局发布的人口分布数据，北京常住人口居住地主要分布在朝阳区、海淀区和丰台区，分别为395.5万人、369.4万人、232.4万人；而工作地主要分布在海淀区、朝阳区和西城区，并具有继续向中心区域集中的趋势。① 而从保障性住房建设情况看，朝阳区租赁型保障性住房的规模

---

① 温雯：《"住有所居"之路——京港两地租赁型保障性住房对比研究》，北京交通大学硕士学位论文，2016。

最大，其次为海淀区和丰台区；自住型商品房建设上，朝阳区项目总量最多，为12项，之后依次为顺义区11项、大兴区9项，丰台、通州和房山区各5项。因此，北京市保障性住房区域选择和建设规划在一定程度上有效结合了职住地整体分布状况。尽管如此，由于中低收入家庭多从事密集于中心城区的服务业等第三产业，而保障性住房分布集中于五环以外区域且交通通达性差，不仅难以缓解长期以来北京常住人口职住分离的状况，而且更易于形成新的压力。

通过对朝阳区12个自住型商品房项目与国贸CBD之间的距离进行比较①，发现12个项目与CBD平均距离为15.4公里，其中最远的项目（东洲家园）距离20.4公里，个人日公共交通通勤平均耗时2.59小时。通过对北京市2016年11月启动配租的29个公共租赁住房项目进行分析，发现市级统筹项目20个，共25896套房源；区级管理项目9个，共5705套房源。其中，六环外项目5个，六环内项目10个，五环外项目7个，五环内项目7个。

社会融合方面，北京早期的保障性住房多采用集中建设的模式，由于建设规模庞大，交通发展滞后，教育、医疗等配套资源不完善，加上居住群体多为中低收入阶层，容易造成"居住分异"并进而形成一定的社会隔离。如北京天通苑和回龙观等社区，很长一段时间内都是被用于调查评价保障性住房"居住分异"的典型项目。近年来，北京市保障性住房造成"居住分异"的状况有较大改善。一方面，租赁型保障性住房多采用配建与集中建设相结合的方式，更加注重不同类型住房对公共资源与服务的共享；另一方面，由于没有对早期的"销售型保障性住房"进行封闭管理，一些经济适用房经过二次上市交易已经改变了所有权人，社区住户构成已发生较大改变；此外，随着北京住房保障覆盖范围的扩展，公共租赁住房等保障性住房项目在解决夹心层群体住房困难上发挥积极作用，这部分人中包括新增的大学毕业就业人员等，一定程度上有利于社区整体素质的提高，促进社区融合。

---

① 选择国贸CBD作为参照点的理由在于其具有密集就业的区域特征，房地产咨询公司仲量联行发布2016年三季度北京房地产市场研究报告，数据显示：2016年国贸CBD区域每日流动人口密度达4万人/平方公里，办公人数超过39万人。

三 北京市保障性住房有效供给的政策反思

政府介入住房保障领域在于弥补市场失灵，政策推行最重要的理由在于它是一个直接而有效率的再分配手段，且能满足最低住房标准，从而解决中低收入者支付能力不足而产生的住房不可及问题。经过 20 多年的发展，北京市保障性住房制度取得了显著成绩，但也存在影响有效供给的经验教训。政府通过不同的保障方式对住房领域进行干预，既不能脱离整个房地产市场运行机制，也不能对市场失灵造成的偏差置若罔闻，因此，如何将住房保障制度嵌入房地产调控的长效机制中进行政策设计，构建保障性住房的有效供给机制，避免政府干预的失灵，亟须从以下方面进行政策反思。

（一）厘清住房保障与房地产调控机制的关系

1. 解决地方财政对土地收入的依赖问题是保障性住房有效供给的前提

当房地产业成为名副其实的支柱产业后，国家的住房政策成为刺激经济增长、调控经济状态的重要手段。20 年来，房地产已成为对冲经济下行风险的首要工具，土地出让金也成为地方政府收入的主要来源。对土地财政的过度依赖，隐含的逻辑前提是政府与房价上涨存在利益的绑定，在此前提下，住房很难有效回归居住属性。同时，需要警惕的是，减少地方财政对土地出让的依赖，并不意味着应当减少土地供应量。2016 年北京商品住房价格经历的非理性上涨，一定程度上与政府减少土地供应相关，2016 年北京市土地出让收入 798.54 亿元，与 2015 年 2032 亿元（见表 2）相比下降了 60.7%。从长效机制上看，如果不改变地方政府对土地一级市场的垄断，不依据房地产区域市场状况调整土地供应结构，政府住房保障政策就很难真正实现持续有效，而更多的是平衡"经济"和"民生"的住房市场调控工具。

2. 作为房地产市场短期调控工具的保障性住房供给很难实现住房保障的持续发展

在过去的 20 年，政府忙于短期应付房价的过快上涨，在每一次"最严厉

表2　北京市2009～2015年地方财政收入中土地出让收入占比

单位：亿元，%

年份	土地出让收入	地方财政收入	占比
2009	990.68	2678.77	36.98
2010	1642.40	3810.91	43.09
2011	1055.14	4359.10	24.20
2012	647.92	4573.72	14.17
2013	1821.81	5566.08	32.73
2014	1911.40	7214.54	26.49
2015	2032.00	6813.84	29.82

资料来源：北京市土地储备中心，北京市统计年鉴（2010～2016）。

调控政策”之后，房地产市场自身的调节机制被打破。保障性住房作为短期调控的工具，成为每一次楼市过热的“灭火器”，在房地产调控的初期，供给量往往达到高点，随着住房市场的平稳而逐年降低。在这种思路和定位下，保障性住房供给并不是由中低收入家庭的实际需求量决定的，缺乏稳定的供应机制，很难实现住房保障的持续发展，也不利于房地产调控长效机制的构建。

（二）避免保障性住房供给中的政府干预失灵

1. 保障性住房供给不应形成对市场的“挤出效应”

“挤出效应”作为评价住房保障政策的重要标准，是指如果公共住房分配给了那些没有政策帮助也能够从私人市场购买住宅的家庭，那么一单位的公共住宅供给会减少一单位的私人市场需求。导致“挤出效应”的住房保障政策是失败的政策、干预的过度，使保障对象的边界大大超出了理性范围。自住型商品房销售均价相比“同地段、同品质”商品住房价格低30%，对于符合条件的中低收入申购家庭来说，依旧存在一定的支付难度，加上存在位置偏远、交通不便等因素，在推出初期存在较高的弃房率。因此，自住型商品房与广受诟病的经济适用房类似，政策自然选择的结果是获得这种“一次性保障”住房的更可能是相对高收入的家庭，在引致福利固化的同时，会相应挤出对市场供给商品住房的需求。

公共租赁住房对市场的“挤出效应”表现在较高的租金水平使保障对象

扩展到了那些有能力从住房市场获得私人租赁住房的家庭和个人。北京市2016年11月启动的29个公租房配租项目中，租金最高的达每平方米45元，以60平方米计算，每月租金为2700元，这样的租金水平对"夹心层"家庭来说仍然存在支付困难，而对于那些能获得私人租赁住房的家庭来说反而容易产生"挤进消费"的动力。

此外，自住型商品房由于缺乏相应的价格调整机制，在2016年北京住房均价整体大幅上涨之后，依旧维持相对稳定的价格水平，在这种情况下，政府增加自住房供给会通过改变预期形成对市场的"挤出效应"。

因此，需要对政策进行的反思是，住房保障的目的是"托底"保障社会弱势群体基本居住权，还是向所有无法从商品住房市场实现住房自有的人提供保障。

2. 政府应有效承担监管职责，谨防分配中的"道德风险"

在保障性住房分配中，由于信息不对称及申请人的"道德风险"，政府可能会面临被核查者刻意隐瞒、人为造成信息不完备的风险，使得政府难以确定地把住房保障福利给予那些真正需要帮助的人。[1] 以自住型商品房为例，在巨大的政策利益诱导下，那些不符合申请条件又希望享受保障房的家庭或个人，通过隐瞒真实财产信息获得申请资格。在当前低供给水平下[2]，稀缺的资源供给没有分配给真正需要的群体，就会导致既无公平，又损害效率的情况。

因此，作为住房保障制度的管理监督者，政府的主要目标是保证住房保障制度的健康、稳定、持续发展，包括在管理过程中保障对象的选择、运用法律和经济手段对住房保障市场进行间接管理和分配。[3] 同时，也要通过良好的制度设计避免干预的失灵。

四 结语

经过20多年的发展，北京市保障性住房制度取得了显著成绩，已初步形

---

[1] 王敏：《住房可负担的政府干预研究》，中国人民大学博士学位论文，2014。

[2] 以朝阳区为例，自住房项目推行以来，12项共提供房源13831套，而每一个项目申请摇号家庭都在20万人以上，仅占符合资格家庭总量的6.9%以下。

[3] 王敏：《住房可负担的政府干预研究》，中国人民大学博士学位论文，2014。

成较完备的多层次、分梯度的保障性住房体系，然而，长期以来，北京的保障性住房供给都是在充当房地产短期调控的工具，既不是由中低收入家庭的实际需求量决定的，也缺乏稳定的供应机制。2015～2016年北京经历了新一轮住房价格上涨周期，将住房保障制度嵌入房地产调控的长效机制构建中，改变"相机抉择"的随意性和不可持续性，成为住房政策领域亟须解决的问题。因此，需要反思政府在住房保障中的干预边界，厘清住房保障与房地产调控机制的关系，从制度和机制上避免政府干预的失灵，保证保障性住房的有效供给。

B.9
北京市流动人口与住房租赁市场研究报告*

胡元瑞 李君甫**

摘 要： 本文基于 2014 年国家卫计委全国流动人口动态监测调查数据和中国住房行情网的数据，描述了北京住房租赁市场和北京市流动人口的租房状况，分析了影响流动人口在京租房的相关因素。研究结果表明，流动人口收入水平、受教育程度、户籍性质、年龄、婚姻状况、流动年限、职业性质都与住房租金显著相关。北京正规住房租赁市场租金高昂，从流动人口较低的房租支付水平看，大多数流动人口租赁的是非正规住房。

关键词： 住房租赁市场 流动人口 租金

一 引言

随着住房商品化、市场化的发展，住房开始从消费品转变为财产和投资品，城市住房价格屡创新高，增长速度一浪超过一浪。与此同时，政府的公共住房往往只对本地户籍居民开放，难以解决流动人口的居住问题。根据统计，2014 年

---

* 本文得到北京市社会科学基金项目"超大城市流动人口住房获得与社会融合"（编号：15JDSHB003）的支持。
** 胡元瑞，北京工业大学社会学学科部研究生，主要研究方向为住房政策和企业社会工作；李君甫，北京工业大学社会学学科部教授，主要研究方向为住房政策、社会空间、城乡社区发展等。

12 月北京普通商品房住宅均价为 24477 元/平方米，2015 年 10 月普通商品房住宅均价升到 32495 元/平方米。[1] 2016 年 10 月，北京的商品房均价更是高达 52549 元/平方米[2]，很多研究认为流动人口的住房需求是推动一、二线城市住房价格上升的重要因素。

根据《中国流动人口发展报告 2016》，到 2015 年末，我国流动人口规模达 2.47 亿人，占总人口的 18%，相当于每 6 个人中有 1 个是流动人口，而未来一二十年，我国仍处于城镇化快速发展阶段，这就意味着，我国的流动人口数量在可预见的将来还会继续增加。流动人口为城市经济、社会、文化的发展做出了巨大的贡献，但流动人口的住房问题却一直未能得到妥善的解决。在住房价格长期处于高位的情况下，在北京买房对于大多数流动人口来说已经成为一种奢谈。于是，租房便成了多数流动人口的主要住房获得途径。因为户籍制度的限制，北京市的廉租房、公租房主要提供给本地的户籍人口，新北京人只有部分幸运儿可以获得公租房，这就基本上把流动人口排除在住房保障体系之外。因而，绝大多数流动人口选择的是租住私房。

北京有大量的就业机会、广阔的发展空间以及良好的基础设施等，和其他一线城市一样，吸引着全国各地各个阶层的人来到北京工作。2015 年，北京市常住人口总数已达 2170.5 万人，拥有本市户籍的人口为 1347.9 万人，常住外来人口达 822.6 万人，占人口总数的 37.9%。而流动人口要大于这个比例。

上海易居研究院发布了 2015 年全国房价收入比的相关数据。2015 年全国商品住宅房价收入比为 7.2，而北京的房价收入比为 14.5，连续三年位列全国第一，成为全国购房难度最大的地区。在这种背景下，流动人口在京工作选择租房就成为普遍的现象。那么，北京的住房租赁市场到底是什么状况？流动人口在京租房的比例有多大，他们租房的租金有多高，哪些因素影响了他们的租房支出，他们在北京住房租赁市场扮演什么样的角色呢？

---

[1] 数据来源于北京市住建委发布的《北京住房和城乡建设白皮书 2016》，http://house. ifeng. com/column/lsbj/monthly1。

[2] 数据来源于中国房地产协会发布的"中国房价行情"，http://www. creprice. cn/market/bj/ forsale/allsq1/11. html? sinceyear = 1。

二 北京市住房租赁市场基本情况分析

2016 年北京市的住房租赁市场与住房买卖市场一样，价格出现了较大幅度的上涨。在北京的住房买卖市场，商品房的价格从 2014 年的 37439 元/平方米，上涨到 2016 年的 60894 元/平方米，两年增长了 62.6%。北京住房租赁市场的价格也出现了大幅上升。根据中国住房行情网的数据，截至 2016 年 12 月底，北京市住房租赁市场上的房租平均价格为 6137 元/月·套，平均单价 69.92 元/月·平方米（这是基于 2016 年度北京市正规住房的统计，不包括非正规住房租赁）。

1. 北京住房租赁市场的租金走势

通过表 1 中对比 2014 年、2015 年和 2016 年的每月租金，我们可以看到 2014 年至 2015 年 7 月，房租价格一般维持在 6000 元/月·套以下，其后，北京市的住房租赁价格就大幅上涨，租金价格在 2016 年 8 月份达到最大值 7236 元/月·套，随后便逐月下降，到 12 月份时回落到 6137 元/月·套。

表 1 北京市近三年的成套住房月平均租金

单位：元/月·套

2014 年		2015 年		2016 年	
月份	租金	月份	租金	月份	租金
1 月	5783	1 月	5885	1 月	6204
2 月	5591	2 月	5689	2 月	6324
3 月	5816	3 月	5776	3 月	6188
4 月	5801	4 月	5636	4 月	6066
5 月	5824	5 月	5706	5 月	5991
6 月	5781	6 月	5985	6 月	6608
7 月	5752	7 月	6017	7 月	7099
8 月	5714	8 月	6202	8 月	7236
9 月	5970	9 月	6009	9 月	6788
10 月	5865	10 月	5823	10 月	6820
11 月	6001	11 月	6092	11 月	6462
12 月	5750	12 月	6322	12 月	6137

从北京市 2010~2016 年的住房租金走势可以看到，随着北京市住房价格上涨，北京市的住房租赁价格也在波动中上涨，2010 年以来，住房租赁市场的租金价格在 5 年间持续上升（见图 1）。2010 年 1 月租金为 3336 元/月·套，到 2012 年 12 月时租金就达到 5697 元/月·套，增长了 70.8%。2013~2015 年，住房租金价格增长较为平稳，租金的月增长率一般在 1%~3%，偶有回落，住房租金在 5798 元/月·套上下波动，总体呈现上升趋势。2016 年 5 月至 2016 年 8 月，北京住房租赁市场租金价格出现暴涨，从 5 月份的 5991 元/月·套增长到 7236 元/月·套，仅在一个季度内住房租金上涨率达到 20.8%。从 2016 年起，北京的一大批非正规住房被清理，在非正规住房减少、住房需求总量不减少的情况下，正规住房租赁市场的价格被抬高。

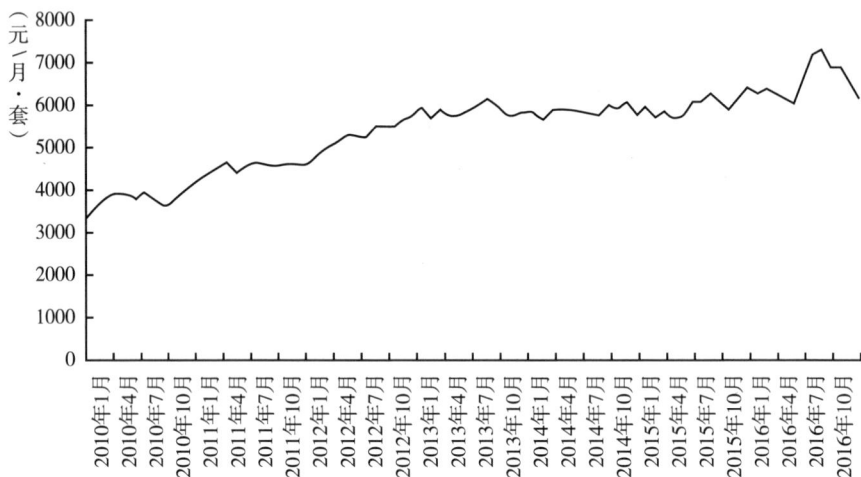

图 1　2010~2016 年北京市住房租赁价格走势

2. 北京市内各行政区租金比较

通过图 2 可以看到，至 2016 年 12 月，北京市内各个行政区的住房租赁市场平均租金的情况。总体而言，住房所处的位置是影响租金价格的关键性因素，越是在城市核心地带，住房租金越昂贵。根据住房租赁市场的租金高低，可以对北京市各行政区的租赁市场进行分级。第一级是租金 80 元/月·平方米以上的行政区域，有原东城区（102.84 元/月·平方米）、原西城区（95.25 元/月·平方米）、朝阳区（86.74 元/月·平方米）、海淀区（82.83 元/月·

平方米）、原崇文区（83.4 元/月·平方米）、原宣武区（83.15 元/月·平方
米）；第二级是住房租金 50~80 元/月·平方米的行政区，有丰台区（63.56 元/
月·平方米）、石景山区（55.27 元/月·平方米）；第三级是租金 30~50 元/月
·平方米的区，有昌平区（44.89 元/月·平方米）、大兴区（43.43 元/月·平方
米）、门头沟区（35.95 元/月·平方米）、顺义区（49.85 元/月·平方米）、通
州区（38.93 元/月·平方米）；第四级为租金 30 元/月·平方米以下的区，有房
山区（28.69 元/月·平方米）、怀柔区（22.88 元/月·平方米）、密云区（19.36
元/月·平方米）、平谷区（19.25 元/月·平方米）、延庆区（20.13 元/月·平
方米）。租金最高的是原东城区，达到 102.84 元/月·平方米；最低的为平谷区，
仅为 19.25 元/月·平方米，前者是后者的 5.34 倍。

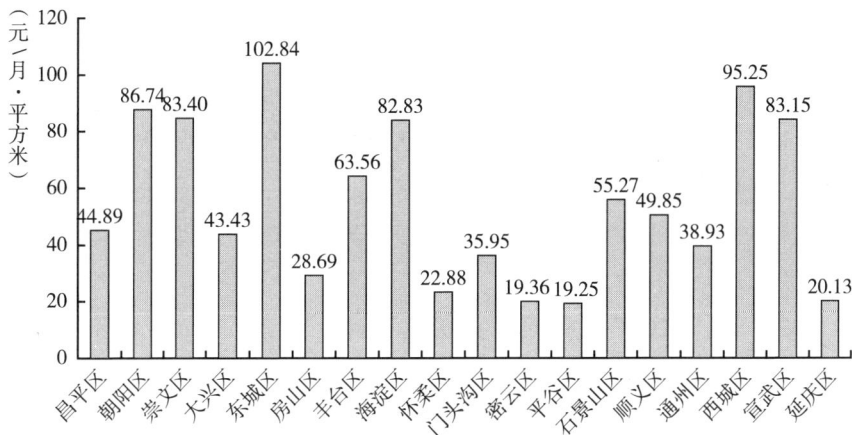

图 2　2016 年北京市各行政区租金对比

3. 北京市出租房供给数量

2010~2016 年北京市住房租赁市场的房屋供给量出现了较大幅度上升。
2010 年到 2013 年间，北京市住房租赁市场的供给量总体趋于平稳，并略显下
降趋势，2010 年的月平均供给量为 92887 套，至 2013 年月平均供应量下滑到
69931 套。2013 年是个重要的转折点，北京市住房租赁市场的供给量开始猛
增，2014 年月平均供给量达到 187746 套，2015 年则延续了头一年的上涨趋
势，达到月平均供应量的最大值 201277 套，直到 2016 年才开始出现一定的回
落，但住房供给总量还是维持在高位（见图 3）。

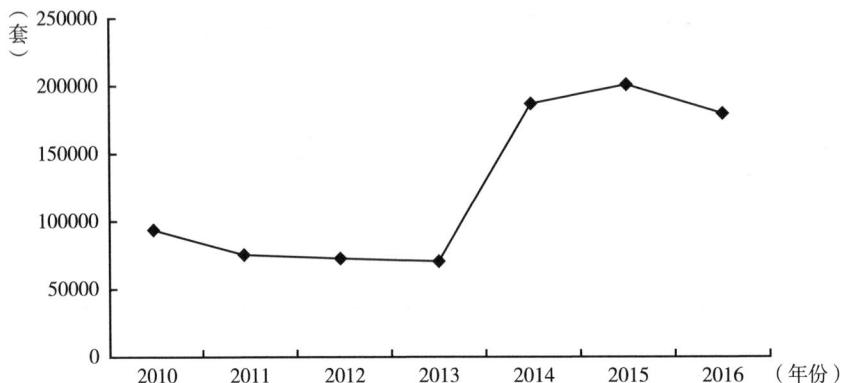

图3 2010～2016 年北京市出租房每月平均供给量

4. 北京市住房租赁市场的户型面积

2016 年北京市住房租赁市场上出租的住房，其平均面积为 82 平方米。出租房屋平均面积在 2016 年整个年度范围内有波动，但和近 5 年波动趋势基本一致，出租房屋以 80～92 平方米的面积为最多，2016 年 8 月份出租住房的平均面积达到 91.20 平方米。租赁市场上 100 平方米以上的住房并不占主流。在京流动人口往往以小家庭的方式，甚至是单身的方式生活于北京，他们一般也租不起面积过大的户型。

如图 4 所示，20 平方米以下的出租房比例为 19.94%；20～40 平方米的出

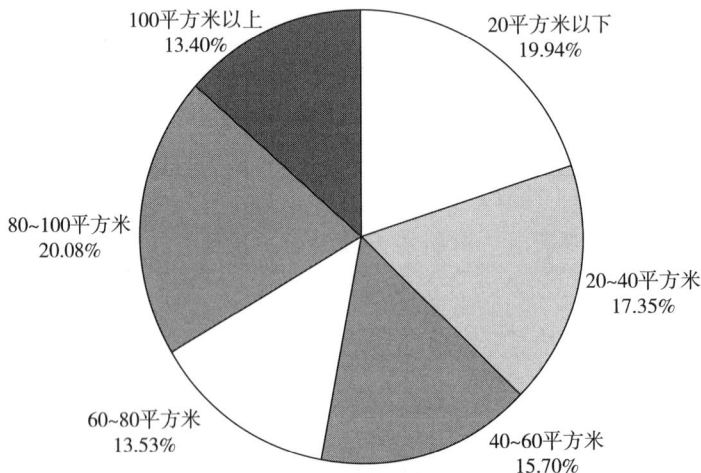

图4 北京出租房屋面积分布

租房占比为 17.35%；40～60 平方米的出租房占比 15.70%；60～80 平方米的出租房占比为 13.53%；80～100 平方米的出租房屋单元占比 20.08%，单位面积在 100 平方米以上的出租住房，只占 13.40%。显而易见的是，北京住房租赁市场上的住房以 60 平方米以下的小户型为主，占比为 52.99%，其次是60～100 平方米的中等户型，100 平方米以上的出租住房占比只有 13.4%。在北京的流动人口以来京务工为主要目的，多数来京人员并没有带来过多的家庭成员（如父母和孩子），一般以单身或夫妻为主，租房主要是满足基本需求。

三 北京市流动人口的房租支出

我们采用 2014 年国家卫计委流动人口动态监测数据来分析在京流动人口的房租支付状况，其中在北京租住私房的流动人口有效样本为 4940 个。

1. 总体数据分析

78.6% 的流动人口在北京租房居住，他们是北京住房租赁市场中的主要需求方。从样本的总体情况来看，被访者中男性占 57.6%，女性占 42.4%；其中农业户口占 69.7%，非农户口占 30.3%；已婚者占比 75.4%，未婚者占比 22.9%。北京流动人口的平均年龄为 35 岁，80 后是流动人口的主力，占 47.0%，其次是 70 后，占 20.6%，90 后在流动人口中占比为 14.8%。

如表 2 所示，北京流动人口中大专及以上学历占 27.3%，高中学历占比 21.6%，初中学历占比 44.2%，可以看出，北京流动人口的文化素质还是不低的。

表 2 租房流动人口受教育程度分布

单位：个，%

受教育程度	频数	百分比	有效百分比	累计百分比
未上过学	33	0.7	0.7	0.7
小学	304	6.2	6.2	6.8
初中	2184	44.2	44.2	51.0
高中	1067	21.6	21.6	72.6
大学专科	682	13.8	13.8	86.4
大学本科	589	11.9	11.9	98.4
研究生	81	1.6	1.6	100
合计	4940	100	100	

如表 3 所示，租房流动人口中 72.5% 的人在私营企业工作，国有企业及机关事业单位的比例只有 8.8%，外资企业只占 3.5%，其他工作单位占0.6%，无工作单位的占比 14.6%。

表3　北京租房流动人口就业单位性质

单位：个，%

就业单位性质	频数	百分比	有效百分比	累计百分比
国企及机关事业单位	437	8.8	8.8	8.8
私营企业	3580	72.5	72.5	81.3
外资企业	174	3.5	3.5	84.8
其他工作单位	30	0.6	0.6	85.4
无工作单位	719	14.6	14.6	100.0
总计	4940	100.0	100.0	

从表 4 可以看出，租房的流动人口从事商业和服务业的居多，占比70.5%，国家机关和事业单位工作人员占 17.5%，农业劳动者占 0.5%，工人占 8%。

表4　北京租房流动人口的职业

单位：个，%

职业	频数	有效百分比	累计百分比
国家机关和事业单位工作人员	778	17.5	17.5
商业、服务业	3128	70.5	88.0
农业劳动者	20	0.5	88.5
生产、运输、建筑业工人	353	8.0	96.4
其他	159	3.6	100.0
总计	4438	100.0	

表 5 反映了北京市外来流动人口租房的区域分布情况，租房的流动人口主要集中在朝阳区、昌平区、海淀区、丰台区、通州区、大兴区六个行政区，分别占比 27%、14.2%、13.6%、12.6%、12.7%、10.5%，这六个区域集中了90.6% 的住房流动人口，成为流动人口租房的主要房源地。造成这种现象的主要原因还是流动人口综合考虑了地理位置和租金价格。东城区和西城区这样的

核心区租金价格过高，而租金价格较低的房山区和门头沟区等在地理位置上又过于偏远，所以，这六个区域出租房成为流动人口的最佳选择。

表5 北京流动人口租房区域分布

单位：个，%

租房区域	频数	百分比	有计百分比	累计百分比
昌 平 区	701	14.2	14.2	14.2
朝 阳 区	1335	27.0	27.0	41.2
大 兴 区	520	10.5	10.5	51.7
东 城 区	42	0.9	0.9	52.6
房 山 区	40	0.8	0.8	53.4
丰 台 区	623	12.6	12.6	66.0
海 淀 区	670	13.6	13.6	79.6
怀 柔 区	19	0.4	0.4	80.0
门头沟区	57	1.2	1.2	81.1
石景山区	55	1.1	1.1	82.2
顺 义 区	178	3.6	3.6	85.8
通 州 区	625	12.7	12.7	98.5
西 城 区	75	1.5	1.5	100
合 计	4940	100	100	

2. 影响住房租金的主要因素

通过相关分析发现，"家庭收入"和"住房租金"相关性为0.451，两者关系十分密切。从表6可以看出，月收入3000元以下的流动人口，有92.6%的租金支出在1000元/月以下；月收入3001～6000元的流动人口，选择房租在1000元/月以下住房的比例达到75.4%；月收入6001～9000元的流动人口37.9%租金在1000元/月以下。尽管随着月收入的提高，租金1000元/月以下的流动人口比例在下降，但还是有相当多中高收入的流动人口住房租金在1000元/月以下。月收入3000元以下的流动人口支付2000元/月以上租金的只有1.6%；月收入3001～6000元的流动人口支付2000元/月以上租金的只有5.8%；月收入6001～9000元的流动人口支付2000元/月以上租金的只有36.3%。总的来看，流动人口月租金支付额是比较低的。

表6 流动人口收入与住房租金

单位：个，%

家庭月收入	住房月租金			合计
	0～1000元	1001～2000元	2001～3000元	
0～3000元	635	40	11	686
	92.6	5.8	1.6	100.0
3001～6000元	1605	401	124	2130
	75.4	18.8	5.8	100.0
6001～9000元	805	548	771	2124
	37.9	25.8	36.3	100.0
合计	3045	989	906	4940
	61.6	20.0	18.3	100.0

如表7所示，高中以下学历的流动人口选择租金在1000元/月以下住房的占大多数，未上学者占比69.7%，小学文化者占比74.7%，初中文化者占比75.3%，高中文化者占比63.3%。随着学历层次的提升，住房租金呈现上升的趋势，学历与住房租金呈现正相关关系。大专学历流动人口租金1000元/月以下的占比为46.0%，本科占比为25.6%，研究生占比更是下降到11.1%。从数据看来，大专以上学历的流动人口，更多地选择了租金相对较高的住房，这意味着他们选择的住房处于区位和基础设施相对较好的区域。他们属于整个流动人群里的高素质人才，工作的地方集中于主城区，如中关村、国贸等区域，收入相对较高，对于生活品质有一定要求，更倾向于选择租金较高、条件好的住房。

表7 流动人口受教育程度与住房租金

单位：个，%

受教育程度	住房月租金			合计
	0～1000元	1001～2000元	2001～3000元	
未上过学	23	8	2	33
	69.7	24.2	6.1	100.0
小学	227	48	29	304
	74.7	15.8	9.5	100.0
初中	1644	350	190	2184
	75.3	16.0	8.7	100.0

受教育程度	住房月租金			合计
	0～1000 元	1001～2000 元	2001～3000 元	
高中	677	198	192	1067
	63.4	18.6	18.0	100.0
大学专科	314	192	176	682
	46.0	28.2	25.8	100.0
大学本科	151	169	269	589
	25.6	28.7	45.7	100.0
研究生	9	24	48	81
	11.1	29.6	59.3	100.0
合计	3045	989	906	4940
	61.6	20.0	18.3	100.0

户口性质和流动人口住房租金也显著相关，相关系数为 0.339。在表 8 中我们可以看到，农业户口的流动人口在租房的过程中，往往会选择租住 1000 元/月以下租金的住房，而非农业户口流动人口的租房行为则表现出对 1000 元/月以上的住房有着更大的偏好，占有效样本的 65.4%，其中选择租金在 2001～3000 元/月住房的人数占比达到 37.7%（见表 8）。这说明，非农业户口的流动人口在租房这一问题上，更加偏向于租住条件更好、区位更便利的住房。拥有农业户口的流动人口则更拮据一些，在住房上要求不高，愿意租住价格更低的住房。

表 8　流动人口户口性质和住房租金

单位：个，%

户口	住房月租金			合计
	0～1000 元	1001～2000 元	2001～3000 元	
农业户口	2625	652	448	3725
	70.5	17.5	12.0	100.0
非农业户口	420	337	458	1215
	34.6	27.7	37.7	100.0
合计	3045	989	906	4940
	61.6	20.0	18.3	100.0

流动人口的住房租金和就业单位性质也显著相关。从表9可以看出，在外资企业工作的流动人口中有将近一半的人租住相对较好的住房，付出租金1000～3000元/月的人，占比46.6%，国企及机关事业单位紧随其后，占比为45.8%；而私营企业、其他单位和无工作单位的流动人口，多选择1000元/月以下的低价住房，私企占比61.1%，其他和无工作单位的分别占73.3%和70.5%。

表9　流动人口单位性质与住房租金

单位：个，%

单位性质	住房月租金			合计
	0～1000元	1001～2000元	2001～3000元	
国企及机关事业单位	237	114	86	437
	54.2	26.1	19.7	100.0
私营企业	2186	716	678	3580
	61.1	20.0	18.9	100.0
外资企业	93	32	49	174
	53.4	18.4	28.2	100.0
其他	22	4	4	30
	73.3	13.3	13.3	100.0
无工作单位	507	123	89	719
	70.5	17.1	12.4	100.0
合计	3045	989	906	4940
	61.6	20.0	18.3	100.0

如表10所示，90后流动人口有85.2%租金支付在1000元/月以下，说明90后在租房上更偏好于廉价的住房；60后选择1000元/月以下住房的比例为69.8%，他们可能是老一代流动人口中过过苦日子的，加之负担较重，更倾向于租赁廉价住房；50后有64.9%选择1000元/月以下租金的房子；70后有59.3%选择1000元/月以下租金的房子，80后有56.4%选择1000元/月以下租金的房子。之所以90后流动人口更多选择租赁低价住房，一方面是他们刚刚参加工作，工资收入和其他代际的流动人口相比处于较低水平，迫使他们只能选择价格低廉的住房；另一方面，90后流动人口在北

京务工的过程中，一般没有来自家庭的压力，大多处于一种单身或者半单身状态，没有结婚，少数结婚的也并没有孩子，这就决定了他们不需要为了家庭其他成员的住房生活负责。其他代际的人群，特别是 70 后和 80 后流动人口，往往要负担其家庭成员的居住，这就要求他们必须要租住空间更大、条件更好的住房来满足家庭整体的住房需求。90 后处于单身状态的，可以选择"凑合""将就"，在实际的调查中，我们也发现无论是刚刚毕业不久的大学生还是来到北京打工的新生代农民工，他们大多选择租住地下室、群租房、城中村等低价住房，往往采取与人合租的方式，尽最大可能将住房费用降到最低。

表 10　流动人口年龄与住房租金

单位：个，%

代际	住房月租金			合计
	0～1000 元	1001～2000 元	2001～3000 元	
50 后	37	8	12	57
	64.9	14.0	21.1	100.0
	1.2	0.8	1.3	1.2
60 后	395	96	75	566
	69.8	17.0	13.3	100.0
	13.0	9.7	8.3	11.5
70 后	761	264	258	1283
	59.3	20.6	20.1	100.0
	25.0	26.7	28.5	26.0
80 后	1432	574	535	2541
	56.4	22.6	21.1	100.0
	47.0	58.0	59.1	51.4
90 后	420	47	26	493
	85.2	9.5	5.3	100.0
	13.8	4.8	2.9	10.0
合计	3045	989	906	4940
	61.6	20.0	18.3	100.0
	100.0	100.0	100.0	100.0

3. 外来流动人口在京的住房月租金

从表11可以看出，门头沟区、通州区和昌平区等离市中心相对较远的区域，流动人口租赁住房平均支出在1000元/月以下，其中门头沟区流动人口付出的租金最低，为741元/月。房租平均价格最高的为海淀区，达到1750元/月，丰台区、东城区、朝阳区及西城区流动人口付出的租金均价分别为1556元/月、1655元/月、1321元/月及1525元/月，这大体上符合区位因素决定住房租金价格的分布规律，即以城市中心为圆心，随着城市半径的增加，直至郊区，住房价格与租房价格呈现逐渐下降的趋势。但是在此次调查中，地处生态涵养区的怀柔区流动人口付出租金的平均价格竟然高达1555元/月，超过了城市发展新区的大兴区、昌平区、顺义区和房山区。

表11　北京各区流动人口的住房月租金

单位：元，个

区域	租金均值	频数	标准差
昌平区	968.9444	701	946.35196
朝阳区	1321.3940	1335	1360.06432
大兴区	1318.5577	520	1145.62115
东城区	1654.7619	42	1333.70059
房山区	1040.7500	40	1101.96418
丰台区	1555.9743	623	1240.68058
海淀区	1750.3582	670	1468.54641
怀柔区	1555.2632	19	747.38335
门头沟区	741.0526	57	550.02495
石景山区	1465.6364	55	1070.98218
顺义区	1121.2191	178	1159.52027
通州区	771.1888	625	719.02635
西城区	1525.3333	75	1133.32128
总　计	1281.4885	4940	1232.79245

朝阳区、海淀区、丰台区、通州区、昌平区、大兴区集中了最主要的租房人群，有4474个样本来自这六个区，占总租房人群样本的90.6%。流动人口

在北京的平均住房租金支出为 1281 元。总体上看，各区流动人口付出的租金都以低位价格为主，尤其以远离市中心的区最为明显，如昌平区选择住房价格在 0～1000 元/月的人数为 504 人，为该区 701 个样本中的大多数，占比为 71.9%，房山区占比则为 72.5%，通州区占比 77%，门头沟区该占比则高达 87.7%。而离市区较近的区域，选择租金在 1000 元/月以上住房的人群普遍更多，如典型的东城区，选择租房价格在 1000 元/月以上的人群占比为 50%，海淀区的占比更高，达到 52.1%。在这些区域租房的流动人口，主要以大学毕业生为主，相对于其他流动人口来说收入较高，在选择住房的时候，更多考虑的是房屋所处的区位以及条件，而不仅仅是租金高低。

4. 结论

根据 2016 年最新的正规住房租赁市场的数据统计结果，可以看到，随着 2016 年北京市住房交易市场中住房买卖价格的持续走高，住房租赁的租金也随之上涨。而同期租金的高低明显受到地域的影响，其规律表现在：城市功能核心区（东城区、西城区）＞城市功能拓展区＞城市发展新区＞生态涵养区。

通过对 2014 年北京市流动人口与住房租金的对比分析，我们看到，受教育程度、个人收入、代际差异、工作单位性质等方面的因素和外来流动人口的住房租金有显著的相关性，受教育程度较高（大学本科学历及以上），有较高个人收入（一般在 6000 元/月以上）的 80 后流动人口，在住房租赁时更倾向于选择租金相对较高、环境相对较好的房子。而受教育程度低（高中及以下）、收入也低（一般在 3000 元/月以下）的流动人口，是住房租赁市场中低端出租房的主要消费群体。从户籍性质上看，拥有城镇户口的"城－城"流动人口在住房租赁上明显偏向于选择较好的住房，选择月租金在 1000 元以上的占比达到 65.4%，而相比之下，"乡－城"流动的人群在住房选择上体现出更为节俭的特点，其中有 70.5% 的人选择了月租 1000 元以下的非正规住房（这样的房租在北京城六区根本不可能租到正规的住房），他们更愿意节衣缩食，为家人积蓄或者为未来而积蓄。90 后甚至比老一代流动人口更为节俭，租住 1000 元/月以下房子者占 90 后流动人口的 85.2%。这说明，虽然新生代流动人口的消费观念和生活习惯已经与老一代流动人口有了差异，他们可能更时尚、更现代，但是由于初出茅庐，收入水平较低，他们倾向于选择最廉价的出租房。

　　根据北京市住房租赁市场和北京市流动人口的租房状况，我们可以看出，在京流动人口每月所付的住房租金是远低于正规住房租赁市场的租房价格的，他们平均所付租金为 1281 元/月，但同期的住房租赁市场平均租金却在 5804 元/月·套，可以推断，大多数在京的流动人口都是租住非正规住房的。无论是大学毕业生，还是低收入的农民工，在北京房价持续上行的压力下，几乎都无力独自承担成套住房的租金，有的被迫放弃隐私，与他人合租或者群租住房，有的租住在城乡接合部或农村。

B.10
共享交通与北京交通发展

朱　涛*

摘　要： 2016 年以来，北京的交通发展与移动互联网正发生越来越深刻的链接。本文以"共享交通"（网约车、共享单车）在北京的发展情况来探讨北京的交通出行需求。在网约车方面，政府加强对"京籍京牌"的监管，给平台企业、司机、乘客都带来了显著的影响。在共享单车方面，其在迅猛发展的同时也伴随诸多问题，需多方合力规范共享单车的使用。基于交通定位的不同，未来网约车与共享单车的发展将出现不同的路径。

关键词： 共享交通　网约车　共享单车

近年来，伴随以手机为终端的移动互联网的大规模应用，越来越多的"共享出行"出现在城市交通中。在北京这样的特大城市，正集聚着大量互联网交通资源并融于市民的出行需求。这其中，既有以滴滴出行、神州专车、首汽约车为代表的网约车资源，也有以 ofo、摩拜为代表的共享单车市场。2016年以来，以"共享交通"为标志，北京的交通发展与移动互联网正发生越来越深刻的链接。

---

* 朱涛，中国社会科学院社会发展战略研究院副研究员，博士。

一 网约车：爆发后的升级转型

（一）网约车平台的变化

互联网约车平台在 2015 年的北京交通出行市场中不断掀起补贴战，① 大量私家车接入滴滴、优步等平台，吸引大量市民使用网约车出行。在网约车给市民出行带来便捷的同时，载客安全、管理规范等方面也潜藏着诸多问题。2016 年 8 月 1 日，有关网约车市场的一个传言成为现实，占据市场份额前两位的滴滴、优步宣布战略合作，具体是"滴滴出行"宣布与"优步全球"达成战略协议，滴滴出行将收购优步中国的品牌、业务、数据等全部资产在中国大陆运营。双方达成战略协议后，滴滴出行和优步全球将相互持股，成为对方的少数股权股东。合并之前，在国内移动出行市场上，根据《2016 年第一季度中国专车市场研究报告》，一季度滴滴以 85.3% 的订单市场份额居行业之首，优步中国是 7.8%，易到用车是 3.3%，神州专车是 2.9%。若从市场份额看来，滴滴与优步中国合并后，将占据高达 93.1% 的市场份额。② 目前尚没有公开的北京出行市场的份额分析，但通过对专车司机的实际调查，合并之前的滴滴、优步分别占据网约车出行份额前两位的地位是事实。北京与全国平均水平有差异的地方在于，优步在北京投入了更多的营销和补贴，所以在北京优步占据的份额会高于全国的平均水平。特别是考虑到优步重点拓展的人群是城市白领、学生等群体，合并之前的优步在北京城区的份额与滴滴应该相差不大，呈现激烈的竞争状态。在"战略合作"事件之后，优步淡出中国市场，标志着滴滴出行在北京乃至全国的网约车市场占有绝对的近乎垄断的地位。但网约车市场的变化在 2016 年并没有趋于平静。

---

① 2015 年滴滴出行亏损超过 100 亿元，优步约为 10 亿美元，神州专车净亏损 37.23 亿元，参见《网约车成柳家天下是巧合还是刻意？》，https：//c. m. 163. com/news/a/BTHL51V300252605. html？s = newsapp&w = 2&f = wx。

② 《易到和神州们"挤"进行业变奏 谁是霸主亦是未知》，https：//c. m. 163. com/news/a/BTTVS8HV00097U7R. html？s = newsapp&w = 2&f = wx。

（二）政策逐步出台

基于对网约车迅猛发展的忧虑，针对网约车管理的政策讨论与制定一直在进行之中。在滴滴与优步"战略合作"前，2016 年 7 月 28 日，《国务院办公厅关于深化改革推进出租汽车行业健康发展的指导意见》（国办发〔2016〕58号）和交通运输部、工信部、公安部、商务部、工商总局、质检总局、国家网信办七部委《网络预约出租汽车经营服务管理暂行办法》（七部委第 60 号令）（以下简称"两个文件"）正式发布，出租车、网约车新政方案亮相。针对网约车，"两个文件"从平台公司许可条件及程序、驾驶员准入条件、车辆准入条件、车辆报废管理、劳动合同管理、价格机制等方面做了相关规定。这意味着网约车市场必将从缺乏管理的态势进入正常管理的阶段，政策的逐步落地将对网约车的发展产生重大影响。

与"两个文件"相适应，北京市制定了《北京市人民政府办公厅关于深化改革推进出租汽车行业健康发展的实施意见》（以下简称《实施意见》）、《北京市网络预约出租汽车经营服务管理实施细则》（以下简称《细则》）和《北京市私人小客车合乘出行指导意见》（以下简称《合乘意见》）三个政策文件（以下简称"三个文件"），并于 2016 年 12 月 21 日发布。北京市的"三个文件"自 2016 年 10 月 8 日公开征求意见，"其间共收到社会公众有效反馈意见建议 8825 件 9246 条。其中，网站 8345 件、电子邮箱 469 件、信件邮寄 8件、共 9234 条，电话 2 件、3 条，信访 1 件、9 条。"① 在正式公布的文件中，针对网约车的《细则》明确指出，将"根据首都城市战略定位，综合考虑本市人口数量、经济发展水平、空气质量状况、城市交通拥堵状况、公共交通发展水平、出租汽车里程利用率等因素，合理把握出租汽车运力规模及在城市综合交通运输体系中的分担比例，建立动态监测和调整机制"②，同时对网约车司机、车辆也做了相应的规定。具体如表 1 所示。

---

① 《〈北京市关于深化改革推进出租汽车行业健康发展的实施意见〉等政策文件解读问答》，http：//renshi. beijing. gov. cn/library/192/34/35/436047/108371/index. html。

② 《关于印发〈北京市网络预约出租汽车经营服务管理实施细则〉的通知》，http：//zhengce. beijing. gov. cn/library/192/33/50/44/438655/107721/index. html。

表1　北京网约车司机、车辆规定

	《北京市网络预约出租汽车经营服务管理实施细则》要求
司机	（一）本市户籍； （二）取得本市核发的相应准驾车型机动车驾驶证并具有3年以上驾驶经历； （三）未达到法定退休年龄，身体健康； （四）无交通肇事犯罪、危险驾驶犯罪、暴力犯罪记录，无吸毒记录，无饮酒后驾驶记录，最近连续3个记分周期内没有记满12分记录； （五）经指定考试机构考试合格； （六）申请之日前一年内无驾驶机动车发生5次以上道路交通安全违法行为； （七）从事过巡游车服务的，未被列入出租汽车严重违法信息库； （八）法律法规章规定的其他条件
车辆	（一）本市号牌且为出租汽车经营者或个人所有的车辆（机关企事业单位及社会团体非营运车辆不得从事网约车运营），满足本市最新公布实施的机动车排放标准，在车辆检验有效期内，没有未处理完毕的交通事故和交通违法记录； （二）5座三厢小客车车辆轴距不小于2650毫米（含新能源车），排气量不小于1.8升；7座乘用车排气量不小于2.0升、轴距不小于3000毫米； （三）车辆安装符合国家和本市相关规定的具备行驶记录功能的固定式车载卫星定位装置和应急报警装置，能向本市有关部门监管平台和公安机关实时发送位置信息，并向公安机关实时发送报警信息，车辆技术性能符合运营安全及公安部门相关标准要求； （四）车辆需配备具有网约车平台服务端、计程计时、价格计算、在线支付、服务评价等功能的终端设备； （五）车辆所有人同意车辆使用性质登记为"预约出租客运"； （六）车辆属于个人所有的，车辆所有人名下应当没有登记的其他巡游车和网约车，本人应当已经取得《网络预约出租汽车驾驶员证》，并预先协议接入取得经营许可的网约车平台； （七）法律法规章规定的其他条件

上述规定对已经在本市开展网约车业务的网约车平台公司、驾驶员及车辆，给予5个月过渡期。文件一经正式发布，"京籍京牌"成为这次北京网约车新政的焦点。这是因为在北京的网约车市场中，如滴滴出行的服务端不仅存在不少外地车牌车辆，而且外地司机占大多数，滴滴曾公开表示户籍门槛的设立，会让司机群体减少70%以上。①《细则》开始严格实施之后，其必将带来司机、车辆等方面的显著变化。在网约车管理方——政府看来，网约车属于劳

---

① 《北京网约车新政致"达标"二手车涨价　部分已超15%》，https://c.m.163.com/news/a/CACOHQI8000187VI.html? spss = newsapp&spsw = 1。

动密集型行业，实施"京籍京牌"关系到北京的人口调控和产业发展及就业导向。在本质上，新兴的网约车仍属于小汽车交通范畴，与大城市交通中倡导的公交优先和绿色出行理念相比存在较大的局限性。《细则》发布之前，因相关法规滞后，一些网络平台、车辆、驾驶员无合法营运资格，平台没有承担承运人的责任，乘客安全与权益难以得到有效保障，也经常出现低价竞争及特殊时段抬高价格现象，还存在信息泄露的风险。

（三）网约车市场的变化

滴滴与优步的"战略合作"，加上北京正式出台网约车管理细则，使得网约车市场发生着多方面的变化。

首先，网约车平台格局调整。如前所述，管理细则出台之前，滴滴占据了网约车市场九成以上的市场份额，但滴滴的服务端有大量非京籍司机，此次北京的《细则》对滴滴这样的平台影响巨大，意味着将有大量私家车司机不得不离开专车服务。2017年，北京市针对非京牌、非京籍的专车已经展开了多次执法查处行动。与此相对应，以首汽约车为代表的原有出租车企业，其服务模式本身符合《细则》的要求，即司机为京籍，车辆为企业专门的出租车车型，其不仅没有受政策的影响，反而在政策出台后逐步有机会扩展市场份额。而以神州专车为代表，从租车企业发展而来的网约车平台，受影响的程度介于滴滴与首汽约车之间。一方面，神州专车的服务模式以B2C为主，所以车型上符合《细则》要求的问题不大；另一方面，神州专车也存在大量非京籍司机，如在北京全部雇用本地户籍人口，必将带来成本的上升。

其次，对网约车司机的影响。自滴滴与优步"战略合作"后，原有的补贴大战偃旗息鼓，网约车司机逐步感受到奖励与补贴的减少。例如，早晚高峰的奖励系数减少，获取奖励所要求的最低单数增加等。奖励与补贴的减少，直接影响了司机的收入。有受调查的司机表示，原来在奖励与补贴力度大的月份，努力拉活的话，自己一个月的收入可以达到2万元，但奖励与补贴下降之后，收入也下降到1万元左右。在此情况下，一些兼职网约车司机即使是在政策过渡期内，也开始选择离开。

最后，对乘客的影响。随着补贴大战的结束，滴滴逐步上调了服务价格，例如在北京从1.5元/公里＋0.35元/分钟提价到1.8元/公里＋0.5元/分钟，且大幅降低了优惠打折力度，乘客普遍感到网约车用车价格上涨，同时约车服务的体验也开始下降，如约车等待时间加长，约车溢价在非高峰期也频繁出现，甚至出现4倍以上的溢价。2017年春节期间，滴滴不得不对溢价系统进行调整。与此同时，在一些热门交通站点，黑车重新"繁荣"。调查发现，这些黑车司机基本上都干过滴滴等快车平台业务，随着补贴减少，感觉"专（快）车不好干了"，重新开起了黑车。

总体来看，经历了2014年、2015年网约车的爆发式增长，2016年网约车市场开始发生明显的变化：一是网约车平台公司的补贴大战回归理性，资本烧钱扩张行为降温；二是政府密集出台网约车管理政策，对平台、司机、车辆等的规定，极大地影响了网约车的发展方向；三是滴滴等以私家车兼职服务为主的网约车方式在网约车服务占比中开始缩小，而以专业司机、专业车辆为特征的专车服务市场开始增长；四是网约车价格上涨已成事实，传统巡游式出租车营业回暖。随着政府监管力度的加大，北京的网约车重心将转向"自有车辆＋专职司机"的B2C运营模式。例如，2017年2月8日，首汽约车拿下北京市下发的首张网约车平台经营许可证。

二 共享单车：爆发中寻找秩序

网约车本质上是小汽车出行，其目标是满足北京出行市场中3公里以上的出行需求，而共享单车在2016年的集中发力，则针对3公里以下，甚至是"最后一公里"的出行需求。以黄色ofo和橙色摩拜为代表的共享单车在2016年集中爆发，在北京等地区展开了自行车的"黄橙大战"，此外，借力于资本的涌入，小蓝单车等数个共享单车品种也开始进入市场。根据北京市交通委的信息，截至2017年4月下旬，ofo、摩拜、小蓝、酷骑、永安行、智享等企业先后在北京投放单车规模近70万辆，注册用户近1100万个。①

（一）共享单车的现状

共享单车的概念脱胎于以网约车为代表的共享经济。在共享单车行业，

---

① 《70万辆共享自行车怎么发展 北京等您提意见》，http://china.huanqiu.com/hot/2017-04/10522637.html。

ofo 最早于 2014 年成立，早期在北京大学等校园内为师生提供租车服务。而后来成立的摩拜（mobike）则最先在城市单车出行中发力，[①] 用靓丽的车型、方便的停放等吸引市民使用。2016 年 8 月 16 日，摩拜单车进入北京，并在中关村区域投放第一批单车。中关村区域高科技、互联网企业云集，用户接受度较高，很快摩拜单车在北京开始风行。在目睹摩拜单车的火爆态势之后，同样得到融资的 ofo 开始走出校园，于 2016 年 10 月开始在北京上地、西二旗投放车辆，并逐渐扩展到北京各个城区，媒体所说的"黄橙大战"正式开始。

1. ofo 单车

ofo 以小黄车为标志，自成立以来，其主打单车车型、计费方式已发生了较大的变化。早期 ofo 共享平台的车辆来自两个方面，一是从校园回收大量废弃自行车，并接受学生自愿捐赠；二是平台自行购买，经过改装机械锁、号码牌、涂装黄色后投放使用，被昵称为"小黄车"。使用时，用户通过 APP 或微信公众号内置地图找到附近车辆，发送车牌号，获取密码解锁"小黄车"；归还时，通过微信付费并就近上锁即可，无需归还至指定车桩。经历了多轮投资之后，小黄车已经更新换代，使用的单车与多个自行车厂商合作，实现专门定制，计费方式不再区分校内校外，实行统一计费，如每小时内 1 元。小黄车主推轻便以提升骑行体验，单车成本较低，大约为 300 元，押金目前为 99 元。作为国内第一家无桩单车企业，小黄车的出现极大便利了市民的短途出行，但小黄车的运营也存在不少问题。一是车的损耗较多，媒体也曾报道有大量小黄车被损坏。二是机械锁存在漏洞，使用 ofo 需在机械锁上输入密码开锁，骑行结束后，如果没有打散密码，下一位用户可以直接使用，甚至记住密码可以连续使用该车辆。三是车辆没有 GPS 定位跟踪，精准定位车辆存在困难，导致增加了丢失与被盗的概率。

2. 摩拜单车

摩拜单车一经推出，就主打科技牌，其单车是公司自己生产的自行车，在单车的材质、智能锁等方面均优于小黄车。也正因为如此，摩拜单车有较低的损耗率，寻找车辆也比较方便，但摩拜单车也存在不少问题。一是单车的成本较高，第一代经典版单车成本高达 3000 元，后来推出的单车版本降低了成本，

---

① 2016 年 4 月 22 日，首辆摩拜单车正式投放于上海徐汇区。

但也高于小黄车。这也是摩拜单车的押金高于 ofo 的原因之一。二是骑行体验一般。在保证单车质量、免修免维护的目标下，摩拜单车车身较重，单车的轻便感不足。

3. 与"公共自行车"的比较

就共享而言，北京既有的公共自行车也属于"共享"范围，而共享单车最大的优势在于其灵活性。北京市级运营的公共自行车为红白两色相间的自行车，主要分布在城六区且主要采用公交卡存押金使用的方式。公共自行车有固定的停车桩位，用完后需寻找附近的停车桩归还，由于城区停车桩位的分布不平衡，使用起来并不方便。一旦骑行目的地附近没有停车桩，还车就成为一个问题。相比而言，共享单车的使用很灵活，一是首次使用方便，即下载手机APP 后，通过网上缴存押金即可使用，不需要去相关地点办卡；二是使用后归还方便，共享单车采用无桩还车模式，摆脱了停车桩的束缚，用户可以随用随骑，不用前往停车桩找车，也不用寻找停车桩还车；三是使用移动支付，充值消费方便快捷。正因为如此，自共享单车进入北京以来，极大地替代了原有公共自行车提供的服务。

（二）当前共享单车存在的问题

1. 共享单车占用大量道路资源

尽管共享单车平台提倡使用者在合规地点停放，但实际上，共享单车随意停放的现象随处可见。根据北京市交通委的信息，截至 2017 年 4 月下旬，ofo、摩拜、小蓝、酷骑、永安行、智享等企业先后在北京投放车辆规模近 70 万辆，注册用户近 1100 万个[1]，且在持续的增长之中。在一些地铁站外，人行道上密密麻麻绵延几百米停着各类共享单车，一些单车被随意停在非机动车道，一些甚至被停在绿化带内。原本紧缺的道路资源被单车占据，影响到市民的出行。

2. 共享单车使用中的市民素质

在共享单车使用过程中，媒体曾报道了多起新闻，如"共享单车损毁情

---

[1] 《70 万辆共享自行车怎么发展　北京等您提意见》，http：//china. huanqiu. com/hot/2017 - 04/10522637. html。

况触目惊心"①，"北京两护士私锁藏匿共享单车被行拘"②，一些共享单车的号码、二维码、车凳、车胎等被蓄意破坏，一些共享单车被私自加上锁具，成为个人使用的私物，甚至有的单车被存放在使用者车库与家中，上述共享单车使用中"拆号牌""上私锁""躲猫猫"等种种"怪象"，成为市民素质的"照妖镜"。同时，在北京街头也逐渐出现一些"单车猎人"，他们寻找非正常使用状态的单车，将共享单车上被划掉的车牌号码补上，"松绑"那些被上私锁、被损坏的共享单车，并将胡同中、小区内的共享单车转移到街道等公共场所，方便市民的正常使用。

3. 共享单车的押金问题

与网约车不同，共享单车在刚推出手机端应用时，需要缴纳一定的押金才能使用。虽然有些企业以信用分来代替押金，但押金问题自始至终伴随着共享单车。2017 年 1 月，摩拜单车和 ofo 均宣布全国用户数量超过 1000 万个。按照二者分别以 299 元、99 元的押金计算，两家平台的押金相加近 40 亿元。③对于体量逐渐庞大且敏感的押金，各单车企业都强调会专款专用，但也有法律界学者表示，共享单车平台对"押金"的占有涉嫌非法吸收公众存款，应引入由监管层认可的第三方存托管机构进行托管。与此同时，关于押金退还的抱怨也不时出现在各种报道中，例如根据摩拜单车的押金退还规则，用户申请退还押金时，需要 2~7 个工作日才能到账，退还时间受银行等支付通道结算周期影响。

4. 共享单车使用中的安全问题

根据我国《道路交通安全法实施条例》规定：驾驶自行车、三轮车必须年满 12 周岁；驾驶电动自行车和残疾人机动轮椅车必须年满 16 周岁。实际中在城市道路上，常有不足年龄的小学生骑着共享单车穿行。这些使用中的单车，很大一部分是由家长或用家长账户代替开锁的。同时，单车使用中还出现家长用前置车篮装上幼儿骑行、屡屡闯红灯、违规过马路等情况。

① 《车子屡被恶意破坏 共享单车拷问"共享社会"公共道德》，http：//news.163.com/17/0323/06/CG6N8I2200014AEE_all.html。

② 《北京两护士私锁藏匿共享单车被行拘》，http：//news.ifeng.com/a/20170227/50734643_0.shtml。

③ 《一个城市到底需要多少单车》，http：//www.smesc.gov.cn/news/show.php？itemid=345580。

（三）多方合力规范共享单车使用

共享单车在北京如潮而来，其发展态势迅猛，在给市民短途出行带来便利的同时，存在的问题也亟须多方合力进一步规范治理。

1.企业要效益也要践行社会责任

在资本的支持下，以 ofo、摩拜为代表的共享单车企业迅速成长，并通过不断增加投放单车数量、扩大单车投放范围来进一步扩大影响力。不过，城市交通有其公共属性，企业如果只顾大量投放单车，必将影响城市交通的运转，例如出现"共享单车围堵公交车站"①，导致公交车无法正常进出站，引发交通拥堵等问题。为此，单车企业加强践行社会责任，维护公共交通秩序不容忽视。在具体举措上，按"谁投放谁负责"的原则，规范投放场地，限制投放范围。在发生"爆棚""围堵"等情况的区域，企业应派人在现场进行及时的专车调度。同时，各单车企业可建立统一的行业自律协会，利用互联网定位技术，将各类街头单车统一纳入管理，实现交通资源使用的动态平衡。

2.政府监管力度须与时俱进

当前，大量共享单车已然出现在北京街头，对市容市貌的影响是直接的现实，从监管角度来看，政府之手介入已是必然。一方面，作为公共交通政策的倡导者，政府对共享单车的监管宜疏不宜堵，需督促企业做好单车在分布范围和区域的动态科学调配。另一方面，属地政府、社区需加强与单车企业的合作，划出规范停放区域，减少单车占用车道、人行道、绿化带等无序占用公共交通资源的现象。2017 年 4 月，石景山区在长安街西延线等人流量密集地区划定 200 余个共享单车停车位，市民在使用共享单车后可以停到标识有"共享单车停车点"的白色实线区域内。

3.提升科技含量，促进市民规范使用

截至 2017 年 4 月下旬，北京的共享单车注册用户近 1100 万个，占全市人口的将近一半，平均每天有 700 万人次骑行共享单车。② 庞大的数据显示出市

---

① 《场面壮观！北京市上千共享单车"围堵"公交车站》，http：//mt.sohu.com/20170324/n484619729.shtml。

② 《北京市共享单车注册人数接近 1100 万个，占了全市人口的将近一半》，http：//finance.jrj.com.cn/biz/2017/04/27112522394854.shtml。

民对短途出行的刚需，虽然市民在使用单车过程中存在不少素质不够的问题，但这些可以通过不断提升共享单车的"科技含量"督促解决。例如，在手机客户端与单车本身之间加强定位管理，减少共享单车被私藏的可能；对规范使用的客户进行终端奖励，累积提高信用等级等。

三 共享交通的发展展望

2016 年以来，在"共享交通"名下，网约车、共享单车等交通资源都在发生不同程度的变化，科技、资本、市场、政府等都在共享交通中发挥了不同的作用。从运营模式来看，网约车和共享单车既有共性也有区别（见表 2）。

表 2 网约车和共享单车比较

类别	网约车	共享单车
交通定位	小汽车交通	绿色出行
交通距离	城市中长距离出行(3 公里以上)	城市短距离出行(3 公里以下)
交通价值	提高人与车的连接效率	"最后一公里"的出行需求
盈利模式	争夺入口和流量,形成垄断后变现	押金＋分时租赁
监管方式	有条件的限制	鼓励规范化发展
爆发式发展时间	2015 年	2016 年
代表企业	滴滴、首汽、神州	ofo、摩拜
发展方向	专车走向中高端,定位高于出租车,开始重视体验	大众出行的短途交通工具

综上可见，在北京交通发展的格局中，受交通定位所限，网约车市场将归于平静，随着政府加强对"京籍京牌"的监管，网约车特别是专车的价格将上升，之前全民廉价使用网约车的时代将过去。出于车辆限号行驶、小客车购买指标限制（"摇号难"）等原因，北京用车市场仍存在强劲需求，但大量私人网约快车、专车的退出，将使部分出行需求转移到传统出租车，"打车难"问题很可能重新出现，市民一直有所不满的出租车服务态度是否会有改变，难以预期。总体上，政府出台的政策与监管力度，直接决定了现在与将来的网约车市场态势。

在共享单车方面，因其交通定位属于绿色出行范围，又能满足市民"最后一公里"的出行需求，鼓励其发展是政府监管的主要方向，但具体形式上会不断规范，如加强停车区域管理、落实单车企业责任等。在大众出行方面，未来北京公共交通发展依然以轨道交通、地面公交为主，随着站点密度提高，骑着共享单车到临近站点换乘将更为普遍。当然，共享单车在交通出行中面临天气（大风、雨雪、寒冷、酷热等）的影响，因此在天气条件不利的情况下，"最后一公里"出行依然会是问题。

网约车和共享单车的出现与发展，迎合了北京巨大且日常性的中短程出行需求，而黑车的营利对象也是中短程出行需求。在网约车发展迅猛的时候，黑车运营量减少；在共享单车发展迅猛的时候，黑摩的、黑三轮的生意也减少。因此，未来评价北京中短程交通出行，如果黑车需求受到抑制，黑车不再"繁荣"，将从反面论证市民中短程的出行需求得到了较好的满足。

B.11
"四级双向全过程"的项目
管理模式探索

——朝阳区政府购买社会组织服务管理实践

黄　锂*

摘　要：　通过政府购买社会组织服务管理工作的不断实践，朝阳区探索形成了"四级双向全过程"的项目管理模式，即委托第三方机构评估项目绩效、专业会计师事务所全程跟踪审计、调查机构进行满意度调查、政府纪检部门监察的四级评估，区级统筹、街乡主管科室进行全程监管的区、街乡双向管理。"四级双向全过程"的项目管理模式有效地提升了朝阳区政府购买社会组织服务项目的执行效率与实施效果，对进一步提升政府购买社会组织服务项目的成效进行了有益的管理尝试。

关键词：　政府购买　项目管理模式　全过程管理

政府购买服务是指政府提供资金、社会组织承包服务、合同关系实现特定公共服务目标的机制，其本质上是公共服务的契约化提供模式。随着经济体制改革和公共服务需求日趋多样化和精细化，政府角色也从公共服务直接提供者向公共资源协调者转变。此外，逐渐兴起的社会组织以其专业性、志愿性、公开性、非营利性等特点，成为帮助政府承担部分公共服务职能的最适宜的主体。政府自身生产公共服务的能力毕竟有限，通过购买公共服务能够提高公共

---

* 黄锂，北京市朝阳区玖诚社会工作服务中心主任，社会工作师。

服务的质量和效率，促进公共财政体系建设，转变政府角色和职能，促进社会组织发展，实现公共服务均等化，从而达到社会和谐与持续发展的目标。基于建设"小政府大社会"的政治理念，购买社会组织服务成为政府开展社会服务和社会管理创新的最有效途径，其必要性、重要性是不言而喻的。

一 朝阳区政府购买社会组织服务项目开展情况

朝阳区社会建设工作领导小组办公室从 2011 年开始，在社会建设专项资金中安排一定比例资金用于向社会组织购买社会公共服务。主要围绕社会基本公共服务、社会公益服务、社区便民服务、社会管理服务、社会建设决策研究信息咨询服务五个方面公共服务项目，旨在服务民生、推动社会组织发展。

自 2011 年开展政府购买社会组织服务项目工作以来，朝阳区购买社会组织服务项目数量从 2011 年的 59 个增长到 2016 年的 308 个，购买项目的资金从 2011 年的 619 万元提高到 2016 年的 4182 万元（见表 1），2011 年参与朝阳区政府购买服务项目的社会组织为 43 家，2016 年项目实施中联合的社会组织达到 1165 家。购买项目数量及购买金额逐年增长，参与政府购买服务的社会组织也不断增加。

表1 朝阳区政府购买社会组织服务项目情况

单位：个，万元

类别	2011 年	2012 年	2013 年	2014 年	2015 年	2016 年
购买项目数	59	151	213	434	298	308
市级购买金额	129	461	694	1354	1736	1102
区级购买金额	490	673	959	2219	3000	3080

随着政府购买社会组织服务的不断深入，社会组织及其开展的专业服务越来越得到人们的认可，切实解决了一批特殊群体所面临的社会问题，弥补了政府公共服务的不足，扩大了社会参与且加强了资源整合，其表现在以下四个方面。

1. 培育发展社区社会组织

政府购买社会组织服务项目通过社会组织带动社区内生的社区社会组织发展，社区组织与专业社会组织协同开展项目，通过专业组织的带动，促进了社区社会组织进一步规范化发展，组织机制更加完善，社区社会组织日趋成熟化、规范化，服务领域、区域、群域不断延展，提供的服务更加专业化。

在朝阳区政府购买社会组织服务项目中，社区社会组织可以街乡为主管单位，联合社会组织开展服务，通过此方式，一批社区社会组织得到了较为充足的资金支持，组织运营能力得到显著提升。例如"香河园街道物业调节文化创新"项目，由香河园社会组织服务基地指导香河园街道物业纠纷人民调解委员会执行，专业社工组织对调解委员会进行能力建设培训、骨干咨询，帮助调解委员会在社区开展地区调解文化调研，设计项目实施计划，通过开展调解文化讲座、评选优秀调解案例及常规调解工作，有效促进了纠纷的预防和化解，项目开展了135次调解、3次调解工作培训、9次调解文化宣传活动，通过调解文化的宣传，有效提升调解纠纷效率，参加活动的居民也能够达到互谅互让。通过组织培育与项目运作的实践，调解委员会已有充足的运营人员和完备的运营管理制度。

2. 满足社区个性化服务的需求

不同人群的需求也不同，政府提供的公共服务能够在基本需求层面满足不同群体，却难以深入社区满足个性化民生需求，特别是社区内弱势群体的需求，既难以通过政府公共服务得到满足，也难以通过购买市场化服务得到满足。社会组织的专业服务恰恰弥补了社区个性服务的不足。朝阳区实施的政府购买社会组织服务项目大多数都是围绕社区个性化需求来开展的，基本涵盖了各类弱势群体服务。承接这些项目的社会组织在项目开展前进行了大量缜密、专业的调研，收集并汇总社区个性需求，并以此为导向进行设计开展社会动员活动，链接社会资源，提供个性服务，真正服务全民。

例如"七彩生活——朝阳区儿童青少年社区成长陪伴计划"，通过专业社会工作集群服务，该项目由7个子项目组成，分别为朝外、双井、亚运村、平房、来广营、南磨房等7个街乡的18个社区有困境家庭子女提供课后托管、抗逆力小组、周末亲子互动、社区跳蚤市场融合等一系列专业服务，共开展活动400余次，提供服务近8000余次；"参与360——多元主体参与社会公共服务全覆盖"项目，较为有效地动员了社区周边企业、社区相关职能部门、社区居民骨干力量、高校志愿者等多个主体，整合多个主体的资源，一定程度上满足了社区老年人、残疾人士、青少年、低保户等特殊群体的实际需求；"农转居社区组织发育与支持平台建设"项目,根据朝阳区崔各庄乡京旺家园农转居的特点,发挥社会组织资源整合的优势,开发出符合京旺家园社区文化的社区社会组织培育与支持平台。

3. 促进了社会治理的创新

随着现代社会的快速发展,各种群体需求日益增长,呈现集中性、复杂性、动态性等特征,而传统的行政服务与管理已经难以满足各群体日益增长的需求,产生社会问题或社会矛盾的风险极大,对政府各级部门的服务管理提出了极大挑战。预防和化解各部门难以满足各群体日益增长的需求的矛盾,成为当务之急。

朝阳区实施的政府购买服务项目以"助人自助"的服务理念,注重平等、差异化,避免了各部门传统的行政化服务手法,采用专业社会工作方法深入扶贫济困、卫生服务、司法矫正、戒毒康复等领域,协助社保所、社区服务站、司法所、戒毒所等部门在心理辅导、情绪疏导、认知转变、生活帮扶、能力训练等方面开展服务,有效地促进了服务对象认知及行为等方面的改变。比如"向阳花工作坊——朝阳区失独家庭生命关怀服务项目"集成项目,该项目分为11个子项目,由多家专业服务机构参与,在香河园、小关、朝外、亚运村、双井、望京、八里庄、安贞、潘家园、建外、垡头等12个街道设置向阳花工作坊,搭建的区级失独家庭生活援助热线和心理情感关怀热线实现全区覆盖,直接向1671名失独人员提供服务。其中"'大爱之家'——小关失独老人社区关爱项目"子项目,通过对失独老人进行个案服务,深入挖掘个性需求,满足老人精神文化需求,通过优势视角兴趣小组实现老人的自我成就感,广泛招募大学生志愿者和社区志愿者成立"特别志愿服务队"开展服务,以小组沙龙的形式,协助老人建立自组织,从而形成长效机制,相互支撑,形成良好的社区支持网络。

4. 促进了社区融合

在现代社会治理中,社会组织在整合社会资源、动员社会力量参与社会建设和社会管理方面发挥着重要作用。在政府购买服务中,朝阳区采取"系统性设计、政策性引导、组团式服务、专业化支持"的方式,引入具有专业服务能力的社会工作服务机构进驻保障房社区及其他社区,开展社区活动。

各专业社工机构通过个案、小组、社区等工作方法将服务对象置于微观、中观、宏观的环境系统中，培育及协助社区社会组织开展社区服务，加强居民之间、居民与社区之间的各种联系，推动社区建立广泛的社会支持网络，增加社区社会资本，凝聚社区力量，努力把社区建成"相互帮助、相互扶持、相互依靠、相互关照"的熟人社区。大量项目活动的开展，不仅促进了居民之间的融合，凝聚了社区力量，还提高了居民对社区的认同感和归属感。例如"朝阳区生活困难群体互助关爱综合服务项目"，包括7个子项目，以"助人自助"基本理念开发社区中经济困难人群、计生困难家庭、失独老人、残障人士等的优势，协助并促使其发挥潜能，以自己的"能力"来为自己或处在相同困境的人创造美好生活。其中"'小手工大公益'——建外街道贫困家庭融入社区爱心公益计划"项目，鼓励社区老人参与梦织缘筑爱手工坊手工制作活动，积极动员贫困家庭成员参与活动，帮助困难群体更好地融入社区生活。通过手工活动逐渐改善自己的生活，进而帮助他人，打破资金、物资救助的传统模式，使社区救助工作得到良性且可持续性的发展，为社区互助基金的筹建打下良好基础。

二　朝阳区政府购买社会组织服务项目管理模式的转变升级

朝阳区政府购买社会组织服务项目管理工作从最初的朝阳区社会组织服务中心综合服务管理模式，发展到管评结合的评价与培育双轨制管理模式，继而到探索"四级双向全过程"管理模式，经历了7个购买服务年度的多个阶段探索，在政府购买社会组织服务管理工作的实践中逐步形成了朝阳区政府购买社会组织服务项目管理模式——"四级双向全过程"管理模式。

自2011年起，朝阳区依托区级社会组织综合服务平台以及逐步建立的街乡社会组织服务基地的联动体系，落实政府购买社会组织服务工作，在监测、评估购买服务项目的同时，为承接项目的社会组织提供项目实施、专业服务等方面的培训、辅导等支持。为了促进项目健康运行，保障项目实施效果，朝阳区对项目的运作过程和效果除进行第三方专业机构专业监督外，还邀请媒体全过程参与项目的实施，监督项目，对实施项目进行宣传，以扩大社会影响力；依托社区和居民对项目实施效果进行评价，做好对项目受益人的抽样访谈等工作,以此来确保项目实施效果。

随着购买服务项目工作的规模扩大,为保障项目管理工作的有效开展,项目管理工作从综合服务中心的督导、监测相结合发展成管理与评价结合的双轨制管理模式,由街乡主管社会组织工作的科室主导,依托区、街乡两级社会组织服务平台的能力支撑体系,形成项目管理模组,由第三方评估机构、审计机构负责项目评价、审计,形成项目评价模组,逐步形成朝阳区评价与培育双轨制项目管理模式。

为进一步加强政府购买社会组织服务项目的管理工作,提高购买服务项目的效率与效果,增强购买服务项目的社会影响力与公信力,2015年,朝阳区开始探索委托第三方机构评估项目绩效、专业会计师事务所全程跟踪审计、调查机构进行满意度调查、政府纪检部门监察的四级评估,结合区级统筹、街乡主管科室进行全程监管的区、街乡双向管理,"四级双向全过程"管理有效地提升了朝阳区政府购买社会组织服务项目的执行效率与实施效果,对进一步提升政府购买社会组织服务项目的成效进行了有益的管理尝试。

三 "四级双向全过程"项目管理模式的具体实践

"四级双向全过程"项目管理模式的具体实施是通过实行评估、审计、满意度调查、监察部门的"多轨制"监督和对服务项目、服务组织进行初筛、立项、中期、结项的"四级双向全过程"评估,使服务项目落地街道、社区,并提高服务对象在项目实施成效满意度评价中的权重。

首先,朝阳区社会办委托多家第三方机构对服务项目进行监测评估。一是针对项目的设计、定位审核项目实施领域与朝阳区区域服务需求匹配度、方案可行性、实施预期效果、计划实施效率等,确保项目能最有效地服务于朝阳区社会建设领域,对项目立项进行论证分析;二是在项目实施阶段对项目实施效率、绩效进行监测评估,通过第三方机构对承接主体进行过程监测,督促承接主体建立政府购买服务档案,记录相关文件、工作计划方案、项目和资金批复情况、项目进展和资金支付情况、工作汇报总结、重大活动和其他有关资料信息,监测结果将作为项目资金拨付的依据之一。

朝阳区自2015年启用朝阳区政府购买社会组织服务项目管理系统,社会组织通过系统进行统一申报，申报截止后，多家第三方机构依据申报类别进行分工，依托系统进行网上专家遴选、分配，开展评审工作，评审过程统一流程、统一时间、统一标准，评审结果通过朝阳区官方网站进行公示，保障项目评审的公平、公正、公开。监测评估工作中，在项目实施过半时进行中期评估，通过查看档案、听取项目汇报等形式对项目进行评价，中期评估着重在发现问题与改进辅导，及时对项目实施过程中的偏差进行调整、改进。项目实施周期结束，由第三方机构组织对项目实施绩效的结项评估，从实施效率、效果等方面进行评价。在评估的过程中，第三方机构按月与项目实施方进行交流，根据项目计划进行项目日常监测工作，通过活动观察、档案查看、项目交流、受益人访谈等形式了解项目进展情况，对项目实施方的工作进行记录，作为项目评价的日常考评。

其次，针对项目财务管理进行项目审计。朝阳区社会办委托会计师事务所对所有社会组织服务项目进行资金监管和审计，指导各承接社会组织规范使用专项资金。会计师事务所督导承接项目的社会组织建立健全财务制度，严格按照《民间非营利组织会计制度》等本单位执行的会计制度和相关规定编制项目预算，对购买服务的项目资金进行规范的财务管理和会计核算，加强自身监督，确保资金规范管理和使用。自立项环节项目审计工作即开始参与到评估管理工作中，为评审工作提供财务评审、实施方案资金预算评审，对实施方案预算进行辅导，全程参与中期评估及结项评估工作，督导承担项目机构按要求向社会办、第三方机构及会计师事务所提供资金的使用情况、项目执行情况、成果总结等材料，为每个项目最终提供项目审计报告。

再次，对项目服务进行满意度调查。进一步完善满意度调查机制来保障项目实施，对服务项目进行满意度评价动态监管，通过问卷调查、电话调查、新媒体调查、随机抽查等方式，客观测评购买服务项目满足公众公共需求的状况及其差距，分析差距生成原因，为社会办及主管单位提供服务项目满意度实时监控管理，为开展政府购买社会组织服务项目的评估工作提供依据，促使其起到辅助作用。

第三方调研机构就抽样调研项目建立服务对象与街乡管理两个方面的调研问卷，在实施的过程中，通过网上收集和实地走访采集的形式收集问卷并进行统计分析，定期发布满意度调查简报。

最后，强化监察部门的监察工作。监察部门参与评审、监测、评估的各个环节，参与审定评估流程、监督评审过程与评审结果的公示，对日常监测与满意度调查进行监督，参与中期/结项评估会，对项目进行调研等。对不符合项目实施规范的项目承担主体，要求承担项目的社会组织及街乡管理方进行整改，整改不力的将进行约谈。具体如图1所示。

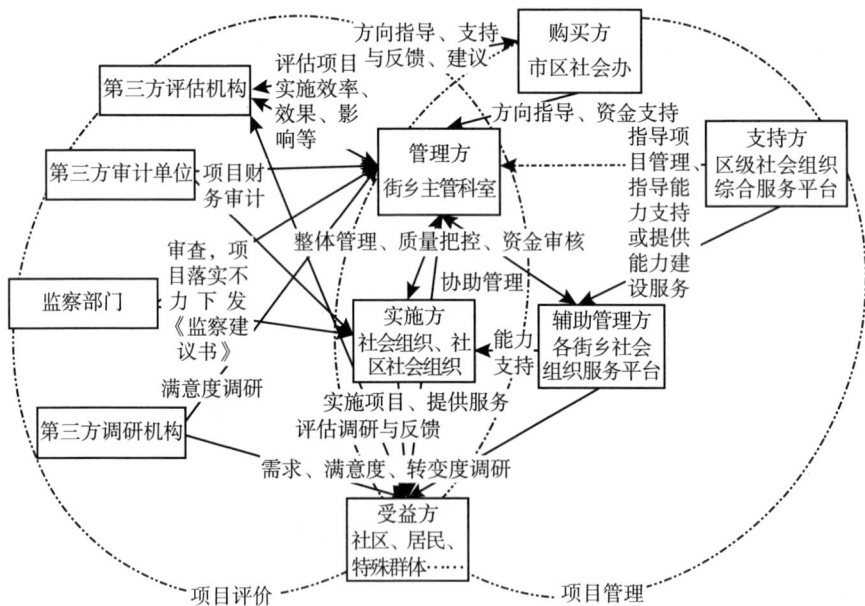

图1 "四级双向全过程"的项目管理模式运作流程

四级多轨制项目评估分为全过程监测、中期和终期评估等，评估结果作为项目资金拨付及下一年度政府购买社会组织服务项目选择的重要依据，项目评估结果将纳入社会组织年检重要参考指标。

为提升朝阳区政府购买社会组织服务项目的管理水平，在四级评估模块外，还建立了区级社会办与街乡主管科室的双向互动全过程管理模块。区社会办通过区级社会动员中心对区域需求进行调研、研发社会治理项目、发布服务需求、开展资源对接、引入社会资源、展示优秀工作成果，对政府购买社会组织服务项目进行引导与支持。街乡主管科室联合街乡社会组织综合服务基地对项目进行全过程监督管理。各街乡加强项目统筹，以社区居民需求和问题为导向，做好本街乡社会组织项目的申报和过程管理，对项目实施质量进行过程把控、对资金使用进行审核，确保实施效果。各街乡社会组织综合服务基地配合街乡主管科室做好对项目实施团队的项目管理指导、能力支持或能力建设服务。

为实现以政府购买社会组织服务项目促进社会组织培育工作，区级社会动员中心及各街乡社会组织综合服务基地联动，通过搭建信息交流平台、资源对接平台、能力建设工作坊等，进一步加强服务项目互动交流，充分依托朝阳区政府购买服务微信群、QQ 群等平台，每月发布社会组织服务简报，定期发布通知、信息，交流经验，分享成果。

四 "四级双向全过程"项目管理模式的初步成效

经过不断升级转变的政府购买社会组织服务项目工作实践，朝阳区政府购买社会组织服务项目"四级双向全过程"的管理模式已经初见成效，主要表现在以下四个方面。

1. 完善购买社会组织服务政策

为确保项目顺利开展，朝阳区社会办协同区财政局、区民政局根据朝阳区工作特点，不断完善工作制度，形成规范的项目操作体系。在北京市相关文件制度的基础上，制定了朝阳区政府购买社会组织服务项目各项规范性文件，根据《朝阳区向社会力量购买服务指导意见》的有关要求，制定《朝阳区使用社会建设专项资金购买社会组织服务指导意见》，修订《朝阳区政府购买社会组织服务项目管理办法》《朝阳区政府社会建设专项资金使用管理办法》《朝阳区政府社会公益服务项目"四级"评估细则》《北京市朝阳区政府购买社会组织服务项目资金核定办法》等配套文件。在总结实践经验的基础上形成了《朝阳区政府购买社会组织服务项目管理指导手册》，用来全面指导社会组织参与政府购买服务项目。

2. 健全购买服务项目管理机制

朝阳区"四级双向全过程"项目管理模式，通过区社会办、第三方机构、审计事务所、监察部门、区级社会组织服务平台及街乡管理科室多方联动，实现项目、社会组织、落地街乡和社区有效对接，使服务项目的实施单位深入地了解街乡和社区的实际需求，进一步完善项目内容；使街乡和社区对社会组织及其提供的公共服务项目从本土需求出发加以引导支持，能够主动为项目的实施提供场地、人员组织、社会协调等多方面的支持。服务对象、社区、街乡全程参与对项目实施的反馈，使项目监测评估更有效、直接。

3. 增强政府购买社会组织服务资金使用的安全性

通过四级评估管理，在日常监测、项目审计督导、监察等多方监督下，加强购买服务项目的资金监管与审计跟踪；区、街乡两级主管科室全程管理，严格按照资金使用管理的有关规定列支，做好资金监管。

4. 规范管理促进社会组织公信度提升

朝阳区"四级双向全过程"项目管理模式促进项目健康运行，保障项目实施效果，促进社会组织规范化发展，组织机制更加完善，社会组织日趋成熟化、规范化、专业化，服务领域、区域、群域不断延展，提供的服务更加专业化。市区两级购买服务项目的公示制度、多级审计制度、外部满意度调查等提高了社会组织服务项目的透明度，更加客观的第三方评价增进公众对社会组织服务的信任，有效地提升了社会组织服务项目的公信力。

五　反思与对策

朝阳区"四级双向全过程"项目管理模式在朝阳区社会建设、社会治理中发挥了作用，取得了成效。但在工作的推进过程中，也还存在着管理工作开展不均衡、项目承接主体专业力量不足及成效评估针对性不强等问题。一是部分街乡管理部门对社会组织的态度比较模糊，没有意识到社会组织在社会治理和公共服务供给中的作用，在一定程度上制约政府购买社会组织服务的发展。二是社会组织在提供服务过程中面临社会工作以及项目运作方面人才不足的问题，导致现有社会组织"专业能力短缺"。三是面对多领域、多人群的社会需求，政府购买社会组织服务项目的评价体系针对性较弱，在指导项目评估管理工作中存在着一定的局限性。

面对上述不足，在后续政府购买社会组织服务项目管理工作中可从三个方面着手，继续完善购买社会组织服务工作。

首先，进一步加强街乡主管科室统筹联动，做好优秀社会组织服务项目推介与展示，加强对社会组织服务作用的普及与认知。其次，与民政部门联动实施社会组织自我发展机制，为社会组织发展提供智力支持与人力资源支持，加大社会组织专业人才引进力度。最后，完善评估管理，搭建专业的服务评价体系，进一步完善政府购买社会组织服务管理流程及评估指标。

参考文献

林亚芬：《政府购买社会组织服务的作用、困境和对策》，《青岛农业大学学报》（社会科学版）2013 年第 8 期。

王浦劬、〔美〕莱斯特·萨拉蒙等：《政府向社会组织购买公共服务研究》，北京大学出版社，2010。

王达梅：《政府购买社会组织服务的影响因素与机制创新》，《兰州大学学报》（社会科学版）2012 年第 11 期。

李桓促：《政府购买社会组织公共服务问题研究》，福建师范大学硕士学位论文，2015。

B.12
共享经济促进城市社区融合新趋势

——以北京海淀区 S 社区共享经济生活为例

陈　晶*

摘　要：　本文通过对北京海淀区 S 社区共享生活状况的实地调查，呈
　　　　　现了一般社区共享经济发展的基本态势，尝试探讨互联网时
　　　　　代下共享经济促进社区融合的新趋势。研究发现，随着共享
　　　　　经济的发展，社区共享经济活动逐渐为城市社区广泛接纳，
　　　　　它不仅酝酿着社区新兴经济模式和经济发展的潜能，还深刻
　　　　　地影响着社区社会结构和社会关系，改变了社区治理和社会
　　　　　建设的面貌，使城市社区回归其本质的共同体生态。社区共
　　　　　享活动强化了社区融合的价值赓续，致使社区交往"去阶层
　　　　　化"以及社区参与"社群化"。

关键词：　社区　共享经济　社区融合

　　社区融合是以构筑良性的互动交往模式与和谐社区为目的，个体与个体、群体之间互相配合、互相适应，形成稳定的生活、地域共同体的状态和过程，具体表现在社区各群体之间的经济生活、社会关系、社区互动参与、社区归属感和社区信任等方面。"互联网＋"时代，在物质产品易得性迅速提高但空间资源分布不平衡加剧的基础上，社会不同阶层对空间利用效率和资源整合提出了更高要求，共享的理念和行动正在重构着社会结构和社会关系。正如李克强

---

* 陈晶，社会学博士，国家卫生计生委流动人口服务中心副研究员，主要研究方向为流动人口、社会融合、社会分层与流动。

总理指出，"它可以让人人参与、人人受益"。党的十八届五中全会提出的"共享"发展理念已经从经济运行领域向社会生活领域蔓延。在城市社区中，共享经济生活所创造的陌生人之间的交往革命对重建社会共同体具有颠覆性的价值和意义。随着城镇化进程加速，城市越大，社区就越重要，社区成为城市社会的子系统，同时作为共享经济的基本单元，其如何影响社区社会结构和社会关系？社区交往方式的变革究竟是怎样一种体验？本文通过对北京海淀区 S 社区共享活动的调查，尝试探讨社区共享活动对社区融合的影响，通过社区实践呈现共享经济生活给社区中的组织和个体带来的深刻影响和深度变革。

一　共享经济呈现社区化趋势

共享经济的实质是将个人、集体或企业的闲置资源，包括商品、服务、知识和技能等，通过互联网构建的平台，实现不同主体之间使用权的分享，进而获得收益的经济模式。[①] 共享经济一经产生就如同雷切尔·博茨曼（Rachel Botsman）所说，不仅满足了马斯洛需求层次中人的基本生存需求部分，又同时满足了获得认同感和归属感等更高层次的需求。[②] 随着共享经济从国家战略转向社会行动，学者们无一例外地发现了共享经济对当今社会产生一系列前所未有且从未预见到的影响。社会服务和资源过剩是目前的普遍现象，闲置品无法安置且占用空间，给人们的生活带来了不便。2016 年 3 月《2016 分享经济发展报告》显示，闲置市场是共享经济的主要构成，2016 年交易规模估计超过 4000 亿元，远超交通工具分享市场。私人物品和资源在专业的闲置品交易平台"闲鱼""转转"等方兴未艾之时，社区中自发的闲置品交易正如火如荼悄然绽放。闲置品交易的种类大到二手车房、家具家电、首饰鞋服，小到零食、书本、水杯等家居日用一应俱全。与其在闲置品交易网担心交易方式不安全、存在假货、售后无保障等安全性问题，不如在邻居中互相分享，同样是转闲置，但社区内部活动明显是一个行之有效的解决途径。共享经济开始呈现社

---

① 刘莉琼：《分享经济背景下中国闲置品网络交易市场的研究》，《中国商论》2016 年第 33 期。

② 〔美〕雷切尔·博茨曼、路·罗杰斯：《共享经济时代：互联网思维下的协同消费商业模式》，唐朝文译，上海交通大学出版社，2015。

区化的趋势。在城市社区中，共享经济正在构建一种休戚相关、伦理共享的共同体社会。不少研究认为，经济共享能够稳定社会成员心理、增强社会成员情感联系，能够增进社会凝聚力，重塑城市文化价值，塑造了一种新型社会结构，使人们在共同体内部"不仅具有物的连接、钱或利益的连接，还有价值的连接和情感的连接，彻底摆脱工业化对人性的异化"，使社区真正具有了马克思预言的"自由人联合体"特点。① 由此，我们看到，共享经济生活给体现社区真正活力的城市社区融合进程带来了深刻的影响。

二 S 社区共享经济生活发展状况

（一）S 社区基本情况

北京市海淀区 S 社区共享平台的发展状况和过程是我们窥探北京市社区共享经济活动的一个窗口。S 社区建于 2005 年，地处城市主干道西四环，临近名山园林，学府名校林立，配套设施完备，商业中心、超市、银行、医院、幼儿园、学校等服务设施一应俱全。社区居民约 12000 户，包括 16 个小区，其中 4 个高档小区，3 个多产权（回迁户）小区，1 个家属院小区。社区临近大型购物商业区和教育区，社区内有幼儿园 20 所、小学 2 所、中学 1 所，周边辐射范围内高校更是多达 12 所，属于大型中高档成熟生活社区，在社区成熟度、居住品质、配套设施完备程度等方面非常完善。在这样一个高能量社区，物质资源过剩可略见一斑。

实地调查发现，该社区共享平台最早开始于互联网社区论坛应用于社区管理服务之时，2012 年某软件行业人才创业并搭建社区论坛，为社区居民提供信息咨询交流服务的空间。随着二手物品和资源交换需求的增长，社区论坛逐渐满足不了大批量、高时效的信息交换，微信群正好应运而生，"家住世纪

---

① 龚天平、周丹：《作为经济伦理的经济共享理念》，《华中科技大学学报》（社会科学版）2017 年第 1 期；廖建文、崔之瑜：《共享经济开启商业民主化时代》，http：//news. hexun. com/2016 – 02 – 26/182443454. html；何方：《新型社群与共享经济的持续发展》，《浙江学刊》2016 年第 6 期；韩松、蔡玉冬、闵文文：《从共享经济到共享金融通向自由人的联合体——访中国人民银行金融研究所所长姚余栋博士》，《当代金融家》2015 年第 10 期。

城"微信平台（订阅号）2013 年 3 月上线，成为众多世纪城居民每天了解社区动态的窗口，为该社区居民提供了数万计的各类本地资讯。同时，陆续衍生出二手闲置平台，在二手闲置交换平台的带动下，其他资源共享平台也开始迅速增长，社区生活从"脚下"走向"指尖"，动一动手指，各种资源随叫随到。目前世纪城地区建成并运行的社区公共平台，内容主题主要围绕家庭生活和社区服务，覆盖人群主要是在本社区内生活的家庭成员，涉及吃、穿、住、用、行、教育、健康、趣味等各个方面，主要集中在二手闲置转卖、信息资源分享、服务预约和供应等活动。截至 2017 年 3 月，社区共享平台主要包括 1 个"家住 S 社区"公众号和社区论坛、3 个社区服务公众号，社区微信共享平台至少 40 个以上。微信群主要包括 12 个二手闲置群、8 个小区邻里群、6 个孩子家长群（本学区）、9 个团购群、10 多个兴趣群以及大大小小各类社会服务商务活动群。2016 年是微信共享平台鹊起的一年，在社区共享理念推动下，越来越多的群成员加入，从而不断扩展群成员。其中具有二手闲置交换转卖功能和主题的微信群和平台占所有平台的 40% 以上，始终处于满员状态。参与人群以女性为主，据调查，98% 为女性，其中 96% 为家庭主妇。

（二）S 社区共享经济活动情况

构成社区共享经济需要符合四个基本条件，即共享实践基础——互联网平台；社区意识营造——形成社会群体的群聚机制；共享资源——持续剩余和闲置产品、资源；共享价值理念——"平等、共享、分享、分担、出让、回报、互换、互惠、合作、真实"。这四个方面共同构成了社区共享平台体系的基础结构。社区共享平台日益成为社区成员分享或交换闲置资源、分享物品或办事咨讯、邀约活动、分享趣闻、反映问题、利益维权等生活内容的重要载体。

平台的组织形式主要包括社区自组织型平台、物业导入型平台、精英引领型平台、商务拓展型平台、邻里微商型平台五种类型。社区自组织型平台，是由社区居民自发组建、自主运营且仅限社区居民身份的资源共享平台。不同的微信群设有不同的兴趣主题，通常群主不以营利为目的，群成员可以自由交换信息、交易物品等，这一类平台通常对成员有一定的行为约束，有较高的社区身份门槛和排外性，同时较难容忍广告和推销行为。调查发现，这一类平台的活跃度很高，共享活动非常频繁，大部分发言频次都在 5000 人次／月，而闲置物品的交易额也绝不可小视，其中一个二手闲置互动群从 2016 年 10 月至 2017 年 3 月的月均交易额近 6 万元。交流过程中，彼此亲切问候、幽默调侃、和睦谦让、热心帮忙，话题比现实生活中的面对面交流更为丰富，涉及房屋租赁买卖、子女教育机构咨询、分享办事、游历、商务经验等重点信息和话题不少于月均 30 个。同时，该类型的平台具有较高的社区认同感和归属感。在更改群名和群主的时候群成员意见突出，对 S 社区名称的强调和平台共享价值观的维护在一定程度上体现了其成员的向心力和凝聚力。更重要的是社区范围内的线下交易方式更增进了彼此的认知和邻里情谊。这种共享类型的资源聚合模式使得社区成员进入全民参与的无边界运动中。

物业导入型平台主要是由物业公司组织搭建并组织运营，凭借居民资源共享平台互动优势，以营利为目的发布商品供求信息，销售物业公司推荐商品。通常群主由物业公司销售人员担任，对群成员发言和活动的约束较少，除此之外，平台还组织线下活动，如举办售卖、团购、参观、旅游、跳蚤市场等社区居民公共活动。这类平台充分借助了共享经济的内核——社区交往功能和人际信任——创造新兴的社区商业模式。同时，物业公司凭借其在社区的合法性和权威性基础，搭建平台为社区居民提供交往机会和资源共享机会，从社会服务的效果来看，这一服务方式也获得了社区居民的认可，在社区中具有一定的影响力，这一模式也是非常值得推广的。

精英引领型平台指的是由社会活动精英以拓展社交而不是以营利为目的，利用自身社交聚集能力和优势，引领搭建的社会交际平台。其组建社交俱乐部，群主不定期发布社区运动休闲、聊天品茶、聚餐、外出游玩以及女性活动等交际活动项目，邀请群成员参加。比如"S 社区辣妈群"，主要服务于社区缺乏社会交往的女性群体，创造更多的女性活动机会，该群月均线下活动在 15 次左右。这一类型平台不再仅是网络社群，而主要服务于线下有价值的活动。它隐含着线上和线下的行动，也隐含有组织地开展社区生活化的互动、分享、交流和集会，目前的社区共享平台基本都实现了既有实用价值，又有社区归属感的生活化场景，营造了许多邻居见面和互动的机会和场景。

  商务拓展型平台是由社区内各行业实体商户或服务提供商搭建并运维的，主要是在社区商业圈内提供有偿服务，方便业主预约、咨询、消费、交流、互动等。社区范围内的实体服务业是在社区传统商业基础上不断筛选和竞争的产物，供需双方逐渐达成平衡状态，生活圈范围内的消费惯性和便捷性满足了社会成员的燃眉之急、生活需求、兴趣爱好等，更重要的是商家共享平台将供需捆绑，节约了社区成员的时间成本和信任投入成本。同时，S社区媒体公众号的监督，加上平台成员间的自由交流，可以使其更加真实地了解商品和服务品质，有助于比较并提升商家服务质量和水平。S社区的商务服务共享平台加入成员多、存续时间长，且活跃程度高，也就意味着共享平台满足了社区服务的需求，参与度很高，满意度也很高。

  邻里微商型平台主要是社区内自主创业居民借助邻里微信平台开展销售和资源分享活动的平台，是社区自组织型平台的衍生物，一般没有实体店铺，主要提供自有产品和资源。这一类型平台相较于前几种通常辐射范围较小，多数是本小区邻里之间的资源分享。比如全职妈妈L某，在照顾孩子之余，尝试与其福建家乡的亲戚合作，将家乡特产推荐给邻里，由于品质可靠广受好评，获得诚信口碑，进而吸引更多邻居采购。在社区内部预设了社区信任，社区成员能够在具有较高信任度的空间里自由交易，其平衡点主要在于其自身既是生产者又是消费者的绝佳身份，在一定程度上消除了部分信息不对称，能够在更小范围内获得共同利益，产生利益协作和友谊。而驱动这一特殊生态持续的不仅是社会成员的兴趣、爱好，或自我实现的追求，而且更重要的是社区邻里的交际特性。

  通过S社区共享生活的实践可以看出，社区共享平台是互联网社群活动渗透到社区的结果，其将原来社区中的原子化居民重新整合贯穿于生活链条之内，社区参与互动依赖具有凝聚、认同、协调和控制功能的平台等传播工具，形成社区居民之间、社区居民与社区服务供应者之间进行沟通、协商、行动的实践基础。然而不仅如此，社区共享平台在个体的传播机制下，其分享内容实际上是跨社区传播的，完全有理由相信其可以无限地扩散到全城、全国各地，甚至全世界。社区共享依靠邻里强关系可以释放出惊人的力量。当前，社区共享活动的集体影响力已经远远超出了资源分享者个人力量之和。共享经济时代的社区融合显现出前所未有的潜力和活力。

三 社区共享活动促进社区融合的新趋势

（一）社区融合的价值赓续

社区结构回归社区融合的本质。社区成员的社区意识是社区融合的灵魂和关键。社区成员通过参与社区共享活动提升了个人的地位，增进了社会互动和社会关系的亲密感，增加了社区的凝聚力和向心力，营造了社区浓厚的人情味和归属感。社区共享经济符合社会融合的"共享"价值理念，它得益于社会交往网络的连接，在共享平台上，每个个体不但可以享受到低价与个性化的服务，也得到了社交机会。尽管共享经济对振兴经济和改善环境具有举足轻重的作用，但它不仅是经济活动组织方式，而且更重要的是促使人们在资源共享条件下的分工合作与共享发展，是作为经济活动主体的人与人之间关系的变化。① 通过共享机制盘活并整合物质和人际资源，使社区成员在更近的时空内以较低的成本享受到更高品质的生活的同时，构建新型社群关系，推动人际关系和角色回归本源，相对于过去提倡"成果共享""价值共享"的融合理念，这种"生活过程分享"和"社会记忆共享"的社会交换方式，更加追溯了社区应有之意，丰富了社区融合的价值内涵。

共享理念提升社会关系价值。社区共享活动的背后折射的是人与人之间的关系。"互联网是创造社会资本的地方"，社区共享经济中的人际信任和功能接近让居民互动和交易的成本大幅降低并不断趋向于零，也打破了社区邻居间的社交隔膜，实现闲置时间和邻里资源的有效连接，编织和累积社会资本，满足各自的社交需求。一是它正在改变并重构着人们的社会关系。蔡丹旦、于凤霞认为，共享经济的发展正在改变并重构着人们的社会关系，形成的新型社会关系将对人际交往、信任体系、职业与阶层结构、资源流动，乃至整个社会的公平与进步都产生不小的影响。② 二是提升了人际信任程度。信任，是社区融合和共享经济的交集。不少学者将"信任"视为共享经济的重要特征或基本

① 宋逸群、王玉海：《共享经济的缘起、界定与影响》，《理论参考》2016 年第 9 期。
② 蔡丹旦、于凤霞：《分享经济重构社会关系》，《电子政务》2016 年第 11 期。

内涵之一，认为只有建立起比传统经济更为牢固的信任关系，陌生人之间才能够接受共享模式。① 社区中尽管人口流动频繁，但人们之间的信任纽带紧密，即使空间位移，归属感也依旧很高。

（二）社区交往"去阶层化"

社区共享空间与资源分享促进社区阶层互动。社区是个体和家庭相对私密的空间，更多的交流是在邻里间展开的，植根于邻里间的认同，这一认同包括共享空间认同和社会阶层认同。在现代城市社区密集生存的空间分布和高速率的交往交换中，共享活动都促进了异质性的交流，获得了"更近更清晰"的比较优势，并且省去了识别、确认和长距离交往的成本。社区空间存在不同利益主体和经济阶层，例如在 S 社区中，既有高档社区居民，又有回迁户居民，还有大量中产阶级群体，但在社区共享生活中居民共享活动不受社会阶层和经济背景的约束，也并不过问身份阶层，互动的动机和来源都与社会经济地位无关，反而对该社区空间具有较高认同感。这种共享空间的认同感让他们觉得这个社区住的都是和自己同一类人，即使没有直接的交往，也会形成认知和价值观上的统一性。促进社区阶层间流动的核心，是信息带来的机会。资源共享和传播不仅是以人为主体、以特定地域为空间展开的多个层面的互动关系，更是为资源短缺者创造参与和分享优质资源的机会。《瓶颈——新机会平等理论》指出，即使居住在一起，无法接触到网络，仍然被视为是阶层流动的瓶颈，因此，需要扩大网络，促进非正式互动，帮助人们发展与他人的关系，接触到网络就能接触到机会。② 因此，社区的"去阶层化"将有利于促进社区融合。

信任作为共享内核瓦解了阶层排斥机制。要实现真正意义上的社区阶层化，必须在社区文化、阶层文化的作用下，通过社会上层成员的主动排斥与社会下层成员的被动排斥机制。③ 然而，共享经济逐渐瓦解形成这一机制的基

---

① 〔美〕唐·佩珀斯、玛莎·罗杰斯：《共享经济：互联网时代如何实现股东、员工与顾客的共赢》（第一版），钱峰译，浙江大学出版社，2014。

② 〔美〕约瑟夫费·希金：《瓶颈——新机会平等理论》，徐曦白译，社会科学文献出版社，2015。

③ 徐晓军、沈新坤：《城市贫富分区与社区的阶层化》，《华中师范大学学报》（人文社会科学版）2008 年第 1 期。

础。共享经济暗含着培育社区信任的潜在动力。信任是共享经济的内核，而社区信任是社区融合的核心要义。翟学伟认为，社会现代化的特征之一就是破坏了社会关系网和以关系为基础的信任。申广军等的研究发现，低收入群体在收入差距较大的社区更容易认为自己社会地位较低，社会分化程度较高的社区更不容易培养社会信任。然而，当城市化"遇上"共享经济，经济活动与社区互动的联系反而越来越紧密了，个体在经济活动中的信用和信用基础上的各种资源分享和交换越来越决定了个体在社区互动中的角色和地位，同时反过来影响个体的经济地位和社会地位。社区居民基于信任，共同构筑社区共享平台，在平等分享交流中形成稳定的社区地域生活共同体，抑或心理共同体。而这种由于兴趣和需要形成的社群交往，更像是"一捆捆扎清楚的柴"，而不是"差序格局"式的交往。在交往中不但没有阶层性排斥，而且还增进了不同阶层社区成员间的认知和感情，重现了"社区"的文化精神价值和本质意义。

"去阶层化"有利于支持中低社会阶层发展。社区共享经济在一定程度上有利于资源匮乏者提升社会地位。社区共享经济突出了个体的重要性，有利于人本地位的上升，促进社会公平①，在一定程度上消除了一些选择性歧视。例如纽约大学商学院教授 Fraiberger 和 Sundararajan 研究共享经济对不同收入阶层消费者产生的福利效应发现，与高于中等收入的消费者相比，低于中等收入的消费者的共享服务需求是前者的两倍；通过共享经济消费转移效应实现福利提升的最主要获益群体，正是低于中等收入的消费者，他们同时也是共享经济服务供应方的主力军。② 因此，社区共享平台支持了中低收入社会阶层享有更多更丰富的社会资源，获得了更有价值的机会，促进了社会流动和机会平等。S 社区的中低收入居民可以通过低成本获得高成本的物品和资源，降低了生活成本，补充了社会资源和机会的不足，改变了信息不对称、资源不平等的情境，有利于促进社会公平。

---

① 王家宝、敦帅、黄晴悦:《当闲置资源遇见"互联网＋"——分享经济的风靡之道》,《企业管理》2016 年第 6 期。

② Fraiberger, Sundararajan. *Peer-to-peer Rental Markets in the Sharing Economy*, NYU stem school of Business, Working Paper, 2015 (10): 6.

（三）社区参与"社群化"

社群化重建了社会群体的互动交往模式和社会关系结构。社区社群化主要是指社区成员借助互联网社交工具，因兴趣追求和价值认同、共识达成、情感交流、信任建构而聚集在一起的相对固定的群组及其社会关系的趋势。越来越多人借助微信、微博、QQ等社交工具建立各种不同主题内容、功能属性的社群，它们是基于偏好、价值观、利益、情感需求等形成的同质性群体，承担一定的社会功能，这个意义上来说，它并不仅仅是一个兴趣－利益聚合体或者社交圈，它也是共享经济不可或缺的组织单元。① 现代城市社群所形成的圈层结构，其中心由过去"血缘"和"地缘"关系让渡给"朋友"之间和"半陌生人"之间的关系。S社区通过平台技术模式（微信群）等若干种新的互动规则和价值观形成的社群，把原子化的个体重新组织起来，构成一个社群化的社区。基于社区认同的社交网络、社区信任与社区网络平台的社群认同和信任相互叠加，就更有利于促进社区融合。社区成员在参与社区共享经济的过程中，通过分享式的互助来往来加深彼此的了解与信任，开辟了新的交友渠道，形成新的兴趣群组和社交网络，结交处于同一社区却无缘认识的朋友，由于价值观和行动彼此接近，进而形成社群化的生活轨迹和惯习，这种新的社群化关系会在不断重复中建立忠诚的信任感和归属感，参与者之间通过频繁互动不断形成互惠的行为规则和关系，社会关系网开始从熟人向陌生人拓展。事实证明，在现实生活中，这种单点建立起来的信任社群很多。这样的生活轨迹很容易形成路径依赖。社群化交往模式通过社区居民之间的交往和共享，提高了社区凝聚力和社区归属感，增进人与人的交流，有助于建立高凝聚力的社区共同体。

社群化改变了社区参与模式。社群化的社会网络更注重个人利益交换，或者情感寄托。社群中大部分人因为住所而集结，天然形成了具有相似的认识及购买力的社群。社群根据地域、人群、行业进行的分类，更突出了社交的特征。同时，"邻居"的身份认同使这个群体最具社交属性。在共享经济社区化过程中，互联网工具推动社区生活迅速社交化，人人的生存策略都是要走向社交化，所有的社区经济都要服务于社交化，所谓的分享是为了聚集。社群的强

---

① 何方：《新型社群与共享经济的持续发展》，《浙江学刊》2016年第6期。

社交让社区更融合，社群正在成为新媒体和营销的主战场。社区共享经济使社区成员的分享活动重心从互联网平台下沉到社区，形成社区内部真实互助的闭环互动关系，具有了更大的信息和利益争取的主导权。因此，社群化的社区共享平台是以信任为前提、以经济互利为基础展开的助推城市社会空间更新、促进社会融合的集体行动。社区融合的纽带不再仅仅是过去那种共同体情谊，而是联通了共同利益和需求，将共同体关系更私人化、更个性化、更具体化。我们可以从实例中看到，尽管频繁流动，但人们之间的信任纽带还存在，甚至不舍丢弃，尽管空间位移，但对平台的需求依旧存在，依赖感仍然存在。另外，社群的内容更加有创意、更加社会化。该模式为社区成员提供了更多的社会交往和资源交换的机会，便于社区成员定期组织聚餐、音乐会、厨艺分享等公共集体活动，自觉参与到社区活动中，甚至参加社区会议，参与社区政策的制定实施等。

社群化有利于促进社区自治和公民社会建设。过去的社区参与是政府主导下的基层社区自治，社区参与对社区权力运作构成一定影响，是体现社区民主的场域。社区共享经济能够以价值观为引领提高社区归属感的普遍程度，实现社区共享经济"去中心化"和"自组织化"，即不受政府类型派出机构如所属社区街道办事处，或者物业管理企业经营活动的干预，社区居民以社区认同感为基础，高度自治化地动员社区居民进行广泛的社区参与，同时，对社区内设机构和物业企业进行民主监督。[①] 换句话说，社区共享经济也有力地推动了社区治理的价值内核越来越集中到"社区自服务"上来，自组织的形态开始替代社区管理形态。"家住 S 社区"公众号以社区焦点事件为凝聚话题，旨在为满足社区成员各类生活需求和利益提供每日资讯，自成立起运营一年后在一次关乎众多业主利益的"停车收费纠纷"的公众事件中开始正式进入社区公众视野，以公正的立场取得良好的价值认同，收获了影响力和凝聚力，继而凭借社区微信平台的迅速传播效应，成为社区自组织权威引领者，受到广泛关注和认可。

四　未来展望

构建共享社区，是未来促进社区融合的主要趋势。伴随共享社会的构建过

---

① 黄昇：《解读"社区共享经济"》，《城市开发》2016 年第 6 期。

程，共享精神的内化也将增进人与人之间的交流，有助于恢复消失的社会共同体。近年来，共享理念和共享居住社区的实践为社区融合提供了新的思路和可能性。以共享互利为特征的共享生活社区持续涌现，在世界范围内得到广泛的关注。共享社区通过共享空间和其他社会资源，既可以降低生活成本、提高闲置资源利用效率，又能够促进社区的社会交往，激发社区活力，还可以创造性地解决交通不便、辅助养老、居住空间分异等城市发展难题；国内外均有研究证明，共享经济能解决信息共享、政策协调、人力资源共用、参与式管理、城市犯罪，有助于缩小城乡差距和区域不平衡等政府城市管理难题，成为民主化进程的重要促进因素。① 中国城市应借助"互联网 +"新经济的发展，激发和发动基层社区居民的共享意愿和力量，组建各类社会化的共享组织，建设"共享城市"②，推动社区建设实践，全面提升资源使用效率，构建并凝聚社区价值，优化社区联系，促进社会融合，实现共同发展。

---

① 王晶：《共享居住社区：国际经验及对中国社区营造的启示》，中国城市规划学会、沈阳市人民政府，《规划60年：成就与挑战——2016中国城市规划年会论文集》，2016年11月。

② 陶希东：《共享城市建设的国际经验与中国方略》，《中国国情国力》2017年第1期。

社会治理篇

Social Management

B.13
首都社区工作者能力素质模型建构研究*

杨　荣**

摘　要： 北京城市管理和社会治理过程遇到诸多问题，对主要承担社
区管理和社区服务的社区工作者提出新的挑战。本文在深入
分析社区工作者能力素质要素的基础上，采用能力素质模型
的建构方法，提出了首都社区工作者的能力素质模型。并结
合社区工作者的实际情况，对普通的社区工作者和社区居委
会、社区党委、社区服务站等不同岗位工作人员的能力素质
进行了细致的分析。

关键词： 社区工作者　能力素质　北京

* 本文是北京市社会建设专项资金购买决策研究与信息咨询服务项目"首都社区工作者能力素
质模型建构研究"（项目编号：SHJC0382）的阶段性成果。作为课题组成员，北京工业大学
人文学院陈锋副教授，研究生赵佩、李玉芬、王淳、曹景媛、崔颖等同学付出了辛勤的劳动，
在此一并感谢！
** 杨荣，博士，北京工业大学人文社会科学学院副教授，研究领域为社会工作、城市社区工作等。

一　将能力素质培养引入首都社区工作者队伍建设

　　北京城市人口数量和城市规模的不断扩大引发了城市管理和社会治理的难题，出现社会矛盾凸显、利益冲突加剧、社会凝聚力下降等问题。社区工作者是承担基层社会治理和服务的主干力量，其工作思路、能力水平和综合素质直接影响社会建设和社会治理任务的具体落实和开展。随着北京市政府强调民生建设，其服务重心下移，越来越注重社会服务，与社会建设相关的社会组织培育、社会政策实施和评估以及专业化、个性化社会服务落实到社区层面。如何适应社区建设的新局面，提供更完善的社会服务成为社区工作者面临的挑战，也凸显了当前建构社区工作者能力素质模型的迫切性。

　　本研究立足于首都社区建设与管理的现实社会情境，以社区工作者群体为对象，通过行为事件访谈法，对优秀的社区工作者和一般社区工作者进行差别分析，找到社区工作者的能力素质特征，建立社区工作者能力素质基础模型，然后根据社区工作的岗位和职责划分，探索不同岗位社区工作者的能力素质模型。在此基础上，探索如何将能力素质模型应用于社区工作者的选拔、使用、培训、激励等环节。具体的目标是：①整理汇编社区工作者能力素质要素；②筛选影响社区工作者工作绩效的能力素质特征；③研究能力素质要素之间的结构关系，建立社区工作者能力素质模型。

　　研究将能力素质理论引入首都社区工作者队伍建设，建立能力素质模型，对优秀社区工作者的行为进行描述，总结优秀社区工作者开展工作的经验和案例。更为现实的意义是：①帮助社区实现社区发展策略落地。能力素质模型突出社区工作者应该具备的关键能力，在社区工作者日常工作中要体现出来，并达成目标要求。②促进社区建立规范的人才标准。能力素质模型实际是通过行为化的方式描述了胜任社区岗位的榜样，通过可以观察的行为为社区工作者提供行为规范。③通过建立能力素质模型，提升社区工作者团队建设和管理的水平。能力素质模型可以解释什么样的社区工作者才是高效的，在培训中就这些关键的行为进行培训，培养优秀社区工作者。④能力素质模型还可以用于社区工作者招聘、培训与发展、绩效评估、后备人才培养等方面。

为社区工作者制定自己的职业生涯发展规划提供参考并根据模型来提升自己的工作能力。

二 建立社区工作者能力素质基础模型的方法与理论

（一）研究方法

研究从北京市社区发展的现状出发，结合能力素质（胜任力）研究的资料，搜集整理目前有关社区工作者队伍建设、专业培养、绩效考核、岗位设置的资料，同时了解北京市近年出台的社区建设、社区工作者队伍建设、社会工作者队伍建设与人才培养的文件、政策制度，编写了《社区工作者能力素质（胜任力）访谈提纲》，包括基本信息和相关行为事件两个部分。基本信息主要了解社区工作者担任的职务及其年限，自己的工作经历、学习经历、专业背景等信息。行为事件部分主要了解社区工作者在工作过程中对特定事件的描述、反应和思考等。

行为事件访谈法（Behavioral Event Interview，BEI）是构建能力素质模型最常用的方法。核心技术是 STAR 法则，它可以使访谈所获得的信息更加有效和有条理。STAR 由 Situation、Task、Action、Result 四个单词的首字母组合而成，其分别指的是事件发生的背景、所面临的主要任务和要解决的主要问题、采取的行动、行为事件的结果等方面。

在访谈过程中，访问员要让被访者从成功的事件说起，并且按照每一个事件的先后顺序来叙述，要提示被访者谈论真实的经历而不是假想或抽象的思维。访谈员有意识地捕捉社区工作者的一些关键性事件，例如，处理居民纠纷、拆除违规建筑、处理居民群体性事件、组织居民活动、开展社区党建等。这些代表性事件的处理过程，能折射出社区工作者蕴含的能力素质，也是建立社区工作者能力素质模型的基础。访谈结束后，访问员还要请接受访谈的社区工作者归纳一下她/他目前所在职位所需的知识、技能、个性等特征。最后，访谈员开始整理访谈记录，编写访谈报告，进行能力素质模型的编码过程以及开始编码统计。编码就是将访谈所搜集到故事细节分类并量化，将行为描述为层级，汇总成表。例如访谈过程中出现频次较高的词"领导力"，课题组就此讨论并细化出领导力的内涵以及社区领导力的特质。类似还有"抗逆力""大局意识""应急力""沟通能力"等出现频次高的指标入选能力素质模型。同时，分解出社区工作者在领导力方面不同的层级。

访谈员由经过培训的社会工作专业硕士学生担任。在访谈过程中，每次访谈安排两名访谈员，一名负责引导采访和提问，另一位负责记录被采访者的看法。课题组选择了朝阳、东城、西城、海淀、丰台等地 10 个社区的 30 名社区工作者作为访谈对象。选择社区时注重社区类型的多样性，访谈对象的选取标准主要依据模型构建准备阶段确定的高绩效标准，选择工作突出、评比优秀的社区。被访谈的社区工作者的选取有三种方式：一是街道推荐和介绍的绩效考核优秀的社区工作者；二是根据所在社区工作绩优获奖情况选定；三是由社会工作专业实习基地督导推荐。

（二）理论依据

Competency 中文翻译为能力素质或胜任力，指的是有助于个人或者团体获得高绩效的知识、技能、个性特征以及行为价值观的综合，它直接与个人的工作绩效相关，用完成工作任务的情况来判断。胜任力要经过多年的工作、培训之后，才能成为人的另外一种自然属性。[1] 能力素质模型（Competency Mode）是一种描述性的工具，它是一组关于个人的外显和潜在特征，作为评价人们在工作岗位中的能力及工作绩效的测量工具。模型中通常会包含 7~9 个能力素质特征来描述特定的工作岗位。

能力素质模型的理论基础是"冰山理论"。冰山理论认为人格可见的只是这个冰山浮在水面上的部分，人格中看不见的是冰山下面的部分。这个部分决定了人类的行为。冰山理论应用在能力素质研究中，认为能力素质模型包括了 6 个基本的要素：知识、技能、社会角色、自我概念、特质、动机（见图 1）。[2]

胜任力的洋葱模型进一步说明了胜任力的核心要素，以及可以被观察和衡

---

① 李忠民、刘振华等：《知识型人力资本胜任力研究》，科学出版社，2011，第 16 页。

② 秦杨勇：《平衡记分卡与能力素质模型经典案例解析》，中国经济出版社，2012，第 26 页。

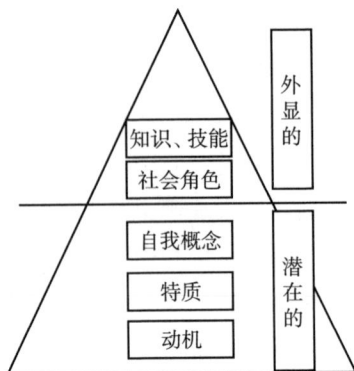

图1 胜任力的冰山模型

量的特点。最核心的是动机，向外依次是个性、自我形象、态度、价值观、技能知识。越向外层，越容易培养和评价（见图2）。

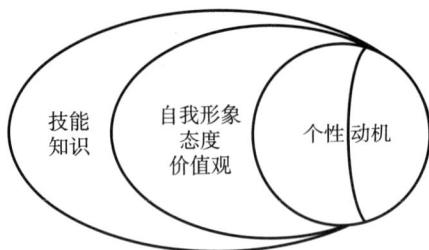

图2 胜任力的洋葱模型

胜任力蜂窝结构是对以上胜任力冰山模型和洋葱模型的操作化，看起来更加直观，易于理解。胜任力简化为知识、技能、经验、能力、个性等要素。

在分析以上胜任力研究的各种理论和实践方法的基础上，结合首都社区这一具体的工作场所，分析社区工作者目前的能力素质现状，我们将从能力、素养、知识三个维度探索社区工作者的能力素质，初步形成了社区工作者能力素质基础模型（见图3）。

我们认为，知识、能力、素养之间有严密的逻辑关系。知识是社区工作者的基本要求，随着政府和社会对社区工作者专业能力的要求越来越高，专业知识是提高工作成效的基础。在知识的基础上，运用知识解决问题形成工作能

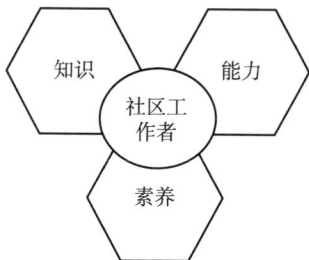

图3 社区工作者能力素质基础模型

力。有了知识和技能之后，社区工作者还需要具备职业素养，也就是对待职业的态度。社区工作者要具备良好的知识储备，具有合乎要求的能力和经验，并通过符合社区工作的职业素养发挥出来。

三 首都社区工作者能力素质模型建构

（一）首都社区工作者的全员胜任力要素

社区工作者全员能力素质要素指的是社区全体工作者都需要的观念特征，包括社区所期望的工作者的品性特征，反映社区特点、发展、价值观以及社区工作的价值和文化。全员能力要素可以简单概括为"三六八"模型。"三"指的是与社区、社会、社会服务或社会工作相关的三方面知识；"六"指的是社区工作者都要具备的领导力、执行力、创造力、抗逆力、亲和力、应急力六种能力；"八"指的是首都情怀、政治敏感、责任观念、服务理念、团队精神、大局意识、维稳意识、伦理道德八种素养。

总的说来，社区发展需要贯彻全员核心胜任力模型；在落实具体社区发展策略时，需要贯彻领导力模型；在培养社区关键岗位的核心人才时，要使用专业能力模型（见图4）。

（二）首都社区工作者能力素质的水平与行为描述

1. 知识部分

社区工作者的知识水平，至少可从三个方面来衡量：学历与专业、通用知

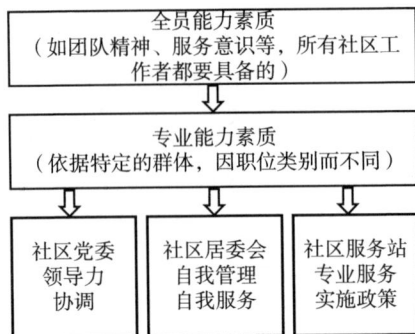

图4　社区工作者能力素质模型分类

识、专业知识。社区工作者要做到通用知识应知应会，专业知识熟练掌握。对社区工作者来说，社会与社区建设方面的知识属于通用知识。社会服务项目管理的知识、社会工作理论与实务的知识属于专业知识，这些知识构成社区工作者的知识结构。社区工作者要善于灵活运用，提升自身的专业服务能力。

①学历与专业：学历分为高中、大专、本科、硕士研究生等层级。②社会与社区建设的知识：包括社区的基本概念、构成要素、类型、分布、社区发展过程、社区发展的政策制度、社会发展的基本知识。③社会服务项目管理的知识：包括社会服务项目的设计、申请、实施、评估等环节的知识，是社区工作者需要掌握的基础知识，是开展社区工作的必备知识要求。④社会工作理论与实务的知识：社会工作实践理论和社会工作实务领域的知识和方法。

2. 能力部分

在对访谈资料进行分析和提炼，经过讨论之后研究认为首都社区工作者应该具备六项基本工作能力：执行力、领导力、抗逆力、创造力、亲和力、应急力。

①执行力是指有效利用资源，是贯彻战略意图、保质保量完成预定目标的操作能力。②领导力就是社区管理者在现有的资源条件下，能够带领团队取得优秀工作成绩所表现出来的一系列行为特征。③抗逆力指个体面对负面事件时所表现出来的，维持相对稳定的心理健康水平和生理功能，且成功应对的能力。④创造力是指社区工作者在工作中产生新思想，发现和创造新事物的能力，是成功地完成某种创造性活动所必需的心理品质。⑤亲和力是在人与人相

处时所表现的亲近行为的动力水平和能力，使人有亲近感，并愿意与之进行交流合作。⑥应急力是在发生突发事件或遇到紧急情况时，能迅速地做出反应，寻求合适的方法，使事件得以妥善解决的能力。

3. 素养部分

根据对访谈资料的分析、提炼，首都社区工作者应该具备8种素养：政治立场、首都情怀、大局观念、维稳意识、伦理道德、责任观念、服务理念、团队精神。

①政治立场，指政治思想、政治观点以及对于政治现象的态度和评价。首都北京是政治中心，具有特殊的区位特点。作为首都的社区工作者，持有明确的政治立场是必备的素养之一。②首都情怀，意识到在首都工作的特殊功能与性质，将自己的工作职责与首都工作紧密联系在一起，将服务首都作为职责和标准。③大局观念，善于从全局高度、用长远眼光观察形势，分析问题，善于围绕党和国家的大政方针认识和把握大局，自觉地在顾全大局的前提下做好社区工作。④维稳意识，把社会稳定和长治久安作为第一目标、第一任务、第一责任，对基层工作充满责任感和紧迫感，保持清醒头脑和战略定力。⑤伦理道德，指人们在人际关系方面所持有的价值信念和行为准则，包括个人的自我行为控制和调节以及对他人的行为规范。⑥责任意识，社区工作者知道什么是责任，并自觉履行其工作职责及相应的社会职责，把责任转化到行动中去的心理特征。⑦服务意识，社区工作者在工作中所体现的为居民提供热情、周到、主动服务的欲望和意识。⑧团队精神，即协作精神，核心是协同合作，反映的是个人利益和整体利益的统一，进而保证组织的高效率运转。

（三）首都社区工作者的专业能力模型

社区工作者要具备全员能力素质，更要具备所履职的不同岗位所要求的专业能力。社区工作者在不同的工作岗位，其必须具备的知识、能力和素养会有所不同。社区工作目前的岗位分布于社区党委、社区居委会和社区服务站。

1. 社区党委工作人员的能力素质模型

社区党委是社区工作的领导核心，根据社区党委以及社区党委书记的职责,结合访谈资料分析,研究设计出社区党委工作人员的能力素质模型（见表1）。能力素质模型关注个体在工作中表现出来的高绩效行为。社区党务工作者的岗位职责十分明确,能力素质指标就很聚焦。这里没有特别区分正副书记以及党务干事能力素质的差异性,而是强调作为党务工作者要具备的专业能力。社区党委书记的能力素质将在下文的领导力素质模型中显示。

表1 社区党委工作人员能力素质模型

类型	内容	行为描述
素养	政治立场 大局意识 忠诚信念	与党中央保持一致,认真贯彻和学习党的各项方针政策、党规党纪。有大局意识,服从党的安排。保持忠诚,信念坚定,善于批评与自我批评
能力	监督指导 统筹规划 协商协调	对社区居委会和服务站起监督指导作用,根据党和政府要求,把握社区发展战略导向,结合社区发展需求,统筹资源,制定发展规划。协调社区居民、社区组织、辖区单位,协商处理社区发展中的问题
知识	党规党纪 党风廉政 党群组织	熟悉党规党纪和党风廉政的要求,熟悉党群组织建立和发展的程序和原则,认清思想宣传工作的重要性

2. 社区居委会工作人员的能力素质模型

依照我国社区居民委员会组织法,社区居委会是居民自我管理、自我教育、自我服务的基层群众性自治组织。与社区党委不同的是,社区居民委员会要发动居民自治,协助居民自组织的培育和发展,调解居民纠纷,处理居民的社会福利、公共卫生、人口计生、文化建设等工作。社区居委会的工作更加贴近居民,为居民服务。在调查和访谈的基础上,课题组总结出社区居委会工作人员的能力素质模型（见表2）。

3. 社区服务站工作人员的能力素质模型

社区服务站是社区中主要承担服务功能的组织设置,一般由站长、副站长、专职工作者组成。社区服务站是政府在社区层面设立的公共服务平台,其工作职责是代理代办政府在社区的公共事务,主要是政府各职能部门延伸到社区的社会公共服务。其能力素质模型如表3所示。

表2 社区居民委员会工作人员能力素质模型

类型	内容	行为描述
素养	平等正直 奉献敬业 亲和助人	开展社区自治和服务时,要平等对待社区居民,正直诚信。热心助人,保持敬业,勇于奉献
能力	自我管理 自我服务 自我教育	根据居民委员会组织法,理解和实施自我管理、自我服务和自我教育的职能
知识	社会政策 居民自治 社区参与	掌握社会保障、社会救助等政策法规,熟悉并带领居民开展居民自治,创造机会,鼓励居民积极参与社区发展

表3 社区服务站工作人员能力素质模型

类型	内容	行为描述
素养	平等接纳 公平诚信 保密同理	开展社区服务时,要根据社区居民需求,平等对待,无差别的接纳。保持公平和诚信。恪守保密原则,保持同理心
能力	实施政策 提供服务 组织管理	根据居民需求,实施和评估社会政策,保证政策落实。提供社会服务项目,并对人员和资源进行组织管理,确保服务的有效性
知识	社会政策 社会组织 社会服务	掌握社会服务相关政策,善于联系和发展社会组织,掌握社会服务相关知识,熟悉社会服务流程

（四）社区工作者领导力模型

社区领导力指的是在社区工作构成中,社区管理者带领团队取得高绩效所表现出来的一系列行为特征。社区层面的管理者主要包括社区党委书记和副书记、社区主任和副主任、社区服务站站长和副站长这两个层级三个类别的岗位。

需要进一步说明,社区领导力模型在社区的正副职级上会有不同要求,例如都是"团队建设",社区正职负责团队的整体发展策略,副职要协助正职完成构想，协调工作团队内部的关系。"执行力"一项对于社区正职的要求就是领会上级政府的精神，结合社区实际情况，制定社区发展战略；社区副职则要分担实施社区发展战略的具体任务，负责自己职责范围内的政策落实和工作任务完成。具体如表4所示。

表4　社区管理者领导力模型

类型	内容	行为描述
执行力	制定战略 执行推动 创新思维 把握方向	社区管理者善于从全局出发,制定社区发展战略,推动社区发展,执行各类任务。具备创新思维,目标明确,善于把握社区工作方向
抗逆力	坚强乐观 拼搏奋斗 优势视角 善于学习	社区管理者在挑战和困难面前坚强、乐观。不怕困难,有拼搏奋斗的精神。善于以优势视角发现社区资源和机遇,思维开放,善于学习新知
凝聚力	团队建设 组织协调 知人善任 影响感召	社区管理者开展团队建设,负责社区内外部组织协调。对于社区成员做到发挥其潜能,知人善任。通过自己的影响力团结、感召和凝聚队伍,凝聚人心

四　首都社区工作者能力素质模型的应用

社区工作者能力素质模型在于为社区工作者提供榜样和学习的目标。业绩优秀、工作出色的社区工作者的工作经验和工作方法是可以被观察和模仿学习的。社区工作者能力素质模型提供了全员能力模型、专业岗位能力模型、领导力模型等，结合工作岗位可以清楚测评衡量每位社区工作者的行为，并且以数量、质量和影响程度等标准显现出来，易于把握和进一步的改进。

（一）在社区工作者队伍建设中的应用

首先，明确社区管理岗位的职责和能力素质要求。社区管理者、社区管理者中间岗位（副书记、副主任、副站长）要成为现代化城市社区中的管理者，还需要具备哪些素质能力，通过科学的能力素质模型建构可以回答这一疑问。其次，明确社区一般岗位的职责和能力素质要求。充分发掘一般社区工作者的潜能，为他们制定明确的能力素质模型，指明个人发展的方向，才能调动他们的积极性。最后，明确社区工作者专业知识、技能、价值观评价标准。突出专业知识评价的基础性，细化了专业技能或能力评价的层级，强调专业态度或价值观评价的重要性。

（二）基于能力素质模型的培训管理

从社区组织层面分析，其可以提高员工的胜任力水平，实现人员—职位—组织的匹配。培训的目的就是帮助社区工作者弥补自身的不足，达到岗位的要求。从社区工作者个人层面分析，有助于提高其能力素质水平，达到岗位要求，实现个人职业发展，将未来发展方向更加直观地呈现出来，有利于社区工作者制定切实可行的个人职业生涯发展规划。从提升培训课程质量分析，可以为其提供科学依据，具有针对性和个性。基于工作的需求和个体能力特点，提供培训，这样的培训会让参加者更加投入和认真。

（三）基于能力素质模型的绩效管理

利用绩优者和普通员工之间的差异，确定绩效考核的指标，基于能力素质模型的绩效考核可以真实反映工作者综合表现，从知识、能力到素养都能给出恰当的评判。给予工作认真、成绩出色的工作者准确的回报，提高工作者的积极性。对于成绩差强人意的工作者，可以通过能力素质模型找到差距，并通过培训或者在职学习的方式帮助工作者提高知识水平和工作能力，改进工作态度，达到社区工作的要求，成为团队中不可或缺的成员。

（四）应用于社区工作者招聘选拔

社区工作者的招聘、选聘和任用过程可以采用三种工具，分别是能力素质模型、任职资格要求、岗位说明书。其中，能力素质模型可以对岗位所需的能力、个性形成标准，尤其是对核心因素进行详细规定，使用行为化的描述，方便对应。

五 提高首都社区工作者能力素质的建议

（一）建立和完善首都社区工作者能力素质指标体系

引入能力素质（胜任力）的概念，逐渐建立社区能力素质模型，可提高社区人力资源管理的科学性。在首都社区工作者能力素质模型的基础上根据社区类型建立不同的社区工作者能力素质模型，从一般化的能力素质要求走向个性化的能力素质要求，推广建立社区能力素质模型的方法。引入专业的人力资源团队，结合社区具体特点，在试点社区建立能力素质模型，总结出切实可行的方法，指导更多的社区学会建立本社区的能力素质模型。

（二）加强基于能力素质模型的社区工作者培训管理

进行培训需求调查（Training Needs Assessment，TNA），如果社区工作者需要从事符合组织期望的工作，他们必须具备哪些知识、技能和态度，而这些是通过培训可以学习、改变和掌握的。明确培训的目标，即培训的结果是什么，是不是满足了社区工作者的需求，改正了不足。直观的解释就是，参加培训前社区工作者不能做什么，而参加完培训后他能做到的事情是什么。培训的方式要和培训的内容以及参加培训的社区工作者的接受度结合起来。加强培训的评估，通过过程性评估对培训进行前期干预实验，通过总结性评估来评价社区工作者对于培训的反应、培训程序以及内容的有效性。

B.14
北京市民办社工机构专业社工岗位
设置与激励保障研究

卢　磊*

摘　要： 专业社会工作岗位的设置管理和激励保障日益成为当前我国
专业社会工作发展的重要议题，它关乎专业社会工作人才的
存留和社会工作职业化的水平。民办社工机构是社会工作发
展和专业社会工作人才就业的重要载体，但其尚处初步发展
阶段，面临着诸多挑战和问题。本研究以北京市为例，深入
调研和解析了民办社工机构岗位设置管理和激励保障的基本
现状与主要问题，并系统提出了相关对策与建议。

关键词： 民办社工机构　岗位设置　激励保障　职业化

2008 年以来，社会工作职业水平评价制度的持续推进催生了大批专业社会工作人才，社会工作也成为一种新兴职业，并在社会福利机构、城乡社区和社会组织中扮演着日益重要的角色。"构建现代社会组织体制"和"建立宏大社会工作人才队伍"两大国家战略促使民办社工机构作为社会发展时期的一种新型社会组织得以产生并得到快速发展。民政部在 2009 年和 2012 年先后发布的有关促进民办社会工作机构发展的文件，直接促使民办社工机构呈现爆发式增长的特点。民办社工机构成为我国社会工作发展和社会治理创

---

* 卢磊，香港理工大学社会工作硕士，社会工作师，民政部培训中心（北京社会管理职业学院）双师型讲师、民政部社会工作研究中心特邀研究人员，中国社会科学院社工硕士教育中心实务导师，主要研究方向为民办社工机构、社会组织内部治理、城市社区治理和公益项目评估。

新的重要主体。

但是，我国民办社工机构依然尚处初步发展阶段，面临着政策制度不完备、社会认可度不高、发展资源匮乏单一和专业人才流失率较高等一系列突出问题。这些因素基本都涉及一个共同的核心议题，即民办社工机构社会工作岗位的开发设置、基本管理和保障体系。本研究以社会工作发展较早、较快的北京市为例，旨在深入调查和研究民办社工机构岗位开发、设置和管理的经验和困境，并提出相关对策和建议。

一　调查基本情况

研究主要采取了问卷调查为主的定量研究和深度访谈、文献研究为辅的质性研究相结合的综合性研究方法，并保障资料来源的原始性和真实性。本次调查主要对依法登记注册且有实质性社会工作服务的市、区两级共计56家民办社工机构进行了问卷调查，共发送56份问卷，回收56份，问卷回收率100%，其中有效问卷53份，有效回收率94.6%，调查范围涵盖了北京市所有区县，并充分考虑了针对不同服务人群提供服务的机构，同时兼顾了机构发展历史的长短。问卷回收后，对问卷进行了整理、录入和统计分析。

为深度了解民办社工机构社会工作岗位开发设置及管理的情况，本次调研选取了发展较早的2家市级民办社工机构和4家区县民办社工机构，并对其负责人和骨干人员共计8人进行了深度访谈。深度访谈的对象选择综合考虑了机构发展成熟程度和不同服务人群等因素，主要以一对一访谈的方式进行。具体如表1所示。

表1　参与访谈的民办社工机构基本信息

序号	名称	类型	成立时间	服务范围	被访对象
1	S1 社会工作事务所	市级	2010 年	社区居民、能力建设、培训服务等	机构负责人
2	S2 社会工作事务所		2013 年	救助服务、职工服务、青少年服务	机构负责人和行政主管

序号	名称	类型	成立时间	服务范围	被访对象
3	S3 社会工作事务所	区县级	2009 年	老年人服务、边缘青少年服务等	机构负责人
4	S4 社会工作事务所		2011 年	残障人士服务、儿童服务、老年人服务和社区服务等	机构负责人
5	S5 社会工作事务所		2013 年	社区建设、青少年服务、儿童服务等	机构负责人及其助理
6	S6 社会工作事务所		2010 年	学校社工服务、社区为老服务、流动人口服务等	机构负责人

二 北京市民办社工机构专业社工岗位设置管理与激励保障的基本现状

（一）北京市民办社工机构的发展概况

民办社工机构在国内尚未有统一的概念来指称，民办社会工作服务机构、民办社会工作组织、社会工作服务社、社会工作事务所等都有使用。为研究方便，本文统一使用"民办社工机构"，并采用民政部《关于促进民办社会工作机构发展的通知》中对"民办社工机构"的概念界定，它是指以社会工作者为主体，坚持"助人自助"宗旨，遵循社会工作专业伦理规范，综合运用社会工作专业知识、方法和技能，开展困难救助、矛盾调处、权益维护、心理疏导、行为矫治、关系调适等服务工作的民办非企业单位。

在社会工作快速发展的背景下，北京市民办社工机构也从萌芽阶段跨越式地进入快速发展阶段，当然这个过程中也出现了一种现象，即迅速发展过程中有一定数量的机构成立起来容易但真正发展起来依然举步维艰，甚至"名存实亡"。

1. 数量变化

单从数量来看，在全国层面，自 2003 年上海成立第一家民办社工机构开始，我国民办社工机构的发展经历了一个从缓慢增长到井喷式增长的过程，从2010 年的 600 家发展到 2015 年的 4600 家，五年时间里翻了约三番，如图 1 所示。而北京市民办社工机构的数量也从 2009 年的 3 家发展到 2013 年 8 月的 59 家①，再到 2015 年底的 155 家②，如图 2 所示。

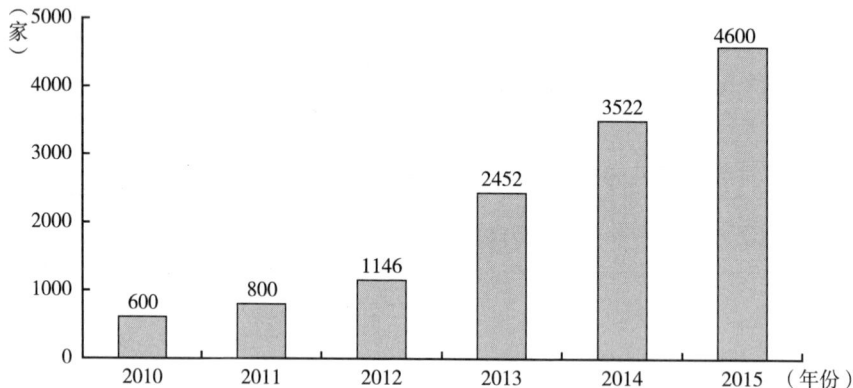

图 1　2010～2015 年全国民办社工机构数量增长情况

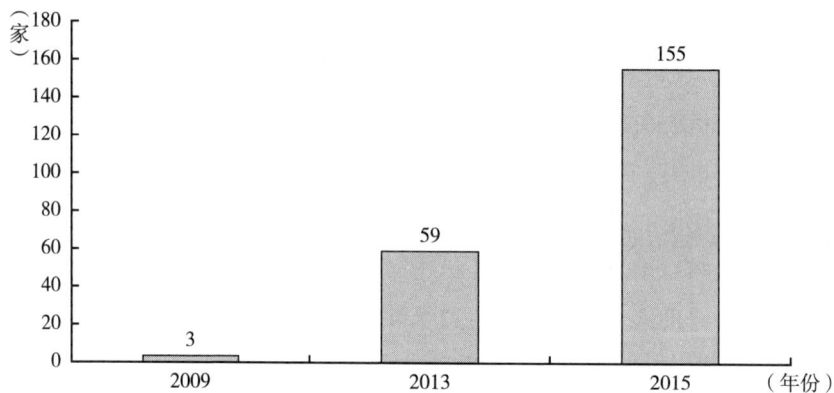

图 2　历年北京市民办社工机构数量增长情况

本次调研中 90.00% 以上的被调查机构是 2010～2014 年成立的，其中 2013 年和 2014 年成立的民办社工机构所占比例最高，分别是 23.08% 和 26.92%，其直接原因是民政部于 2009 年和 2012 年先后发布的有关促进民办

---

① 北京市社会工作事务所概览，http：//www.bjshjs.gov.cn/412/2013/12/10/66@12458.htm。
② 此数据由北京市社会工作者协会民办社工机构委员会提供。

社工机构发展相关文件的政策引动，政府自上而下的主动推动是民办社工机构发展的催化剂和主要推动力量。当然，这也说明了北京市的民办社工机构大多成立较晚，依然处在以生存为基本特点的初级发展阶段。

2. 机构类型

社会工作岗位设置与机构类型有着较为直接和紧密的关系。这里所指的类型主要从服务范围和服务人群两个维度进行划分。其中，服务范围主要从登记注册的行政区域级别进行界定，主要分为市级和区级民办社工机构；服务人群则包括儿童、青少年、老年人、残障人士和妇女等。

区级机构多于市级机构。本次问卷调查中，有20.75%的被调查机构在北京市民政局登记注册，79.25%的机构在所在区县民政局登记注册。在区级民政局登记注册的机构遍布于北京市16个区县，其中以民办社工机构发展较早的朝阳区、东城区、海淀区较多，也涵盖了门头沟、石景山、平谷和延庆等郊区。

服务人群或领域最集中的是青少年、老年人、社区发展和儿童四个领域，分别占64.2%、58.5%、49.1%和45.3%。本次调查显示，民办社工机构所涉猎的服务人群或领域较为广泛且更多聚焦在社会弱势群体，但涉及妇女、家庭、流动人口、矫正对象、评估培训等方面的机构数量较少，具体见表2。

表2 机构服务涉及的人群或领域

单位：个，%

人群或领域	儿童		青少年		妇女		老年人		家庭	
频率及百分比	频率	百分比	频率	百分比	频率	百分比	频率	百分比	频率	百分比
无	29	54.7	19	35.8	38	71.7	22	41.5	38	71.7
有	24	45.3	34	64.2	15	28.3	31	58.5	15	28.3
合计	53	100	53	100	53	100	53	100	53	100

人群或领域	流动人口		矫正对象		社区发展		培训评估		其他	
频率及百分比	频率	百分比	频率	百分比	频率	百分比	频率	百分比	频率	百分比
无	42	79.2	47	88.7	27	50.9	39	73.6	45	84.9
有	11	20.8	6	11.3	26	49.1	14	26.4	8	15.1
合计	53	100	53	100	53	100	53	100	53	100

上述数据表明，北京市民办社工机构更多地集中在常规服务领域，这与社会发展的整体环境和政策导向有一定关联。比较而言，这些服务领域相对更容易获得资源，同时也与服务领域的经验基础和可循性有关。

3. 人员规模

人员规模是专业人员岗位设置切实落地的重要保障，如果不能制定清晰的人力资源规划，那么机构发展和目标实现则会受到较大影响。

本次调查显示，民办社工机构的全职人员规模不大。机构人数在 10 人及以内的占 58.49%，11～20 人占 13.21%，也就是说机构人数在 20 人及以下的比重为 71.70%，规模较大的机构（51 人及以上）占比为 9.43%。仅有两家民办社工机构总人数达到 200 余人，但其绝大部分社工岗位属于共青团北京市委的社区青年汇专职社工。由此可见，大部分民办社工机构的人员规模依然较小或与应有岗位匹配尚有差距，迫切需要多元主体的共同支持。

4. 资金状况

资金是民办社工机构发展的命脉，也是机构得以生存和长远发展的基础。本次调查显示，从 2014 年资金量来看，65.38% 的民办社工机构资金收入总额在 50 万元及以内，占比最高；机构资金收入总额在 51 万～100 万元、101 万～150 万元和 151 万～200 万元的比例分别为 9.62%、5.77% 和 7.69%，仅有 11.54% 的机构资金收入总额在 200 万元以上。笔者 2012 年主持的"北京市民办社工机构发展现状调查"显示，77% 的被调查机构资金收入在 50 万元及以内，且年度资金收入总额超过百万元的机构少之又少。前后的数据对比说明，北京市民办社工机构资金收入总额有所提升，这与北京市相关政府部门购买服务直接相关。

从资金来源来看，政府购买占机构资金总量的比例达到 96.20%，政府购买已成为民办社工机构最主要的资金来源。另外，有 4 家机构接受过企业捐赠，比例仅占 7.5%；9 家获得过公益基金会的资助，所占比例为 17%；有其他收入来源的机构占 3.8%，主要是尝试性的服务收费和机构自行筹款等，具体见表 3。

表3　北京市民办社工机构资金来源及其占比情况

单位：个，%

来源	政府购买		企业捐赠/资助		基金会资助		其他	
	频率	百分比	频率	百分比	频率	百分比	频率	百分比
无	1	1.9	48	90.6	43	81.1	50	94.3
有	51	96.2	4	7.5	9	17.0	2	3.8
缺失	1	1.9	1	1.9	1	1.9	1	1.9
合计	53	100	53	100	53	100	53	100

由以上可知，民办社工机构的运作资金总额较低且来源单一，主要依赖于政府购买服务。因此，应努力尝试创新筹资途径和手段，实现资金来源的多元化。同时，政府部门应积极营造适合民办社工机构发展的社会环境，社工机构也要加强自身建设。

（二）北京市民办社工机构专业社工岗位开发设置的基本现状及其解析

岗位开发设置是民办社工机构内部治理的重要构成，也是机构有效运转和发挥价值的基本前提。本部分主要从民办社工机构的服务部门设置、社会工作岗位设置及其面临的问题和挑战三个方面进行现状呈现和具体分析。

1. 社会工作部门设置情况

民办社工机构以社会工作专业理念和方法为主要手段参与社会治理并服务有需要的人群，因此社会工作或社会服务部门的设置是十分重要和必要的，这也直接关系到社会工作专业岗位的设置及其人才使用。

本次调查显示，参与问卷调查的民办社工机构七成设置了社会工作部门。该部门的主要职责包括承担机构专业社会工作服务和项目、协调整合志愿者资源、使用和督导社会工作实习生等。

对于是否设立专门的社会工作部门，有部分被访者有自己的现实考虑：其一，受到项目化运作与管理的影响，往往项目实施的核心主体是社会工作者，因此部分机构会将社会工作部门与项目部门联体；其二，成立时间较短的机构人员有限且还未意识到内部建设的重要性，因此存在部门空置或人员分工不清晰的现象。

"我们从成立起来到现在还不到两年的时间，大部分工作人员还都是社工毕业生或者持证的有经验的人员，但我们团队人数还比较少，主要以承接政府购买项目为主，所以我们把社会工作者都放在了项目部门，并没有单独成立社会工作服务部门。"S5社工事务所的负责人这样说道。

2. 专业社会工作岗位的设置情况

对于任何一家民办社工机构而言，专业社会工作岗位设置的数量、人员配备和岗位类型层次都直接关乎其服务质量，这也是本研究关注的核心议题之一。

专业社会工作岗位是民办社工机构的主体性岗位。本次调查显示，80.19%的民办社工机构开发设置了专业社会工作岗位，另有19.81%的被调查机构并未设置专业社会工作岗位。这似乎有悖于"民办社工机构"这一称谓，因为社工机构的人员构成应以社会工作者为主。通过深入访谈和长期的参与式观察，笔者发现部分民办社工机构仅仅是借着政府的鼓励性政策创办成立的，其人员构成和服务手法大多与专业社会工作的关联有限。

专业社会工作岗位类型涵盖了实务岗、督导岗和管理岗，实务岗又是三大类型岗位中的主体岗位。本次调查的统计显示，整体而言，社会工作岗位中实务岗、督导岗、管理岗所占比例分别为79.08%、11.97%和8.95%，基本符合社会组织人员的一般比例构成。

北京市民办社工机构的社会工作专业化和职业化水平整体上还处于较低层次的初级阶段。本次调查显示，三类社会工作岗位中具有社会工作专业教育背景和持有社会工作职业水平证书的比例分别是46.65%和31.76%，两者均还未达到一半。前者说明高校社会工作专业毕业生人才流失较为严重，这与社会工作发展的整体环境和社会工作教育都紧密相关；后者则与当前社会工作职业水平考试门槛设定有关，社会工作岗位人员尤其是实务工作者中专科生占有较高比例，参加社会工作职业水平考试则需要满足一定的工作年限。

社会工作督导岗位中兼职岗位多、专职岗位少。督导在指导一线社会工作者和保障专业服务质量方面起到不可替代的作用。按照有效百分比统计，本次调查显示，依然有近三成的被调查机构还没有设置督导岗位。督导岗位设置的基本属性有三类：一是专职岗位，占比16.20%，主要是机构内部经验较为丰富的全职工作者；二是兼职岗位，占比 45.90%，主要由高校社会工作教师构成；三是既有专职岗位也有兼职岗位的情况，占比 37.80%，如表 4 所示。

表 4　民办社工机构督导岗位的基本属性

单位：个，%

	岗位	频率	百分比	有效百分比	累计百分比
有效	专职岗位	6	11.3	16.2	16.2
	兼职岗位	17	32.1	45.9	62.2
	既有专职岗位也有兼职岗位	14	26.4	37.8	100.0
	合计	37	69.8	100.0	
缺失	系统	16	30.2		
	合计	53	100.0		

社会工作督导岗位的"兼职岗位"和"既有专职岗位也有兼职岗位"是民办社工机构的主要选择，对此，S3 社工事务所的负责人有如下描述。

"我了解到的大部分民办社工机构主要岗位就是实务岗位，督导主要是靠大学里的社工老师，也有培养机构里有潜质的社工发展成为督导的。我们机构就是这样。引入大学老师的主要原因是，一方面能相对保持专业性，另一方面可以根据督导情况和次数来支付必要的费用。专门设置督导岗是未来的趋势，但现在我们机构在经费安排上有些难度。"

3. 社会工作实务岗位（一线社会工作者）的基本要求

社会工作实务岗位是民办社工机构的主体岗位，因此，在人才引入和招聘中民办社工机构大多对此有较为清晰、具体的要求。这些要求和倾向排在前三位的是"有社会工作相关工作经验或其他职业经验"、"社会工作专业教育背景"和"接受过社会工作专业系统培训"，所占比例分别为 84.91%、67.92% 和 66.04%，具体见图 3。

但是，在实际招聘工作中却显得较为无力。现有社工的专业背景情况和持有社会工作职业水平证书情况与社工机构的要求有较大的差距。

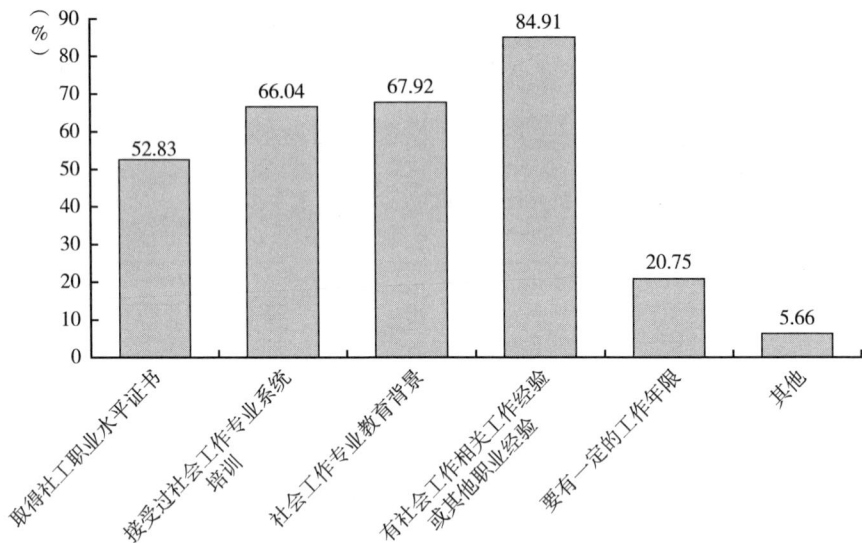

图3　北京市民办社工机构对社会工作实务岗位的基本要求

"现在很多人都在质疑或指责社工机构的专业性不足，其实，我们很多机构都意识到了这一点，因为专业性和服务能力跟不上就没办法拿到项目，拿不到项目机构生存都是问题。我们一些机构做过一些探讨，比如现在的社会工作专业毕业生从事本专业的太少了。再有，目前有一些经验的社工流失或者流动很快，但是我们还需要继续做事情，所以有一定职业经验或原来有过相关社会服务经验的人，我们也会考虑招进来。现在的社工毕业生实践经验上还不足，社工的学校教育需要跟上才行。"S3社工事务所的负责人表达了这样的想法。

4.专业社会工作岗位开发设置的主要形式

以机构自主设置为主、承接相关部门购买岗位为辅是当前北京市民办社工机构社会工作岗位设置的主要形式。调查显示，当前北京市民办社工机构的社会工作岗位设置的形式有"根据自身发展需要自主招聘"、"承接政府购买岗位"及"两者兼有"三种，所占比重分别为62.26%、24.53%和13.21%。

5.专业社会工作岗位职责

明晰的岗位职责和清晰的岗位说明书是岗位设置管理和人力资源管理的重

要内容。本次调查显示，83.02%的民办社工机构有较为明确的社会工作专业岗位职责。这些基本的岗位职责是对社会工作者开展专业服务的基本要求，也是确保服务专业性的基本保障及对社会工作岗位进行绩效考核的重要依据。

当然，不同岗位的基本职责是有所不同的。比如，实务岗位更注重服务理念的内化和方法的专业性，管理岗位更注重行政管理，督导岗位更注重专业问题的破解和人才培养。

"我们机构最早时也没有十分清楚的岗位职责，但是随着活动的开展和人员规模的增加，越来越觉得没有岗位职责真的不行，因为岗位职责实际上是一种团队分工和协作，没有分工就会比较乱。而且，不同岗位的职责还要有些区分，比如我的岗位是管理岗，我最主要的职责就是进行统筹协调，在资源调配上给一线社工提供便利，当然也得监督服务成效。从高校请来的社工老师兼职我们的督导，主要就是通过培训和督导解决社工们遇到的具体的技术问题和一些其他方面的困惑。最后是做实务的社工，就是遵守专业要求和机构规定全身心地开展服务，保证服务有效和服务对象满意。"S2社会工作事务所的一名管理者兼督导这样介绍了该机构社会工作岗位的职责情况。

（三）北京民办社工机构专业社工岗位激励保障的基本现状及其解析

岗位设置与激励保障是机构人力资源管理中两个紧密相连、前后承接的重要环节。在一定意义上，激励保障是依托在岗位开发设置基础上的。岗位开发设置是引入专业人才的前提和基础，而激励保障是留存和激发人才价值的关键因素，也是机构内部治理的重要内容。

1. 社会工作岗位的制度建设

专业岗位相关的制度建设是岗位管理规范性的重要衡量指标之一。本次调查显示，已有75.47%的机构建立了与专业社工岗位直接相关的岗位管理制度，未建立相关制度的大多是成立不久的初创机构。

从内容上看，涉及较多的岗位管理制度是考勤制度、休息休假制度、人才

招聘制度、薪酬福利制度和考核评估制度，分别占比 71.70%、66.04%、
64.15%、58.49% 和 56.60%，其主要还是约束性制度。职业晋升制度和奖惩
制度整体靠后，所占比例均为 47.17%，这与民办社工机构的职业发展空间有
限以及尚处生存阶段的特点有关。具体见图 4。

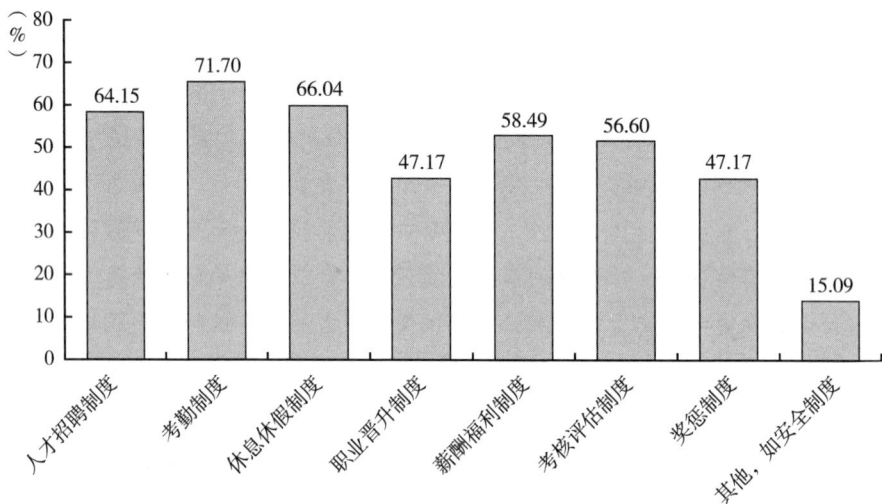

图4 北京市民办社工机构专业社工岗位管理制度的主要内容

可见，北京民办社工机构的岗位管理制度已相对较为丰富，但在制度应用
和有效实施上还需要深度推进，不宜停留在文本层面。

"说实话，建立起来这些制度并不难，因为很多制度在网上都能搜
到，甚至还有不少模板，稍微做一些调整就行。但是，社工是一个新兴行
业，有很多岗位管理的制度找不到特别适合的内容，所以最主要的还是跟
同行交流，以及机构在实际工作中再摸索。即使这样，要把制度上的内容
落实到每一个具体的行动上，目前来看，还是有一些难度，毕竟咱们的专
业化程度还有很大距离。另外，我觉得这些制度的建立还是要靠机构社工
的参与，因为他们才是具体的实施者，这样制定出来的机构内部制度才更
有说服力，而且大家愿意去做。"S6 社会工作事务所负责人的坦诚分享。

2.岗位薪酬及其制定依据

工资薪酬待遇是从业者进行职业选择的重要标准，也是岗位管理和激励保障中最为基础的内容。岗位类型不同，其薪资待遇亦有所不同，因此，本研究中分别对实务岗、管理岗和督导岗的薪资水平进行了分类调查。

如图 5 所示，社会工作实务岗的工资水平主要集中在 2000～3000 元（含），占比 50.98%，3000～4000 元（含）和 4000 元以上的分别占比 25.49% 和 7.84%。社会工作实务岗（一线社会工作者）的薪资水平整体较低，与一线社会工作者的劳动付出不成正比。究其原因，这与民办社工机构资金来源单一且资金量有限、政府投入力度不足等因素有关。

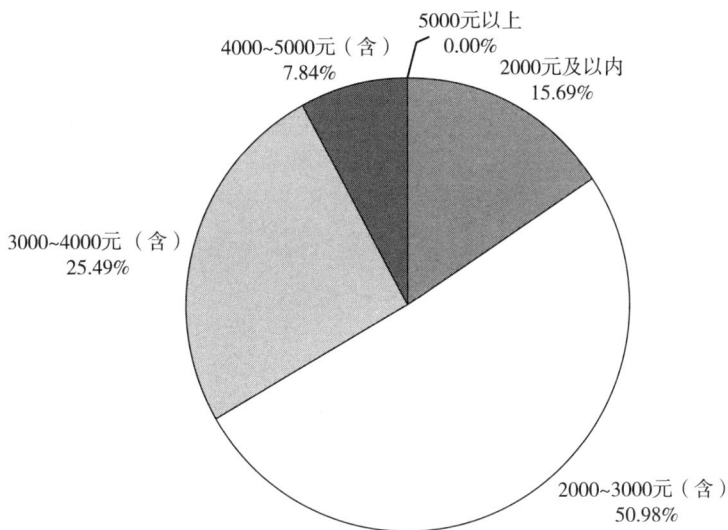

图5　北京市民办社工机构社会工作实务岗位的薪资情况

社会工作中层管理岗的人员工资占比由高到低分别是 3000 元及以内、3000～4000 元（含）、4000～5000 元（含）、5000～6000 元（含）和 6000 元以上，其所占比例依次是 34.09%、27.27%、20.45%、13.64% 和 4.55%，如图 6 所示。其基本上属于机构内部除负责人以外的"高收入人群"。

社会工作督导岗的人员薪资水平稍高于中层管理岗。其中占比最高的是 4000～5000 元（含），所占比例为 33.33%；其次是 3000 元及以内和 3000～4000 元（含），所占比例均为 25.64%；5000～6000 元（含）和 6000 元以上

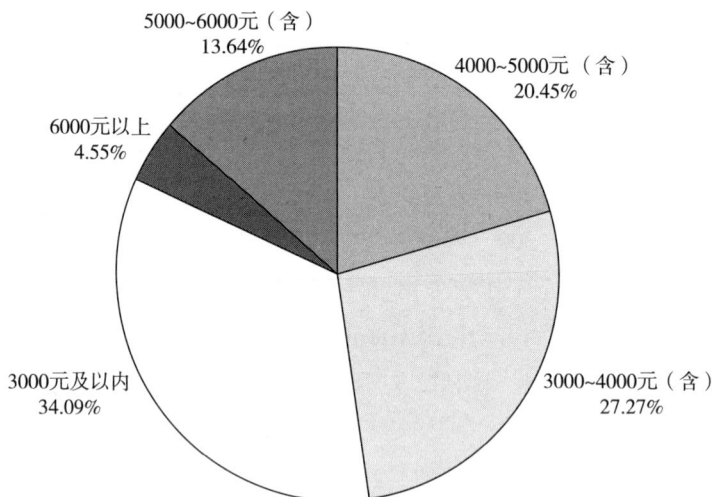

图6　北京市民办社工机构社会工作中层管理岗位的薪资情况

所占比例均为7.69%，如图7所示。一般来讲，能够担任社会工作督导职务的人员都已具备了相对丰富的经验，多是机构引进的人才。即便是高校教师，其专业督导费用也比较高。

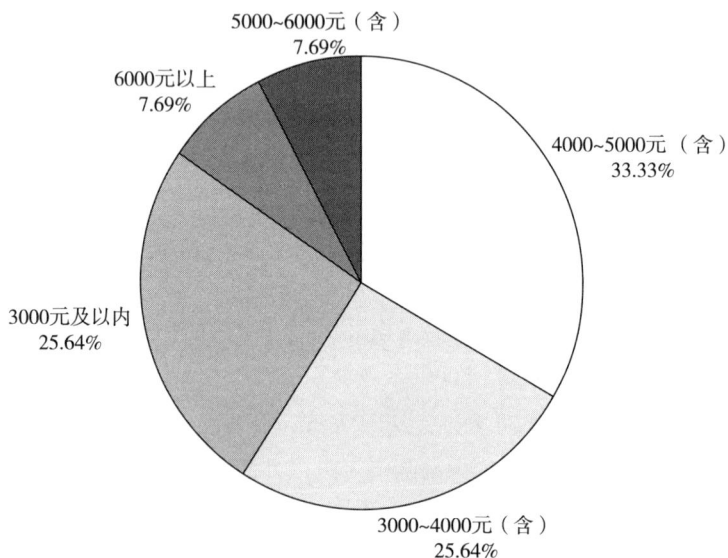

图7　北京市民办社工机构社会工作督导岗位的薪资情况

岗位薪资标准一直是社会工作行业的热点话题。由于北京市相关政府部门和行业协会在民办社工机构岗位设置和薪资标准上的制度设计还处于空白，因此这一标准的确定至今还没有达成共识。本次调查中民办社工机构在制定工资标准时主要是"没有具体依据由机构自行决定"（24.53%）、"参考社区工作者的薪资标准"（13.21%）、"参考社会服务类职业的薪资标准"（11.32%），也有一部分是由服务领域内的行业组织制定标准，如北京青少年社会工作协会，甚至有一小部分机构参照了北京市最低工资标准。

笔者认为，相关政府部门或行业协会应尽快制定出具有一定指导意义和应用价值的民办社工机构社会工作岗位薪资标准，推动建立北京市民办社工机构社会工作岗位的薪资体系，并根据市场变化情况进行适时调整。民办社工机构负责人也应善待职工尤其是一线社会工作者。

> "社会工作者工资低、工作强度大，还不被认可……这些是目前大家都在讨论的话题，我也觉得这些是导致社会工作者流动性大的主要原因。如果要是跟过去比的话，其实我们是向前走的，只不过在北京这样的大城市，各方面的支出都比较大，纵向的增长（前几年跟现在对比）赶不上横向的变化（物价和消费水平上涨更快）。现在的政府购买项目又不支持人员经费或支持的太少，费用都有预算也不能随意改动，几乎找不到专门支持人员经费和行政成本的部门或组织。再加上已经有了好几年的社工证也没什么实际价值，我有时有一种被抛弃的感觉，问题提出来了但没得到解决，但我们依然还得活着、做事情。我知道，深圳和东莞都有政府或社工协会出台的社工工资指导方案，北京也需要。"S1社工事务所的负责人表达了诸多民办社工机构的心声。

3. 福利保障措施

薪资以外的福利保障亦是岗位管理和职业保障的重要内容。当薪资水平基本持平或差异较小时，它会成为社会工作者进行机构选择的重要考虑因素。

如图8所示，基本社会保险是占比最大的职业保障（84.91%），但还依然有约15%的机构并未依法为社会工作者购买社会保险①，社会工作者在助人过程中也应保障自身的合法权益；其次是较为常规性的福利保障，包括住房公积金（60.38%）、带薪年假（58.49%）、节假日补贴（32.08%）、住房补贴（22.64%），带薪年假是职工依法享有的权利；同时，也有社会工作行业较为常见和重要的福利保障，主要是项目劳务补贴（47.17%）、培训和能力建设（52.83%）及生日会（18.88%），也有少数机构会为社会工作者提供午餐补助和购买商业保险，但发放年终奖或类似福利保障的机构较少。

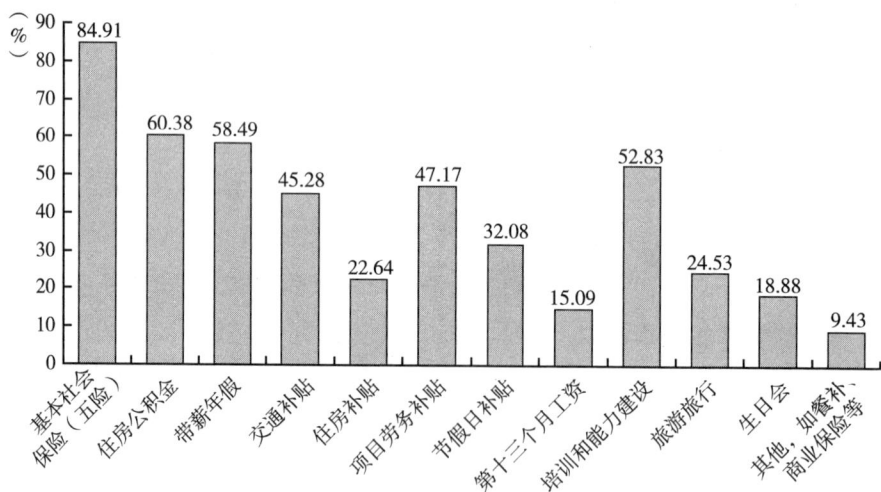

图 8 北京市民办社工机构专业社工岗位的福利保障

笔者认为，与深圳等城市相比，北京市在支持社会工作专业人才发展中还缺少一些实质性措施，比如将社工人才纳入安居工程等。对此，S4 社会工作事务所负责人提出了自己的想法。

"社工是个助人的职业，但我们很多时候开玩笑地说，有时候我们都不能'自助'，怎么助人呢？当然，我的意思不是说等到我们都富有了才去做

① 我国广东地区的部分城市曾多次出现有关民办社工机构没有依法给社会工作者缴纳社会保险的新闻报道，深圳等地社会工作者也曾因伤亡事故就社会保险事宜与用人单位发生劳资纠纷，职业保障和职业安全是这个新兴职业的重要关注点。

公益做社工，但对于社工而言，需要这份保障，否则我们就会很心寒。对我们机构而言，虽然经费有限、能力也有限，但会尽力给大家提供一些保障，比如给所有社工缴纳社会保险、买一份商业保险、一起过个生日等；还有机构每年都评选优秀社工，一方面对优秀者进行激励，另一方面带动团队的竞争氛围。我觉得比较重要的还有，我们自己有内部的能力建设，会组织不同岗位上的社工参加一些专业培训，这些培训大多是免费的，我觉得这一点很好；我们也会在基本工资的基础上，依据社工参与的项目，给予适当的项目劳务补贴，但比较有限。""我们目前资金有限，还没能给大家缴纳住房公积金，带有放松性的旅游旅行还没有过，希望以后可以做到。"

4. 专业督导支持情况

社会工作督导是助力社会工作者专业发展和保障社会工作服务专业性的重要方法，社会工作督导者亦是社会工作人才成长的引路人。对于社会工作者来说，社会工作的专业督导是一种隐形但重要的福利。

"我们机构有一个内部督导，还有几个外部督导，外部督导主要是大学里还算比较接地气的社工老师。我个人觉得督导对社工的能力提升和职业素养培养有比较好的帮助，我们的社工多数还是毕业时间比较短的学生，在各方面还有不少提升空间。虽然我们希望招进来的人能够立即上手，但大多数社工毕业生做不到这一点，所以我觉得专业督导的支持带有福利性，也是对机构的很大支持。但是，有时高校的督导老师太忙了，所以开展督导的次数都比较有限，我们还是希望能够有持续的长时间的督导，这样能给社工提供更多更大的支持。"S3社会工作事务所的负责人这样说道。

调查显示，超过七成民办社工机构中的专职或兼职社会工作督导者能够及时给予一线社会工作者引导和支持，主要表现在知识与技能传授、心理和情感支持等方面。

5. 员工激励的主要措施

员工激励是在基本生活保障和必要职业保障的基础上带有一定延展性的岗位管理手段。根据激励理论，员工激励也有一定的层次或不同的方面：第一，满足生存方面的需要是最基本的保障，如满足员工基本生活需要的体面的劳动回报；第二，组织良好工作环境的构建，比如员工关系、职业晋升和文化营造等；第三，通过再教育、培训的方式促进员工成长。

如图9所示，在民办社工机构中最为常见的激励措施是"提供较好的培训或外出学习的机会"（64.15%），其次是"提高薪资"（52.83%）、"评选为机构优秀员工并予以奖励"（50.94%）以及"晋升调级"（37.74%）和"给予更高的各类补贴"（37.74%）。这些内部激励措施呈现了方法多元、内容丰富的基本特点，同时也充分体现了三大激励理论在组织管理中的实际应用。当然也有机构困扰于激励范围较为有限的问题，期望建立有效的员工激励制度。

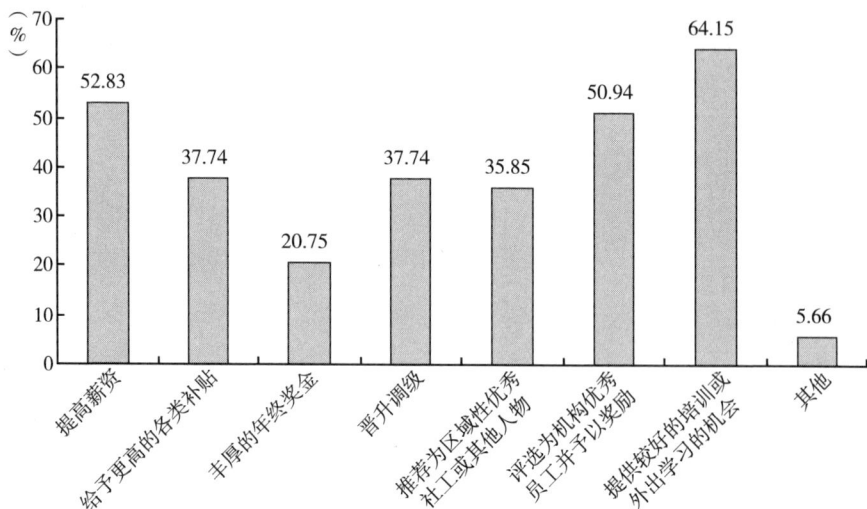

图9　北京市民办社工机构员工激励的主要措施

6. 岗位人员稳定性

虽然大多数民办社工机构在员工激励上采取了必要措施，但出于多方面的原因，依然存在着较为明显的人员流动或流失现象。在本次调查中，有超过90%的机构每年都有或多或少的人员流动或流失[①]，仅有3家刚刚成立不久的

---

① 流动是指社会工作者从一家机构转到其他民办社工机构或其他组织，但依然继续从事专业社会工作服务或管理工作；流失是指社会工作者离开社会工作服务行业并从事了与本行业无关或关联度不大的相关工作。

2017年正值皮书品牌专业化二十周年之际，世界每天都在发生着让人眼花缭乱的变化，而唯一不变的，是面向未来无数的可能性。作为个体，如何获取专业信息以备不时之需？作为行政主体或企事业主体，如何提高决策的科学性让这个世界变得更好而不是更糟？原创、实证、专业、前沿、及时、持续，这是1997年"皮书系列"品牌创立的初衷。

1997~2017，从最初一个出版社的学术产品名称到媒体和公众使用频率极高的热点词语，从专业术语到大众话语，从官方文件到独特的出版型态，作为重要的智库成果，"皮书"始终致力于成为海量信息时代的信息过滤器，成为经济社会发展的记录仪，成为政策制定、评估、调整的智力源，社会科学研究的资料集成库。"皮书"的概念不断延展，"皮书"的种类更加丰富，"皮书"的功能日渐完善。

1997~2017，皮书及皮书数据库已成为中国新型智库建设不可或缺的抓手与平台，成为政府、企业和各类社会组织决策的利器，成为人文社科研究最基本的资料库，成为世界系统完整及时认知当代中国的窗口和通道！"皮书"所具有的凝聚力正在形成一种无形的力量，吸引着社会各界关注中国的发展，参与中国的发展。

二十年的"皮书"正值青春，愿每一位皮书人付出的年华与智慧不辜负这个时代！

社会科学文献出版社社长
中国社会学会秘书长

2016年11月

社会科学文献出版社简介

社会科学文献出版社成立于1985年，是直属于中国社会科学院的人文社会科学学术出版机构。成立以来，社科文献出版社依托于中国社会科学院和国内外人文社会科学界丰厚的学术出版和专家学者资源，始终坚持"创社科经典，出传世文献"的出版理念、"权威、前沿、原创"的产品定位以及学术成果和智库成果出版的专业化、数字化、国际化、市场化的经营道路。

社科文献出版社是中国新闻出版业转型与文化体制改革的先行者。积极探索文化体制改革的先进方向和现代企业经营决策机制，社科文献出版社先后荣获"全国文化体制改革工作先进单位"、中国出版政府奖·先进出版单位奖，中国社会科学院先进集体、全国科普工作先进集体等荣誉称号。多人次荣获"第十届韬奋出版奖""全国新闻出版行业领军人才""数字出版先进人物""北京市新闻出版广电行业领军人才"等称号。

社科文献出版社是中国人文社会科学学术出版的大社名社，也是以皮书为代表的智库成果出版的专业强社。年出版图书2000余种，其中皮书350余种，出版新书字数5.5亿字，承印与发行中国社科院院属期刊72种，先后创立了皮书系列、列国志、中国史话、社科文献学术译库、社科文献学术文库、甲骨文书系等一大批既有学术影响又有市场价值的品牌，确立了在社会学、近代史、苏东问题研究等专业学科及领域出版的领先地位。图书多次荣获中国出版政府奖、"三个一百"原创图书出版工程、"五个'一'工程奖"、"大众喜爱的50种图书"等奖项，在中央国家机关"强素质·做表率"读书活动中，入选图书品种数位居各大出版社之首。

社科文献出版社是中国学术出版规范与标准的倡议者与制定者，代表全国50多家出版社发起实施学术著作出版规范的倡议，承担学术著作规范国家标准的起草工作，率先编撰完成《皮书手册》对皮书品牌进行规范化管理，并在此基础上推出中国版芝加哥手册——《SSAP学术出版手册》。

社科文献出版社是中国数字出版的引领者，拥有皮书数据库、列国志数据库、"一带一路"数据库、减贫数据库、集刊数据库等4大产品线11个数据库产品，机构用户达1300余家，海外用户百余家，荣获"数字出版转型示范单位""新闻出版标准化先进单位""专业数字内容资源知识服务模式试点企业标准化示范单位"等称号。

社科文献出版社是中国学术出版走出去的践行者。社科文献出版社海外图书出版与学术合作业务遍及全球40余个国家和地区并于2016年成立俄罗斯分社，累计输出图书500余种，涉及近20个语种，累计获得国家社科基金中华学术外译项目资助76种、"丝路书香工程"项目资助60种、中国图书对外推广计划项目资助71种以及经典中国国际出版工程资助28种，被商务部认定为"2015~2016年度国家文化出口重点企业"。

如今，社科文献出版社拥有固定资产3.6亿元，年收入近3亿元，设置了七大出版分社、六大专业部门，成立了皮书研究院和博士后科研工作站，培养了一支近400人的高素质与高效率的编辑、出版、营销和国际推广队伍，为未来成为学术出版的大社、名社、强社，成为文化体制改革与文化企业转型发展的排头兵奠定了坚实的基础。

经 济 类

经济类皮书涵盖宏观经济、城市经济、大区域经济，
提供权威、前沿的分析与预测

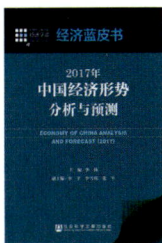

经济蓝皮书

2017年中国经济形势分析与预测

李扬 / 主编　2017年1月出版　定价：89.00元

◆ 本书为总理基金项目，由著名经济学家李扬领衔，联合中国社会科学院等数十家科研机构、国家部委和高等院校的专家共同撰写，系统分析了2016年的中国经济形势并预测2017年中国经济运行情况。

中国省域竞争力蓝皮书

中国省域经济综合竞争力发展报告（2015 ～ 2016）

李建平　李闽榕　高燕京 / 主编　2017年5月出版　定价：198.00元

◆ 本书融多学科的理论为一体，深入追踪研究了省域经济发展与中国国家竞争力的内在关系，为提升中国省域经济综合竞争力提供有价值的决策依据。

城市蓝皮书

中国城市发展报告No.10

潘家华　单菁菁 / 主编　2017年9月出版　估价：89.00元

◆ 本书是由中国社会科学院城市发展与环境研究中心编著的，多角度、全方位地立体展示了中国城市的发展状况，并对中国城市的未来发展提出了许多建议。该书有强烈的时代感，对中国城市发展实践有重要的参考价值。

人口与劳动绿皮书

中国人口与劳动问题报告 No.18

蔡昉　张车伟 / 主编　2017 年 10 月出版　估价：89.00 元

◆　本书为中国社会科学院人口与劳动经济研究所主编的年度报告，对当前中国人口与劳动形势做了比较全面和系统的深入讨论，为研究中国人口与劳动问题提供了一个专业性的视角。

世界经济黄皮书

2017 年世界经济形势分析与预测

张宇燕 / 主编　2017 年 1 月出版　定价：89.00 元

◆　本书由中国社会科学院世界经济与政治研究所的研究团队撰写，2016 年世界经济增速进一步放缓，就业增长放慢。世界经济面临许多重大挑战同时，地缘政治风险、难民危机、大国政治周期、恐怖主义等问题也仍然在影响世界经济的稳定与发展。预计 2017 年按 PPP 计算的世界 GDP 增长率约为 3.0%。

国际城市蓝皮书

国际城市发展报告（2017）

屠启宇 / 主编　2017 年 2 月出版　定价：79.00 元

◆　本书作者以上海社会科学院从事国际城市研究的学者团队为核心，汇集同济大学、华东师范大学、复旦大学、上海交通大学、南京大学、浙江大学相关城市研究专业学者。立足动态跟踪介绍国际城市发展时间中，最新出现的重大战略、重大理念、重大项目、重大报告和最佳案例。

金融蓝皮书

中国金融发展报告（2017）

王国刚 / 主编　2017 年 2 月出版　定价：79.00 元

◆　本书由中国社会科学院金融研究所组织编写，概括和分析了 2016 年中国金融发展和运行中的各方面情况，研讨和评论了 2016 年发生的主要金融事件，有利于读者了解掌握 2016 年中国的金融状况，把握 2017 年中国金融的走势。

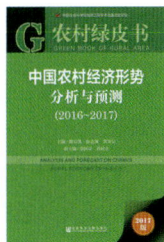

农村绿皮书

中国农村经济形势分析与预测（2016～2017）

魏后凯　杜志雄　黄秉信/主编　2017年4月出版　估价：89.00元

◆　本书描述了2016年中国农业农村经济发展的一些主要指标和变化，并对2017年中国农业农村经济形势的一些展望和预测，提出相应的政策建议。

西部蓝皮书

中国西部发展报告（2017）

徐璋勇/主编　2017年7月出版　估价：89.00元

◆　本书由西北大学中国西部经济发展研究中心主编，汇集了源自西部本土以及国内研究西部问题的权威专家的第一手资料，对国家实施西部大开发战略进行年度动态跟踪，并对2017年西部经济、社会发展态势进行预测和展望。

经济蓝皮书·夏季号

中国经济增长报告（2016～2017）

李扬/主编　2017年9月出版　估价：98.00元

◆　中国经济增长报告主要探讨2016~2017年中国经济增长问题，以专业视角解读中国经济增长，力求将其打造成一个研究中国经济增长、服务宏微观各级决策的周期性、权威性读物。

就业蓝皮书

2017年中国本科生就业报告

麦可思研究院/编著　2017年6月出版　估价：98.00元

◆　本书基于大量的数据和调研，内容翔实，调查独到，分析到位，用数据说话，对中国大学生就业及学校专业设置起到了很好的建言献策作用。

社会政法类

社会政法类皮书聚焦社会发展领域的热点、难点问题，
提供权威、原创的资讯与视点

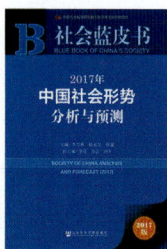

社会蓝皮书

2017年中国社会形势分析与预测

李培林　陈光金　张翼/主编　2016年12月出版　定价：89.00元

◆　本书由中国社会科学院社会学研究所组织研究机构专家、
高校学者和政府研究人员撰写，聚焦当下社会热点，对2016
年中国社会发展的各个方面内容进行了权威解读，同时对2017
年社会形势发展趋势进行了预测。

法治蓝皮书

中国法治发展报告 No.15（2017）

李林　田禾/主编　2017年3月出版　定价：118.00元

◆　本年度法治蓝皮书回顾总结了2016年度中国法治发展取
得的成就和存在的不足，对中国政府、司法、检务透明度进行
了跟踪调研，并对2017年中国法治发展形势进行了预测和展望。

社会体制蓝皮书

中国社会体制改革报告 No.5（2017）

龚维斌/主编　2017年3月出版　定价：89.00元

◆　本书由国家行政学院社会治理研究中心和北京师范大学中
国社会管理研究院共同组织编写，主要对2016年社会体制改
革情况进行回顾和总结，对2017年的改革走向进行分析，提
出相关政策建议。

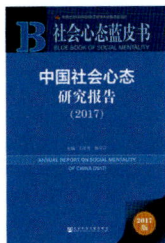

社会心态蓝皮书

中国社会心态研究报告（2017）

王俊秀　杨宜音／主编　2017年12月出版　估价：89.00元

◆　本书是中国社会科学院社会学研究所社会心理研究中心"社会心态蓝皮书课题组"的年度研究成果，运用社会心理学、社会学、经济学、传播学等多种学科的方法进行了调查和研究，对于目前中国社会心态状况有较广泛和深入的揭示。

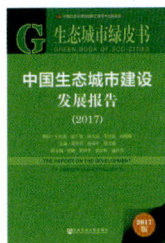

生态城市绿皮书

中国生态城市建设发展报告（2017）

刘举科　孙伟平　胡文臻／主编　2017年7月出版　估价：118.00元

◆　报告以绿色发展、循环经济、低碳生活、民生宜居为理念，以更新民众观念、提供决策咨询、指导工程实践、引领绿色发展为宗旨，试图探索一条具有中国特色的城市生态文明建设新路。

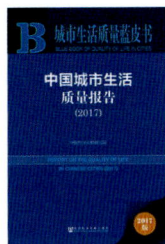

城市生活质量蓝皮书

中国城市生活质量报告（2017）

中国经济实验研究院／主编　2017年7月出版　估价：89.00元

◆　本书对全国35个城市居民的生活质量主观满意度进行了电话调查，同时对35个城市居民的客观生活质量指数进行了计算，为中国城市居民生活质量的提升，提出了针对性的政策建议。

公共服务蓝皮书

中国城市基本公共服务力评价（2017）

钟君　刘志昌　吴正杲／主编　2017年12月出版　估价：89.00元

◆　中国社会科学院经济与社会建设研究室与华图政信调查组成联合课题组，从2010年开始对基本公共服务力进行研究，研创了基本公共服务力评价指标体系，为政府考核公共服务与社会管理工作提供了理论工具。

行 业 报 告 类

行业报告类皮书立足重点行业、新兴行业领域，
提供及时、前瞻的数据与信息

企业社会责任蓝皮书

中国企业社会责任研究报告（2017）

黄群慧　钟宏武　张蒽　翟利峰 / 著　　2017 年 10 月出版　估价：89.00 元

◆　本书剖析了中国企业社会责任在 2016 ~ 2017 年度的最新
发展特征，详细解读了省域国有企业在社会责任方面的阶段性
特征，生动呈现了国内外优秀企业的社会责任实践。对了解
中国企业社会责任履行现状、未来发展，以及推动社会责任建
设有重要的参考价值。

新能源汽车蓝皮书

中国新能源汽车产业发展报告（2017）

中国汽车技术研究中心　　日产（中国）投资有限公司

东风汽车有限公司 / 编著　　2017 年 7 月出版　　估价：98.00 元

◆　本书对中国 2016 年新能源汽车产业发展进行了全面系统
的分析，并介绍了国外的发展经验。有助于相关机构、行业和
社会公众等了解中国新能源汽车产业发展的最新动态，为政府
部门出台新能源汽车产业相关政策法规、企业制定相关战略规
划，提供必要的借鉴和参考。

杜仲产业绿皮书

中国杜仲橡胶资源与产业发展报告（2016 ~ 2017）

杜红岩　胡文臻　俞锐 / 主编　　2017 年 4 月出版　估价：85.00 元

◆　本书对 2016 年杜仲产业的发展情况、研究团队在杜仲研
究方面取得的重要成果、部分地区杜仲产业发展的具体情况、
杜仲新标准的制定情况等进行了较为详细的分析与介绍，使广
大关心杜仲产业发展的读者能够及时跟踪产业最新进展。

企业蓝皮书
中国企业绿色发展报告 No.2（2017）

李红玉　朱光辉 / 主编　　2017 年 8 月出版　　估价：89.00 元

◆　本书深入分析中国企业能源消费、资源利用、绿色金融、绿色产品、绿色管理、信息化、绿色发展政策及绿色文化方面的现状，并对目前存在的问题进行研究，剖析因果，谋划对策，为企业绿色发展提供借鉴，为中国生态文明建设提供支撑。

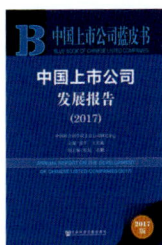

中国上市公司蓝皮书
中国上市公司发展报告（2017）

张平　王宏淼 / 主编　　2017 年 10 月出版　　估价：98.00 元

◆　本书由中国社会科学院上市公司研究中心组织编写的，着力于全面、真实、客观反映当前中国上市公司财务状况和价值评估的综合性年度报告。本书详尽分析了 2016 年中国上市公司情况，特别是现实中暴露出的制度性、基础性问题，并对资本市场改革进行了探讨。

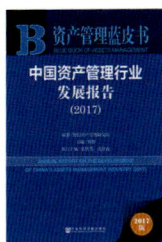

资产管理蓝皮书
中国资产管理行业发展报告（2017）

智信资产管理研究院 / 编著　　2017 年 6 月出版　　估价：89.00 元

◆　中国资产管理行业刚刚兴起，未来将成为中国金融市场最有看点的行业。本书主要分析了 2016 年度资产管理行业的发展情况，同时对资产管理行业的未来发展做出科学的预测。

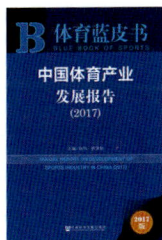

体育蓝皮书
中国体育产业发展报告（2017）

阮伟　钟秉枢 / 主编　　2017 年 12 月出版　　估价：89.00 元

◆　本书运用多种研究方法，在体育竞赛业、体育用品业、体育场馆业、体育传媒业等传统产业研究的基础上，并对 2016 年体育领域内的各种热点事件进行研究和梳理，进一步拓宽了研究的广度、提升了研究的高度、挖掘了研究的深度。

国际问题类

国际问题类皮书关注全球重点国家与地区，
提供全面、独特的解读与研究

美国蓝皮书

美国研究报告（2017）

郑秉文 黄平 / 主编　2017 年 6 月出版　估价：89.00 元

◆　本书是由中国社会科学院美国研究所主持完成的研究成
果，它回顾了美国 2016 年的经济、政治形势与外交战略，对
2017 年以来美国内政外交发生的重大事件及重要政策进行了较
为全面的回顾和梳理。

日本蓝皮书

日本研究报告（2017）

杨伯江 / 主编　2017 年 5 月出版　估价：89.00 元

◆　本书对 2016 年日本的政治、经济、社会、外交等方面的
发展情况做了系统介绍，对日本的热点及焦点问题进行了总结
和分析，并在此基础上对该国 2017 年的发展前景做出预测。

亚太蓝皮书

亚太地区发展报告（2017）

李向阳 / 主编　2017 年 4 月出版　估价：89.00 元

◆　本书是中国社会科学院亚太与全球战略研究院的集体研究
成果。2017 年的"亚太蓝皮书"继续关注中国周边环境的变化。
该书盘点了 2016 年亚太地区的焦点和热点问题，为深入了解
2016 年及未来中国与周边环境的复杂形势提供了重要参考。

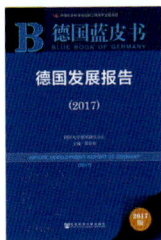

德国蓝皮书

德国发展报告（2017）

郑春荣 / 主编　2017 年 6 月出版　估价 : 89.00 元

◆　本报告由同济大学德国研究所组织编撰，由该领域的专家学者对德国的政治、经济、社会文化、外交等方面的形势发展情况，进行全面的阐述与分析。

日本经济蓝皮书

日本经济与中日经贸关系研究报告（2017）

张季风 / 编著　　2017 年 5 月出版　　估价 : 89.00 元

◆　本书系统、详细地介绍了 2016 年日本经济以及中日经贸关系发展情况，在进行了大量数据分析的基础上，对 2017 年日本经济以及中日经贸关系的大致发展趋势进行了分析与预测。

俄罗斯黄皮书

俄罗斯发展报告（2017）

李永全 / 编著　2017 年 7 月出版　估价 : 89.00 元

◆　本书系统介绍了 2016 年俄罗斯经济政治情况，并对 2016 年该地区发生的焦点、热点问题进行了分析与回顾；在此基础上，对该地区 2017 年的发展前景进行了预测。

非洲黄皮书

非洲发展报告 No.19（2016 ~ 2017）

张宏明 / 主编　2017 年 8 月出版　估价 : 89.00 元

◆　本书是由中国社会科学院西亚非洲研究所组织编撰的非洲形势年度报告，比较全面、系统地分析了 2016 年非洲政治形势和热点问题，探讨了非洲经济形势和市场走向，剖析了大国对非洲关系的新动向；此外，还介绍了国内非洲研究的新成果。

地方发展类

地方发展类皮书关注中国各省份、经济区域，
提供科学、多元的预判与资政信息

北京蓝皮书

北京公共服务发展报告（2016~2017）

施昌奎/主编　2017年3月出版　定价：79.00元

◆　本书是由北京市政府职能部门的领导、首都著名高校的教授、知名研究机构的专家共同完成的关于北京市公共服务发展与创新的研究成果。

河南蓝皮书

河南经济发展报告（2017）

张占仓　完世伟/主编　2017年4月出版　估价：89.00元

◆　本书以国内外经济发展环境和走向为背景，主要分析当前河南经济形势，预测未来发展趋势，全面反映河南经济发展的最新动态、热点和问题，为地方经济发展和领导决策提供参考。

广州蓝皮书

2017年中国广州经济形势分析与预测

庾建设　陈浩钿　谢博能/主编　2017年7月出版　估价：85.00元

◆　本书由广州大学与广州市委政策研究室、广州市统计局联合主编，汇集了广州科研团体、高等院校和政府部门诸多经济问题研究专家、学者和实际部门工作者的最新研究成果，是关于广州经济运行情况和相关专题分析、预测的重要参考资料。

文化传媒类

文化传媒类皮书透视文化领域、文化产业，
探索文化大繁荣、大发展的路径

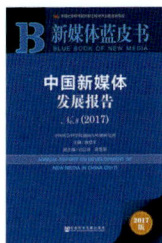

新媒体蓝皮书

中国新媒体发展报告 No.8（2017）

唐绪军/主编　2017年6月出版　估价：89.00元

◆　本书是由中国社会科学院新闻与传播研究所组织编写的关于新媒体发展的最新年度报告，旨在全面分析中国新媒体的发展现状，解读新媒体的发展趋势，探析新媒体的深刻影响。

移动互联网蓝皮书

中国移动互联网发展报告（2017）

官建文/主编　　2017年6月出版　　估价：89.00元

◆　本书着眼于对2016年度中国移动互联网的发展情况做深入解析，对未来发展趋势进行预测，力求从不同视角、不同层面全面剖析中国移动互联网发展的现状、年度突破及热点趋势等。

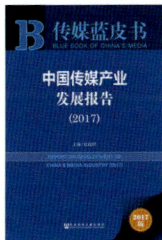

传媒蓝皮书

中国传媒产业发展报告（2017）

崔保国/主编　2017年5月出版　估价：98.00元

◆　"传媒蓝皮书"连续十多年跟踪观察和系统研究中国传媒产业发展。本报告在对传媒产业总体以及各细分行业发展状况与趋势进行深入分析基础上，对年度发展热点进行跟踪，剖析新技术引领下的商业模式，对传媒各领域发展趋势、内体经营、传媒投资进行解析，为中国传媒产业正在发生的变革提供前瞻行参考。

经济类

"三农"互联网金融蓝皮书
中国"三农"互联网金融发展报告（2017）
著(编)者：李勇坚 王弢　2017年8月出版 / 估价：98.00元
PSN B-2016-561-1/1

G20国家创新竞争力黄皮书
二十国集团（G20）国家创新竞争力发展报告（2016~2017）
著(编)者：李建平 李闽榕 赵新力　周天勇
2017年8月出版 / 估价：158.00元
PSN Y-2011-229-1/1

产业蓝皮书
中国产业竞争力报告（2017）No.7
著(编)者：张其仔　2017年12月出版 / 估价：98.00元
PSN B-2010-175-1/1

城市创新蓝皮书
中国城市创新报告（2017）
著(编)者：周天勇 旷建伟　2017年11月出版 / 估价：89.00元
PSN B-2013-340-1/1

城市蓝皮书
中国城市发展报告 No.10
著(编)者：潘家华 单菁菁　2017年9月出版 / 估价：89.00元
PSN B-2007-091-1/1

城乡一体化蓝皮书
中国城乡一体化发展报告（2016～2017）
著(编)者：汝信 付崇兰　2017年7月出版 / 估价：85.00元
PSN B-2011-226-1/2

城镇化蓝皮书
中国新型城镇化健康发展报告（2017）
著(编)者：张占斌　2017年8月出版 / 估价：89.00元
PSN B-2014-396-1/1

创新蓝皮书
创新型国家建设报告（2016～2017）
著(编)者：詹正茂　2017年12月出版 / 估价：89.00元
PSN B-2009-140-1/1

创业蓝皮书
中国创业发展报告（2016～2017）
著(编)者：黄群慧 赵卫星 钟宏武等
2017年11月出版 / 估价：89.00元
PSN B-2016-578-1/1

低碳发展蓝皮书
中国低碳发展报告（2016~2017）
著(编)者：齐晔 张希良　2017年3月出版 / 估价：98.00元
PSN B-2011-223-1/1

低碳经济蓝皮书
中国低碳经济发展报告（2017）
著(编)者：薛进军 赵忠秀　2017年6月出版 / 估价：85.00元
PSN B-2011-194-1/1

东北蓝皮书
中国东北地区发展报告（2017）
著(编)者：姜晓秋　2017年2月出版 / 定价：79.00元
PSN B-2006-067-1/1

发展与改革蓝皮书
中国经济发展和体制改革报告No.8
著(编)者：邹东涛 王再文　2017年4月出版 / 估价：98.00元
PSN B-2008-122-1/1

工业化蓝皮书
中国工业化进程报告（2017）
著(编)者：黄群慧　2017年12月出版 / 估价：158.00元
PSN B-2007-095-1/1

管理蓝皮书
中国管理发展报告（2017）
著(编)者：张晓东　2017年10月出版 / 估价：98.00元
PSN B-2014-416-1/1

国际城市蓝皮书
国际城市发展报告（2017）
著(编)者：屠启宇　2017年2月出版 / 定价：79.00元
PSN B-2012-260-1/1

国家创新蓝皮书
中国创新发展报告（2017）
著(编)者：陈劲　2017年12月出版 / 估价：89.00元
PSN B-2014-370-1/1

金融蓝皮书
中国金融发展报告（2017）
著(编)者：王国刚　2017年2月出版 / 定价：79.00元
PSN B-2004-031-1/6

京津冀金融蓝皮书
京津冀金融发展报告（2017）
著(编)者：王爱俭 李向前
2017年4月出版 / 估价：89.00元
PSN B-2016-528-1/1

京津冀蓝皮书
京津冀发展报告（2017）
著(编)者：文魁 祝尔娟　2017年4月出版 / 估价：89.00元
PSN B-2012-262-1/1

经济蓝皮书
2017年中国经济形势分析与预测
著(编)者：李扬　2017年1月出版 / 定价：89.00元
PSN B-1996-001-1/1

经济蓝皮书·春季号
2017年中国经济前景分析
著(编)者：李扬　2017年6月出版 / 估价：89.00元
PSN B-1999-008-1/1

经济蓝皮书·夏季号
中国经济增长报告（2016～2017）
著(编)者：李扬　2017年9月出版 / 估价：98.00元
PSN B-2010-176-1/1

经济信息绿皮书
中国与世界经济发展报告（2017）
著(编)者：杜平　2017年12月出版 / 估价：89.00元
PSN G-2003-023-1/1

就业蓝皮书
2017年中国本科生就业报告
著(编)者：麦可思研究院　2017年6月出版 / 估价：98.00元
PSN B-2009-146-1/2

就业蓝皮书
2017年中国高职高专生就业报告
著(编)者：麦可思研究院　2017年6月出版 / 估价：98.00元
PSN B-2015-472-2/2

科普能力蓝皮书
中国科普能力评价报告（2017）
著(编)者：李富强 李群　2017年8月出版 / 估价：89.00元
PSN B-2016-556-1/1

临空经济蓝皮书
中国临空经济发展报告（2017）
著(编)者：连玉明　2017年9月出版 / 估价：89.00元
PSN B-2014-421-1/1

农村绿皮书
中国农村经济形势分析与预测（2016～2017）
著(编)者：魏后凯 杜志雄 黄秉信
2017年4月出版 / 估价：89.00元
PSN G-1998-003-1/1

农业应对气候变化蓝皮书
气候变化对中国农业影响评估报告 No.3
著(编)者：矫梅燕　2017年8月出版 / 估价：98.00元
PSN B-2014-413-1/1

气候变化绿皮书
应对气候变化报告（2017）
著(编)者：王伟光 郑国光　2017年6月出版 / 估价：89.00元
PSN G-2009-144-1/1

区域蓝皮书
中国区域经济发展报告（2016～2017）
著(编)者：赵弘　2017年6月出版 / 估价：89.00元
PSN B-2004-034-1/1

全球环境竞争力绿皮书
全球环境竞争力报告（2017）
著(编)者：李建平 李闽榕 王金南
2017年12月出版 / 估价：198.00元
PSN G-2013-363-1/1

人口与劳动绿皮书
中国人口与劳动问题报告 No.18
著(编)者：蔡昉 张车伟　2017年11月出版 / 估价：89.00元
PSN G-2000-012-1/1

商务中心区蓝皮书
中国商务中心区发展报告 No.3（2016）
著(编)者：李国红 单菁菁　2017年4月出版 / 估价：89.00元
PSN B-2015-444-1/1

世界经济黄皮书
2017年世界经济形势分析与预测
著(编)者：张宇燕　2017年1月出版 / 定价：89.00元
PSN Y-1999-006-1/1

世界旅游城市绿皮书
世界旅游城市发展报告（2017）
著(编)者：宋宇　2017年4月出版 / 估价：128.00元
PSN G-2014-400-1/1

土地市场蓝皮书
中国农村土地市场发展报告（2016～2017）
著(编)者：李光荣　2017年4月出版 / 估价：89.00元
PSN B-2016-527-1/1

西北蓝皮书
中国西北发展报告（2017）
著(编)者：高建龙　2017年4月出版 / 估价：89.00元
PSN B-2012-261-1/1

西部蓝皮书
中国西部发展报告（2017）
著(编)者：徐璋勇　2017年7月出版 / 估价：89.00元
PSN B-2005-039-1/1

新型城镇化蓝皮书
新型城镇化发展报告（2017）
著(编)者：李伟 宋敏 沈体雁　2017年4月出版 / 估价：98.00元
PSN B-2014-431-1/1

新兴经济体蓝皮书
金砖国家发展报告（2017）
著(编)者：林跃勤 周文　2017年12月出版 / 估价：89.00元
PSN B-2011-195-1/1

长三角蓝皮书
2017年新常态下深化一体化的长三角
著(编)者：王庆五　2017年12月出版 / 估价：88.00元
PSN B-2005-038-1/1

中部竞争力蓝皮书
中国中部经济社会竞争力报告（2017）
著(编)者：　教育部人文社会科学重点研究基地
　　　　南昌大学中国中部经济社会发展研究中心
2017年12月出版 / 估价：89.00元
PSN B-2012-276-1/1

中部蓝皮书
中国中部地区发展报告（2017）
著(编)者：宋平平　2017年12月出版 / 估价：88.00元
PSN B-2007-089-1/1

中国省域竞争力蓝皮书
中国省域经济综合竞争力发展报告（2017）
著(编)者：李建平 李闽榕 高燕京
2017年2月出版 / 定价：198.00元
PSN B-2007-088-1/1

中三角蓝皮书
长江中游城市群发展报告（2017）
著(编)者：秦尊文　2017年9月出版 / 估价：89.00元
PSN B-2014-417-1/1

中小城市绿皮书
中国中小城市发展报告（2017）
著(编)者：中国城市经济学会中小城市经济发展委员会
　　　　中国城镇化促进会中小城市发展委员会
　　　　《中国中小城市发展报告》编纂委员会
　　　　中小城市发展战略研究院
2017年11月出版 / 估价：128.00元
PSN G-2010-161-1/1

中原蓝皮书
中原经济区发展报告（2017）
著(编)者：李英杰　2017年6月出版 / 估价：88.00元
PSN B-2011-192-1/1

自贸区蓝皮书
中国自贸区发展报告（2017）
著(编)者：王力　2017年7月出版 / 估价：89.00元
PSN B-2016-559-1/1

社会政法类

北京蓝皮书
中国社区发展报告（2017）
著(编)者：于燕燕　2017年4月出版 / 估价：89.00元
PSN B-2007-083-5/8

殡葬绿皮书
中国殡葬事业发展报告（2017）
著(编)者：李伯森　2017年4月出版 / 估价：158.00元
PSN G-2010-180-1/1

城市管理蓝皮书
中国城市管理报告（2016~2017）
著(编)者：刘林　刘承水　2017年5月出版 / 估价：158.00元
PSN B-2013-336-1/1

城市生活质量蓝皮书
中国城市生活质量报告（2017）
著(编)者：中国经济实验研究院
2018年7月出版 / 89.00元
PSN B-2013-326-1/1

城市政府能力蓝皮书
中国城市政府公共服务能力评估报告（2017）
著(编)者：何艳玲　2017年4月出版 / 估价：89.00元
PSN B-2013-338-1/1

慈善蓝皮书
中国慈善发展报告（2017）
著(编)者：杨团　2017年6月出版 / 估价：89.00元
PSN B-2009-142-1/1

党建蓝皮书
党的建设研究报告 No.2（2017）
著(编)者：崔建民　陈东平　2017年4月出版 / 估价：89.00元
PSN B-2016-524-1/1

地方法治蓝皮书
中国地方法治发展报告 No.3（2017）
著(编)者：李林　田禾　2017年4月出版 / 估价：108.00元
PSN B-2015-442-1/1

法治蓝皮书
中国法治发展报告 No.15（2017）
著(编)者：李林　田禾　2017年3月出版 / 定价：118.00元
PSN B-2004-027-1/1

法治政府蓝皮书
中国法治政府发展报告（2017）
著(编)者：中国政法大学法治政府研究院
2017年4月出版 / 估价：98.00元
PSN B-2015-502-1/2

法治政府蓝皮书
中国法治政府评估报告（2017）
著(编)者：中国政法大学法治政府研究院
2017年11月出版 / 估价：98.00元
PSN B-2016-577-2/2

法治蓝皮书
中国法院信息化发展报告 No.1（2017）
著(编)者：李林　田禾　2017年2月出版 / 定价：108.00元
PSN B-2017-604-3/3

反腐倡廉蓝皮书
中国反腐倡廉建设报告 No.7
著(编)者：张英伟　2017年12月出版 / 估价：89.00元
PSN B-2012-259-1/1

非传统安全蓝皮书
中国非传统安全研究报告（2016~2017）
著(编)者：余潇枫　魏志江　2017年6月出版 / 估价：89.00元
PSN B-2012-273-1/1

妇女发展蓝皮书
中国妇女发展报告 No.7
著(编)者：王金玲　2017年9月出版 / 估价：148.00元
PSN B-2006-069-1/1

妇女教育蓝皮书
中国妇女教育发展报告 No.4
著(编)者：张李玺　2017年10月出版 / 估价：78.00元
PSN B-2008-121-1/1

妇女绿皮书
中国性别平等与妇女发展报告（2017）
著(编)者：谭琳　2017年12月出版 / 估价：99.00元
PSN G-2006-073-1/1

公共服务蓝皮书
中国城市基本公共服务力评价（2017）
著(编)者：钟君　刘志昌　吴正杲　2017年12月出版 / 估价：89.00元
PSN B-2011-214-1/1

公民科学素质蓝皮书
中国公民科学素质报告（2016~2017）
著(编)者：李群　陈雄　马宗文
2017年4月出版 / 89.00元
PSN B-2014-379-1/1

公共关系蓝皮书
中国公共关系发展报告（2017）
著(编)者：柳斌杰　2017年11月出版 / 估价：89.00元
PSN B-2016-580-1/1

公益蓝皮书
中国公益慈善发展报告（2017）
著(编)者：朱健刚　2018年4月出版 / 估价：118.00元
PSN B-2012-283-1/1

国际人才蓝皮书
中国国际移民报告（2017）
著(编)者：王辉耀　2017年4月出版 / 估价：89.00元
PSN B-2012-304-3/4

国际人才蓝皮书
中国留学发展报告（2017）No.5
著(编)者：王辉耀　苗绿　2017年10月出版 / 估价：89.00元
PSN B-2012-244-2/4

海洋社会蓝皮书
中国海洋社会发展报告（2017）
著(编)者：崔凤　宋宁而　2017年7月出版 / 估价：89.00元
PSN B-2015-478-1/1

行政改革蓝皮书
中国行政体制改革报告（2017）No.6
著(编)者: 魏礼群　2017年5月出版 / 估价: 98.00元
PSN B-2011-231-1/1

华侨华人蓝皮书
华侨华人研究报告（2017）
著(编)者: 贾益民　2017年12月出版 / 估价: 128.00元
PSN B-2011-204-1/1

环境竞争力绿皮书
中国省域环境竞争力发展报告（2017）
著(编)者: 李建平　李闽榕　王金南
2017年11月出版 / 估价: 198.00元
PSN G-2010-165-1/1

环境绿皮书
中国环境发展报告（2017）
著(编)者: 刘鉴强　2017年4月出版 / 估价: 89.00元
PSN G-2006-048-1/1

基金会蓝皮书
中国基金会发展报告（2016~2017）
著(编)者: 中国基金会发展报告课题组
2017年4月出版 / 估价: 85.00元
PSN B-2013-368-1/1

基金会绿皮书
中国基金会发展独立研究报告（2017）
著(编)者: 基金会中心网　中央民族大学基金会研究中心
2017年6月出版 / 估价: 88.00元
PSN G-2011-213-1/1

基金会透明度蓝皮书
中国基金会透明度发展研究报告（2017）
著(编)者: 基金会中心网　清华大学廉政与治理研究中心
2017年12月出版 / 估价: 89.00元
PSN B-2015-509-1/1

家庭蓝皮书
中国"创建幸福家庭活动"评估报告（2017）
国务院发展研究中心"创建幸福家庭活动评估"课题组著
2017年8月出版 / 估价: 89.00元
PSN B-2015-508-1/1

健康城市蓝皮书
中国健康城市建设研究报告（2017）
著(编)者: 王鸿春　解树江　盛继洪
2017年9月出版 / 估价: 89.00元
PSN B-2016-565-2/2

教师蓝皮书
中国中小学教师发展报告（2017）
著(编)者: 曾晓东　鱼霞　2017年6月出版 / 估价: 89.00元
PSN B-2012-289-1/1

教育蓝皮书
中国教育发展报告（2017）
著(编)者: 杨东平　2017年4月出版 / 估价: 89.00元
PSN B-2006-047-1/1

科普蓝皮书
中国基层科普发展报告（2016~2017）
著(编)者: 赵立　新陈玲　2017年9月出版 / 估价: 89.00元
PSN B-2016-569-3/3

科普蓝皮书
中国科普基础设施发展报告（2017）
著(编)者: 任福君　2017年6月出版 / 估价: 89.00元
PSN B-2010-174-1/3

科普蓝皮书
中国科普人才发展报告（2017）
著(编)者: 郑念　任嵘嵘　2017年4月出版 / 估价: 98.00元
PSN B-2015-512-2/3

科学教育蓝皮书
中国科学教育发展报告（2017）
著(编)者: 罗晖　王康友　2017年10月出版 / 估价: 89.00元
PSN B-2015-487-1/1

劳动保障蓝皮书
中国劳动保障发展报告（2017）
著(编)者: 刘燕斌　2017年9月出版 / 估价: 188.00元
PSN B-2014-415-1/1

老龄蓝皮书
中国老年宜居环境发展报告（2017）
著(编)者: 党俊武　周燕珉　2017年4月出版 / 估价: 89.00元
PSN B-2013-320-1/1

连片特困区蓝皮书
中国连片特困区发展报告（2017）
著(编)者: 游俊　冷志明　丁建军
2017年4月出版 / 估价: 98.00元
PSN B-2013-321-1/1

流动儿童蓝皮书
中国流动儿童教育发展报告（2016）
著(编)者: 杨东平　2017年1月出版 / 定价: 79.00元
PSN B-2017-600-1/1

民调蓝皮书
中国民生调查报告（2017）
著(编)者: 谢耘耕　2017年12月出版 / 估价: 98.00元
PSN B-2014-398-1/1

民族发展蓝皮书
中国民族发展报告（2017）
著(编)者: 郝时远　王延中　王希恩
2017年4月出版 / 估价: 98.00元
PSN B-2006-070-1/1

女性生活蓝皮书
中国女性生活状况报告 No.11（2017）
著(编)者: 韩湘景　2017年10月出版 / 估价: 98.00元
PSN B-2006-071-1/1

汽车社会蓝皮书
中国汽车社会发展报告（2017）
著(编)者: 王俊秀　2017年12月出版 / 估价: 89.00元
PSN B-2011-224-1/1

青年蓝皮书
中国青年发展报告（2017）No.3
著(编)者：廉思 等　2017年4月出版 / 估价：89.00元
PSN B-2013-333-1/1

青少年蓝皮书
中国未成年人互联网运用报告（2017）
著(编)者：李文革 沈洁 季为民
2017年11月出版 / 估价：89.00元
PSN B-2010-165-1/1

青少年体育蓝皮书
中国青少年体育发展报告（2017）
著(编)者：郭建军 杨桦　2017年9月出版 / 估价：89.00元
PSN B-2015-482-1/1

群众体育蓝皮书
中国群众体育发展报告（2017）
著(编)者：刘国永 杨桦　2017年12月出版 / 估价：89.00元
PSN B-2016-519-2/3

人权蓝皮书
中国人权事业发展报告No.7（2017）
著(编)者：李君如　2017年9月出版 / 估价：98.00元
PSN B-2011-215-1/1

社会保障绿皮书
中国社会保障发展报告（2017）No.8
著(编)者：王延中　2017年1月出版 / 估价：98.00元
PSN G-2001-014-1/1

社会风险评估蓝皮书
风险评估与危机预警评估报告（2017）
著(编)者：唐钧　2017年8月出版 / 估价：85.00元
PSN B-2016-521-1/1

社会管理蓝皮书
中国社会管理创新报告No.5
著(编)者：连玉明　2017年11月出版 / 估价：89.00元
PSN B-2012-300-1/1

社会蓝皮书
2017年中国社会形势分析与预测
著(编)者：李培林 陈光金 张翼
2016年12月出版 / 定价：89.00元
PSN B-1998-002-1/1

社会体制蓝皮书
中国社会体制改革报告No.5（2017）
著(编)者：龚维斌　2017年3月出版 / 定价：89.00元
PSN B-2013-330-1/1

社会心态蓝皮书
中国社会心态研究报告（2017）
著(编)者：王俊秀 杨宜音　2017年12月出版 / 估价：89.00元
PSN B-2011-199-1/1

社会组织蓝皮书
中国社会组织发展报告（2016~2017）
著(编)者：黄晓勇　2017年1月出版 / 定价：89.00元
PSN B-2008-118-1/2

社会组织蓝皮书
中国社会组织评估发展报告（2017）
著(编)者：徐家良 廖鸿　2017年12月出版 / 估价：89.00元
PSN B-2013-366-1/1

生态城市绿皮书
中国生态城市建设发展报告（2017）
著(编)者：刘举科 孙伟平 胡文臻
2017年9月出版 / 估价：118.00元
PSN G-2012-269-1/1

生态文明绿皮书
中国省域生态文明建设评价报告（ECI 2017）
著(编)者：严耕　2017年12月出版 / 估价：98.00元
PSN G-2010-170-1/1

土地整治蓝皮书
中国土地整治发展研究报告No.4
著(编)者：国土资源部土地整治中心
2017年7月出版 / 估价：89.00元
PSN B-2014-401-1/1

土地政策蓝皮书
中国土地政策研究报告（2017）
著(编)者：高延利 李宪文
2017年12月出版 / 定价：89.00元
PSN B-2015-506-1/1

医改蓝皮书
中国医药卫生体制改革报告（2017）
著(编)者：文学国 房志武　2017年11月出版 / 估价：98.00元
PSN B-2014-432-1/1

医疗卫生绿皮书
中国医疗卫生发展报告No.7（2017）
著(编)者：申宝忠 韩玉珍　2017年4月出版 / 估价：85.00元
PSN G-2004-033-1/1

应急管理蓝皮书
中国应急管理报告（2017）
著(编)者：宋英华　2017年9月出版 / 估价：98.00元
PSN B-2016-563-1/1

政治参与蓝皮书
中国政治参与报告（2017）
著(编)者：房宁　2017年9月出版 / 估价：118.00元
PSN B-2011-200-1/1

宗教蓝皮书
中国宗教报告（2016）
著(编)者：邱永辉　2017年4月出版 / 估价：89.00元
PSN B-2008-117-1/1

行业报告类

SUV蓝皮书
中国SUV市场发展报告（2016~2017）
著(编)者：靳军　2017年9月出版／估价：89.00元
PSN B-2016-572-1/1

保健蓝皮书
中国保健服务产业发展报告 No.2
著(编)者：中国保健协会 中共中央党校
2017年7月出版／估价：198.00元
PSN B-2012-272-3/3

保健蓝皮书
中国保健食品产业发展报告 No.2
著(编)者：中国保健协会
中国社会科学院食品药品产业发展与监管研究中心
2017年7月出版／估价：198.00元
PSN B-2012-271-2/3

保健蓝皮书
中国保健用品产业发展报告 No.2
著(编)者：中国保健协会
国务院国有资产监督管理委员会研究中心
2017年4月出版／估价：198.00元
PSN B-2012-270-1/3

保险蓝皮书
中国保险业竞争力报告（2017）
著(编)者：项俊波　2017年12月出版／估价：99.00元
PSN B-2013-311-1/1

冰雪蓝皮书
中国滑雪产业发展报告（2017）
著(编)者：孙承华 伍斌 魏庆华 张鸿俊
2017年8月出版／估价：89.00元
PSN B-2016-560-1/1

彩票蓝皮书
中国彩票发展报告（2017）
著(编)者：益彩基金　2017年4月出版／估价：98.00元
PSN B-2015-462-1/1

餐饮产业蓝皮书
中国餐饮产业发展报告（2017）
著(编)者：邢颖　2017年6月出版／估价：98.00元
PSN B-2009-151-1/1

测绘地理信息蓝皮书
新常态下的测绘地理信息研究报告（2017）
著(编)者：库热西·买合苏提
2017年12月出版／估价：118.00元
PSN B-2009-145-1/1

茶业蓝皮书
中国茶产业发展报告（2017）
著(编)者：杨江帆 李闽榕　2017年10月出版／估价：88.00元
PSN B-2010-164-1/1

产权市场蓝皮书
中国产权市场发展报告（2016~2017）
著(编)者：曹和平　2017年5月出版／估价：89.00元
PSN B-2009-147-1/1

产业安全蓝皮书
中国出版传媒产业安全报告（2016~2017）
著(编)者：北京印刷学院文化产业安全研究院
2017年4月出版／估价：89.00元
PSN B-2014-384-13/14

产业安全蓝皮书
中国文化产业安全报告（2017）
著(编)者：北京印刷学院文化产业安全研究院
2017年12月出版／估价：89.00元
PSN B-2014-378-12/14

产业安全蓝皮书
中国新媒体产业安全报告（2017）
著(编)者：北京印刷学院文化产业安全研究院
2017年12月出版／估价：89.00元
PSN B-2015-500-14/14

城投蓝皮书
中国城投行业发展报告（2017）
著(编)者：王晨艳 丁伯康　2017年11月出版／估价：300.00元
PSN B-2016-514-1/1

电子政务蓝皮书
中国电子政务发展报告（2016~2017）
著(编)者：李季 杜平　2017年7月出版／估价：89.00元
PSN B-2003-022-1/1

杜仲产业绿皮书
中国杜仲橡胶资源与产业发展报告（2016~2017）
著(编)者：杜红岩 胡文臻 俞锐
2017年4月出版／估价：85.00元
PSN G-2013-350-1/1

房地产蓝皮书
中国房地产发展报告 No.14（2017）
著(编)者：李春华 王业强　2017年5月出版／估价：89.00元
PSN B-2004-028-1/1

服务外包蓝皮书
中国服务外包产业发展报告（2017）
著(编)者：王晓红 刘德军
2017年6月出版／估价：89.00元
PSN B-2013-331-2/2

服务外包蓝皮书
中国服务外包竞争力报告（2017）
著(编)者：王力 刘春生 黄育华
2017年11月出版／估价：85.00元
PSN B-2011-216-1/2

工业和信息化蓝皮书
世界网络安全发展报告（2016~2017）
著(编)者：洪京一　2017年4月出版／估价：89.00元
PSN B-2015-452-5/5

工业和信息化蓝皮书
世界信息化发展报告（2016~2017）
著(编)者：洪京一　2017年4月出版／估价：89.00元
PSN B-2015-451-4/5

工业和信息化蓝皮书
世界信息技术产业发展报告（2016~2017）
著（编）者：洪京一　2017年4月出版 / 估价：89.00元
PSN B-2015-449-2/5

工业和信息化蓝皮书
移动互联网产业发展报告（2016~2017）
著（编）者：洪京一　2017年4月出版 / 估价：89.00元
PSN B-2015-448-1/5

工业和信息化蓝皮书
战略性新兴产业发展报告（2016~2017）
著（编）者：洪京一　2017年4月出版 / 估价：89.00元
PSN B-2015-450-3/5

工业设计蓝皮书
中国工业设计发展报告（2017）
著（编）者：王晓红 于炜 张立群
2017年9月出版 / 估价：138.00元
PSN B-2014-420-1/1

黄金市场蓝皮书
中国商业银行黄金业务发展报告（2016~2017）
著（编）者：平安银行　2017年4月出版 / 估价：98.00元
PSN B-2016-525-1/1

互联网金融蓝皮书
中国互联网金融发展报告（2017）
著（编）者：李东荣　2017年9月出版 / 估价：128.00元
PSN B-2014-374-1/1

互联网医疗蓝皮书
中国互联网医疗发展报告（2017）
著（编）者：宫晓东　2017年9月出版 / 估价：89.00元
PSN B-2016-568-1/1

会展蓝皮书
中外会展业动态评估年度报告（2017）
著（编）者：张敏　2017年4月出版 / 估价：88.00元
PSN B-2013-327-1/1

金融监管蓝皮书
中国金融监管报告（2017）
著（编）者：胡滨　2017年6月出版 / 估价：89.00元
PSN B-2012-281-1/1

金融蓝皮书
中国金融中心发展报告（2017）
著（编）者：王力 黄育华　2017年11月出版 / 估价：85.00元
PSN B-2011-186-6/6

建筑装饰蓝皮书
中国建筑装饰行业发展报告（2017）
著（编）者：刘晓一 葛道顺　2017年7月出版 / 估价：198.00元
PSN B-2016-554-1/1

客车蓝皮书
中国客车产业发展报告（2016~2017）
著（编）者：姚蔚　2017年10月出版 / 估价：85.00元
PSN B-2013-361-1/1

旅游安全蓝皮书
中国旅游安全报告（2017）
著（编）者：郑向敏 谢朝武　2017年5月出版 / 估价：128.00元
PSN B-2012-280-1/1

旅游绿皮书
2016~2017年中国旅游发展分析与预测
著（编）者：宋瑞　2017年2月出版 / 定价：89.00元
PSN G-2002-018-1/1

煤炭蓝皮书
中国煤炭工业发展报告（2017）
著（编）者：岳福斌　2017年12月出版 / 估价：85.00元
PSN B-2008-123-1/1

民营企业社会责任蓝皮书
中国民营企业社会责任报告（2017）
著（编）者：中华全国工商业联合会
2017年12月出版 / 估价：89.00元
PSN B-2015-510-1/1

民营医院蓝皮书
中国民营医院发展报告（2017）
著（编）者：庄一强　2017年10月出版 / 估价：85.00元
PSN B-2012-299-1/1

闽商蓝皮书
闽商发展报告（2017）
著（编）者：李闽榕 王日根 林琛
2017年12月出版 / 估价：89.00元
PSN B-2012-298-1/1

能源蓝皮书
中国能源发展报告（2017）
著（编）者：崔民选 王军生 陈义和
2017年10月出版 / 估价：98.00元
PSN B-2006-049-1/1

农产品流通蓝皮书
中国农产品流通产业发展报告（2017）
著（编）者：贾敬敦 张东科 张玉玺 张鹏毅 周伟
2017年4月出版 / 估价：89.00元
PSN B-2012-288-1/1

企业公益蓝皮书
中国企业公益研究报告（2017）
著（编）者：钟宏武 汪杰 顾一 黄晓娟 等
2017年12月出版 / 估价：89.00元
PSN B-2015-501-1/1

企业国际化蓝皮书
中国企业国际化报告（2017）
著（编）者：王辉耀　2017年11月出版 / 估价：98.00元
PSN B-2014-427-1/1

企业蓝皮书
中国企业绿色发展报告No.2（2017）
著（编）者：李红玉 朱光辉　2017年8月出版 / 估价：89.00元
PSN B-2015-481-2/2

企业社会责任蓝皮书
中国企业社会责任研究报告（2017）
著（编）者：黄群慧 钟宏武 张蒽 翟利峰
2017年11月出版 / 估价：89.00元
PSN B-2009-149-1/1

企业社会责任蓝皮书
中资企业海外社会责任研究报告（2016~2017）
著（编）者：钟宏武 叶柳红 张蒽
2017年1月出版 / 定价：79.00元
PSN B-2017-603-2/2

汽车安全蓝皮书
中国汽车安全发展报告（2017）
著(编)者：中国汽车技术研究中心
2017年7月出版 / 估价：89.00元
PSN B-2014-385-1/1

汽车电子商务蓝皮书
中国汽车电子商务发展报告（2017）
著(编)者：中华全国工商业联合会汽车经销商商会
　　　　　北京易观智库网络科技有限公司
2017年10月出版 / 估价：128.00元
PSN B-2015-485-1/1

汽车工业蓝皮书
中国汽车工业发展年度报告（2017）
著(编)者：中国汽车工业协会 中国汽车技术研究中心
　　　　　丰田汽车（中国）投资有限公司
2017年4月出版 / 估价：128.00元
PSN B-2015-463-1/2

汽车工业蓝皮书
中国汽车零部件产业发展报告（2017）
著(编)者：中国汽车工业协会 中国汽车工程研究院
2017年10月出版 / 估价：98.00元
PSN B-2016-515-2/2

汽车蓝皮书
中国汽车产业发展报告（2017）
著(编)者：国务院发展研究中心产业经济研究部
　　　　　中国汽车工程学会 大众汽车集团（中国）
2017年8月出版 / 估价：98.00元
PSN B-2008-124-1/1

人力资源蓝皮书
中国人力资源发展报告（2017）
著(编)者：余兴安　2017年11月出版 / 估价：89.00元
PSN B-2012-287-1/1

融资租赁蓝皮书
中国融资租赁业发展报告（2016~2017）
著(编)者：李光荣 王力　2017年8月出版 / 估价：89.00元
PSN B-2015-443-1/1

商会蓝皮书
中国商会发展报告No.5（2017）
著(编)者：王钦敏　2017年7月出版 / 估价：89.00元
PSN B-2008-125-1/1

输血服务蓝皮书
中国输血行业发展报告（2017）
著(编)者：朱永明 耿鸿武　2016年8月出版 / 估价：89.00元
PSN B-2016-583-1/1

社会责任管理蓝皮书
中国上市公司社会责任能力成熟度报告（2017）No.2
著(编)者：肖红军 王晓光 李伟阳
2017年12月出版 / 估价：98.00元
PSN B-2015-507-2/2

社会责任管理蓝皮书
中国企业公众透明度报告(2017)No.3
著(编)者：黄速建 熊梦 王晓光 肖红军
2017年4月出版 / 估价：98.00元
PSN B-2015-440-1/2

食品药品蓝皮书
食品药品安全与监管政策研究报告（2016~2017）
著(编)者：唐民皓　2017年6月出版 / 估价：89.00元
PSN B-2009-129-1/1

世界能源蓝皮书
世界能源发展报告（2017）
著(编)者：黄晓勇　2017年6月出版 / 估价：99.00元
PSN B-2013-349-1/1

水利风景区蓝皮书
中国水利风景区发展报告（2017）
著(编)者：谢婵才 兰思仁　2017年5月出版 / 估价：89.00元
PSN B-2015-480-1/1

碳市场蓝皮书
中国碳市场报告（2017）
著(编)者：定金彪　2017年11月出版 / 估价：89.00元
PSN B-2014-430-1/1

体育蓝皮书
中国体育产业发展报告（2017）
著(编)者：阮伟 钟秉枢　2017年12月出版 / 估价：89.00元
PSN B-2010-179-1/4

网络空间安全蓝皮书
中国网络空间安全发展报告（2017）
著(编)者：惠志斌 唐涛　2017年4月出版 / 估价：89.00元
PSN B-2015-466-1/1

西部金融蓝皮书
中国西部金融发展报告（2017）
著(编)者：李忠民　2017年8月出版 / 估价：85.00元
PSN B-2010-160-1/1

协会商会蓝皮书
中国行业协会商会发展报告（2017）
著(编)者：景朝阳 李勇　2017年4月出版 / 估价：99.00元
PSN B-2015-461-1/1

新能源汽车蓝皮书
中国新能源汽车产业发展报告（2017）
著(编)者：中国汽车技术研究中心
　　　　　日产（中国）投资有限公司 东风汽车有限公司
2017年7月出版 / 估价：98.00元
PSN B-2013-347-1/1

新三板蓝皮书
中国新三板市场发展报告（2017）
著(编)者：王力　2017年6月出版 / 估价：89.00元
PSN B-2016-534-1/1

信托市场蓝皮书
中国信托业市场报告（2016~2017）
著(编)者：用益信托研究院
2017年1月出版 / 定价：198.00元
PSN B-2014-371-1/1

信息化蓝皮书
中国信息化形势分析与预测（2016~2017）
著(编)者：周宏仁　2017年8月出版 / 估价：98.00元
PSN B-2010-168-1/1

信用蓝皮书
中国信用发展报告（2017）
著(编)者：章政 田侃　2017年4月出版 / 估价：99.00元
PSN B-2013-328-1/1

休闲绿皮书
2017年中国休闲发展报告
著(编)者：宋瑞　2017年10月出版 / 估价：89.00元
PSN G-2010-158-1/1

休闲体育蓝皮书
中国休闲体育发展报告（2016～2017）
著(编)者：李相如 钟炳枢　2017年10月出版 / 估价：89.00元
PSN G-2016-516-1/1

养老金融蓝皮书
中国养老金融发展报告（2017）
著(编)者：董克用 姚余栋
2017年8月出版 / 估价：89.00元
PSN B-2016-584-1/1

药品流通蓝皮书
中国药品流通行业发展报告（2017）
著(编)者：佘鲁林 温再兴　2017年8月出版 / 估价：158.00元
PSN B-2014-429-1/1

医院蓝皮书
中国医院竞争力报告（2017）
著(编)者：庄一强 曾益新　2017年3月出版 / 定价：108.00元
PSN B-2016-529-1/1

邮轮绿皮书
中国邮轮产业发展报告（2017）
著(编)者：汪泓　2017年10月出版 / 估价：89.00元
PSN G-2014-419-1/1

智能养老蓝皮书
中国智能养老产业发展报告（2017）
著(编)者：朱勇　2017年10月出版 / 估价：89.00元
PSN B-2015-488-1/1

债券市场蓝皮书
中国债券市场发展报告（2016～2017）
著(编)者：杨农　2017年10月出版 / 估价：89.00元
PSN B-2016-573-1/1

中国节能汽车蓝皮书
中国节能汽车发展报告（2016~2017）
著(编)者：中国汽车工程研究院股份有限公司
2017年9月出版 / 估价：98.00元
PSN B-2016-566-1/1

中国上市公司蓝皮书
中国上市公司发展报告（2017）
著(编)者：张平 王宏淼
2017年10月出版 / 估价：98.00元
PSN B-2014-414-1/1

中国陶瓷产业蓝皮书
中国陶瓷产业发展报告（2017）
著(编)者：左和平 黄速建　2017年10月出版 / 估价：98.00元
PSN B-2016-574-1/1

中国总部经济蓝皮书
中国总部经济发展报告（2016～2017）
著(编)者：赵弘　2017年9月出版 / 估价：89.00元
PSN B-2005-036-1/1

中医文化蓝皮书
中国中医药文化传播发展报告（2017）
著(编)者：毛嘉陵　2017年7月出版 / 估价：89.00元
PSN B-2015-468-1/1

装备制造业蓝皮书
中国装备制造业发展报告（2017）
著(编)者：徐东华　2017年12月出版 / 估价：148.00元
PSN B-2015-505-1/1

资本市场蓝皮书
中国场外交易市场发展报告（2016～2017）
著(编)者：高峦　2017年4月出版 / 估价：89.00元
PSN B-2009-153-1/1

资产管理蓝皮书
中国资产管理行业发展报告（2017）
著(编)者：智信资产管理研究院
2017年6月出版 / 估价：89.00元
PSN B-2014-407-2/2

文化传媒类

传媒竞争力蓝皮书
中国传媒国际竞争力研究报告（2017）
著(编)者：李本乾 刘强
2017年11月出版 / 估价：148.00元
PSN B-2013-356-1/1

传媒蓝皮书
中国传媒产业发展报告（2017）
著(编)者：崔保国　2017年5月出版 / 估价：98.00元
PSN B-2005-035-1/1

传媒投资蓝皮书
中国传媒投资发展报告（2017）
著(编)者：张向东 谭云明
2017年6月出版 / 估价：128.00元
PSN B-2015-474-1/1

动漫蓝皮书
中国动漫产业发展报告（2017）
著(编)者：卢斌 郑玉明 牛兴侦
2017年9月出版 / 估价：89.00元
PSN B-2011-198-1/1

非物质文化遗产蓝皮书
中国非物质文化遗产发展报告（2017）
著(编)者：陈平　2017年5月出版 / 估价：98.00元
PSN B-2015-469-1/1

广电蓝皮书
中国广播电影电视发展报告（2017）
著(编)者：国家新闻出版广电总局发展研究中心
2017年7月出版 / 估价：98.00元
PSN B-2006-072-1/1

广告主蓝皮书
中国广告主营销传播趋势报告 No.9
著(编)者：黄升民 杜国清 邵华冬 等
2017年10月出版 / 估价：148.00元
PSN B-2005-041-1/1

国际传播蓝皮书
中国国际传播发展报告（2017）
著(编)者：胡正荣 李继东 姬德强
2017年11月出版 / 估价：89.00元
PSN B-2014-408-1/1

国家形象蓝皮书
中国国家形象传播报告（2016）
著(编)者：张昆　2017年3月出版 / 定价：98.00元
PSN B-2017-605-1/1

纪录片蓝皮书
中国纪录片发展报告（2017）
著(编)者：何苏六　2017年9月出版 / 估价：89.00元
PSN B-2011-222-1/1

科学传播蓝皮书
中国科学传播报告（2017）
著(编)者：詹正茂　2017年7月出版 / 估价：89.00元
PSN B-2008-120-1/1

两岸创意经济蓝皮书
两岸创意经济研究报告（2017）
著(编)者：罗昌智 林咏能
2017年10月出版 / 估价：98.00元
PSN B-2014-437-1/1

媒介与女性蓝皮书
中国媒介与女性发展报告(2016~2017)
著(编)者：刘利群　2017年9月出版 / 估价：118.00元
PSN B-2013-345-1/1

媒体融合蓝皮书
中国媒体融合发展报告（2017）
著(编)者：梅宁华 宋建武　2017年7月出版 / 估价：89.00元
PSN B-2015-479-1/1

全球传媒蓝皮书
全球传媒发展报告（2017）
著(编)者：胡正荣 李继东 唐晓芬
2017年11月出版 / 估价：89.00元
PSN B-2012-237-1/1

少数民族非遗蓝皮书
中国少数民族非物质文化遗产发展报告（2017）
著(编)者：肖远平（彝）柴立（满）
2017年8月出版 / 估价：98.00元
PSN B-2015-467-1/1

视听新媒体蓝皮书
中国视听新媒体发展报告（2017）
著(编)者：国家新闻出版广电总局发展研究中心
2017年7月出版 / 估价：98.00元
PSN B-2011-184-1/1

文化创新蓝皮书
中国文化创新报告（2017）No.7
著(编)者：于平 傅才武　2017年7月出版 / 估价：98.00元
PSN B-2009-143-1/1

文化建设蓝皮书
中国文化发展报告（2016~2017）
著(编)者：江畅 孙伟平 戴茂堂
2017年6月出版 / 估价：116.00元
PSN B-2014-392-1/1

文化科技蓝皮书
文化科技创新发展报告（2017）
著(编)者：于平 李凤亮　2017年11月出版 / 估价：89.00元
PSN B-2013-342-1/1

文化蓝皮书
中国公共文化服务发展报告（2017）
著(编)者：刘新成 张永新 张旭
2017年12月出版 / 估价：98.00元
PSN B-2007-093-2/10

文化蓝皮书
中国公共文化投入增长测评报告（2017）
著(编)者：王亚南　2017年2月出版 / 定价：79.00元
PSN B-2014-435-10/10

文化蓝皮书
中国少数民族文化发展报告（2016~2017）
著(编)者：武翠英 张晓明 任乌晶
2017年9月出版 / 估价：89.00元
PSN B-2013-369-9/10

文化蓝皮书
中国文化产业发展报告（2016~2017）
著(编)者：张晓明 王家新 章建刚
2017年4月出版 / 估价：89.00元
PSN B-2002-019-1/10

文化蓝皮书
中国文化产业供需协调检测报告（2017）
著(编)者：王亚南 2017年2月出版 / 定价：79.00元
PSN B-2013-323-8/10

文化蓝皮书
中国文化消费需求景气评价报告（2017）
著(编)者：王亚南 2017年2月出版 / 定价：79.00元
PSN B-2011-236-4/10

文化品牌蓝皮书
中国文化品牌发展报告（2017）
著(编)者：欧阳友权 2017年5月出版 / 估价：98.00元
PSN B-2012-277-1/1

文化遗产蓝皮书
中国文化遗产事业发展报告（2017）
著(编)者：苏杨 张颖岚 王宇飞
2017年8月出版 / 估价：98.00元
PSN B-2008-119-1/1

文学蓝皮书
中国文情报告（2016~2017）
著(编)者：白烨 2017年5月出版 / 估价：49.00元
PSN B-2011-221-1/1

新媒体蓝皮书
中国新媒体发展报告No.8（2017）
著(编)者：唐绪军 2017年6月出版 / 估价：89.00元
PSN B-2010-169-1/1

新媒体社会责任蓝皮书
中国新媒体社会责任研究报告（2017）
著(编)者：钟瑛 2017年11月出版 / 估价：89.00元
PSN B-2014-423-1/1

移动互联网蓝皮书
中国移动互联网发展报告（2017）
著(编)者：官建文 2017年6月出版 / 估价：89.00元
PSN B-2012-282-1/1

舆情蓝皮书
中国社会舆情与危机管理报告（2017）
著(编)者：谢耘耕 2017年9月出版 / 估价：128.00元
PSN B-2011-235-1/1

影视蓝皮书
中国影视产业发展报告（2017）
著(编)者：司若 2017年4月出版 / 估价：138.00元
PSN B-2016-530-1/1

地方发展类

安徽经济蓝皮书
合芜蚌国家自主创新综合示范区研究报告（2016~2017）
著(编)者：黄家海 王开玉 蔡宪
2017年7月出版 / 估价：89.00元
PSN B-2014-383-1/1

安徽蓝皮书
安徽社会发展报告（2017）
著(编)者：程桦 2017年4月出版 / 估价：89.00元
PSN B-2013-325-1/1

澳门蓝皮书
澳门经济社会发展报告（2016~2017）
著(编)者：吴志良 郝雨凡 2017年6月出版 / 估价：98.00元
PSN B-2009-138-1/1

北京蓝皮书
北京公共服务发展报告（2016~2017）
著(编)者：施昌奎 2017年3月出版 / 定价：79.00元
PSN B-2008-103-7/8

北京蓝皮书
北京经济发展报告（2016~2017）
著(编)者：杨松 2017年6月出版 / 估价：89.00元
PSN B-2006-054-2/8

北京蓝皮书
北京社会发展报告（2016~2017）
著(编)者：李伟东 2017年6月出版 / 估价：89.00元
PSN B-2006-055-3/8

北京蓝皮书
北京社会治理发展报告（2016~2017）
著(编)者：殷星辰 2017年5月出版 / 估价：89.00元
PSN B-2014-391-8/8

北京蓝皮书
北京文化发展报告（2016~2017）
著(编)者：李建盛 2017年4月出版 / 估价：89.00元
PSN B-2007-082-4/8

北京律师绿皮书
北京律师发展报告No.3（2017）
著(编)者：王隽 2017年7月出版 / 估价：88.00元
PSN G-2012-301-1/1

北京旅游蓝皮书
北京旅游发展报告（2017）
著(编)者：北京旅游学会 2017年4月出版 / 估价：88.00元
PSN B-2011-217-1/1

北京人才蓝皮书
北京人才发展报告（2017）
著(编)者：于淼　2017年12月出版 / 估价：128.00元
PSN B-2011-201-1/1

北京社会心态蓝皮书
北京社会心态分析报告（2016~2017）
著(编)者：北京社会心理研究所
2017年8月出版 / 估价：89.00元
PSN B-2014-422-1/1

北京社会组织管理蓝皮书
北京社会组织发展与管理（2016~2017）
著(编)者：黄江松　2017年4月出版 / 估价：88.00元
PSN B-2015-446-1/1

北京体育蓝皮书
北京体育产业发展报告（2016~2017）
著(编)者：钟秉枢 陈杰 杨铁黎
2017年9月出版 / 估价：89.00元
PSN B-2015-475-1/1

北京养老产业蓝皮书
北京养老产业发展报告（2017）
著(编)者：周明明 冯喜良　2017年8月出版 / 估价：89.00元
PSN B-2015-465-1/1

滨海金融蓝皮书
滨海新区金融发展报告（2017）
著(编)者：王爱俭 张锐钢　2017年12月出版 / 估价：89.00元
PSN B-2014-424-1/1

城乡一体化蓝皮书
中国城乡一体化发展报告·北京卷（2016~2017）
著(编)者：张宝秀 黄序　2017年5月出版 / 估价：89.00元
PSN B-2012-258-2/2

创意城市蓝皮书
北京文化创意产业发展报告（2017）
著(编)者：张京成 王国华　2017年10月出版 / 估价：89.00元
PSN B-2012-263-1/7

创意城市蓝皮书
天津文化创意产业发展报告（2016~2017）
著(编)者：谢思全　2017年6月出版 / 估价：89.00元
PSN B-2016-537-7/7

创意城市蓝皮书
武汉文化创意产业发展报告（2017）
著(编)者：黄永林 陈汉桥　2017年9月出版 / 估价：99.00元
PSN B-2013-354-4/7

创意上海蓝皮书
上海文化创意产业发展报告（2016~2017）
著(编)者：王慧敏 王兴全　2017年8月出版 / 估价：89.00元
PSN B-2016-562-1/1

福建妇女发展蓝皮书
福建省妇女发展报告（2017）
著(编)者：刘群英　2017年11月出版 / 估价：88.00元
PSN B-2011-220-1/1

福建自贸区蓝皮书
中国（福建）自由贸易实验区发展报告（2016~2017）
著(编)者：黄茂兴　2017年4月出版 / 估价：108.00元
PSN B-2017-532-1/1

甘肃蓝皮书
甘肃经济发展分析与预测（2017）
著(编)者：安文华 罗哲　2017年1月出版 / 定价：79.00元
PSN B-2013-312-1/6

甘肃蓝皮书
甘肃社会发展分析与预测（2017）
著(编)者：安文华 包晓霞 谢增虎
2017年1月出版 / 定价：79.00元
PSN B-2013-313-2/6

甘肃蓝皮书
甘肃文化发展分析与预测（2017）
著(编)者：王俊莲 周小华　2017年1月出版 / 定价：79.00元
PSN B-2013-314-3/6

甘肃蓝皮书
甘肃县域和农村发展报告（2017）
著(编)者：朱智文 包东红 王建兵
2017年1月出版 / 定价：79.00元
PSN B-2013-316-5/6

甘肃蓝皮书
甘肃舆情分析与预测（2017）
著(编)者：陈双梅 张谦元　2017年1月出版 / 定价：79.00元
PSN B-2013-315-4/6

甘肃蓝皮书
甘肃商贸流通发展报告（2017）
著(编)者：张应华 王福生 王晓芳
2017年1月出版 / 定价：79.00元
PSN B-2016-523-6/6

广东蓝皮书
广东全面深化改革发展报告（2017）
著(编)者：周林生 涂成林　2017年12月出版 / 估价：89.00元
PSN B-2015-504-3/3

广东蓝皮书
广东社会工作发展报告（2017）
著(编)者：罗观翠　2017年6月出版 / 估价：89.00元
PSN B-2014-402-2/3

广东外经贸蓝皮书
广东对外经济贸易发展研究报告（2016~2017）
著(编)者：陈万灵　2017年8月出版 / 估价：98.00元
PSN B-2012-286-1/1

广西北部湾经济区蓝皮书
广西北部湾经济区开放开发报告（2017）
著(编)者：广西北部湾经济区规划建设管理委员会办公室
　　　　　广西社会科学院广西北部湾发展研究院
2017年4月出版 / 估价：89.00元
PSN B-2010-181-1/1

巩义蓝皮书
巩义经济社会发展报告（2017）
著(编)者：丁同民 朱军　2017年4月出版 / 估价：58.00元
PSN B-2016-533-1/1

广州蓝皮书
2017年中国广州经济形势分析与预测
著(编)者：庾建设 陈浩钿 谢博能
2017年7月出版 / 估价：85.00元
PSN B-2011-185-9/14

广州蓝皮书
2017年中国广州社会形势分析与预测
著(编)者: 张强 陈怡霓 杨秦　2017年6月出版 / 估价: 85.00元
PSN B-2008-110-5/14

广州蓝皮书
广州城市国际化发展报告 (2017)
著(编)者: 朱名宏　2017年8月出版 / 估价: 79.00元
PSN B-2012-246-11/14

广州蓝皮书
广州创新型城市发展报告 (2017)
著(编)者: 尹涛　2017年7月出版 / 估价: 79.00元
PSN B-2012-247-12/14

广州蓝皮书
广州经济发展报告 (2017)
著(编)者: 朱名宏　2017年7月出版 / 估价: 79.00元
PSN B-2005-040-1/14

广州蓝皮书
广州农村发展报告 (2017)
著(编)者: 朱名宏　2017年8月出版 / 估价: 79.00元
PSN B-2010-167-8/14

广州蓝皮书
广州汽车产业发展报告 (2017)
著(编)者: 杨再高 冯兴亚　2017年7月出版 / 估价: 79.00元
PSN B-2006-066-3/14

广州蓝皮书
广州青年发展报告 (2016~2017)
著(编)者: 徐柳 张强　2017年9月出版 / 估价: 79.00元
PSN B-2013-352-13/14

广州蓝皮书
广州商贸业发展报告 (2017)
著(编)者: 李江涛 肖振宇 荀振英
2017年7月出版 / 估价: 79.00元
PSN B-2012-245-10/14

广州蓝皮书
广州社会保障发展报告 (2017)
著(编)者: 蔡国萱　2017年8月出版 / 估价: 79.00元
PSN B-2014-425-14/14

广州蓝皮书
广州文化创意产业发展报告 (2017)
著(编)者: 徐咏虹　2017年7月出版 / 估价: 79.00元
PSN B-2008-111-6/14

广州蓝皮书
中国广州城市建设与管理发展报告 (2017)
著(编)者: 董皞 陈小钢 李江涛
2017年7月出版 / 估价: 85.00元
PSN B-2007-087-4/14

广州蓝皮书
中国广州科技创新发展报告 (2017)
著(编)者: 邹采荣 马正勇 陈爽
2017年7月出版 / 估价: 79.00元
PSN B-2006-065-2/14

广州蓝皮书
中国广州文化发展报告 (2017)
著(编)者: 徐俊忠 陆志强 顾涧清
2017年7月出版 / 估价: 79.00元
PSN B-2009-134-7/14

贵阳蓝皮书
贵阳城市创新发展报告No.2 (白云篇)
著(编)者: 连玉明　2017年10月出版 / 估价: 89.00元
PSN B-2015-491-3/10

贵阳蓝皮书
贵阳城市创新发展报告No.2 (观山湖篇)
著(编)者: 连玉明　2017年10月出版 / 估价: 89.00元
PSN B-2011-235-1/1

贵阳蓝皮书
贵阳城市创新发展报告No.2 (花溪篇)
著(编)者: 连玉明　2017年10月出版 / 估价: 89.00元
PSN B-2015-490-2/10

贵阳蓝皮书
贵阳城市创新发展报告No.2 (开阳篇)
著(编)者: 连玉明　2017年10月出版 / 估价: 89.00元
PSN B-2015-492-4/10

贵阳蓝皮书
贵阳城市创新发展报告No.2 (南明篇)
著(编)者: 连玉明　2017年10月出版 / 估价: 89.00元
PSN B-2015-496-8/10

贵阳蓝皮书
贵阳城市创新发展报告No.2 (清镇篇)
著(编)者: 连玉明　2017年10月出版 / 估价: 89.00元
PSN B-2015-489-1/10

贵阳蓝皮书
贵阳城市创新发展报告No.2 (乌当篇)
著(编)者: 连玉明　2017年10月出版 / 估价: 89.00元
PSN B-2015-495-7/10

贵阳蓝皮书
贵阳城市创新发展报告No.2 (息烽篇)
著(编)者: 连玉明　2017年10月出版 / 估价: 89.00元
PSN B-2015-493-5/10

贵阳蓝皮书
贵阳城市创新发展报告No.2 (修文篇)
著(编)者: 连玉明　2017年10月出版 / 估价: 89.00元
PSN B-2015-494-6/10

贵阳蓝皮书
贵阳城市创新发展报告No.2 (云岩篇)
著(编)者: 连玉明　2017年10月出版 / 估价: 89.00元
PSN B-2015-498-10/10

贵州房地产蓝皮书
贵州房地产发展报告No.4 (2017)
著(编)者: 武廷方　2017年7月出版 / 估价: 89.00元
PSN B-2014-426-1/1

贵州蓝皮书
贵州册亨经济社会发展报告 (2017)
著(编)者: 黄德林　2017年3月出版 / 估价: 89.00元
PSN B-2016-526-8/9

贵州蓝皮书
贵安新区发展报告（2016~2017）
著(编)者：马长青 吴大华　2017年6月出版 / 估价：89.00元
PSN B-2015-459-4/9

贵州蓝皮书
贵州法治发展报告（2017）
著(编)者：吴大华　2017年5月出版 / 估价：89.00元
PSN B-2012-254-2/9

贵州蓝皮书
贵州国有企业社会责任发展报告（2016~2017）
著(编)者：郭丽 周航 万强
2017年12月出版 / 估价：89.00元
PSN B-2015-511-6/9

贵州蓝皮书
贵州民航业发展报告（2017）
著(编)者：申振东 吴大华　2017年10月出版 / 估价：89.00元
PSN B-2015-471-5/9

贵州蓝皮书
贵州民营经济发展报告（2017）
著(编)者：杨静 吴大华　2017年4月出版 / 估价：89.00元
PSN B-2016-531-9/9

贵州蓝皮书
贵州人才发展报告（2017）
著(编)者：于杰 吴大华　2017年9月出版 / 估价：89.00元
PSN B-2014-382-3/9

贵州蓝皮书
贵州社会发展报告（2017）
著(编)者：王兴骥　2017年6月出版 / 估价：89.00元
PSN B-2010-166-1/9

贵州蓝皮书
贵州国家级开放创新平台发展报告（2017）
著(编)者：申晓庆　吴大华 李泓
2017年6月出版 / 估价：89.00元
PSN B-2016-518-1/9

海淀蓝皮书
海淀区文化和科技融合发展报告（2017）
著(编)者：陈名杰 孟景伟　2017年5月出版 / 估价：85.00元
PSN B-2013-329-1/1

杭州都市圈蓝皮书
杭州都市圈发展报告（2017）
著(编)者：沈翔 戚建国　2017年5月出版 / 估价：128.00元
PSN B-2012-302-1/1

杭州蓝皮书
杭州妇女发展报告（2017）
著(编)者：魏颖　2017年6月出版 / 估价：89.00元
PSN B-2014-403-1/1

河北经济蓝皮书
河北省经济发展报告（2017）
著(编)者：马树强 金浩 张贵
2017年4月出版 / 估价：89.00元
PSN B-2014-380-1/1

河北蓝皮书
河北经济社会发展报告（2017）
著(编)者：郭金平　2017年1月出版 / 定价：79.00元
PSN B-2014-372-1/2

河北蓝皮书
京津冀协同发展报告（2017）
著(编)者：陈路　2017年1月出版 / 定价：79.00元
PSN B-2017-601-2/2

河北食品药品安全蓝皮书
河北食品药品安全研究报告（2017）
著(编)者：丁锦霞　2017年6月出版 / 估价：89.00元
PSN B-2015-473-1/1

河南经济蓝皮书
2017年河南经济形势分析与预测
著(编)者：王世炎　2017年3月出版 / 定价：79.00元
PSN B-2007-086-1/1

河南蓝皮书
2017年河南社会形势分析与预测
著(编)者：刘道兴 牛苏林　2017年4月出版 / 估价89.00元
PSN B-2005-043-1/8

河南蓝皮书
河南城市发展报告（2017）
著(编)者：张占仓 王建国　2017年5月出版 / 估价：89.00元
PSN B-2009-131-3/8

河南蓝皮书
河南法治发展报告（2017）
著(编)者：丁同民 张林海　2017年5月出版 / 估价：89.00元
PSN B-2014-376-6/8

河南蓝皮书
河南工业发展报告（2017）
著(编)者：张占仓 丁同民　2017年5月出版 / 估价：89.00元
PSN B-2013-317-5/8

河南蓝皮书
河南金融发展报告（2017）
著(编)者：河南省社会科学院
2017年6月出版 / 估价：89.00元
PSN B-2014-390-7/8

河南蓝皮书
河南经济发展报告（2017）
著(编)者：张占仓 完世伟　2017年4月出版 / 估价：89.00元
PSN B-2010-157-4/8

河南蓝皮书
河南农业农村发展报告（2017）
著(编)者：吴海峰　2017年4月出版 / 估价：89.00元
PSN B-2015-445-8/8

河南蓝皮书
河南文化发展报告（2017）
著(编)者：卫绍生　2017年4月出版 / 估价：88.00元
PSN B-2008-106-2/8

河南商务蓝皮书
河南商务发展报告（2017）
著(编)者：焦锦淼 穆荣国　2017年6月出版 / 估价：88.00元
PSN B-2014-399-1/1

黑龙江蓝皮书
黑龙江经济发展报告（2017）
著(编)者：朱宇　2017年1月出版 / 定价：79.00元
PSN B-2011-190-2/2

黑龙江蓝皮书
黑龙江社会发展报告（2017）
著(编)者：谢宝禄　2017年1月出版 / 定价：79.00元
PSN B-2011-189-1/2

湖北文化蓝皮书
湖北文化发展报告（2017）
著(编)者：吴成国　2017年10月出版 / 估价：95.00元
PSN B-2016-567-1/1

湖南城市蓝皮书
区域城市群整合
著(编)者：童中贤 韩未名
2017年12月出版 / 估价：89.00元
PSN B-2006-064-1/1

湖南蓝皮书
2017年湖南产业发展报告
著(编)者：梁志峰　2017年5月出版 / 估价：128.00元
PSN B-2011-207-2/8

湖南蓝皮书
2017年湖南电子政务发展报告
著(编)者：梁志峰　2017年5月出版 / 估价：128.00元
PSN B-2014-394-6/8

湖南蓝皮书
2017年湖南经济展望
著(编)者：梁志峰　2017年5月出版 / 估价：128.00元
PSN B-2011-206-1/8

湖南蓝皮书
2017年湖南两型社会与生态文明发展报告
著(编)者：梁志峰　2017年5月出版 / 估价：128.00元
PSN B-2011-208-3/8

湖南蓝皮书
2017年湖南社会发展报告
著(编)者：梁志峰　2017年5月出版 / 估价：128.00元
PSN B-2014-393-5/8

湖南蓝皮书
2017年湖南县域经济社会发展报告
著(编)者：梁志峰　2017年5月出版 / 估价：128.00元
PSN B-2014-395-7/8

湖南蓝皮书
湖南城乡一体化发展报告（2017）
著(编)者：陈文胜 王文强 陆福兴 邝奕轩
2017年6月出版 / 估价：89.00元
PSN B-2015-477-8/8

湖南县域绿皮书
湖南县域发展报告 No.3
著(编)者：袁准 周小毛 黎仁寅
2017年3月出版 / 定价：79.00元
PSN G-2012-274-1/1

沪港蓝皮书
沪港发展报告（2017）
著(编)者：尤安山　2017年9月出版 / 估价：89.00元
PSN B-2013-362-1/1

吉林蓝皮书
2017年吉林经济社会形势分析与预测
著(编)者：邵汉明　2016年12月出版 / 定价：79.00元
PSN B-2013-319-1/1

吉林省城市竞争力蓝皮书
吉林省城市竞争力报告（2016~2017）
著(编)者：崔岳春 张磊　2016年12月出版 / 定价：79.00元
PSN B-2015-513-1/1

济源蓝皮书
济源经济社会发展报告（2017）
著(编)者：喻新安　2017年4月出版 / 估价：89.00元
PSN B-2014-387-1/1

健康城市蓝皮书
北京健康城市建设研究报告（2017）
著(编)者：王鸿春　2017年8月出版 / 估价：89.00元
PSN B-2015-460-1/2

江苏法治蓝皮书
江苏法治发展报告 No.6（2017）
著(编)者：蔡道通 龚廷泰　2017年8月出版 / 估价：98.00元
PSN B-2012-290-1/1

江西蓝皮书
江西经济社会发展报告（2017）
著(编)者：张勇 姜玮 梁勇　2017年10月出版 / 估价：89.00元
PSN B-2015-484-1/2

江西蓝皮书
江西设区市发展报告（2017）
著(编)者：姜玮 梁勇　2017年10月出版 / 估价：79.00元
PSN B-2016-517-2/2

江西文化蓝皮书
江西文化产业发展报告（2017）
著(编)者：张圣才 汪春翔
2017年10月出版 / 估价：128.00元
PSN B-2015-499-1/1

街道蓝皮书
北京街道发展报告No.2（白纸坊篇）
著(编)者：连玉明　2017年8月出版 / 估价：98.00元
PSN B-2016-544-7/15

街道蓝皮书
北京街道发展报告No.2（椿树篇）
著(编)者：连玉明　2017年8月出版 / 估价：98.00元
PSN B-2016-548-11/15

街道蓝皮书
北京街道发展报告No.2（大栅栏篇）
著(编)者：连玉明　2017年8月出版 / 估价：98.00元
PSN B-2016-552-15/15

街道蓝皮书
北京街道发展报告No.2（德胜篇）
著(编)者：连玉明　2017年8月出版 / 估价：98.00元
PSN B-2016-551-14/15

街道蓝皮书
北京街道发展报告No.2（广安门内篇）
著(编)者：连玉明　2017年8月出版 / 估价：98.00元
PSN B-2016-540-3/15

街道蓝皮书
北京街道发展报告No.2（广安门外篇）
著(编)者: 连玉明　2017年8月出版 / 估价: 98.00元
PSN B-2016-547-10/15

街道蓝皮书
北京街道发展报告No.2（金融街篇）
著(编)者: 连玉明　2017年8月出版 / 估价: 98.00元
PSN B-2016-538-1/15

街道蓝皮书
北京街道发展报告No.2（牛街篇）
著(编)者: 连玉明　2017年8月出版 / 估价: 98.00元
PSN B-2016-545-8/15

街道蓝皮书
北京街道发展报告No.2（什刹海篇）
著(编)者: 连玉明　2017年8月出版 / 估价: 98.00元
PSN B-2016-546-9/15

街道蓝皮书
北京街道发展报告No.2（陶然亭篇）
著(编)者: 连玉明　2017年8月出版 / 估价: 98.00元
PSN B-2016-542-5/15

街道蓝皮书
北京街道发展报告No.2（天桥篇）
著(编)者: 连玉明　2017年8月出版 / 估价: 98.00元
PSN B-2016-549-12/15

街道蓝皮书
北京街道发展报告No.2（西长安街篇）
著(编)者: 连玉明　2017年8月出版 / 估价: 98.00元
PSN B-2016-543-6/15

街道蓝皮书
北京街道发展报告No.2（新街口篇）
著(编)者: 连玉明　2017年8月出版 / 估价: 98.00元
PSN B-2016-541-4/15

街道蓝皮书
北京街道发展报告No.2（月坛篇）
著(编)者: 连玉明　2017年8月出版 / 估价: 98.00元
PSN B-2016-539-2/15

街道蓝皮书
北京街道发展报告No.2（展览路篇）
著(编)者: 连玉明　2017年8月出版 / 估价: 98.00元
PSN B-2016-550-13/15

经济特区蓝皮书
中国经济特区发展报告（2017）
著(编)者: 陶一桃　2017年12月出版 / 估价: 98.00元
PSN B-2009-139-1/1

辽宁蓝皮书
2017年辽宁经济社会形势分析与预测
著(编)者: 曹晓峰　梁启东
2017年4月出版 / 估价: 79.00元
PSN B-2006-053-1/1

洛阳蓝皮书
洛阳文化发展报告（2017）
著(编)者: 刘福兴　陈启明　2017年7月出版 / 估价: 89.00元
PSN B-2015-476-1/1

南京蓝皮书
南京文化发展报告（2017）
著(编)者: 徐宁　2017年10月出版 / 估价: 89.00元
PSN B-2014-439-1/1

南宁蓝皮书
南宁法治发展报告（2017）
著(编)者: 杨维超　2017年12月出版 / 估价: 79.00元
PSN B-2015-509-1/3

南宁蓝皮书
南宁经济发展报告（2017）
著(编)者: 胡建华　2017年9月出版 / 估价: 79.00元
PSN B-2016-570-2/3

南宁蓝皮书
南宁社会发展报告（2017）
著(编)者: 胡建华　2017年9月出版 / 估价: 79.00元
PSN B-2016-571-3/3

内蒙古蓝皮书
内蒙古反腐倡廉建设报告 No.2
著(编)者: 张志华 无极　2017年12月出版 / 估价: 79.00元
PSN B-2013-365-1/1

浦东新区蓝皮书
上海浦东经济发展报告（2017）
著(编)者: 沈开艳 周奇　2017年2月出版 / 定价: 79.00元
PSN B-2011-225-1/1

青海蓝皮书
2017年青海经济社会形势分析与预测
著(编)者: 陈玮　2016年12月出版 / 定价: 79.00元
PSN B-2012-275-1/1

人口与健康蓝皮书
深圳人口与健康发展报告（2017）
著(编)者: 陆杰华 罗乐宣 苏杨
2017年11月出版 / 估价: 89.00元
PSN B-2011-228-1/1

山东蓝皮书
山东经济形势分析与预测（2017）
著(编)者: 李广杰　2017年7月出版 / 估价: 89.00元
PSN B-2014-404-1/4

山东蓝皮书
山东社会形势分析与预测（2017）
著(编)者: 张冉 唐洲雁　2017年6月出版 / 估价: 89.00元
PSN B-2014-405-2/4

山东蓝皮书
山东文化发展报告（2017）
著(编)者: 涂可国　2017年11月出版 / 估价: 98.00元
PSN B-2014-406-3/4

山西蓝皮书
山西资源型经济转型发展报告（2017）
著(编)者: 李志强　2017年7月出版 / 估价: 89.00元
PSN B-2011-197-1/1

陕西蓝皮书
陕西经济发展报告（2017）
著(编)者：任宗哲 白宽犁 裴成荣
2017年1月出版 / 定价：69.00元
PSN B-2009-135-1/5

陕西蓝皮书
陕西社会发展报告（2017）
著(编)者：任宗哲 白宽犁 牛昉
2017年1月出版 / 定价：69.00元
PSN B-2009-136-2/5

陕西蓝皮书
陕西文化发展报告（2017）
著(编)者：任宗哲 白宽犁 王长寿
2017年1月出版 / 定价：69.00元
PSN B-2009-137-3/5

上海蓝皮书
上海传媒发展报告（2017）
著(编)者：强荧 焦雨虹　2017年2月出版 / 定价：79.00元
PSN B-2012-295-5/7

上海蓝皮书
上海法治发展报告（2017）
著(编)者：叶青　2017年6月出版 / 估价：89.00元
PSN B-2012-296-6/7

上海蓝皮书
上海经济发展报告（2017）
著(编)者：沈开艳　2017年2月出版 / 定价：79.00元
PSN B-2006-057-1/7

上海蓝皮书
上海社会发展报告（2017）
著(编)者：杨雄 周海旺　2017年2月出版 / 定价：79.00元
PSN B-2006-058-2/7

上海蓝皮书
上海文化发展报告（2017）
著(编)者：荣跃明　2017年2月出版 / 定价：79.00元
PSN B-2006-059-3/7

上海蓝皮书
上海文学发展报告（2017）
著(编)者：陈圣来　2017年6月出版 / 估价：89.00元
PSN B-2012-297-7/7

上海蓝皮书
上海资源环境发展报告（2017）
著(编)者：周冯琦 汤庆合
2017年2月出版 / 定价：79.00元
PSN B-2006-060-4/7

社会建设蓝皮书
2017年北京社会建设分析报告
著(编)者：宋贵伦 冯虹　2017年10月出版 / 估价：89.00元
PSN B-2010-173-1/1

深圳蓝皮书
深圳法治发展报告（2017）
著(编)者：张骁儒　2017年6月出版 / 估价：89.00元
PSN B-2015-470-6/7

深圳蓝皮书
深圳经济发展报告（2017）
著(编)者：张骁儒　2017年7月出版 / 估价：89.00元
PSN B-2008-112-3/7

深圳蓝皮书
深圳劳动关系发展报告（2017）
著(编)者：汤庭芬　2017年6月出版 / 估价：89.00元
PSN B-2007-097-2/7

深圳蓝皮书
深圳社会建设与发展报告（2017）
著(编)者：张骁儒 陈东平　2017年7月出版 / 估价：89.00元
PSN B-2008-113-4/7

深圳蓝皮书
深圳文化发展报告(2017)
著(编)者：张骁儒　2017年7月出版 / 估价：89.00元
PSN B-2016-555-7/7

丝绸之路蓝皮书
丝绸之路经济带发展报告（2017）
著(编)者：任宗哲 白宽犁 谷孟宾
2017年1月出版 / 定价：75.00元
PSN B-2014-410-1/1

法治蓝皮书
四川依法治省年度报告 No.3（2017）
著(编)者：李林 杨天宗 田禾
2017年3月出版 / 定价：118.00元
PSN B-2015-447-1/1

四川蓝皮书
2017年四川经济形势分析与预测
著(编)者：杨钢　2017年1月出版 / 定价：98.00元
PSN B-2007-098-2/7

四川蓝皮书
四川城镇化发展报告（2017）
著(编)者：侯水平 陈炜　2017年4月出版 / 估价：85.00元
PSN B-2015-456-7/7

四川蓝皮书
四川法治发展报告（2017）
著(编)者：郑泰安　2017年4月出版 / 估价：89.00元
PSN B-2015-441-5/7

四川蓝皮书
四川企业社会责任研究报告（2016～2017）
著(编)者：侯水平 盛毅 翟刚
2017年4月出版 / 估价：89.00元
PSN B-2014-386-4/7

四川蓝皮书
四川社会发展报告（2017）
著(编)者：李羚　2017年5月出版 / 估价：89.00元
PSN B-2008-127-3/7

四川蓝皮书
四川生态建设报告（2017）
著(编)者：李晟之　2017年4月出版 / 估价：85.00元
PSN B-2015-455-6/7

四川蓝皮书
四川文化产业发展报告（2017）
著(编)者：向宝云 张立伟
2017年4月出版 / 估价：89.00元
PSN B-2006-074-1/7

体育蓝皮书
上海体育产业发展报告（2016~2017）
著(编)者：张林 黄海燕
2017年10月出版 / 估价：89.00元
PSN B-2015-454-4/4

体育蓝皮书
长三角地区体育产业发展报告（2016~2017）
著(编)者：张林 2017年4月出版 / 估价：89.00元
PSN B-2015-453-3/4

天津金融蓝皮书
天津金融发展报告（2017）
著(编)者：王爱俭 孔德昌
2017年12月出版 / 估价：98.00元
PSN B-2014-418-1/1

图们江区域合作蓝皮书
图们江区域合作发展报告（2017）
著(编)者：李铁 2017年6月出版 / 估价：98.00元
PSN B-2015-464-1/1

温州蓝皮书
2017年温州经济社会形势分析与预测
著(编)者：潘忠强 王春光 金浩
2017年4月出版 / 估价：89.00元
PSN B-2008-105-1/1

西咸新区蓝皮书
西咸新区发展报告（2016~2017）
著(编)者：李扬 王军 2017年6月出版 / 估价：89.00元
PSN B-2016-535-1/1

扬州蓝皮书
扬州经济社会发展报告（2017）
著(编)者：丁纯 2017年12月出版 / 估价：98.00元
PSN B-2011-191-1/1

长株潭城市群蓝皮书
长株潭城市群发展报告（2017）
著(编)者：张萍 2017年12月出版 / 估价：89.00元
PSN B-2008-109-1/1

中医文化蓝皮书
北京中医文化传播发展报告（2017）
著(编)者：毛嘉陵 2017年5月出版 / 估价：79.00元
PSN B-2015-468-1/2

珠三角流通蓝皮书
珠三角商圈发展研究报告（2017）
著(编)者：王先庆 林至颖
2017年7月出版 / 估价：98.00元
PSN B-2012-292-1/1

遵义蓝皮书
遵义发展报告（2017）
著(编)者：曾征 龚永育 雍思强
2017年12月出版 / 估价：89.00元
PSN B-2014-433-1/1

国际问题类

"一带一路"跨境通道蓝皮书
"一带一路"跨境通道建设研究报告（2017）
著(编)者：郭业洲 2017年8月出版 / 估价：89.00元
PSN B-2016-558-1/1

"一带一路"蓝皮书
"一带一路"建设发展报告（2017）
著(编)者：孔丹 李永全 2017年7月出版 / 估价：89.00元
PSN B-2016-553-1/1

阿拉伯黄皮书
阿拉伯发展报告（2016~2017）
著(编)者：罗林 2017年11月出版 / 估价：89.00元
PSN Y-2014-381-1/1

北部湾蓝皮书
泛北部湾合作发展报告（2017）
著(编)者：吕余生 2017年12月出版 / 估价：85.00元
PSN B-2008-114-1/1

大湄公河次区域蓝皮书
大湄公河次区域合作发展报告（2017）
著(编)者：刘稚 2017年8月出版 / 估价：89.00元
PSN B-2011-196-1/1

大洋洲蓝皮书
大洋洲发展报告（2017）
著(编)者：喻常森 2017年10月出版 / 估价：89.00元
PSN B-2013-341-1/1

德国蓝皮书
德国发展报告（2017）
著(编)者：郑春荣　　2017年6月出版 / 估价：89.00元
PSN B-2012-278-1/1

东盟黄皮书
东盟发展报告（2017）
著(编)者：杨晓强　庄国土
2017年4月出版 / 估价：89.00元
PSN Y-2012-303-1/1

东南亚蓝皮书
东南亚地区发展报告（2016~2017）
著(编)者：厦门大学东南亚研究中心　王勤
2017年12月出版 / 估价：89.00元
PSN B-2012-240-1/1

俄罗斯黄皮书
俄罗斯发展报告（2017）
著(编)者：李永全　　2017年7月出版 / 估价：89.00元
PSN Y-2006-061-1/1

非洲黄皮书
非洲发展报告 No.19（2016~2017）
著(编)者：张宏明　　2017年8月出版 / 估价：89.00元
PSN Y-2012-239-1/1

公共外交蓝皮书
中国公共外交发展报告（2017）
著(编)者：赵启正　雷蔚真
2017年4月出版 / 估价：89.00元
PSN B-2015-457-1/1

国际安全蓝皮书
中国国际安全研究报告(2017)
著(编)者：刘慧　　2017年7月出版 / 估价：98.00元
PSN B-2016-522-1/1

国际形势黄皮书
全球政治与安全报告（2017）
著(编)者：张宇燕
2017年1月出版 / 定价：89.00元
PSN Y-2001-016-1/1

韩国蓝皮书
韩国发展报告（2017）
著(编)者：牛林杰　刘宝全
2017年11月出版 / 估价：89.00元
PSN B-2010-155-1/1

加拿大蓝皮书
加拿大发展报告（2017）
著(编)者：仲伟合　　2017年9月出版 / 估价：89.00元
PSN B-2014-389-1/1

拉美黄皮书
拉丁美洲和加勒比发展报告（2016~2017）
著(编)者：吴白乙　　2017年6月出版 / 估价：89.00元
PSN Y-1999-007-1/1

美国蓝皮书
美国研究报告（2017）
著(编)者：郑秉文　黄平　　2017年6月出版 / 估价：89.00元
PSN B-2011-210-1/1

缅甸蓝皮书
缅甸国情报告（2017）
著(编)者：李晨阳　　2017年12月出版 / 估价：86.00元
PSN B-2013-343-1/1

欧洲蓝皮书
欧洲发展报告（2016~2017）
著(编)者：黄平　周弘　江时学
2017年6月出版 / 估价：89.00元
PSN B-1999-009-1/1

葡语国家蓝皮书
葡语国家发展报告（2017）
著(编)者：王成安　张敏　　2017年12月出版 / 估价：89.00元
PSN B-2015-503-1/2

葡语国家蓝皮书
中国与葡语国家关系发展报告·巴西（2017）
著(编)者：张曙光　　2017年8月出版 / 估价：89.00元
PSN B-2016-564-2/2

日本经济蓝皮书
日本经济与中日经贸关系研究报告（2017）
著(编)者：张季风　　2017年5月出版 / 估价：89.00元
PSN B-2008-102-1/1

日本蓝皮书
日本研究报告（2017）
著(编)者：杨伯江　　2017年5月出版 / 估价：89.00元
PSN B-2002-020-1/1

上海合作组织黄皮书
上海合作组织发展报告（2017）
著(编)者：李进峰　吴宏伟　李少捷
2017年6月出版 / 估价：89.00元
PSN Y-2009-130-1/1

世界创新竞争力黄皮书
世界创新竞争力发展报告（2017）
著(编)者：李闽榕　李建平　赵新力
2017年4月出版 / 估价：148.00元
PSN Y-2013-318-1/1

泰国蓝皮书
泰国研究报告（2017）
著(编)者：庄国土　张禹东
2017年8月出版 / 估价：118.00元
PSN B-2016-557-1/1

土耳其蓝皮书
土耳其发展报告（2017）
著(编)者：郭长刚　刘义　　2017年9月出版 / 估价：89.00元
PSN B-2014-412-1/1

亚太蓝皮书
亚太地区发展报告（2017）
著(编)者：李向阳　　2017年4月出版 / 估价：89.00元
PSN B-2001-015-1/1

印度蓝皮书
印度国情报告（2017）
著(编)者：吕昭义　　2017年12月出版 / 估价：89.00元
PSN B-2012-241-1/1

印度洋地区蓝皮书
印度洋地区发展报告（2017）
著（编）者：汪戎　　2017年6月出版 / 估价：89.00元
PSN B-2013-334-1/1

英国蓝皮书
英国发展报告（2016~2017）
著（编）者：王展鹏　　2017年11月出版 / 估价：89.00元
PSN B-2015-486-1/1

越南蓝皮书
越南国情报告（2017）
著（编）者：谢林城
2017年12月出版 / 估价：89.00元
PSN B-2006-056-1/1

以色列蓝皮书
以色列发展报告（2017）
著（编）者：张倩红　　2017年8月出版 / 估价：89.00元
PSN B-2015-483-1/1

伊朗蓝皮书
伊朗发展报告（2017）
著（编）者：冀开运　　2017年10月出版 / 估价：89.00元
PSN B-2016-575-1/1

中东黄皮书
中东发展报告No.19（2016~2017）
著（编）者：杨光　　2017年10月出版 / 估价：89.00元
PSN Y-1998-004-1/1

中亚黄皮书
中亚国家发展报告（2017）
著（编）者：孙力 吴宏伟　　2017年7月出版 / 估价：98.00元
PSN Y-2012-238-1/1

　　皮书序列号是社会科学文献出版社专门为识别皮书、管理皮书而设计的编号。皮书序列号是出版皮书的许可证号，是区别皮书与其他图书的重要标志。

　　它由一个前缀和四部分构成。这四部分之间用连字符"–"连接。前缀和这四部分之间空半个汉字（见示例）。

《国际人才蓝皮书：中国留学发展报告》序列号示例

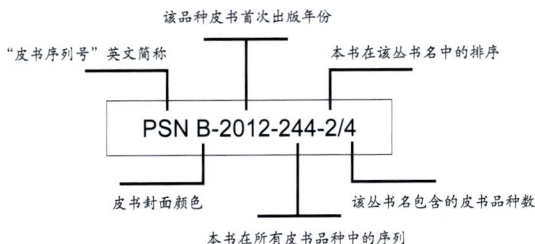

该品种皮书首次出版年份
"皮书序列号"英文简称　　本书在该丛书名中的排序

PSN B-2012-244-2/4

皮书封面颜色　　该丛书名包含的皮书品种数
本书在所有皮书品种中的序列

　　从示例中可以看出，《国际人才蓝皮书：中国留学发展报告》的首次出版年份是2012年，是社科文献出版社出版的第244个皮书品种，是"国际人才蓝皮书"系列的第2个品种（共4个品种）。

❖ 皮书起源 ❖

"皮书"起源于十七、十八世纪的英国,主要指官方或社会组织正式发表的重要文件或报告,多以"白皮书"命名。在中国,"皮书"这一概念被社会广泛接受,并被成功运作、发展成为一种全新的出版形态,则源于中国社会科学院社会科学文献出版社。

❖ 皮书定义 ❖

皮书是对中国与世界发展状况和热点问题进行年度监测,以专业的角度、专家的视野和实证研究方法,针对某一领域或区域现状与发展态势展开分析和预测,具备原创性、实证性、专业性、连续性、前沿性、时效性等特点的公开出版物,由一系列权威研究报告组成。

❖ 皮书作者 ❖

皮书系列的作者以中国社会科学院、著名高校、地方社会科学院的研究人员为主,多为国内一流研究机构的权威专家学者,他们的看法和观点代表了学界对中国与世界的现实和未来最高水平的解读与分析。

❖ 皮书荣誉 ❖

皮书系列已成为社会科学文献出版社的著名图书品牌和中国社会科学院的知名学术品牌。2016 年,皮书系列正式列入"十三五"国家重点出版规划项目;2012~2016 年,重点皮书列入中国社会科学院承担的国家哲学社会科学创新工程项目;2017 年,55 种院外皮书使用"中国社会科学院创新工程学术出版项目"标识。

中国皮书网
www.pishu.cn

发布皮书研创资讯，传播皮书精彩内容
引领皮书出版潮流，打造皮书服务平台

栏目设置

关于皮书：何谓皮书、皮书分类、皮书大事记、皮书荣誉、
皮书出版第一人、皮书编辑部
最新资讯：通知公告、新闻动态、媒体聚焦、网站专题、视频直播、下载专区
皮书研创：皮书规范、皮书选题、皮书出版、皮书研究、研创团队
皮书评奖评价：指标体系、皮书评价、皮书评奖
互动专区：皮书说、皮书智库、皮书微博、数据库微博

所获荣誉

2008 年、2011 年，中国皮书网均在全
国新闻出版业网站荣誉评选中获得"最具商
业价值网站"称号；
2012 年,获得"出版业网站百强"称号。

网库合一

2014 年，中国皮书网与皮书数据库端
口合一，实现资源共享。更多详情请登录
www.pishu.cn。

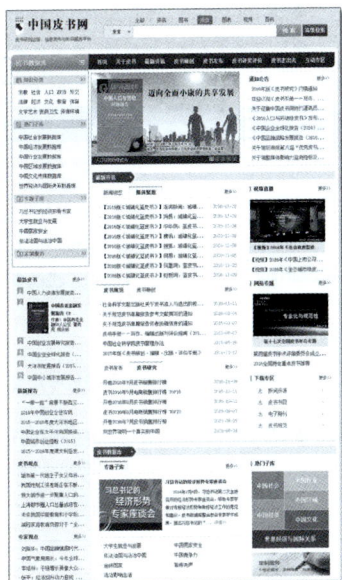

权威报告·热点资讯·特色资源

皮书数据库
ANNUAL REPORT(YEARBOOK)
DATABASE

当代中国与世界发展高端智库平台

所获荣誉

- 2016年,入选"国家'十三五'电子出版物出版规划骨干工程"
- 2015年,荣获"搜索中国正能量 点赞2015""创新中国科技创新奖"
- 2013年,荣获"中国出版政府奖·网络出版物奖"提名奖
- 连续多年荣获中国数字出版博览会"数字出版·优秀品牌"奖

WWWW.PISHU.COM.CN

成为会员

通过网址www.pishu.com.cn或使用手机扫描二维码进入皮书数据库网站,进行手机号码验证或邮箱验证即可成为皮书数据库会员(建议通过手机号码快速验证注册)。

会员福利

- 使用手机号码首次注册会员可直接获得100元体验金,不需充值即可购买和查看数据库内容(仅限使用手机号码快速注册)。
- 已注册用户购书后可免费获赠100元皮书数据库充值卡。刮开充值卡涂层获取充值密码,登录并进入"会员中心"—"在线充值"—"充值卡充值",充值成功后即可购买和查看数据库内容。

数据库服务热线:400-008-6695
数据库服务QQ:2475522410
数据库服务邮箱:database@ssap.cn

图书销售热线:010-59367070/7028
图书服务QQ:1265056568
图书服务邮箱:duzhe@ssap.cn

民办社工机构还未出现这样的情况。

> "我们机构发展也没几年，但已经出现了不少于两次影响到项目正常开展的人员离职情况了。坦诚地讲，我跟他们交流过，他们离开的原因往往不是单一的，有的是找到了更好的机会，要转行挣钱的；有的是觉得机构自身的专业性不够强，或者觉得在社工机构里发展空间太小了，有时工作有些挑战或者比较单调。现在能踏踏实实做一线社工的人太少了。希望政府能够给予更多实际的关注和支持。" S5 社会工作事务所的负责人如是说。

在社会工作岗位人员流失或流动的基本成因中，从图10可以看出，"薪资福利"依然是社会工作者进行职业选择的重要因素，其次"工作认同感"、"职业发展空间"和"个人成长"等因素，也是机构吸纳和留住人才的重要保障。专业督导的及时支持、岗位的晋升调级及精神奖励等都是可以选择的具有实用性的员工激励手段。

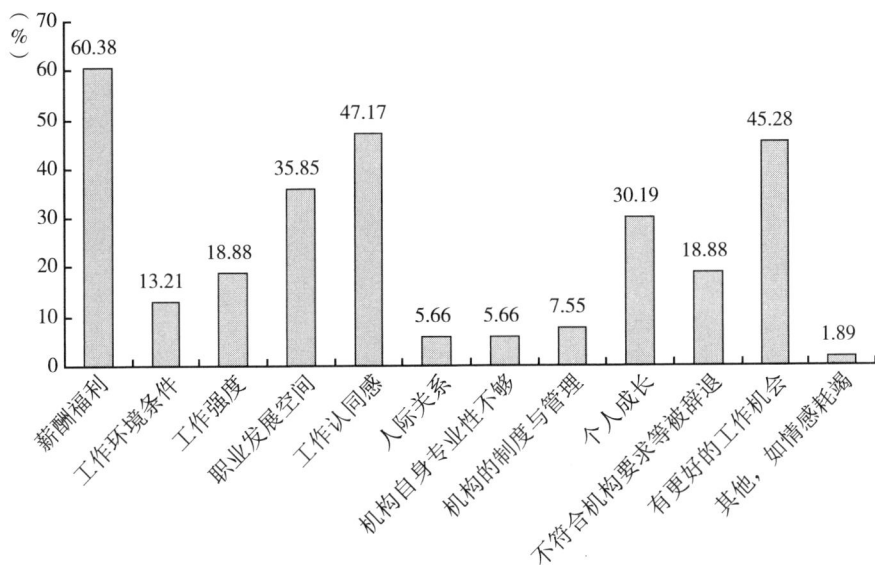

图10 北京市民办社工机构人才流失的原因

三 民办社工机构专业社工岗位设置 管理与激励保障的问题与对策

根据上文中有关岗位设置管理和激励保障基本现状的呈现和解析，结合问卷调查和深度访谈，再加上笔者长时间的参与式观察和实务研究，本文从岗位设置管理和激励保障两大方面梳理了以下主要问题及其对策建议。

（一）岗位开发设置的问题与对策

第一，岗位设置是社会工作专业化、职业化及人才队伍建设的基础工程，但北京市相关政府部门和行业协会缺乏关于民办社工机构专业社工岗位开发、设置和使用的基础性制度设计和行业标准。

对策与建议：借鉴深圳、东莞和广州等社会工作先发城市的基本经验，借助民政部等 12 部委最新颁布的《关于加强社会工作专业岗位开发与人才激励保障的意见》，积极建立和实施北京市专业社工岗位设置指导性文件，为民办社工机构专业社工岗位设置提供相对统一且不失灵活性的基本规范，其基本内容应包括设置原则、岗位类型及基本职责、人员配备标准、岗位设置形式、岗位职级及晋升、岗位管理以及经费保障等。民办社工机构也应以此来建立适合自身的内部岗位设置制度。

第二，部分机构为服务而服务，缺少对社会工作服务部门和专业岗位设置的系统考虑和基本规划。在深度访谈中，笔者发现大多数机构负责人都还沉浸为"为做而做"的泥潭中，整体上没有真正细致地考虑专业社工岗位设置管理的基本规划。

对策与建议：民办社工机构的内外制度建设都不应停留在文本上。因此，民办社工机构负责人和人力资源管理者应当对本机构社会工作部门和专业岗位设置有深思熟虑的设计和规划，并有针对性地吸纳专业人才，建立一系列岗位管理制度并切实落地，才能够保障"合适的人放在合适的地方"和"人尽其才"。同时，各个民办社工机构应联合倡导相关政府部门、行业协会发挥其应有职能，制定相关地方标准和行业标准，引导民办社工机构健康发展。

第三，受资金和政策限制，专业社工岗位设置的数量相对无法满足服务对象的需求和项目运作的要求，岗位薪资达不到社会工作者的基本预期，难以招聘到适合岗位的社会工作者，并带来人员流动性较大或流失率较高等问题。

对策与建议：资金是民办社工机构生存和发展的重要命脉。因此，民办社工机构应主动应用互联网和新媒体等技术积极筹款，尽最大努力拓展资金来源渠道、扩大资金量，通过政府购买、企业资助、公益基金会支持和公众筹款等，增强机构自主性，以相对较好的岗位薪资引入和留住合适的社会工作人才，切实充实专业社工岗位。合理并充分的岗位设置、人才使用和职业保障才能较为有效地回应机构服务对象的需求，保障公益项目的专业服务水平，降低社会工作专业人才的流动性或流失率。同时，政府购买项目对于人员经费的使用应适度放宽，充分考虑社会工作服务以人力成本为主要支出的基本特点，按时足额拨付资金。笔者建议，民办社工机构专业社工岗位的薪资标准应以本地上一年度职工月平均工资为主要参考，实行实时性动态调整机制。

第四，当前北京市民办社工机构已经形成了以社会工作实务岗为主体、涵盖管理岗和督导岗的岗位群，但未能有意识、有规划地推动社会工作岗位群的设立和建设。同时，也需要明确不同岗位的基本职责。

对策与建议：在制度建设和机构内部治理两个维度，都需要有意识地规划和设计社会工作专业岗位群，构建起实务岗、督导岗和管理岗并行的阶梯式社会工作人才体系，以实务岗位为基石，推动督导岗和管理岗的设置和建设。同时，应基本明确不同岗位的基本职责，其中实务岗主要秉承专业价值理念、遵守职业伦理守则、运用多元专业的服务方法为服务对象提供切实有效的专业服务；督导岗重在为一线社会工作者提供技术支持和情感支持，确保专业服务质量和协助实务人才成长，并承担一定的专业监测评估职责；管理岗主要协调统筹机构各种资源为社会工作者提供支持，并负责社会工作者的日常管理。各个民办社工机构更应根据服务人群的特质和自身发展情况，制定出不同岗位的主要职责、规范性制度以及服务管理流程，以确保不同岗位人员的明确分工和团结协作。

第五，当前民办社工机构专业社工岗位中具有专业教育背景、接受过系统专业训练和持有社会工作者职业水平证书的实务工作者所占比重仍然不高，部分社会工作者尤其是刚刚工作的社会工作毕业生职业素养和能力还不足，社会工作岗位人才的专业化和职业化水平还比较低。

对策与建议：这个问题极大地制约着民办社工机构的生存与发展，但是要解决困扰实际上则需要依靠多元力量。其一，亟须通过政府认可、媒体宣传和公众认可提高社会工作的知晓度和认可度，以及社会工作从业者的社会地位；其二，在薪资待遇和职业保障上确保其安心投身社会工作事业；其三，应注重从社会工作专业教育和现职社会工作者专业培训等不同方面进行深入反思和改进提升，尤其是专业价值理念和职业素养的培养和对口就业率的提高及现岗培训专业性、有效性和持续性的增强。同时，民政部门应联合人力资源和社会保障部门积极推动将社会工作者纳入专业技术职称评定序列，这是实现社会工作职业化的重要一步。对于民办社工机构而言，应充分尊重社会工作者的劳动成果，并定期组织社会工作专业培训，建立内部团队建设机制，逐渐提升机构人员的专业化和职业化水平。

第六，部分民办社工机构服务人群多元或具有综合性，因此其岗位设置的确定有较大难度，具有不确定性或动态性。这与当前北京市民办社工机构数量有限和服务人群需求量较大之间的反差以及短中期的项目管理机制均有一定关系。

对策与建议：从具体实践来看，专业社工岗位设置的实际比例还难以达到期待要求，较难确定的岗位类型是实务岗位，它是确定其他两类岗位的基础。实务岗位设置有两种标准，一是应符合需求量，包括服务对象数量和需求内容及其程度，对于不同人群，其岗位数量也应有所不同；二是按照社会工作岗位在专业技术岗位中的占有比例设置岗位数量，以确保社会工作服务的专业性。但是，在实际场域中，民办社工机构除了较为稳定的持续性项目外，其他服务的直接受益人均有所变化，因此应鼓励和支持民办社工机构或社会组织的发展，逐步构建起数量充足、管理规范、服务专业的民办社工机构和社会组织网络，并分区域、相对持续地为服务对象提供服务。

（二）岗位管理和激励保障的问题与对策

第一，民办社工机构社会工作岗位管理实践及其制度设计还处于自主探索阶段，有一定的自主性，缺乏相对统一的基本规范和标准。

对策与建议：应建立起具有一定普遍性且适合民办社工机构的社会工作岗位管理制度的基本规范。一是借助社会组织规范管理的要求，结合社工机构的特殊性，建立社会工作专业岗位管理的文本制度，包括人才招聘、岗位考勤、休息休假、薪酬福利和考核评估、职业晋升和奖惩，以及社会工作专业岗位的职业操守、职称职级管理、继续教育等，从建设性角度延展社会工作岗位制度。二是在机构管理实践中，切实将制度文本转化为具体操作，这样才能使岗位管理具有应用价值。另外，对于政府购买社工岗位，应尽量避免"双重管理"，实现承接方与受益方的基本衔接和有效协调。

第二，民办社工机构社会工作岗位尤其是实务岗（一线社会工作者）的薪资待遇整体偏低，并由此带来了一系列行业发展困境，如社会工作专业毕业生对口就业率低、社会工作专业岗位人才流动性大或流失率高等，很多机构一直处于人才招聘状态，但招聘到较为合适的人员有一定难度。

对策与建设：当务之急是以尊重人才价值为导向，研究和建立多层次、全方位的北京市社会工作专业人才薪酬保障机制，借鉴深圳、广州等地的做法，制订社会工作专业人才薪酬待遇方案，其制定的薪酬指导价应不低于同等条件专业技术人员薪酬水平，并在政府购买项目或岗位时以此推进，根据物价和消费水平情况进行适时调整。民办社工机构可按照以岗定薪、以绩定奖、按劳取酬的原则，在薪酬指导价的一定幅度内进行调整并及时公布，接受监督。对于有条件的区域或机构，可根据社会工作人才的从业领域、工作岗位和职业等级，探索实行社会工作人才岗位津贴制度。

第三，在社会工作专业人才社会福利保障机制的构建中，相关政府部门和行业协会存在一定的缺位现象。大部分北京市民办社工机构薪资以外的福利保障较为有限、乏力，与相对完善的福利保障体系还有较远距离。

对策与建议：社会工作专业人才作为国家确立的六大主体人才之一，其社会地位的获得和福利保障体系的建设应纳入国家专业技术人才的管理体系，需要政府部门予以充分重视和积极作为，这也是《国家中长期人才规划纲要（2010～2020年）》的基本要求。具体而言，其一，民办社工机构应按照有关法律法规规定，为社会工作者足额缴纳社会保险和住房公积金，将带薪休假制度真正落地实施；其二，建立形式多元、内容丰富的福利待遇体系，包括交通补贴、项目补贴、培训进修、生日会和年终奖等；其三，市级社会工作行业组织应切实发挥其维护社会工作从业者合法权益、开展社会工作继续教育、培养专业督导人才、建立社会工作互助基金等重要职责，力促民办社工机构及其社会工作者享有相关的福利保障；其四，民政部门、人力资源和社会保障部门应依法进行督促和监督，并统筹考虑、逐步创制和落实社会工作专业人才的档案管理、积分落户、住房福利等具体政策。

第四，大部分民办社工机构已初步建立了一系列激励保障措施，并能够在资源相对有限的情况下尽力给予社会工作者更多支持，但依然有一小部分机构陷入"为用人而用人"的怪圈中，缺少较为多元、有效的激励措施。同时，相关政府部门和行业协会在制度建设和行业引领方面的激励保障较为乏力。

对策与建议：就内部治理而言，民办社工机构应通过建立相对完善的激励保障制度来带动社会工作者彼此间的合理竞争，这也是增强社会工作专业岗位人才稳定性的可行办法。比如，机构内部员工职业晋升及相应的待遇提升、优秀社会工作者评选表彰、专业督导配备、社会工作者的进阶培训和进修深造等，将物质奖励与精神奖励有机结合在一起。更为重要的是，政府部门应积极引导民办社工机构发展，推动将社会工作人才表彰奖励纳入政府的人才奖励体系，与其他类型的人才同等对待。行业协会亦可建立本地区民办社工机构和社会工作人才表彰奖励制度，定期组织开展评选、表彰和宣传倡导工作。

第五，当前社会工作专业人才存在流动性大、流失率高的现象和问题，并直接给民办社工机构发展、服务的持续性与经验积累及服务对象认可度等带来负面影响。

对策与建议：当前民办社工机构社会工作专业人才身处职业保障弱和社会地位不高的双层裹挟下，如果要有所突破，较为重要的是积极宣传社会工作专业人才的社会价值和积极贡献，提升社会工作职业群体的话语权和社会地位，吸纳有突出贡献的社会工作专业人才进入人大、政协参政议政，吸收专家型社会工作专业人才成为政府部门和群团组织的顾问、参事、专家，彰显社会工作的社会价值，并提高政府和社会对社会工作的知晓度和认同度。同时，也可加强地方政府与高等院校的合作，定向培养或加强输送能够真正扎根基层、投身社会工作事业的社会工作专业人才。而民办社工机构本身也需要建立社会工作专业岗位人才尤其是实务人才的支持性发展环境，将社会工作者的个人成长与机构的发展进步紧密相连。另外，政府部门应更多支持综合性服务项目，将购买岗位与购买项目有机结合起来。

B.15

北京市社区协商共治研究报告：
以朝阳区北郎东社区为例

韩秀记　杜　鹏*

摘　要： 多元协商共治是社区治理和服务供给的重要方向，本研究基于对朝阳区北郎东社区的实地调研，梳理社区在多元协商共治方面的基本实践和实施思路，分析其协商共治的多元参与主体、多元议事平台、多种实施方式等内容，就基层社区进一步优化多元协商共治提出可行性建议。

关键词： 基层社区　多元主体　协商共治　区域化党建

发展社区民主，构建基层社会治理和服务机制，是社会治理现代化建设的一项重要内容。《北京市"十三五"时期社会治理规划》指出，要扩大公众有序参与，完善党政群共商共治机制。北京市作为全国的首都，历来高度重视社区治理和服务工作。当前，社区多元协商共治成为基层社会治理的新实践，取得了较好的治理成效。多元主体参与，有助于增强社区治理的有效性，增加居民等多主体参与，更好地激发社区活力，促进社会组织发育，密切党社群关系，增进居民福祉和促进社会稳定。本文对北京市朝阳区的北郎东社区展开个案研究，分析该社区在多元协商共治实践中的不同要素、实施框架和实践路径等内容，以期提升社区多元协商共治的理论与现实意义。

---

* 韩秀记，社会学博士，北京工业大学社会工作系教师，研究方向为社会建设、社区治理；杜鹏，北京工业大学社会工作专业学生，研究方向为社区服务。

一 北郎东社区的基本情况

北郎东社区于 2005 年 12 月由原北郎家园社区分离出来。在地理区位上，社区东邻西大望路，西至针织路，南靠建国路，北至光华路，辖区面积 0.4 平方公里。社区共有居民 5535 户 11768 人。该社区是一个混合型社区，具有老旧小区与高档公寓并存、高收入与困难户并存、商务楼宇与住宅小区并存、国有企业与民营非公并存的特性。根据区域功能，社区可以划分为四个个性化片区，即商业繁华区、商务办公区、业务窗口区、工作涉外区。社区人口密集，主体类型多样，所处区域敏感，业态分布广泛。

北郎东社区兼具"一比邻四密集"的特点。具体而言，一是地处长安街延长线上，与光华金融城比邻，地理位置优越。二是商务楼宇密集，辖区内有 29 栋商务楼宇，不仅有热力集团、京仪集团等大型国企，还有万达广场、沃尔玛超市、索菲特五星酒店、新世界百货等知名企业。三是外籍人员密集，在该社区居住的外籍居民有 1300 余人，来自近 30 个国家；地处该社区的合资、外资企业有 600 余家，外籍从业人员约 2000 人。四是外来人员众多，常住人口中的外来人口比重高达 80%，商务楼宇的近 7 万从业人员中非本社区常住人口占比 70%。五是公交站点密集，社区内有 5 个公交站点，20 多条公交线路在此换乘，有 3 个地铁进出站口，所以日均人口流动量庞大。

此外，北郎东社区的区域化党建工作蓬勃发展。目前，党建工作已覆盖全部住宅和楼宇，在企业组织、社会组织内建立各类党组织 43 个，登记党员 800 余名，组建党员志愿者队伍 15 支，拥有党员志愿者 482 名。党的基础在当地实现巩固发展。

二 社区多元协商共治的核心要素与具体做法分析

将区域化党建融入协商共治的具体实践中，以党的建设为抓手，促进社区治理和服务工作。北郎东社区多元共治具有多元参与主体，拥有开放的治理框架和广阔的沟通协商平台，社区秉承平等参与的理念，注重突出社区服务的价值取向，在实践中形成了"1+3+7+N"实践模式。

（一）社区多元共治的基本要素

在北郎东社区的治理实践中，协商共治的基本要素有以下几点。

1. 治理理念

早在社区协商共治初期，社区党委就确立了"服务在先"的治理理念，以居民的视角参与到社区治理中。随着区域化党建的推进，社区经过学习和反思，将社区治理理念升级为"区域化党建下以服务为先的社区协商共治"，意在强调北郎东社区现阶段的治理重点聚焦于区域化党建、服务为先、多元主体、协商共治等，并在具体社区治理实践环节中予以落实和体现。

2. 实施平台

北郎东社区当前已经构建起三大社区治理平台，分别为区域化党建共商理事会、公益空间以及领航党员志愿服务基地。社区三大治理平台不仅发挥了共商共治、服务提供、组织发育等作用，还推动了区域化党建同社区服务的进一步融合，使基层党建与社区建设呈现齐头并进的良好发展趋势。

3. 参与主体

自北郎东社区实施多元协商共治以来，治理主体逐渐向多元化过渡。企业、社会组织、社区自组织、志愿型组织、居民等逐渐参与到社区治理中。反过来，多个主体的积极参与和互动，加快了北郎东社区多元协商共治工作的实践进程。

4. 思想保障

党和政府的思想与政策引领是社区治理过程中的一个核心要素，是社区必然高举的一面旗帜，也是社区实践必然遵循的部分。社区党委通过切实的行动发挥了自身重要的引领作用，将区域化党建同社区服务结合起来，成为新时期的重要党建形式。它摆脱了传统的党建形式，使党建内容落实在具体服务实践中，既改善了社区服务，又增强了党的领导力。

（二）北郎东社区多元协商共治实施框架

北郎东社区坚持社区党委领导下的多元协商共治，使区域化党建同社区治理和服务进一步融合，继续秉承服务为先的服务理念，推动社区治理主体数量与质量的进一步提升，提高社区的治理成效，在实践中形成了"1+3+7+N"实践模式。

1. "1"——党委的领导作用

北郎东社区党委在建外街道工委的领导下，认识到加强基层服务性党组织建设的重要性和紧迫性，大力开展区域化党建工作，发挥党委的领导作用，推动区域化党建统领下的社区多元协商治理，推动服务性党建统领下的社区治理，把区域化党建工作的开展同社区治理交相融合，努力实现思想与行动层面的共同进步与发展。当前，社区已经形成以街道党工委为领导、社区党组织为平台、企事业单位等党组织为结点的网络化工作体系，具体包括社区治理工作体系、财务体系和组织体系，具有多维度、覆盖广的特点，形成了以"区域不变"应对"单位万变"的区域化党建新实践（见图1）。

2. "3"——三大平台

北郎东社区目前已经建立了区域化党建共商理事会、公益空间和领航党员志愿服务基地三大平台，以促进社区的协商共治实践。其中，区域化党建共商理事会由51名辖区党员代表组成，涵盖了所有楼宇的党组织，注重发挥其协商解决社区公共事务的功能，突出协商共治的特点。公益空间是一个专门承接社区服务活动的平台，由合众泽益志愿服务中心来运营。借助第三方平台运营社区事务，是社区工作的一次成功尝试，确保社工机构提供的专业服务在社区得到高效落实。领航党员志愿服务基地是一个由社区党员组成的志愿服务群体和平台，是社区内众多志愿者团队运营与开展活动的重要平台。依托这一平台，很多志愿服务团队形成了品牌化服务，增强了自身的竞争力。通过领航党员志愿服务基地，社区能更好地管理党员志愿者，充分发挥党员志愿者的先锋模范作用。

3. "7"——7个党建指导站

北郎东社区建立了7个党建指导站，用来指导和承接该站点附近企事业单位的党建工作，推进区域化党建工作。党建指导站的建立，既有利于促进社区党建工作规范化、标准化，也有利于实现社区党建工作的成果显著化、效果持久化、影响深远化。

4. "N"——多个参与主体

N个主体主要指企业、社会组织、社区自组织、志愿型组织、居民等协商

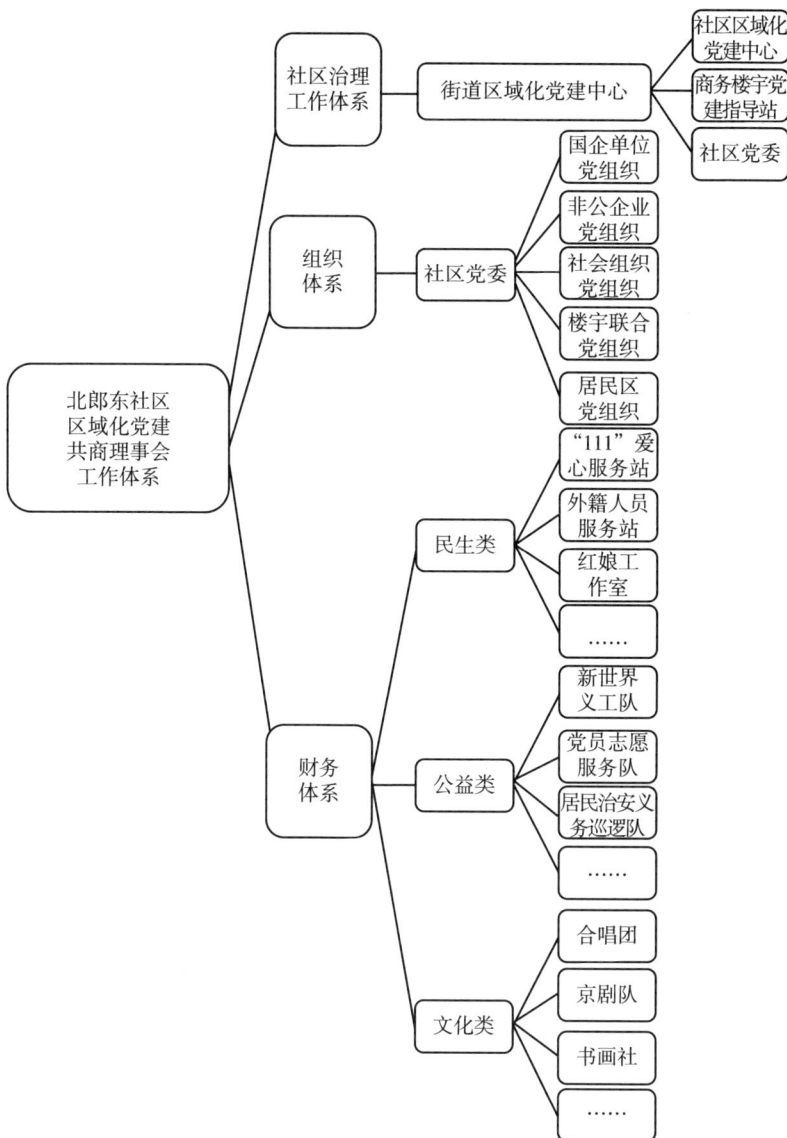

图 1　北郎东社区的区域化党建共商理事会工作体系

共治参与主体。通过鼓励和吸引社区内众多主体的参与，促进社区协商共治领域和效果最大化，为社区提供更好的多样性服务（见图 2）。

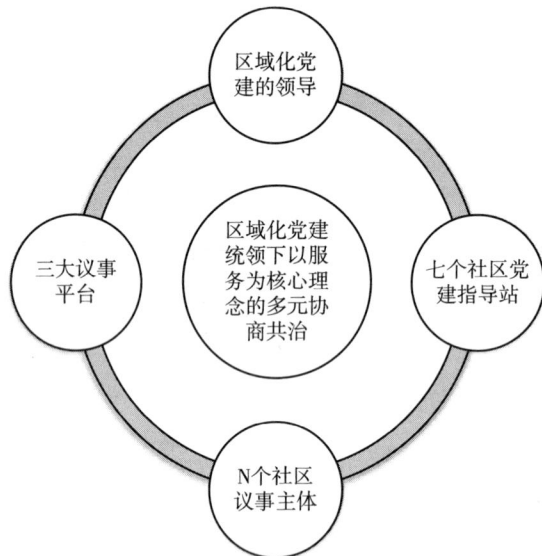

图2　北郎东社区多元协商共治"1+3+7+N"实践模式

（三）北郎东社区多元协商共治的具体实践

北郎东社区在实践中提出了一些具体的做法，其协商共治突出社区居民的需求导向，建立社区不同主体参与的协商机制，强调资源整合与专业化的介入，注重培养协商共治的党建品牌。

1. 治理方向——以需求为导向

针对问题想解决办法，针对需求提供特定服务。北郎东社区在社区服务方面，凭借三大平台，使社区提供的服务更具针对性和有效性。利用"提案大赛"和提案评选等方式来收集居民需求信息，并将信息层层反馈，通过集体协商得出较好的解决方案。注重利用社区三大平台动员各类主体参与，使提案最大化地代表社区民意。以需求为导向的社区服务，可以有效利用社区资源，实现资源合理化分配，将社区服务更精准地输送给需求者。

2. **治理思路——抓机遇，重协商**

抓住区域化党建这一新兴课题，创新社区治理，成立区域化党建共商理事会和党建指导站，建立了理事会章程和工作机制，注重工作开展的协同性。这为北郎东社区在党建统领下进行社区多元协商共治提供了保障。北郎东社区不仅通过区域化党建吸纳了很多优秀党员，还将社区内众多组织主体吸纳进来，为社区治理供言献策，为社区服务奉献力量，参与协商共治。

3.治理路径——注重资源整合

如何挖掘和配置社区治理和服务资源，是社区工作的重要内容。北郎东社区地处北京 CBD，是各类型企事业组织的聚集地，组织资源丰富；也是白领精英等高素质人才聚集地，他们热爱公益，富有爱心。这为社区活动的开展提供了充足的人力、物力和财力保证。在此基础上，北郎东社区发挥自身的动员和组织优势，不断整合社区自身所具备的人力资源和硬件资源以及企事业和组织资源，为社区发展增能。社区同辖区单位建立良好的信任关系，企业主动履行社会责任，积极响应社区工作的号召，是北郎东社区开展协商共治的重要路径。

4.治理保障——提高专业化程度

提高社会治理和服务的专业化水平，是社区工作的重要任务。在社会服务方面，社区引入合众泽益志愿服务中心，后者提供了大量专业性服务，增强了社区活动的针对性和吸引力。在法律服务方面，辖区内有提供法律援助的律师事务所，向社区居民提供专业法律事务服务。在党务服务方面，北郎东社区当前已经建立了党务专职人员、党建指导员、党员志愿者三支党建工作队伍，以服务企业、服务党员、服务群众为宗旨，整合区域党建资源，在楼宇企业中大力开展建组织、建阵地、建服务工作，有力保证了北郎东社区服务性党建工作的开展。

5.治理趋势——培育品牌化服务

随着协商共治的深入推进，北郎东社区建立了特色鲜明的社区服务队伍，服务队伍规模不断扩大，志愿服务内容逐渐增多。而这一切的发展离不开社区打造的领航党员志愿服务基地。该服务基地致力于引导志愿服务团队入驻，利用基地的资源和运营指导，将志愿服务队伍打造成品牌，增强社会影响力。目前，30 余支志愿队伍入驻该基地。例如，入驻领航党员志愿服务基地的"柳三姐工作室"，是一支由社区党员志愿者组成的红娘队伍，为社区白领人士提供义务婚介服务。"柳三姐工作室"成立两年来，受到大家一致好评，先后组织 6 场集体相亲活动，红娘数量由最初的 5 人发展至现在的 9 人。又比如"中央商务区实验学校党员志愿服务队",由 CBD 实验学校的党员教师组成,现有成员 30 人,秉承"一个党员一面旗帜"的精神教书育人,他们敬业奉献,服务社会,服务社区,身体力行地诠释教师的神圣职责。再比如2013 年 4 月成立的"新世界义工队",以"尽献所能、回馈社会"为宗旨,倡导"参与、互助、奉献、进取"的义工精神,积极参与志愿服务回馈社会。三年来,义工队规模不断扩大,全线义工已达 2515 人,志愿服务累计达1.5 万小时,志愿服务领域不断拓展。继续推动社区服务的品牌化和特色化,是北郎东社区未来社区服务的一个趋势。

三 结论与反思

北郎东社区在社区多元协商治理的探索中较为成功,在社区治理与社区服务方面有很大的飞跃。第一,区域化党建成效显著。北郎东社区多元协商共治开启了社区共商共治的良好治理局面,社区党组织发挥引领作用,有力推动了多元主体参与共商共治,激发了社区主体的参与热情,主体日渐多元化,社区的多元协商共治机制也逐渐清晰化。第二,专业化的社区服务。北郎东社区多元协商共治成功实现了为社区发展增能减负,平台化运作成功为社区发展提供了持久的动力。专业社工机构进入社区,不仅使社区活动形式趋于多样化,内容趋于专业化,而且增强了社区活动的有效性和吸引力。第三,社区治理方法与路径多样化。北郎东社区多元协商共治的开启,既推动社区治理方法的多样化,又促进了社区治理路径逐渐清晰化,使得社区在未来发展路径的选择上更加坚定。第四,社区资源占有量提高。北郎东社区多元协商共治的实行,对社区资源的激活与社区资源量的提升产生了巨大的作用,众多参与主体所携带的大量资源让社区在发展过程中可以更加自信。

在理论分析上,王名等人认为,社会共治是社会治理的重要制度创新,多元共治包括四大特征:多元主体,开放、复杂的共治系统,以对话、竞争、妥协、合作和集体行动为共治机制,以共同利益为最终产出。多元共治不是政府退出,不是"小政府、弱政府",而是"小政府、强政府、大社会"的共同治理模式。同时,多元共治制度保证了共治使用的权力不是一般意义的公共权力,也不是私人权力或公权力与私人权力的集合,而是一种不可垄断、不特定多数的社会权力，其权力边界并不是非常清晰的，在治理过程中善于利用第三方治理模式。

在具体分析方向上，可以区分为治理视角和生态视角两种。在治理视角下，多元共治是实现国家治理体系和治理能力现代化的重要方式。在城市社区推行多元共治，不仅可以加强多元参与治理机制的建设，转变基层政府服务理念，还可以培养社区居民的治理意识和责任精神，为社区居民在参与治理的实践中积累经验，增强参与社区治理和城市基层管理的能力。而生态视角认为，市场经济体制构成了社区党组织的基本生态环境，利益的多元化诉求对党的领导提出了严峻的挑战。因此，社区党组织必须在政治领导、利益协调、服务凝聚和文化导向上发挥积极作用。这要求基层党组织不断调整工作思路，通过扩大民主化参与、推动自治与协商共治等方式，构建与其他治理主体的良性互动关系，进而提高其他治理主体对党组织的信任度与认同度，增强社区党组织领导核心的合法性。

对北郎东社区而言，其未来的工作方向仍旧需要继续完善协商共治体系，要继续保持党组织在基层协商共治的领导作用，发挥其事务召集、组织协调、工作推进的作用，将社区服务同区域化党建结合起来，使社区党建真正服务居民群众。同时也要注意，继续完善社区民主监督机制，认真收集居民群众和驻区单位的诉求，推进社区居民会议制度常态化建设。

参考文献

王名、蔡志鸿、王春婷：《社会共治：多元主体共同治理的实践探索与制度创新》，《中国行政管理》2013 年第 4 期。

程李华：《城市社区多元治理模式的构建》，《长白学刊》2013 年第 4 期。

陈怡：《基层党组织在社区多元治理中的功能转型及实现路径》，《求实》2010 年第 11 期。

B.16
我国城市社区网络化治理研究

——以北京市大栅栏街道 B 社区为例

李晓婷　耿梦然*

摘　要： 网络化治理是对我国城市社区治理模式的创新发展，体现了
地方政府在执政理念与治理方式上的转变。北京市大栅栏街
道 B 社区在政府主体的主导作用下，充分发挥社区社会组织
的力量，建立起街道政府、社区居委会、社区社会组织和居
民等多元主体合作的社区网络化治理模式，完善了政府与社
会的关系，有利于提高社会治理水平和创新社会治理体制，
丰富了我国城市社区的治理实践。

关键词： 网络化治理　城市社区　政府主导　社会组织

　　党的十八大以来，社会治理成为我国现阶段的重要发展内容，并上升到全
局性战略高度。社区作为现代社会结构中的基本细胞，是一定区域内社会生活
的共同体，它直接服务于民众，成为我国社会治理探索和发展的起点。目前，
我国已有一些地方政府开始探索拓展社区治理的渠道，与多元主体在提供公共
服务、解决公共事务方面进行有效合作，产生了良好的治理效果。北京市大栅
栏街道 B 社区在政府主体的主导下，充分发挥社区社会组织的力量，建立起
街道政府、社区居委会、社区社会组织和居民等多元主体合作的社区网络化治
理模式，丰富了我国城市社区不断调试与发展的动态治理过程。

＊ 李晓婷，北京工业大学人文社会科学学院社会学系教师，社会学博士，副教授；耿梦然，北
京工业大学人文社会科学学院社会学系硕士研究生。

一 社区治理网络化的发起

1. 发起背景

党的十八大报告提出"转变政府职能，推进国家治理体系和治理能力现代化"的社会治理要求，北京市大栅栏街道立足于自身实际情况，与时俱进地提出"创新社区治理——健全社区网络化治理"的工作要求，将其作为街道在"十三五"时期的主要任务之一，写入《北京市大栅栏街道 2016 年工作计划》，并提出"进一步健全完善以'党建统筹、城市管理、安全稳定、公共服务'四大平台为支撑的全响应社区治理体系，夯实网格（网络）工作基础"等具体内容。

B 社区积极响应大栅栏街道的政策指导与发展要求。在上级街道的帮助下，合作健全街、居二级管理工作体系，探索建立以社区为平台、社区社会组织为载体、社会工作专业人才队伍为支撑的"三社联动"机制，健全完善多元的社区治理体系。其中，B 社区以 2016 年中共中央办公厅、国务院办公厅发布的《关于改革社会组织管理制度促进社会组织健康有序发展的意见》为指导，以街道发布的《大栅栏街道社区社会组织发展方案》《大栅栏街道品牌社区社会组织认定办法》等规范性文件为依据，着重发挥社区社会组织在提供公共服务方面的积极作用。B 社区在政府主体的指导与帮助下，通过购买公共服务、项目运作支持、公益创投等方式，提供活动场地、经费补贴、人才队伍等方面的支持，充分发挥社区社会组织的作用，积极联系居民参与社区治理，以健全多元的社区网络化治理体系。

2. 发起主体：政府

社区网络化治理是街道、社区党组织与居委会、社区单位、社区社会组织、居民等多元主体共同参与治理的过程。在社区治理网络化的发起阶段，政府主体就凭借自身的行政权威和独占性的资源优势发挥着主导作用，包括制订工作计划、发展目标在内的政策指导和包括资金、场地、人才队伍在内的资源供给，构成了社区治理发起阶段的主要治理主体。

2015 年，北京市大栅栏街道携手清华大学社科学院共同成立了"大栅栏街道社区营造研究中心"，它作为大栅栏街道办事处的组成部门，发挥着承接政府部分管理职能、补位社区居委会工作、孵化和培育社区社会组织、发掘和培养社区居民能人等作用。在 B 社区的治理实践中，中心通过连接社区党组织与居委会、社区居民和其他主体，培育和发展社区社会组织，在治理过程中发挥着举足轻重的作用，构建起以社区为平台、社区社会组织为载体、社区居民为核心的网络化治理体系。因此，在社区网络化治理的发起阶段，该中心代表政府主体构成了社区主要治理主体。

> 社区营造研究中心（以下简称为"中心"）是大栅栏街道办事处的内设部门，是 2015 年 6 月街道与清华大学社科学院协同设立的，由清华大学罗家德教授带头组成高校智囊团，为社区营造和社区治理出谋划策。政府提供政策指导、资金支持、活动场地，有的城建、市政工程类项目还有公司（北京市 D 投资有限公司）的资金支持。中心的主要职责是根据社区居民、社区单位的需求发展社区组织，通过多元化、网络化的参与方式提高社区治理能力和水平。

中心是政府为了促进社区治理而专门设立的，负责培育和发展社区社会组织，包括从种子（孵化项目）到小苗（培育项目）的全过程。居委会根据居民的需求，向中心申请有意义的项目，中心审批通过之后，为居委会和社区组织提供管理办法、政策指导、项目资金等资源。所以说，中心就是街道政府的"脚"，连接居委会、社区社会组织和居民，通过这种多元参与的网络化治理模式，完善社区治理体系。

从性质定位来看，中心作为街道办事处的组成部门，其发展方向由提供服务转向管理服务，由服务阵地向带头功能拓展。它是社区范围内连接街道、社区居委会、社区社会组织和居民的纽带，是社区社会组织产生发展的平台，是提高社区治理能力的指导中心，构成了社区治理生成阶段的主体基础。从作用功能来看，在社区治理的过程中，中心具有承接政府部分管理职能、补位社区居委会工作、孵化培育社区社会组织、发掘和培养社区居民能人等作用，极大地促进了社区治理能力的提高，推动了社区治理体系的完善。

因此，社区营造研究中心作为街道组成部门，代表了政府主体在社区治理中的作用与地位。该中心以提供政策指导、项目资金和活动场地等资源支持为手段，通过对社区社会组织的培育发展，连接社区党组织与居委会、社区居民和其他主体，在社区治理过程中发挥着不可替代的主导作用，体现了政府的主体地位，提升了社区多元主体的凝聚力和发展水平，为社区治理的形成与运行打下基础。

二 社区治理网络化的形成

1. 形成背景

大栅栏街道社区营造研究中心作为街道的下属部门，代表了政府主体对社区的网络化治理过程产生作用，通过对社区社会组织的培育发展影响社区治理网络的形成，因此，中心的工作机制和运行效果构建起治理网络化形成的社区背景。

街道为了落实"创新社区治理——健全社区网络化治理"的工作要求，以"政府支持、部门联动、社区牵头、居民参与"为原则，每年为中心提供20万元的社区社会组织专项扶持资金。中心凭借街道政府提供的专项扶持资金，采用项目化的方式对社区社会组织进行培育发展，包括微创投项目（种子项目：5000元/年）和培育项目（小苗项目：10000元/年）。B社区中的社区社会组织都不同程度地得到该中心的培育与扶持，且中心仍在根据居民的需求持续孵化新组织，如2016年底B社区新成立的夕阳红乒乓球队。中心的主要职责是在街道政府指导下、助力社区居委会、联系居民和其他主体，共同提高社区治理能力。

自2015年开始，街道社区营造研究中心每年举办一次项目评审会。2016年12月30日召开"社区社会组织培育——第二届公益微创投项目立项评审会"，参会组织及人员均来自街道辖区内的11个社区。其中，B社区的社区社会组织参会情况如表1所示。

表1 B社区的社区社会组织参会情况

单位：元/年

社区	组织名称	项目名称	申请金额
培育项目/小苗项目			
B	院长俱乐部	提升院长素质	10000
B	百计舞蹈队	夜深沉	10000
B	百事顺遂京剧社	每月一台戏	10000

续表

社区	组织名称	项目名称	申请金额
微创投项目/种子项目			
B	夕阳红乒乓球队	小小银球传友谊	5000
B	摄影协会	幸福记录	5000
B	京韵美合唱队	合唱绣红旗	5000

B社区有6个社区社会组织参与了中心的项目，其中，院长俱乐部、百计舞蹈队、百事顺遂京剧社成立较早且规模较大，申请培育项目；夕阳红乒乓球队、摄影协会、京韵美合唱队发展规模较小，申请微创投项目，为期均为一年。

综上所述，中心对社区社会组织的培育发展过程主要分为5个阶段，如图1所示。

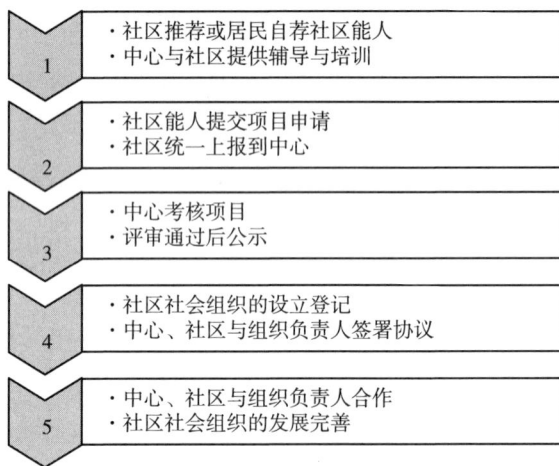

图1　中心对社区社会组织的培育过程

第一阶段由中心采取社区推荐、居民自愿报名的方式，发掘热心公益、积极参与社区活动、有一定威望和号召力的社区能人。中心联合社区居委会或外部专业组织，为社区能人提供申请项目、规划活动、安排资金与人员等方面的培训指导。第二阶段是社区能人向社区正式提出项目申请的意愿和支持材料，社区依据居民需求和自身发展情况先行评估，评估可行后统一交给中心。第三阶段是中心评审考核，对通过的项目进行公示，确定该社区社会组织负责人（一般为申请项目的社区能人）。第四阶段是中心携手社区与社区能人对该组织进行备案或登记，在社区社会组织正式成立后，与组织负责人共同约定并签署管理协议。第五阶段是中心、社区和组织负责人对社区社会组织的共同把控，促进治理活动和服务的持续发展与不断完善。

2. 形成主体：社区社会组织

中心代表政府主体对 B 社区的社区社会组织进行孵化和培育，形式多样的社区社会组织与其他主体一起构成了多元化的社区治理主体，成为社区治理形成阶段的主体。截至 2016 年底，B 社区现有固定活动的社区社会组织 7 家，均在社区内部产生、在社区居委会备案，以社区居民为参与主体和服务对象。具体包括：院长俱乐部、百时星志愿服务队、百事顺遂京剧社、百计舞蹈队、摄影协会、京韵美合唱队、夕阳红乒乓球队（"老年聊吧"、"悄悄话"心理咨询室、顺馨恳谈室、计生室、残疾人互助会已随社区发展和居民需求变化而取消）。

从社区社会组织的类型来看，包括民生慈善类 2 个、文化教育类 5 个；从组织获取资金、场地等资源来看，主要资源供给方有社区居委会（约 60%）、社区居民（约 30%）、政府部门（约 10%）；从组织规模来看，2 个组织规模较大（百人以上），5 个组织规模一般（约 20 人）；从人员年龄来看，以中老年退休居民为主，占比 70% 左右；从性别构成来看，以女性居民为主，占比约 60%。总体来看，B 社区的社区社会组织规模适中、数量较多，重点向民生慈善类、文化教育类、环保类方向发展，且服务质量不断提高。

本文选择其中三个具有代表性的社区社会组织，对其参与社区治理的情况进行重点介绍。

（1）院长俱乐部

B 社区 2006 年开始探索社区治理的新模式以来，就因地制宜地从社区内的众多院落入手，建立院长俱乐部，与分散的居民建立联系，以期把社区打造成一个凝聚力强的大家庭。[①] 社区目前共有 250 个院落，每个院落由居民自荐

---

① 首都之窗，北京市政务门户网站－西城区，http://www.beijing.gov.cn/zfzx/qxrd/xcq/t1308745.htm。

或共同推选出一名院长，再从院长骨干中推选出组织的主要负责人、活动执行人、财务管理人等。目前已有200余位楼门院长参与院长俱乐部活动，服务5800余名社区居民，平均每月开展一次活动。

（2）百时星志愿服务队

近几年，我国的志愿服务类社区社会组织发展迅速，B社区的百时星志愿服务队也是其中之一。它于2006年在社区备案成立，是由社区党委、居委会和热心居民共同推动建成的社区志愿服务类公益组织，由社区居委会统一管理，居民志愿者作为参与主体。志愿者坚持公益性、实效性、规范性原则，有计划、有组织地开展志愿服务活动，平均每周2~3次，包括清扫胡同垃圾、消除火灾隐患、看望孤寡老人、慰问困难户、调解居民日常矛盾等。到目前为止，服务队已累计开展活动上万次，日常服务总时长近8000小时，受益人数包括社区内外的6000余人，于2015年被评为"西城区二星级社区社会组织"。社区对志愿者制定了星级认定制度的管理方法，对志愿者参与服务活动情况进行记录，以小时为单位登记在册，志愿者在一年中的服务参与时长达到100小时即为"百时星"，最高为"十星级百时星"。

志愿队由原本社区工作者带头组成的20多人，发展到如今社区男女老少都积极参与的150多人，不仅实现了离退休居民的自身价值，而且培养了新一代社区居民的传统美德和优秀作风，通过全员参与社区公共事务和社区治理过程，增强了居民的归属感和社区的凝聚力，有益于社区实现居民自治。

（3）百事顺遂京剧社

B社区作为我国京剧文化起源地，社区部分居民是京剧爱好者或京剧艺术家后代。热心居民、社区能人根据自身爱好和需求向社区提出申请，社区为传承和发展国粹京剧文化，于2006年建立百事顺遂京剧社。京剧社的组成人员由最初的2名发起人，发展为现在的20多名固定社员，包括青年京剧演员、乐器演奏人员、化妆师和场务人员等，均由本社区居民组成。京剧社从2015年起开展了"每月一台戏"活动，每个月最后一个星期五的下午，在社区居委会专门提供的活动中心为社区居民进行免费演出，逢年过节则会增加演出内容和场次，由社区提供场地和项目资金支持。

此外，京剧社还携手社区的百计舞蹈队，独创了传承京剧文化又顺应和体现大众审美的"梨花颂"舞蹈节目，在西城区社区活动比赛中获得荣誉。满足老一辈京剧爱好者的精神文化需求，又为新生代提供了舞台，传承并弘扬了社区宝贵的京剧文化。这些包括京韵美合唱队、夕阳红乒乓球队在内的文化教育类社区社会组织推动了社区的精神文明建设，提高了居民参与社区活动的积极性，拉近了居民之间的人际关系，有利于社区整体凝聚力的提高，实现了B社区精神文化层面的良好治理。

总的来看，在B社区中参与网络化治理的主体有以下5个，如图2所示：街道——通过对地方政府权力的下放与外放，提供社区治理的政策指导和资源支持；社区营造研究中心——提供社区社会组织产生的孵化平台和发展运行的专业支持；社区居委会——作为居民自治组织，协调政府与居民之间的关系，为社区社会组织的发展提供支持；社区居民——作为社区治理的核心，配合居委会和社区社会组织的活动，积极参与社区治理过程；社区社会组织——作为社区内生组织，在街道办和上级政府的政策指导下配合社区居委会工作，根据居民的不同需求开展活动，提供丰富的社区公共服务和解决社区公共事务。

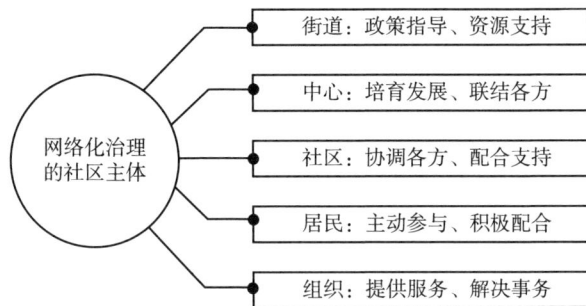

图2　网络化治理的社区主体

三　社区治理网络化的运行

1.运行背景

2015年，北京市西城区委提出"安全、安静、舒适、优雅、古朴"的城市建设要求。

B社区根据街道的工作任务，以"保护、再塑古都风貌，传承、创新历史文化"为主线，制订社区治理的具体方案：一是着力提升社区管理和服务品质，营造优质生活环境。落实民生建设工程，为社区老旧院落修缮破损门道、院门，为居民安装防盗窗，购买防盗锁。为老旧中式楼改造室内线路，消除居住安全隐患。二是努力破解环境治理难题，推进非首都功能的疏解。深入推进"拆违、灭脏、清障、治污、治乱、撤市、缓堵"七大战役，完成违法建设拆除任务，实现违规建设"零增长"，实现社区居住环境的干净整洁与生活空间的安全有序。

B社区依托上级政府的政策指导和资金支持，积极参与街道在2016年初与清华大学社科学院合作开展的社区营造项目，选择社区内的院长俱乐部为参与治理主体，于2016年5月开始着手对社区内的旧房、危房、私搭乱建房进行院落改造，通过加强社区基础设施建设，打造安全有序、整洁卫生的社区环境，提升社区服务品质和治理水平。B社区的院落改造活动联合院长俱乐部、街道、清华大学社科学院和社区居民等多元主体共同参与社区公共事务治理，合力推进了社区治理网络的运行。

2. 运行主体：多元主体

在以街道和社区为代表的政府主体培育下产生发展的社区社会组织，与社区居委会及党组织、社区社工、社区居民等多元主体构成社区网络化治理主体，参与社区公共事务的治理，合力推动社区治理网络化的运行。在B社区的院落改造项目中，以社区居委会、院长俱乐部、街道政府、清华大学社科学院和社区居民为主要社区主体，他们互相联系、密切配合，共同促进了社区治理网络的运行。

B社区居委会考虑到辖区内的14条胡同中有众多京剧名人故居和部分历史文化遗留点，以及不同住户人口构成、家庭情况等众多因素，通过楼门院长联系各自院内居民，收集并汇总居民意见，经过社区、院长与居民在议事会的共同讨论后，决定选取B胡同55号院作为第一批院落改造的对象。

55号院原为京剧名家陈德霖先生的故居，现由4户不同人家居住，3家长期居住（1年以上），房屋墙体老旧、院落布局凌乱、私搭乱接情况严重，安全隐患较高。院长俱乐部采取实地考察和见面商谈的形式，邀请社区居委会、居民和其他主体代表召开院长议事会。首次会议中，住户居民代表 L、F 和 Y 夫妇参加会议，社区居委会、社区工作者、清华大学社科学院代表等各方到场，分别从院内杂物清理、火灾隐患排除、院落布局规划、门洞粉刷设计等方面由浅入深地一一商讨，形成初步行动计划和实施方案。随后，围绕装修设计等细节问题，住户们开展了多次讨论，包括如何安排时间、如何充分采光、如何布置摆放等。在清华代表进行采集数据、提供专业指导和居委会制订改造方案的后续过程中，居民住户不时监督提议，共同解决问题。各方先后开展了 5 次院长议事会，持续近 2 个月，最终达成了院落改造的具体方案。院长俱乐部与各方主体开展的 5 次议事会情况如表 2 所示。

表 2　院长议事会情况

会议主题	参会主体	会议内容	会议结果
①确定院落改造项目的整体行动计划与时间安排	居民、社区居委会、院长、清华代表	居民提出要求与想法社区协调其他主体协商	初步达成共识形成居民小组和初步计划方案
②开展实地考察	居民、社区居委会、院长	进入 55 号院实地考察	结合实地情况调整部分计划
③各方进一步商讨具体行动步骤	居民、社区居委会、院长、清华代表	议事会提出新问题并商讨解决方案	调整方案并确定
④清华代表收集院落数据	居民、社区人员、院长、清华代表	进入 55 号院收集具体数据	拟定设计蓝图并由居民完善确认
⑤确定最终方案	居民、社区居委会、院长	确定最终院落改造方案各方代表签字	改造方案最终确定

在 B 社区院落改造达成方案的过程中，社区将院长俱乐部作为联系居民的重要载体，与多方主体召开院长议事会，前期有效征集居民需求，中期保障意见畅通渠道，后期通过政府信息公开等方式确保居民进行监督和反馈。不仅充分调动了居民主体参与社区治理的积极性，而且解决了社区环境治理的难题，提升了社区的服务品质和治理效果。

可见，B 社区的多元主体在社区的网络化治理过程中形成了相互联系、互助协调的合作伙伴关系，促成了社区治理网络的运行，如图 3 所示。

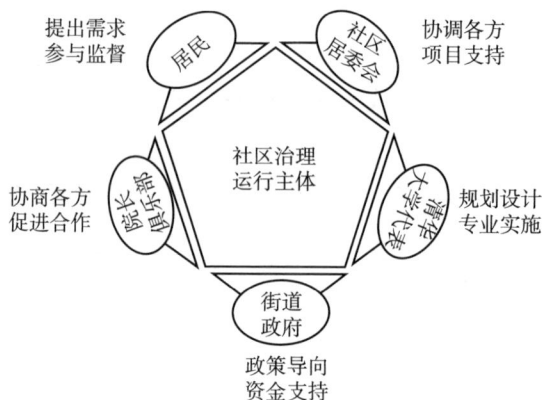

图3 治理网络的运行主体

四 总结与思考

纵观 B 社区的网络化治理过程（治理网络化的发起、形成、运行），由街道政府、社区居委会、社区社会组织和居民共同建立多元主体的合作关系网络，其中，在政策指导、资金供给、场地提供、人才支持等诸多方面，政府主体均发挥着不可替代的主要作用，毋庸置疑地占据主导地位，这是由现有国情和社区自身情况决定的，具有一定特殊性。当然，社区治理是一个不断调试与变化的动态过程，未来社区治理模式的发展有无限可能，但就 B 社区治理情况日益复杂化、多样化、碎片化的发展趋势来看，以政府为主导地位、发挥主要力量的治理模式具有相对优势和良好的发展前景，在该社区的发展实践中更为适用。

网络化治理建立在多元主体合作参与的基础上，相应地带来了公私职责的界限模糊、责任主体的认定困难等，存在"责任赤字"或"责任缺位"等问题，给后期转嫁责任、互相推诿带来隐患，影响治理作用的有效性。同时就政府主导型的网络化治理实践而言，存在着一些困境和制约因素，如政策制度的滞后性、社区治理能力与社区需求存在差距、社会的发达程度一般、居民参与度和信任度不足、社区社会组织自身资本薄弱等，这些问题与困境或多或少地制约了社区网络化治理的作用发挥与功能发展，也是未来需要加大研究力度的问题。

B.17
2016年北京互联网舆情分析报告[*]

鞠春彦 任奕 吴斌[**]

摘　要：　2016年，北京互联网舆情平稳有序，舆情热点与民生关注高度相关。当前"90后"、"00后"一代已经成为网络发声主体，自媒体与传统媒体的博弈是互联网舆情中的常态，"正能量"引领使舆论场整体呈积极走向。尽管政府主导的互联网治理初见成效，但在"服务"升级的总趋势下，北京各级政府网站更要搞好内涵建设。政府的法制规范和网民素质的提升是保障网络治理持续有效的两翼。从长期发展角度讲，以开放、宽容的心态对待互联网舆情更为重要。

关键词：　互联网　舆情分析　舆情治理

2016年，北京互联网舆情平稳有序发展。政府对互联网治理力度进一步加大，"小粉红"群体所代表的爱国热情引领舆论场正能量，舆论进入"围观新常态"。根据中国互联网络信息中心（CNNIC）发布的《第39次中国互联网络发展状况统计报告》可知，至2016年12月，中国网民规模达到7.31亿，网络普及率高达53.2%，与2015年相比提升了2.9个百分点。[①] 同时，北京互联网的普及率继续居全国榜首，网民增速平稳（见表1）。

---

*　本研究为北京社会科学研究基地项目"首都网络社会风险与治理研究"的阶段成果，项目编号16JDSRB001。

**　鞠春彦，社会学博士，北京工业大学人文社会科学学院副教授，首都社会建设与社会管理协同中心研究人员，北京社会管理研究基地研究人员，主要研究方向为社会心理、社会文化与社会发展、社会建设；任奕、吴斌，北京工业大学社会学系2014级本科生。

①　http：//www.techweb.com.cn/data/2017－02－06/2482748.shtml。

表1 2008～2016年北京互联网网民规模与互联网普及率

单位：万人，%

年份	北京网民数量	北京互联网普及率	全国互联网普及率
2008	980	60.0	22.6
2009	1103	65.1	28.9
2010	1218	69.4	34.3
2011	1379	70.3	38.3
2012	1458	72.2	42.1
2013	1556	75.2	45.8
2014	1593	75.3	47.9
2015	1647	76.5	50.3
2016	1690	77.8	53.2

资料来源：中国互联网络信息中心，第23次至第39次中国互联网络发展状况统计报告。

2016年，北京市政府网站逐步完善"全领域"便民服务体系，主要体现在服务社会民生方面，政府网站满足了民生所需要的社会服务资源；初步建立"全流程"政务服务的网络模式，使得政务借助网络的平台能够全流程办理；政府网站正在努力建成"全方位"的数据开放和应用格局体系。在"网络＋政府服务"的新型模式运行中，政府网站安全防护、网络服务智能化和资源集约化等现实问题更为突出。

2016年省级政府网站绩效评估结果显示，尽管评估指标有新的调整，但网站建设总体水平稳中有升的走势不变。在此趋势中，北京仍然排位第一（见表2）。

表2 2016年省级政府网站评估前十名

单位：分

排名	名称	政务公开指数	政务服务指数	互动交流指数	日常保障指数	功能与影响力指数	优秀创新案例指数	总分
1	北京	0.77	0.73	0.89	0.97	0.90	0.97	89.5
2	上海	0.86	0.82	0.79	0.93	0.90	0.34	88.0
2	广东	0.86	0.82	0.77	0.73	0.70	0.76	88.0
3	四川	0.89	0.75	0.77	0.73	0.90	0.80	86.6
4	浙江	0.93	0.86	0.87	0.67	0.65	0.25	85.7

排名	名称	政务公开指数	政务服务指数	互动交流指数	日常保障指数	功能与影响力指数	优秀创新案例指数	总分
5	福建	0.62	0.78	0.81	0.73	0.90	0.95	84.7
6	湖北	0.89	0.73	0.83	0.67	0.70	0.78	83.5
6	海南	0.78	0.70	0.71	0.87	0.90	0.80	83.5
7	安徽	0.79	0.73	0.71	0.67	0.75	0.93	82.3
8	江苏	0.69	0.70	0.93	0.73	0.80	0.75	80.7
8	湖南	0.77	0.77	0.79	0.73	0.95	0.29	80.7
9	江西	0.70	0.67	0.85	0.73	0.70	0.80	78.7
10	广西	0.65	0.68	0.53	0.73	0.90	0.90	77.2

资料来源：http://www.mofcom.gov.cn/。

在2016年区县政府网站绩效评估中，北京大兴区（第5名）、北京西城区（第6名）排在区县政府网站的前十名。与上年相比，西城区的排位有上升（超越了武汉市的武昌区），见表3。

表3　2016年区县政府网站评估结果

单位：分

排名	名称	所属省市	政务公开指数	政务服务指数	互动交流指数	日常保障指数	功能与影响力指数	优秀创新案例指数	总分
1	罗湖区	深圳市	0.68	0.80	0.71	0.74	0.85	0.40	80.7
2	思明区	厦门市	0.73	0.77	0.71	0.81	0.70	0.40	80.0
3	禅城区	佛山市	0.66	0.72	0.65	0.75	0.66	0.90	79.5
4	福田区	深圳市	0.73	0.76	0.72	0.78	0.84	0.35	79.4
5	大兴区	北京市	0.62	0.81	0.71	0.70	0.63	0.40	78.4
5	崂山区	青岛市	0.73	0.71	0.69	0.71	0.76	0.70	78.4
6	西城区	北京市	0.73	0.75	0.63	0.75	0.78	0.40	77.7
7	顺德区	佛山市	0.72	0.74	0.63	0.76	0.85	0.29	76.5
8	武昌区	武汉市	0.72	0.75	0.61	0.73	0.66	0.35	75.8
9	仪征市	扬州市	0.71	0.63	0.67	0.66	0.60	0.96	74.5
10	静安区	上海市	0.74	0.66	0.66	0.82	0.83	0.25	73.1

资料来源：http://www.cstc.org.cn/wzpg2016/zbg/pgbg.html。

另《2016年人民日报·政务指数微博影响力报告》显示，北京在"省级政务微博影响力排行榜"中，位列第十，得分和名次都比2015年有下降（见

表4）。北京市公安局官方微博"@平安北京"排名第二，北京地铁公司的官方微博"@北京地铁"虽然获得87.46分，但排位从上年的第10名跌到18名。

表4　2015～2016年北京政务微博影响力得分情况

单位：分

年份	传播力得分	服务力得分	互动力得分	竞争力指数得分
2015	77.33	60.75	71.83	69.60
2016	73.71	34.99	91.52	66.39

一　2016年北京互联网舆情盘点

从总体情况来看，围绕教育、住房、医疗、交通、环境生态、社会管理与民生服务等方面的舆情仍然是网络热点。据2016年度关于网络舆情的报告可以看出，北京地区发生的"雷洋事件""青年魏则西之死""北京和颐酒店女子遇袭""毒跑道""中关村二小校园欺凌事件""王宝强离婚案"等均排在前30名热点事件中，北京热点舆情数量达到41条，同往年相比较依旧是全国热点舆情分布集中地区。①

1. 教育领域：教育领域变革进入深水区，高考英语改革正式落定

从教育政策、教育管理、招生考试、安全事故等方面来看，教育总是被网民普遍关注的话题。2016年，"中关村二小校园欺凌事件""北京幼小学校出现毒跑道事件"这类教育类安全问题和管理问题更处在舆论的风口浪尖，这些看似偶发的事件实非个例。此类事件已经引起公众和有关部门的高度重视，北京市教委对此事表态："会妥善处理，严肃对待"。

在2016年教育政策和招生考试方面，"改革"一直在践行中。无论是基础教育还是高等教育，京津冀建立教育联盟、北京颁布中高考改革方案、研究生教育改革等举措，都显示出教育领域的变革已经进入"深水区"。无论是哪一部分的改革都将面临其余模块的变动，其中既包括观念的转换，也涉及体制

---

① 《2016年度社会热点事件网络舆情报告》，新华网。

的改变。在北京市教育委员会发布的考试招生制度改革所实施的新方案中，涉及英语考试的变动比较大——将会采用机考的方式，听力每年考两次。英语考试科目的调整具有方向性意义，它意味着将来的录取方式也将相应地产生变化。此次改革引得众多考生及考生家长在网络上热议，对于此政策出台各方反应不一，评论好坏参半。

2.交通治理领域：北京摇号难、出行难问题依然存在，网络约车合法化，共享单车成为新亮点

交通是衡量一个城市宜居程度的重要标准之一，与市民工作生活高度相关，同人们的幸福感与满意度密不可分。在北京，单双号限行一直是网友和市民关心的问题。对此，北京市副市长李士祥曾说，北京对于"单双号"限行措施的实施不会草率决定，重点在于研究解决在重大国事以及极端天气情况下的单双号问题，根据实施效果再进一步研究。① 其实从北京的范围和交通情况来看，如果出门不让开车，那的确会存在很多不方便，即便如今地铁和公交已经相对完善。总体来看，"限车限行"仍是首都交通治理的重要手段。"十三五"期间，"轨道上的京津冀"议题更是引发广泛关注。

在新型出行方式方面，随着交通部发布网约车新规，网约车获得合法地位。2016 年 2 月，网约车补贴下降，价格上涨，大量收入骤减的司机萌生退意。2016 年 8 月，滴滴和 Uber 由于补贴方面的大战从而难以为继，最终不得不合并。10 月 8 日，北京市面向全社会公开征求关于网约车新规细则的意见。就此，网上也展开了一番争论，一方网友认为，"网约车没有错，错的是人心，我们首先应该考虑的是乘客安全问题，对于户籍及车牌的严格限制实际上是对乘客负责的表现"。另一方网友认为，外地车牌网约车存在大量不良问题，例如占道趴活，导致违章停车、收费纠纷不断。尽管有部分网约车司机认为在管理设定标准方面甚至高于很多出租车，很不合理，但参与意见征集的大多数网友支持新规。2016 年 11 月 1 日，《网络预约出租汽车经营服务管理暂行办法》正式在全国实施，这是我国当前第一部关于网约车的管理法规，该办法对网约车的运营平台、驾驶员、网约车辆都有详细的说明和规定。通过互联网平台让安全、有效率、环保等功能交通出行成为疏解核心城市的方法，这

---

① 《北京副市长李士祥：今年北京优先安排三环内地铁建设》，《新京报》2016 年 3 月 23 日。

也为交通问题提供了解决方案。

3.环境与生态治理领域：飞絮与雾霾治理是重点

俗称"毛毛"的飞絮是春日里大家比较关注的话题之一。北京市区是飞絮比较严重的地区，它对市民日常生活的影响很大，网友戏称"春天来北京看雪"。可见，杨柳树飞絮已经成为北京春天的一道"风景"。为了从根源上控制杨柳树飞絮的产生，北京市计划在"十三五"期间不再使用杨柳树雌株，而是采用更加科学的方式来选择杨柳树种，从而减少飞絮总量，同时还要分年度进行杨柳树飞絮的防控治理，估计到"十三五"末期，北京市的杨柳树飞絮肆虐状况基本可以得到控制。

另外，北京雾霾一直是网友关注和吐槽的重点，也是微博热搜的宠儿。继各种北京地标性建筑被"发射"之后，又有了"有一种痛是你就站在我面前，我却看不见你的脸"的说法。有数据显示，当前尽管北京市大气总体质量有所改善，但污染问题依旧严重，局势整体不乐观。为治理雾霾，北京市出台一系列新政。据悉，北京市政府将对排污进行"一证式"管理，同时还将加强立法来防治大气污染，形成一套系统化、有效化、透明化的新型管理体系。统计显示，北京大气污染物的主要来源是机动车排放的尾气和冬季燃煤，北京受污染程度较高的地区主要集中在东、南部，如通州、丰台等地区。所以，北京市政府出台相应政策，如对于排放量不达标的机动车、冬季燃煤情况和排污管理混乱的乡镇企业实行强化治理的措施，让"超常规"落实到实处中去，做好大气污染的防范和治理；北京市政府在疏导外埠过境大货车方面采取综合手段，尽量让其绕行。[①] 新技术手段也引入雾霾治理中，如通过手机端和 PC 端等科技手段监测 $PM_{2.5}$ 浓度的实时状况，目前房山区已经建设完成全区 $PM_{2.5}$ 自动监测站点。[②]

4.人口调控方面：积分落户和居住证的实行受到广泛关注

根据北京市统计局公布的最新数据，北京市的常住人口总数截止到 2016 年底总共为 2172.9 万人，常住人口总数仅增加了 2.4 万人，同比增长 0.1%。[③] 自

---

① 《北京拟制定外埠货车绕行政策》，《北京晚报》2016 年 9 月 14 日。
② 《房山开发大气自动监测手机端平台，手机可实时监测 PM2.5 浓度》，《北京青年报》2016 年 6 月 8 日。
③ 资料来源：北京市统计局，2016 年 12 月。

2011 年以来，北京市常住人口增量持续下降。出于水资源承载力的限制等原因，有关部门早已提出北京人口 2300 万的规模上限。通过系列努力，在过去的六年里，北京市常住人口的增长速度从 2.9% 下降到 0.9%。2016 年初，北京政府提出"由增转降拐点"的概念，建立人口动态监测评价体系，希望全面降低城六区常住人口数量的目标。[1]

北京市政府网络上公开征求关于积分落户和居住证管理意见的事情备受大家关注，引发了网民激烈地讨论，已然成为网络热点事件。2016 年北京居住证新政策终于来了，8 月 11 日，北京市政府正式颁布《居住证暂行条例办法》，意味着北京市即将实行居住证制度，这代表着先前的"暂住证"将变为"居住证"。该办法将于 2016 年 10 月 1 日正式实行，明确了居住证持有人依法享有的各项基本权利和基本公共服务，更为关键的一点是北京居住证也将成为持有人积分落户的必要条件之一，[2] 超过七成的网民对新政的出台表示赞同。

5. 其他

2016 年是"十三五"规划实施的开局之年，也是深入实施"京津冀协同发展"系列举措的第三年。《"十三五"时期京津冀国民经济和社会发展规划》的出台，为北京非首都功能疏解的稳步推进提供了政策依据，京津冀协同发展开始步入"快车道"。在京津冀一体化的总体设计下，城市的格局必然发生变化。通州新城建设、新机场建设带动的大兴区改造等，使得一大波拆建改造重现。"北京新机场"的网络热度高居不下，其外部形状和地理位置引发了网民争论，围绕新机场的命名也有诸多的讨论。城市规划的改变必然带来重大的变化，围绕新城的开发与建设，新一轮房地产价格飞速上扬。南城改造加速，首都意欲东进的同时，延庆国家高山滑雪中心、八达岭滑雪场和奥运村等项目也酝酿启动。普惠民生的系列措施也开始出台，如持京津冀互通卡的市民只要在京津冀任意互联互通区域刷卡乘车都能享有当地优惠，此举被广大网友点赞。

二 2016年北京互联网舆情特点分析

纵观 2016 年北京互联网舆情热点，可以发现，网络舆论主场发声的群体

---

[1] 《北京 2016 年人口调控目标要实现由增转降拐点》，《京华时报》2016 年 2 月 3 日。

[2] 《北京 10 月起实施"居住证制度"与积分落户政策》，新华网，2016 年 8 月 11 日。

主要是"90后"和"00后",年轻化特色依然保持,甚至出现低龄化现象;自媒体和传统媒体间的博弈成为互联网舆论场的常态,"正能量"引领使整体舆论呈积极走向。

1. 互联网舆论场的发声主群体更加年轻化

由于技术的升级换代和手机作为上网客户端选择的便利性,也基于年轻群体对新技术的热爱,互联网舆论场发声群体出现新旧更替。此前活跃程度最为高涨的"80后"群体已渐渐淡出舞台,互联网舆论场中的主要发声群体变成了"90后"和"00后","00后"在发声群体数量上甚至占据着大多数。但网络社交用户的低龄化也带来了相应的问题:家长因为担心而产生困扰,低龄群体的身体健康和精神健康因上网受到不同程度的影响——用眼过度造成视力下降,容易接触不良信息但又缺失足够的判断力从而被诱导甚至犯罪等,这些都可能造成对"00后"群体学习方式、生活方式和思维方式的影响。

中国互联网信息中心(CNNIC)统计的数据显示,中国网民规模在2016年底达到7.31亿,其中,未成年网民达到1.7亿,约占网民总数的23.3%。[①]随着青少年网民越来越多,在网络平台上进行社会治理上的创新必然是一种新趋势,尤其是年轻的"00后",更是经历了移动互联网时代的大爆发,互联网在他们看来十分的习以为常,所以使得追求差异化的需求成为"00后"标榜自我的途径之一。如今,"00后"所关注的事物多是希望给自己贴上专属标签而产生的需求,那些二次元、潮流的事物,更是基于"00后"的自我兴趣而发展的。虽然年龄小,但他们的上网时间、网络技能等一点也不逊色于"80后"、"90后"。"00后"追求时尚、崇尚二次元、追星、爱好游戏,百度贴吧给他们提供了平台和空间,发表评论和点赞也逐渐成为"00后"的日常生活的一部分,他们为网络场域注入了新活力和独特性。

2. 自媒体和传统媒体的博弈是互网络舆情中的常态

近年来,自媒体走向多元化和专业化,在舆论场中发挥的作用日益明显,不可或缺,常常成为舆论导向的风向标和发酵地。而在自媒体的压力下,传统媒体也没有停滞不前,他们不断发力,借鉴和学习新媒体方式,反而重新成为舆论的脱敏剂。例如"魏则西事件"和"雷洋之死"这两起舆论风暴的发起

---

① 《CNNIC:中国每两个人就有一个上网,总网民数相当于欧洲人口总量》,环球网。

点均在"知乎",进而引爆舆论关注度,还有北京广成门号贩子被东北女孩怒斥等也是由于社交媒体的短视频而进入公众视野,进而广为流传。可见,作为新兴舆论载体的自媒体社群已经逐渐成为网民参与公共事务管理的重要方式之一。弹幕、知乎、直播等个性鲜明且具有创意的自媒体社交平台也成为很多网民日常娱乐的优先选择。面对很多热点事件一经自媒体平台爆料后迅速走红的情况,传统媒体也不甘示弱。自媒体已然成为传统媒体发掘新闻线索的重要来源,传统媒体在接下来的深度挖掘和剖析中取胜,也在保证新闻的客观性方面取胜。正是由于新媒体与传统媒体的相互作用与补益,热点事件更充分地在舆论场中发酵,传统媒体的正确曝光和舆论引导与深度剖析,也使很多的敏感话题最终"脱敏"。

3. "正能量"引领使舆论场整体呈积极走向

2016年注定有更多的"正能量"——辛亥革命爆发100周年、中国共产党建党95周年、长征胜利80周年,这一系列的活动必然带来更多的正能量。在长征胜利80周年之际,多家网络媒体参加"长征路上奔小康——网络媒体'走转改'大型主题采访活动",主流舆论向整个社会传递满满的"正能量"。"英雄史诗不朽丰碑——纪念中国工农红军长征胜利80周年主题展览"活动和"筑梦长征路"等话题在微博和微信上的阅读量惊人,参与人数较多的群体是青少年网友,他们纷纷表达着对革命先辈的感激和敬仰。由具有强大组织能力的"90后"网民自发形成的"小粉红",具有高度的文化自信,也表现出强烈的爱国热情和对体制的捍卫,他们是对国家有高度认同感的年轻群体。[①] 他们的爱国热情不仅为共青团官方微博增添了更多关注,也成为"正能量"舆论中的一抹亮色。

三 对2016年北京互联网舆情的思考与建议

今后社会舆情热点依然将在网络上保持着较为活跃的态势,教育、住房、环境、人口、社保、医疗等也仍然是北京地区社会网络舆情中的高频词。就未来网络舆情的走向和治理而言,笔者的几点建议如下。

---

① 《数读舆情:"小粉红"群体是如何崛起的?》,人民网,2016年12月30日。

1. 在"服务"升级的趋势下，北京各级政府网站更要搞好内涵建设

北京互联网平台的建设技术条件好、硬件有保障，政府网站的议题设置也相对合理。通过前文的政府网站评估数据可以看出，尽管总体情况不错，各项指标也都不错，但仔细斟酌就会发现，仅仅态度好、有沟通互动还不足以让民众满意。目前，政府网站的公开透明性仍有待提高，政务服务效果也有进一步改善的空间。另外，北京政务微博"服务力得分"严重下降的情况（从2015年的60.75分降至2016年的34.99分）应该引起有关部门的高度重视。互动再好，解决不了问题只会积压问题并最终导致问题的恶化。2016年2月《关于全面推进政务公开工作的意见》公布；8月《关于在政务公开工作中进一步做好政务舆情回应的通知》出台；11月15日《〈关于全面推进政务公开工作的意见〉实施细则》公布。这些细则的出台为业务工作提供了操作化依据，其执行效果可期。

2. 政府的法制规范与网民素质的提升是保障网络治理持续有效的两翼

网络治理是社会治理不可缺少的环节。对网络谣言、淫秽低俗信息、网络诈骗等危害互联网的行为进行有针对性的集中治理，既要靠政府加强技术支持、完善相关法律法规等，又要靠网民的配合以及网民媒介素质的不断提升。为整治网络直播中的乱象，2016年11月，国家网信办颁布了《互联网直播服务管理规定》，实行网络主播"实名制＋黑名单"等措施。[1] 国家互联网信息办公室2017年5月2日公布《互联网新闻信息服务管理规定》，自2017年6月1日起施行，新媒体被纳入管理范畴。技术与管理的博弈始终存在，如果管理方与被管理方不能有价值共识，那么零和博弈将不可避免。因此，最理想的网络治理途径就是发挥社会力量，重视网民的积极有效参与。在共识的基础上，网民会自觉抵制网络负面甚至违法的信息。

3. 要以开放、宽容的心态对待互联网舆情，要切实开展惠民服务

在席卷全球的信息化浪潮中，风险与不确定性客观存在，新技术的应用会层出不穷，所以规范和监管必不可少。同时，年轻一代偏好的大众化和娱乐化的网络应用要求也不会有根本的改变，他们所追求的与现实世界存在一定偏差

---

① 《国家网信办发布"互联网直播服务管理规定"》，中国网信网，2016年11月4日。

的虚拟性网络世界不可能从根本上消除，所以以开放和宽容的心态对待互联网治理非常重要。2016 年 9 月 18 日中央人民政府网站国务院印发《北京加强全国科技创新中心建设总方案》，这是"坚持和强化北京全国科技创新中心地位"的纲领性文件。期望在北京天时、地利、人和的互联网场域中，未来可描绘出更暖心的舆情地图。

B.18
北京市城市居民社区参与研究

——基于北京市 D 街道社区营造案例

曹飞廉　刘鸿桥*

摘　要：　本文遵循帕特南的理论模式和相关研究成果，提出了城市居
民社区参与能够逐渐实现自治，也能够产生社区社会资本，
进而推动社区发展这一推论，并在此基础上于北京市 D 街道
进行了为期 6 个月的田野调查。通过对 D 街道社区营造案例
的分析，可以看出社区营造中的社造工作坊和公益微创投的
工作过程，能够有效推动城市社区参与。随着居民社区参与
的增加，长期又频繁的互动逐渐形成社区规范，增进社区信
任，构建起的非正式社会网络逐渐形成社区关系网络，从而
培育了社区社会资本。同时，社区社会资本存量的增加再次
促进社区居民参与，从而形成良性循环。在这样的良性循环
中，社区居民逐渐满足自身利益诉求的同时也实现社区共同
需求，增强了对社区的归属感和认同感，形成的社区信任、
社区规范化和关系网络使得更多的资源参与社区治理，从而
优化治理成本，提高治理效率，推动社区自治，促进社区发
展，达到社区"善治"。

关键词：　社区参与　社会资本　社区营造

---

* 曹飞廉，博士，北京工业大学社会学系副教授，主要研究方向为社会组织和社区营建；刘鸿
桥，北京工业大学社工专业硕士研究生。

一 城市居民社区参与问题的提出

1997 年法国社会学家皮埃尔·布迪厄在其著作中首先提出社会资本的概念，随后詹姆斯·科尔曼在此基础上进行了系统地论述，罗伯特·帕特南从宏观层面进行研究，将社会资本界定为影响意大利南北地区政治制度有效性的关键性因素，认为社会资本是"普通公民的民间参与网络，以及体现在这种约定中互惠和信任的规范"。[①] 此后，诸多学者也对社会资本的研究进行了完善。20 世纪 90 年代以来，随着西方学者关于社会资本的研究相继流传到国内，我国学者也开始利用社会资本理论开展研究。对于社会资本概念，国内外学者均涵盖了几个主要方面的内容：第一，社会资本产生于"关系"；第二，社会资本表现为"关系"，或是信任关系，或是互惠关系，或是合作关系；第三，社会资本的作用在于更好地实现个人或组织目标，促进个人或组织的发展。而顾名思义，社区社会资本是社会资本在一个社区范围内的具体化。

随着我国城市建设的发展，社区参与逐渐成为我国城市社区治理的新议题。从广义上来理解，社区参与就是指社区建设和发展中的参与行为和过程，社区参与的主体则是社区发展的具体运作过程中，受到有关法律、法规保护，依法享有参与社区重大事务决策和管理，自主处理社区公共事务，并承担相应责任和义务的人和群众。[②] 随着近年来社区营造理念在国内多个城市和地区逐渐生根发芽，在推动社区参与层面也取得了很大进展，因此笔者想要近距离观察社区营造的过程，并试图在此过程中寻找出社区参与对城市社区治理能够起到什么样的作用。在进行了大量文献的阅读和理论的学习后，笔者遵循着帕特南的理论逻辑进行了推论，即由公民参与网络产生社会资本，社会资本又能产生较高的制度绩效促进社会发展的理论逻辑，而随着城市居民逐渐参与社区中的事务及进行自治，也能够产生社区社会资本，进而推动社区发展和社区治理。假设这一推论成立，那么城市居民社区参与又是如何产生并累积社区社会

---

① 罗伯特·帕特南：《使民主运转起来：现代意大利的公民传统》，王列、赖海榕译，中国人民大学出版社，2015。
② 王珍宝：《当前我国城市社区参与研究述评》，《社会》2003 年第 9 期。

资本的？以何种方式方法能够促进城市居民社区参与？基于以上种种，笔者选择了北京市 D 街道进行了为期 6 个月的田野调查，并于下文展开具体分析。

二 T 团队入驻前 D 街道的基本情况

（一）D 街道基本情况

D 街道历史悠久，文化底蕴深厚，辖区面积 1.26 平方公里，房屋建筑面积有 90 万平方米，共有街巷胡同 114 条，下辖 9 个社区。2013 年全国人口普查统计资料显示，D 街道户籍在册人口 56386，常住人口 36997，其中流动人口 14976，户均居住面积 19 平方米/户。随着北京市人口疏解政策的推行，2016 年年初至今，D 街道区域疏散流动人口近 3000 人。

2014 年 T 团队对 Y 胡同近 50 位社区居民进行了访谈，Y 胡同是 D 街道房屋腾退工作的分界线之一，本地人与外地人数量平均，具有一定的代表性。除此之外，2016 年笔者也针对 D 街道近 20 位居民进行了随机访谈，其中包括本地居民和外来居民。综合访谈可以发现以下结果。

（1）年龄结构：参与调研的本地居民多为 50 岁以上，年龄结构上本地人老龄化严重。其中又以 65 岁以上的老人为主，当中大部分是 20 世纪 70 年代的工人，由单位分配宿舍开始在此居住。外来人口的年龄结构与之相反，呈现以青壮年为主的特征。

（2）职业和收支：本地人多为国有企业或事业单位的退休工人，月收入高的有 5000 元，低的无收入靠打零工为生，夫妻双方月收入在 5000~6000 元的家庭居多，其他收入一般很少，个别有手工艺收入、子女赠予收入与理财收入。日常饮食、水电煤气费是老年人的最大消费支出，医保政策下医疗支出不多。外来居民多是中青年群体，来京较久的成为个体户，从事餐饮、装修业，收入相对较高；来京较短的主要从事保安、饭店杂役等职业，在胡同里做小生意、当维修工，收废品等，普遍比本地居民工资低。

（3）住房情况：作为老旧平房街区，人口密度高，住房条件存在较大分化，有的家庭拥有整个院落；也有的三代人住在 10 多平方米房子里，生活空间高度重叠。原本布局清晰的四合院，在经历过 20 世纪的公私合营、"文化大革命"、1976 年地震这些阶段后，院落被进一步细分，加上私搭乱建，现在所有院落基本都成了大杂院，过道里摆满了杂物，私人空间与公共空间的界限不清。

由于四合院没有下水道，因此院落中没有卫生间，需要使用公厕和公共浴室，到了冬天极为不便，大量中青年人搬走。本地区的外地人居住面积普遍狭小，多为因房租较低而租住在本区域，人员的流动性较大，所以许多外来人对自己所生存的院落并不关心。

（4）生活风格：本地人多为老年人，每天早起买菜，午饭后午睡，下午出门遛弯，大部分时间是在家里，看电视剧、听戏曲和音乐，活动半径非常狭小，仅限于坐公交车去附近的公园散步、赏花等。只有少数"老北京人"有养鸟、喝茶等爱好。而外地人的生活习惯则多为一早出门工作，下班很晚回来。

（5）教育水平：本地居民的学历多为初中和高中文化水平，离开此地的年轻人的学历普遍较高，工作稳定且单位好，这些年轻人祖辈在新中国成立前的家庭也相对富裕，文化程度高。此外，居住在本地的外地人学历水平普遍不高。

（6）本地居民和外地居民之间的关系：本地人和外地人的关系并不十分融洽。从访谈资料中可以发现，将近半数的访谈对象对外地人并无好感但也不反感，处于互不干涉、缺少交流接触的状态，而部分受访者表示非常反感外地人，由于生活习惯不同经常会起矛盾。在此地居住的外地人通常都是从事比较低端的服务业等行业，社会地位较低，容易被本地人歧视。

（7）本地的社区社会组织：在 2015 年，T 团队共调查了 D 街道社会办、D 街道社区服务中心、三个街道层面的单位，同时包括九个社区的社会组织，接受访谈的社会组织约 80 家。按照成立背景及来源划分，主要有街道居委会推动成立型（每个社区的标配）、居民自组织型、街道外部社会组织入驻型（即 T 团队）。由于社会组织自身缺乏自我发展的诸多条件（如场地、资金、宣传、合法性地位获得等）和街道对所在辖区内的社会组织的管控，几乎所有的居委会推动成立型社会组织在实际运作中都成为居委会工作的延伸。居民自组织在居委会介入之后发展的方向也各有不同，有的自组织获得了更多的资源支持；有的自组织比过去略有提升，但不显著；还有些初期发育较好的居民自组织，走上"正规化"道路之后，反而限制了其进一步发展。

（二）D街道居民社区参与情况

根据参与主体意识的强弱来看，多数为动员型参与，少数为自主型参与。根据参与主体的组织形式来看，组织性参与和非组织性参与均存在，多数为由街道和居委会进行动员和组织的参与。

依据居民参与途径，多数为居民以个人身份参与到社区的选举或活动中；其次以某一非正式组织（如志愿者团体）成员身份进行社区参与；而以某个正式组织或单位成员身份参与到社区发展之中的很少。

而在社区参与的形式上主动参与和被动参与都有，主要还是以被动参与居多。街坊彼此认识，见面打招呼，但是交往程度浅，多为弱关系，局部存在强关系，比如帮邻居带孩子等。居住环境的恶化直接导致大量本地人搬离，原有社区的情感网络断裂。空房出租，外地人涌入，社区内部人口异质性增强。社区中本地居民之间较为信任，但是本地居民和外地居民之间的信任关系普遍没有建立起来。外地人的社会网络基本为以血缘和地缘为基础的同乡群体。街道和社区居委会提供了许多社区参与的机会和社区参与的空间，如参与节日活动、年末的文娱演出等，但是机会和空间仍然有限，多仅限于文娱性的活动。

三 社区参与的增加与社区社会资本的积累

（一）T团队进驻社区后的行动

2014年底，T团队自发来到D街道进行调研，团队首先对D街道的两条胡同进行了入户调查，深入了解居民的生活情况、居住诉求，也发现了很多社区能人，随后展开了对社会组织的调查。在D街道的支持下，T团队计划并开展了社区营造行动，分为以经济培育社会行动、以组织培育组织行动、资源调查行动和社区建设与民生改善计划四个方面。

在D街道资源调查计划行动中，以掌握本社区的人、文、地、产、景五大类资源，寻找社区的特点以提供社区营造的资源基础为主。更好地了解D街道地区常住人口的基本情况，掌握了本地居民和外来人口的住房条件、职业分布、收入和消费、社会网络等信息以及弱势群体生存状况等。

以组织培育组织行动，推动 D 街道建立社会组织孵化平台。以组织发展组织的理念和目标，建立一个社会组织孵化平台，并引入专门从事社区营造工作的社会组织。在 T 团队的推动下，D 街道将 S 社区的一个四合院改造成了街道社会组织孵化中心，T 团队进驻五个工位并已投入使用。

T 团队以社区营造工作坊和公益微创投为载体，对社区自组织进行培育。社区营造工作坊通过课程讲座、经验交流等方式，介绍和传播社区营造的基本理念，讲解和传授社区营造的方法，培训班除了邀请学界教授外还会邀请一名在社区营造方面具有丰富经验的学者全程参与活动，随时与学员保持密切的交流，给学员提供多方面的指导与培训。在此基础上，于 2015 年开启公益微创投大赛，2016 年 9 月举办了第二届微创投大赛，并获得了街道的资金支持。

在 D 街道建设与民生改善计划行动方面，主要以院落改造、帮助居民改善居住环境为主，此项计划由于涉及范围较广、周期较长，还在积极推进中。

（二）社区自组织培育过程中促进社区参与

1. 社区自组织培育过程

通过一系列服务项目和引导，T 团队不仅有步骤地提升社区居民的归属感，同时激发居民参与社区活动的积极性。通过一步步耐心地引导，T 团队发掘社区中的"能人"，通过"能人"作为意见领袖的号召力，连接到更多的居民参与社区营造。

社区自组织培育目前也分为两个阶段，前期的调研阶段和自组织培育阶段，自组织培育阶段以公益微创投和组织培育项目为主。通过公益微创投项目鼓励社区居民自己申报项目，并逐渐形成具备初级形态的自组织，慢慢完成组织架构搭建，实现稳定运行，再逐步进行组织培养。在两届公益微创投的资料收集对比中，本地居民社区参与明显提升。

2015 年 8 月，在 D 街道地区进行了社区营造培训班，随后首届社区公益微创投大赛正式启动。大赛由 D 街道工委、D 街道办事处主办，T 团队作为学术单位予以支持，最后评选出 20 个公益项目。2016 年 10 月，由 D 街道与 T 团队联合开展的第二届公益微创投项目正式启动。笔者全程参与了第二届公益微创投前期工作和项目申报阶段。在 4 个月的时间里，T 团队的成员拿着宣传单在街道的各个社区里面奔走，寻找社区能人以及热心于社区公益事业的居民，寻找想用自己的智慧和力量做实事的小团体，最终通过了 16 个公益微创投项目申报和 8 个组织培育项目申报并完成立项工作。

2. 社区参与形式和内容的转变

在首届公益微创投活动和第二届公益微创投立项过程中，社区自组织的数量在不断增加。前期调研的 7 个自组织，大多是在居委会的号召下发起的（如 S 社区女子助老队），或是由社区居委会牵头创办的。截止到第二届公益微创投立项工作结束，从首届微创投的 20 个申报项目中存活下来的 8 个自组织继续获得了资金支持，加上再次申报成功的 16 个项目，参与组织活动的人数越来越多。

（1）公益微创投的活动资金促进社区参与的增加

从技术与资金支持来看，在第一届微创投以前，社区自组织多依托居委会，活动资金也多来自街道和居委会的经费，但第一届公益微创投获得了西城区福彩基金会的资金支持，居民能够利用资金组织自娱性且同时具有公益性的活动。在第二届微创投立项阶段，很多社区居民已经对公益微创投有所了解，也更加积极地参与其中。以往，居委会的活动资金有限，居民活动经常得不到资金和技术支持，而在公益微创投之后，资金和技术层面都有了改善，社区居民也就更愿意参加活动并自己组织活动了。

（2）社区参与主体组织形式的转变

从社区参与主体的组织形式来看，以往多为街道和居委会组织居民参与，尤其是一些特殊的节日活动。在社区营造理念逐渐渗透进社区之后，以团队形式申报创投项目或已经在培育阶段的组织，会主动联系居委会工作人员，定场地，进行团队活动，如 B 社区的摄影队，原本只是社区内部的摄影培训班，定期组织摄影培训课程，意图指导本社区的摄影初学者，增加生活乐趣和生活技能，随着 B 社区摄影培训班的定期举办，整个街道有兴趣的居民都被吸引过来，居民主动约定活动时间和场地，在 2016 年 8 月开展了一次整个街道范围的摄影培训班，让更多有兴趣的居民集合在一起交流和互动，相约采风。

还有 T 社区的女子消防队，其组建缘起于辖区居民与本地消防中队的合作，起初主要是对居民大力宣传消防知识，普及初级灭火技能，定期在社区巡逻、处理安全隐患。逐渐地，T 社区的居民们对她们的好感和信任不断加深，居民也达成了共同维护社区安全的共识，也有更多的居民自愿加入到消防队这一自组织中来。

（3）社区参与形式的转变

逐渐从组织参与转向自组织，社区参与的形式逐渐从被动参与转变为主动参与。如 S 社区的助老队，原本是在社区居委会主导下发展起来的，在一次次活动后，助老队的成员会经常主动去看望社区内的空巢老人，关心他们的日常生活，为其补充一些生活所需。空巢老人谈及助老队的付出都非常感动，甚至落泪。在助老队注册成老年协会以后马上就承办了一个金婚摄影活动，弥补了很多老人们以前因为各种原因没有拍结婚照的遗憾。通过这样的活动来消除居民之间的隔阂，社区也慢慢培养了和谐的气氛，居民对社区的归属感得以增强，社区自组织所开展的志愿性服务也强化了社区居民间的信任关系。

（4）社区参与途径的转变

从社区参与途径来看，以往居民多以个人身份参与社区的选举或活动中，但是在微创投项目立项和实施过程中，必须以团队形式申报，要有负责人、财务管理、项目执行的组织架构。社区参与从个人参与转变为自组织成员的参与，一个个社区能人逐渐动员起自己的关系网络形成小团队，并在小团队的内部进行商议，完成资源分配和订立规则，随着关系网络的逐渐扩大，拥有共同志趣的居民以"滚雪球"的过程逐渐扩大到一个团队，越来越多的成员参与进来。如 B 社区的京剧社，由京剧名家之后王老师发起，最开始只有几位京剧票友在一起唱戏，后在社区的支持下成立了京剧社，有了排练场地，在 11 年中，京剧社的发展一直起起落落，好的时候可以去茶馆演出，不好的时候几个月都十分沉寂。首届公益微创投中，京剧社每月一台戏的项目申报获得了成功，此后连续 7 个月于月底进行演出。王老师调动自己的关系网络，联系不同的票友和乐师参加演出。活动中，京剧社让票友互相认识加深联系，通过合作演出也为剧社建立了更多的关系网络。通过社区、街道的多方努力，京剧社的排练室已经从一个普通的社区活动室搬到了一个专门的京剧活动场地；京剧社也在不断发展，票友成员也不限定区域，参加活动的人数不断增加。在 2016年，京剧社也顺利通过组织培育立项。随着网络的扩大和连接，社区中又有越来越多的京剧爱好者加入剧社的活动，从而再次促进居民的社区参与，社区参与也在逐渐从"我"转变为"我们"。

公益微创投以团队申报项目的要求加速了自组织的形成，当居民自组织形成并且能够持续发展时，居民的观念也在逐渐转变，从形式的转变转化为观念的转变并继续促进形式的转变，也进一步促进了居民自组织的发展。

（三）社区社会资本的累积进一步促进社区参与

随着 T 团队行动的深入，社区成员间加深了了解与认同。社区居民在不断地互动参与中形成了更加密集的关系网络，网络中的个人和组织通过沟通和协调获得信息，通过反复的互动确定如何展开互惠的合作，从而产生了社区信任。在 T 团队在进行社区营造的过程中，长期的驻扎和持续的活动让许多居民对之产生了信任。在微创投项目立项过程中，通过对社区能人的访谈、社区项目书的辅导一点点加深关系，T 团队的成员也在逐渐融入居民的关系网络里面。在信任的基础上，社区居民才能进一步更好地接受社区营造的理念，在团队成员的辅导下，居民在申报微创投项目的过程中，积极参与团队组织的活动，加深了相互间的信任。由此，越来越多的人加入不同组织的活动中，从而进一步促进了居民社区参与。

在培育社区自组织，提升社区参与的过程中，"互助"和"互惠"的规范也不断得到建构，在社区居民自组织的过程中，必然会出现各类集体行动方面的问题，这些问题小到助老队今天主要探访哪几户老人，大到整个团队未来发展方向到底如何，每个人都有不同的想法，最后集体商议、集体决策。由此，民主决策的规范就在自组织内部首先建立了起来，组织内部民主治理和民主决策的规范逐渐形成。随着团队成员增加，团队影响力的扩大，规范也在反作用于自组织、社区和居民。民主协商、共同决策的规范有利于自组织的发展，有利于关系网络的建立和扩大，也让更多的社区居民想要参与组织活动。

社区自组织的培育发展过程也是社区关系网络建构的过程。社区居民以团体活动的方式参与社区公共生活，通过多次的组织活动，社区居民之间的互动和沟通变得频繁，从而促进了社区关系网络的发展。如 S 社区的成长加油站为社区附近小学的孩子们准备的课余兴趣班，包括课后的兴趣小组、暑假的夏令营等。每周二学生家长接送孩子的时候会互相聊天，随着活动的开展逐渐熟悉起来，邻里关系网络逐渐形成。这些孩子中有很多流动儿童，间接促进本地居民和外地居民关系网络的形成，也进一步促进了外地居民的社区参与。

结　语

通过对 D 街道社区营造案例的分析，可以发现，有效推动城市社区参与主要有两个途径，一是通过工作坊等课程和讲座来促进社区参与，T 团队一次又一次的社区营造工作坊，不断传播社区营造的理念、讲授社区营造的方法，逐渐让更多的社区居民了解社区营造，参与社区营造，将观念深植于心，从而将被动参与社区活动逐渐转变成主动参与。二是通过公益微创投比赛和自组织培育项目来促进社区参与，T 团队通过微创投比赛吸引社区居民形成小团队来申报项目，通过长期辅导进而培育社区自组织。以团队申报的形式加速了社区自组织的形成，也促进社区关系网络的形成和发展。D 街道的社区参与逐渐由被动参与转为主动参与，从个人参与转为组织参与，从非制度性参与转向制度性参与，逐渐形成社区自治的基础。

随着居民社区参与的增加，长期又频繁的互动使居民之间、自组织内部形成了互惠互助的意识，形成社区规范，增进社区信任，构建起的非正式社会网络逐渐成为社区关系网络。社区社会资本在这一过程中被培育和积累起来，社区社会资本的存量越来越高，社区规范良好、社区信任程度高、社区关系网络关系发达，就更加有利于促进社区居民参与，从而形成良性循环。在这样的良性循环中，社区居民逐渐满足自身利益诉求的同时也实现了社区共同需求，加深了对社区的归属感和认同感，社区参与度增强的同时也不断满足多元化的社区需求，形成的关系网络使得更多的资源参与到社区治理中，从而优化治理成本，提高治理效率，推动社区自治，达到社区"善治"的关键。

D 街道的社区营造离不开两个重要因素：一是 D 街道和各个居委会的支持，二是 T 团队全体成员的长期坚持和秉持的社区营造理念和方法。在各方支持下，举办工作坊和公益微创投的方法取得了初步的效果，值得城市社区学习和借鉴，通过长期的驻扎进行自组织培育，能够更好地促进社区社会资本积累，促进社区自治，推动社区发展。

但与此同时，D 街道社区营造过程中也会有一些局限性，如地理因素影响，D 街道的安全和维稳工作至关重要；目前社区参与人群主要为社区年纪大的居民，缺少年轻人；外来人口流动性较大，缺少归属感，本地人和外地人的关系网络也有待进一步建立。在 T 团队的工作过程中，团队成员具有流动性，短期的工作处理不良难免会对社区营造造成消极影响，只有建立长期的、稳固的关系，才能更好地进行组织培育。当然，无论是社区营造，还是促进社区参与，都需要长期的坚持，不懈的努力，在时间的洗礼中践行真理。

地方社会建设篇

Local Social Construction

B.19

顺义区推进"枢纽型"
社会组织参与社会治理分析

王学武*

摘　要：　"枢纽型"社会组织作为社会组织的联合体、综合体，已成为
党和群众之间密切联系的重要纽带和桥梁。当前，顺义区在
推进"枢纽型"社会组织参与社会治理进程中已取得了较好
的成效，但依然存在问题。如何有效解决"枢纽型"社会组
织参与社会治理中存在的问题，如何有效推进"枢纽型"社
会组织积极、主动地参与社会治理，成为当前创新社会治理
工作中的一项重要任务。

关键词：　顺义区　"枢纽型"　社会组织　社会治理

* 王学武，顺义区委社会工委书记、区社会办主任。

"枢纽型"社会组织是对同类别、同性质、同领域社会组织进行联系、服务和管理,在政治上发挥桥梁、纽带作用、在业务上处于龙头地位、在管理上承担业务主管职能的联合性社会组织。随着市场经济高速发展、政治体制深化改革,社会组织的地位越来越重要,而"枢纽型"社会组织作为社会组织的联合体,其管理模式的建立,成为党和群众之间密切联系的重要纽带和桥梁。"枢纽型"社会组织以搭建平台、引领聚合、咨询指导、信息宣传、反映诉求等为主要功能,在政策指引、培育发展、转变职能、资源共享、维护稳定等方面都发挥着重要作用。在"党委领导、政府负责、社会协同、公众参与、法治保障"的社会治理的大格局下,如何有效解决"枢纽型"社会组织参与社会治理过程中存在的问题,如何有效推进"枢纽型"社会组织积极、主动地参与社会治理,成为当前创新社会治理工作中的一项重要任务。

一 推进"枢纽型"社会组织参与社会治理的必要性

社会治理是一个多元参与、理性协商的过程。社会组织参与社会治理,既是社会治理的题中之义,也是政社合作的内在要求。"枢纽型"社会组织作为社会组织的联合体、综合体,是搭建在政府管理部门与社会组织之间的重要桥梁和纽带,充分发挥其在政治上的桥梁、纽带作用、在业务上的引领带头作用、在管理上的协调管理作用,带领同类别、同性质、同领域社会组织积极、主动地参与社会治理,在社会治理中的功能日益凸显。党的十八届三中全会通过的《中共中央关于全面深化改革若干重大问题的决定》中,提出在社会治理过程中要"坚持系统治理,加强党委领导,发挥政府主导作用,鼓励和支持社会各方面参与,实现政府治理和社会自我调节、居民自治良性互动"等,为社会组织参与社会治理指明了方向。此外,为加快推进创新社会治理机制,不仅要尽快实现各类社会组织与行政部门在机构、人员、财务等方面分离,而且还要保持党委、政府的主要领导地位,对"脱钩"的社会组织继续开展行业管理、政策指导、提供服务等工作,这就促使"枢纽型"社会组织必须在创新社会治理工作中扮演着至关重要的角色。

二 顺义区"枢纽型"社会组织体系建设的基本情况

2010 年，全市全面推进社会服务管理创新工作，市委、市政府出台了"1+4"一系列重要文件，提出了构建"枢纽型"社会组织，形成了"枢纽型"社会组织服务管理工作的新机制。

为贯彻落实市委、市政府相关文件和要求，顺义区结合社会组织发展实际，在广泛调研的基础上，制定了《顺义区关于加强社会组织管理实施意见》（京顺发〔2010〕20 号），明确了构建区级"枢纽型"社会组织工作体系的工作目标。按照"成熟一批、认定一批"的工作思路，通过"提升—改造"的方式，先后分三批次共认定了 21 家区级"枢纽型"社会组织，其中，人民团体及各类行业协会等 14 家、社区社会组织联合会 6 家（因农业专业合作组织服务中心已撤销，目前区级"枢纽型"社会组织总数变为 20 家）。纳入前 14 家人民团体、各类行业协会等"枢纽型"社会组织管理体系的社会组织覆盖了大约 340 家社会组织，1000 余家社区社会组织全部纳入了 6 家社区社会组织联合会的管理体系中。在此基础上，积极推进了镇级"枢纽型"社会组织的建设，在 19 个镇成立了镇级社会组织联合会，通过整合和激活镇域内社会组织资源，延伸农村社会组织服务范围，将农村社区社会组织全部纳入了镇级社会组织联合会管理范畴，实现了城乡社区社会组织全覆盖，构建起了较为完善的区、街、镇"枢纽型"社会组织服务管理体系，为"枢纽型"社会组织参与社会治理打下了基础，创造了条件。

三 "枢纽型"社会组织参与社会治理的 基本情况及存在的主要问题

"枢纽型"社会组织自成立以来，充分发挥其主力军的功能、作用和优势，引导、动员本领域社会组织，从推动经济发展、推进社会治理、服务人民群众的角度出发，积极、主动地投身到社会治理的工作之中。

一是加强制度建设，有效规范社会组织行业行为。"枢纽型"社会组织针对工作中出现的热点、难点问题，积极研究制定各项规章、制度和政策措施，通过制定行规行约和行业标准等规范性文件，加强对本领域社会组织的约束与指导，并形成长效化机制，有效提高了领域内社会组织的规范化、服务化水平。如区妇联、区空港街道社区社会组织联合会等都研究、制定、出台了一系列规章文件，在日常管理、工作流程、活动开展等方面都提出了明确要求，有效规范了社会组织的日常工作。

二是整合区域资源，不断提升社会组织整体能力。"枢纽型"社会组织充分发挥引领、带动作用，积极整合域内社会资源，结合区域内特点，搭建沟通交流平台，开展不同形式的培训、交流、研讨、外出考察等主题特色活动，不断提升了社会组织整体自我管理、自我发展、服务社会等能力。如每年组织社区社会组织负责人培训、各社会组织间的交流与研讨，通过专业知识的学习、典型经验的交流等方式，互帮互学、取长补短，弥补了各社会组织的自身能力建设不足、自身发展乏力等问题，提升了社会组织整体的能力水平。

三是购买政府服务，切实保障社会组织长远发展。"枢纽型"社会组织动员本领域内社会组织主动参与政府服务项目的购买。以政府服务项目为抓手，通过购买"管理服务项目""市、区两级的社会服务项目"等多方融资方式，积极争取更多资金支持，有效地弥补了"枢纽型"社会组织日常工作经费的不足，较好地缓解了资金对社会组织可持续性发展的制约，提高了领域内社会组织的"输血""造血"功能，切实保障了社会组织长足发展。

四是进行广泛动员，积极开展社会组织公益活动。"枢纽型"社会组织带领其领域内的社会组织积极发挥自身行业优势，开展主题鲜明、内容丰富、形式多样的社会组织公益活动。五年来，累计公益活动近500余项，为社会提供各类服务800余场次，发放各种宣传材料10万余份，服务群众超过20万人次。同时，"枢纽型"社会组织还积极开展公益服务品牌的创建工作，培育示范效应好、影响力大的社会组织公益服务品牌，先后有9个服务品牌被评为市级公益服务品牌，30个服务活动被评为区级优秀公益服务活动，不断促使顺义区社会组织公益活动朝着常态化、品牌化的方向发展。如区三农研究会面向农村开展的"助力三农"项目，以"惠农政策大讲堂""村官接待日""三农文化展"等公益活动，帮助村干部支招献策，搭建400平方米的科普展厅，用来展示垃圾分类、生活节水等七项内容，常年免费对外展出。同时，帮助村级党组织编写社区治理方案，并深入实际跟进指导，对村党组织负责人、村

"两委"委员、农村实用人才分别进行素质提升培训，取得了显著的成效，先后荣获市级"社会组织示范基地""科技兴村先进单位""科技普及工作先进集体""科普教育基地"等多项荣誉称号；"80义工社"依托石园北三社区居委会的服务场地，面向石园北三社区，每月在固定日期、固定场所，按照服务类别划分场地开展集中服务和上门服务，为空巢、独居、失独老人提供基本按摩、理发、修剪指甲等服务，几年来共发展会员及志愿者近2600人，开展服务项目15个，开展活动1200场次，服务社区居民近4万人次，在社区产生了很大的影响，形成了社区服务的品牌形象，提高了社会对社会组织的认同感，传递正能量，倡导新风尚，促进社会和谐。

虽然"枢纽型"社会组织在参与社会治理中，角色日趋明显、功能日渐强大、地位不断提高。但在实际的管理运行中还是存在诸多的不足。一是从"枢纽型"社会组织认定方式来看，21家"枢纽型"社会组织全部都是由政府认定，这在资源获取、工作联系、服务提供等方面都体现出"行政化"色彩较浓的特点，对其如何在社会治理中充分发挥"枢纽"的功能与作用，思想认识上还不是很高。二是从"枢纽型"社会组织人员素质来看，大部分是单位兼职人员，人员流动较快，其专业化程度、服务品牌意识、自身能力素质与当前社会治理发展的新要求还存在一定的差距。三是从"枢纽型"社会组织培育发展来看，对"枢纽型"社会组织虽有资金支持，但在监督管理、作用发挥以及资金使用效果等方面还缺乏相应的科学考核和评估机制。四是从"枢纽型"社会组织参与社会治理的途径来看，还存在管理制度不完善，运行机制不规范，参与途径不广泛，服务引导不到位等问题。

四 对推进"枢纽型"社会组织参与社会治理的几点思考

针对顺义"枢纽型"社会组织在参与社会治理中的现实情况，应以引导、管理为引擎，以规范、宣传为驱动，坚持"规范发展"与"监督管理"并重，加强对领域内社会组织的培育和指导，提升社会组织的能力，激发社会组织参与社会治理的潜能与活力，规范社会组织的运行与活动，力争在现有基础上实现新的突破。

（一）积极引导，搭建平台，助推"枢纽型"社会组织参与社会治理的新发展

一是加大引导力度，推进职能转变，加快形成"枢纽型"社会组织参与社会治理的职能意识和法治观念。积极引导"枢纽型"社会组织动员领域内社会组织深入推进体制、机制改革，以区域问题、区域需求为切入点，不断强化社会组织的社会服务和社会治理职责，充分发挥"枢纽型"社会组织在参与社会治理中的桥梁、纽带作用，加快实现政社互动，政社合作，激发"枢纽型"社会组织参与社会治理的创造力；积极引导"枢纽型"社会组织动员领域内社会组织建立健全有效的社会沟通机制，加强与"人民群众、政府部门、社会组织"之间的沟通和交流，继续完善民意反映、回应机制，使"枢纽型"社会组织参与社会治理的效益得到最大化展现；积极引导"枢纽型"社会组织充分发挥"领头羊"的导向作用，增强领域内社会组织法治观念，在领域内逐渐形成"学法、守法、用法"的良好氛围，以法治治理助推"枢纽型"社会组织参与社会治理的规范化管理。

二是搭建信息平台，不断壮大队伍，加快推进"枢纽型"社会组织参与社会治理的信息化进程和覆盖面。要积极鼓励"枢纽型"社会组织带领领域内社会组织不断加强信息化平台建设，搭建自身业务管理及活动宣传平台，通过利用"互联网＋社会组织"的管理新形式，推动微信公众号、移动 APP 平台等创建，冲破"枢纽型"社会组织参与社会治理的时间、地域限制，及时发布动态信息，高效地实现信息的传播与交流、动态与共享，形成全社会了解"枢纽型"社会组织、支持社会组织的良好氛围，有效提升"枢纽型"社会组织参与社会治理的公众认知度和区域影响力；积极倡导"枢纽型"社会组织推进与领域内社会组织建立固定联系并形成长效联动机制，多渠道、多途径拓展枢纽型社会组织新成员，为其参与社会治理组织增添后备力量。同时，还要努力壮大"枢纽型"社会组织的"新生力量"，加大对农村社会组织倾斜力度，积极整合镇级联合会及农村社会组织资源，通过政府项目的购买，将其纳入社会组织"公益行"活动范围等方式，调动农村社会组织积极参与社会治理，进一步扩大其参与社会治理的覆盖面。

（二）创新管理，优化服务，实现"枢纽型"社会组织参与社会治理的新突破

一是创新服务管理机制，拓宽渠道、整合资源，增添"枢纽型"社会组织参与社会治理的新动力。进一步推动"枢纽型"社会组织带领其领域内的社会组织，借助区社会建设工作领导小组办公室的窗口平台，创新公共服务供给模式，深化社会服务体制改革，积极引入市场机制，建立政府、企业、社会组织共同参与的公共服务供给机制，拓宽资金来源渠道，为"枢纽型"社会组织参与社会治理提供充足的财力支持；积极指导"枢纽型"社会组织动员领域内社会组织采用项目化运作模式，利用统一购买服务平台，及时参与政府服务项目的购买；积极指导"枢纽型"社会组织强化对本领域社会组织实行分类管理，加大对政府购买服务项目的资源整合力度，不断探索和拓宽服务内容，深入挖掘政府购买服务特色项目，择优申报，进一步实现政府服务效能、节约服务成本以及社会组织能量有效释放的双赢局面，提高社会组织参与社会治理的积极性与主动性。

二是培育多元治理主体，提升水平、树立品牌，推动"枢纽型"社会组织参与社会治理的新发展。加强对街道联合会的有效指导，以街道体制改革为契机，加强对各社区社会组织的培育和扶植，加快推进各街道社区社会组织服务（孵化）中心建设，通过入壳孵化的模式，为社区社会组织发展提供"集约化"服务，为社区社会组织可持续发展提供专业化技术支撑。在此基础上，积极培育村级社区社会组织，发挥镇级联合会的带头作用，继续加大对社会服务体系的建设，进一步推动建立镇级社会组织服务（孵化）中心，积极培育农村社会组织发展，不断提高农民的组织化程度，进一步激发农村社会组织的活力；加强扶植培育社会企业，发挥街道社区服务中心作用，将其打造成为培育社区服务类社会企业的孵化器，并制定相应配套扶持政策，加大政府购买社会企业服务资金倾斜力度，支持社会企业的长期发展，使其更好地服务于民生，服务于社会治理；推动"枢纽型"社会组织带动各领域社会组织走专业化、职业化道路，建立健全社区、社会组织、专业社工"三社联动"运行机制，引进专业社工机构，引入专业社工人才，有效解决因专职工作人员缺乏而引发工作断层的现象，进一步规范社会组织发展，提升农村地区专业化、服务

化水平;以品牌带动为指引,积极动员"枢纽型"社会组织率领领域内社会组织广泛开展顺义区社会组织"公益行"活动,结合领域实际情况,打造、树立一批可学、可看、可示范的"公益行"活动品牌。

(三)建立机制,科学引导,激发"枢纽型"社会组织参与社会治理的新活力

一是建立考核机制,不断提高"枢纽型"社会组织参与社会治理的积极性和针对性。"枢纽型"社会组织工作成效,关系其自身的发展,关系本领域社会组织的管理与发展,还关系社会治理的实际效果。因此,对"枢纽型"社会组织的考核,不能只依靠传统的定性考核,要适度引入定量考核因素,设定行之有效的进入、退出机制,建立科学、完整的考核指标体系,增强"枢纽型"社会组织参与社会治理的紧迫感、使命感,充分调动"枢纽型"社会组织参与社会治理的积极性,促使其及时发挥主观能动性,主动研究社会治理当中的问题,有针对性地带领本领域社会组织参与社会治理中去。

二是加强科学引导,有效保障"枢纽型"社会组织参与社会治理的客观性和公平性。积极倡导"枢纽型"社会组织引入第三方专业机构评估机制,定期对领域内社会组织进行专业评估,保证考核结果的可信度、效益度,让动态评估机制在客观、公正的环境下有效运行;积极倡导"枢纽型"社会组织进一步完善领域内社会组织年检、评价等制度,指导领域内社会组织依法依章开展活动,推动领域内组织提水平、树形象、创品牌;积极倡导"枢纽型"社会组织带领其领域内的社会组织建立健全社会组织信用管理系统,加强诚信自律建设,规范服务范围,加强对社会组织的监督和管理,不断提升"枢纽型"社会组织的公信力和诚信度,促进"枢纽型"社会组织参与社会治理健康、有序地发展。

(四)提升能力,动员社会,积极展现"枢纽型"社会组织参与社会治理新面貌

一是加强"枢纽型"社会组织能力建设,助推"枢纽型"社会组织参与社会治理新水平。"枢纽型"社会组织要加强对本领域内社会组织建立健全各项规章、管理制度,完善社会组织内部治理结构,提高自我管理、自我约束能

力，提升参与社会治理进程规范化水平；要加强对本领域内社会组织开展专业性教育培训工作，建立社会组织培训师资源库，优化课程设置，分类开展社会组织从业人员教育培训，培养其自身业务素质，提高其参与社会治理的能力；进一步提高领域内社会组织参与政治协商能力，将社会组织代表纳入听证会、论证会、咨询会、通报会等范围；要不断完善领域内诚信体系建设，制定行业规范、自律公约等，助推社会治理的服务化水平；要深入开展学习型社会组织队伍建设，通过沟通交流，激发组织创新和社会治理活动，提升治理水平。

二是完善"枢纽型"社会组织动员机制，提升"枢纽型"社会组织参与社会治理新能力。要健全"枢纽型"社会组织的社会动员网络，积极利用区、街（镇）、社区（村）三级动员网络优势，建立基层自治组织、人民团体、志愿服务队伍、驻区单位参与的社会动员体系；加强社区社会组织建设，以社区社会组织为平台，引导公众广泛参与社区各种主题活动；进一步完善志愿服务管理的制度以及服务方式，拓宽服务领域，促进志愿服务常态化，力争在城乡社区、社会组织、商务楼宇、专业机构等社会领域实现志愿服务全覆盖，建立健全社会工作者和志愿者队伍联动的服务机制，如充分发挥区义工联、区志愿者联合会等作用；要积极引导各驻区单位开展结对共建、志愿服务、公益服务等活动，加强其参与区域建设，主动履行其社会责任，全面促进公众参与和社会协同，实现社会力量参与提供公共服务，协助解决政府各类社会问题。

（五）强化党建，加大培训，努力提升"枢纽型"社会组织参与社会治理新高度

一是强化"枢纽型"社会组织党建工作，进一步规范"枢纽型"社会组织党建工作。结合"枢纽型"社会组织覆盖领域的特点，大胆探索创新社会组织党建工作模式，研究制定相关政策措施，建立健全社会组织党建工作制度，发挥党组织在"枢纽型"社会组织参与社会治理中的优势作用，不断强化党的领导。同时要结合"枢纽型"社会组织工作规范，将党建工作作为考核"枢纽型"社会组织工作的一项重要内容，采取召开工作例会、听取汇报、平时抽查、半年检查、年底考核等办法，提高"枢纽型"社会组织对党建工作的认识，夯实"枢纽型"社会组织参与社会治理的党建基础。

二是加强对"枢纽型"社会组织人员的培训，发展壮大"枢纽型"社会

组织本领域内的党员队伍。加大对"枢纽型"社会组织领域相关党员培训的频度，责成"枢纽型"社会组织党组织每年对社会组织党组织班子成员进行培训，定期组织党务工作者开展工作交流、问题研讨、学习参观等活动，注意总结推广好的经验和做法，达到相互学习、共同促进的目的。在"枢纽型"社会组织领域内，积极开展"两学一做"等教育学习活动，为党员加强党性锻炼搭建平台，有效提高"枢纽型"社会组织领域内党员的思想政治素质和理论知识水平，充分发挥基层党组织的战斗堡垒作用。

B.20
社区有效自主治理机制初探

——以丰台区老旧小区为例

丰台区社工委

摘　要： 本文以丰台区社区治理中电梯改造和停车管理为例，分析实现社区有效自主治理的机制，即诉求表达与回应的互动机制、利益整合机制、集体选择机制、监督机制、外部支持机制等，这些机制的核心目的是让居民通过民主协商方式参与解决社区公共事务和公共资源使用事项，从而增进邻里信任，建立社区规范，化解社区冲突和矛盾，实现基层"善治"。

关键词： 社区治理　民主协商　善治

当前，我国正处于转型期和矛盾凸显期，各个阶层的利益都面临着分化、重组与分配，各种矛盾交织在一起并在城市社区得到集中体现，如邻里矛盾频发、公共设施缺乏维护、公共资源过度使用或紧缺、公共空间被肆意侵占、小区环境恶化、物业服务管理成本趋高与物业收费困难的拉锯战、极端个人主义心理、阶层落差的失衡心理、边缘群体的极端心理[1]等，这些现象统称城市"小区病"。城市"小区病"对社区治理提出严峻考验。

在"治病"的过程中，社区自治的疗效如何？能否可持续？对此人们并不乐观，因为公共选择理论的逻辑是，个人理性会导致集体的非理性，从而最

---

① 靳永翥、丁照攀：《城市"小区病"：特征、类型及治理工具》，《武汉大学学报》（人文科学版）2017年第2期。

终走向共同的悲剧。不过，有学者发现，只要有适当的制度基础，自主治理是可能的。① 那么，怎样才能让社区实现有效的自主治理呢？

本文以丰台区社区治理中电梯改造和停车管理为例，分析案例背后实现社区有效自主治理的机制，这些机制主要包括诉求表达与回应的互动机制、利益整合机制、集体选择机制、监督机制、外部支持机制等，这些机制的核心目的是让居民通过民主协商，解决社区公共事务和公共资源使用过程中出现的问题，从而增进邻里信任，建立社区规范，化解社区冲突和矛盾，实现基层"善治"。

一 丰台区的个案分析

（一）电梯改造的个案

个案一：老电梯超龄服役事故多，居民筹钱更换新电梯。老电梯超龄服役，事故隐患频发，但是改造又缺乏资金，这是居民常提的老大难问题，这不是方庄方群园三区的个案，许多建成年代较早的商品房小区和售后公房都面临这样的难题。怎么办？方群园三社区通过引导居民议事协商，由办事处、物业、产权单位及居民共同集资的方式破解了这一难题。

第一阶段：社区"两委"与居民代表召开会议协商，选举产生了老电梯改造工作小组和民主监督小组，制订电梯改造工作方案，确定集资额度。这其中有个小插曲，即社区"两委"第一次入户调查结果显示，居民基本同意使用公共维修基金更新电梯，但是，经过进一步工作才发现，由于居民楼是2005 年前建成的，没有公共维修基金，于是社区"两委"进一步与居民代表开会协商，并尝试每户集资 1500 元先更换一部电梯。

第二阶段：采取社工分层包户、居民自治管理，通过入户、预约等形式集资，由民主监督小区管理集资款，定期公示爱心集资榜。社区工作者周末制作大型板报，在楼前集中宣传，当天集资 4.5 万元，一周内达到 50% 的参与率。

① 毛寿龙、陈建国：《社区治理与可持续发展——由"美丽园"事件探讨自主治理的可持续之道》，《中国行政管理》2008 年第 3 期。

社工白天办公、晚上入户宣传，带动了大家关心公共事务的热情。

第三阶段：社区通过居民互助、定期走访、居民代表联系以及制作联络便利贴等方式，逐个击破低楼层业主争取难、产权不明确、敲不开门等难题。对少数生活困难居民，争取部分减免政策；对个别无正当理由而不参与集资的居民，通过不发电梯卡的方式进行区别；并对人员名单进行公示。

第四阶段：集资工作顺利完成，完成了招投标，电梯安装完毕投入使用。

（二）以停车管理为代表的个案

个案二：老旧小区"四无"问题由来已久，以点带面，集中改造停车管理。出于历史原因，老旧小区无停车管理、无保安、无保洁、无物业，简称"四无"，由此形成的停车难、治安差、环境乱等问题广为诟病。西罗园街道洋桥北里社区通过政府、市场、居民三方联动，以停车管理为突破口，多方联动解决老旧小区"四无"难题。

第一阶段：街道出资改造社区硬件设施。对小区进行道路整修、绿地改造。硬化地面、换砖共计35000平方米，社区路面铺柏油20000平方米，防护墙贴砖1000平方米，种植绿篱4500棵。通过改造扩宽了社区内的道路，挖掘了车位潜力，改善了休闲环境，保证了消防通道的畅通，为停车管理奠定了基础。

第二阶段：充分发扬居民自治。针对停车管理问题，洋桥北里小区前期对全体社区居民进行了调查，发放了问卷，并先后召开了社区党员代表大会、社区全体党员大会、社区居民代表大会。在会上充分听取各位党员、居民代表的意见，进行了民主投票，形成了广泛共识。在此基础上，社区"两委"按照《中华人民共和国城市居民委员会组织法》，通过招标、竞标的形式，由居民代表大会确定停车管理公司，整个过程公开透明，全程接受辖区居民的监督，充分保障了居民的自治权利。

第三阶段：科学规划集约资源。在确定停车管理公司后，停车管理公司立即对小区进行了摸底调查，确定了"大封闭、单循环、加泊位、强管理"的原则。"大封闭"是指通过停车管理人员对小区进行封闭化管理，设立门禁道闸，增加治安岗亭，"单循环"是指经相关部门备案后，确定小区由南门进、北门出单向行驶，大大缓解了出入口交通拥堵的情况；"加泊位"是指通过科学规划、协调辖区单位、单向行驶等增加了停车泊位；"强管理"是指停车公司为使小区内车辆行驶畅通，加设了标志指示牌，高峰时段增加保安疏导，停车管理人员 24 小时巡逻。

第四阶段：分层管理优化配置。对小区停车需求进行梳理，按照居民、辖区单位、外来车辆进行分层管理，采取不同的管理方式，按照本小区内业主优先的原则，优先把停车位分配给小区业主使用。针对辖区单位车辆发放穿行证，规定单位车辆必须停放于单位院内。针对外来车辆，在保障业主有停车位的情况下，进行收费停车。通过分层管理，对小区有限的停车资源进行了优化配置，基本满足了小区内合理的停车需求。

第五阶段：以点带面解决社区"四无"难题。街道与停车管理公司共计为社区安装了 51 个监控摄像头，对小区实现了 24 小时全时段、全地段的监控覆盖，增加了小区内保安的人手，14 名保安对社区进行 24 小时巡逻，南北门 24 小时有门卫值守，解决了社区"无保安"的难题。停车管理投入使用后，将停车管理的一部分收益补贴到为社区购买保洁服务的项目中，实现停车管理反哺社区保洁，解决了社区"无保洁"的难题。停车管理公司在做好停车管理的同时，还成立应急分队积极参与社区应急救援及志愿服务，积极参与社区治理，一定程度上填补了社区物业缺失的现状，部分解决了社区"无物业"的难题。

这两个案例都是解决社区居民反映强烈的关于公共设施和公共资源使用的问题，通过社区"两委"搭建议事协商的平台，由利益方进行议事协商解决问题。案例一涉及的利益相关方主要有低楼层住户、中高楼层住户、少数生活困难的居民、持"搭便车"心态的居民；案例二涉及的利益相关方主要有小区居民、停车管理公司。各方利益分散，如何将居民分散的利益聚合起来，形成集体选择？如何在社区内部实现多方之间的利益平衡？街道、社区"两委"等外在的组织应当在社区治理中扮演什么样的角色？这些问题都值得好好深思。

二　社区治理机制初探

有效的社区治理机制主要包括诉求表达与回应的互动机制、利益整合机制、集体选择机制、监督机制、外部支持机制等，这些机制的核心目的是让居民通过民主协商，解决社区公共事务和公共资源使用过程中出现的问题，从而增进邻里信任，建立社区规范，化解社区冲突和矛盾，实现基层"善治"。

（一）诉求表达与回应的互动机制

诉求表达是公众根据自身需求和动机所做出的表露情绪和诉诸主张和要求的过程，这一过程既受公众需求和社会动机等内因的驱动，也受利益差别、中介性社会事项和社会情境等外因的刺激。① 从建设服务型政府角度讲，建立诉求表达机制是做到"问需于民"的源头制度保障，是确定政府服务项目和对政府绩效评定的根本依据。目前我国地方公众诉求表达的形式主要依靠群体性抗议活动、利用互联网等新媒体和借助传媒人或知识分子代言的方式，呈现出以非常规形式或渠道为主、常规渠道通常不起作用的两大特点。② 究其原因，公众参与制度建设缺失，其中首要的是公众诉求表达渠道缺乏正式、有力的制度保障。

在社区治理中，在政府与公众之间构建一种良性的"诉求—回应"的互动机制，既是实现政府部门简政放权、提升社区居民公民意识的重要渠道，也是社区治理创新的重要举措。这种"诉求—回应"互动机制，其实质是政府与公众之间信息的传递。一方面，政府作为政策制定方、掌握重要资源，让政策反映居民的诉求；另一方面，让居民介入决策制定、资源分配、资源使用过程，从而减少居民抱怨、增加其理性表达。在参与过程中，居民学会系统看问题，主动承担责任，提升利益表达能力、沟通协商能力、组织协调能力和资源筹集能力等。③ 社区治理中诉求表达与回应的互动机制主要包括社区工作者包片入户制度、居民议事协商制度、听证制度，实现载体主要有问卷调查、议事协商会、党员大会、居民代表会议等，实现工具包括民情日记、民情图、居民提案、社区论坛、社区微博、微信公众号、手机短信、热线电话、信箱等。

---

① 毕宏音：《论诉求表达发生机制的产生动力》，《天津大学学报》（社会科学版）2009 年第 5 期。

② 古洪能、吴玉宗：《地方服务型政府建设中公众诉求表达问题研究》，《行政论坛》2012 年第 1 期。

③ 本书编委会编《国家治理视域下的社区治理创新——社区参与式治理的理论与实践》，学林出版社，2016。

（二）利益整合机制

利益整合是在承认利益多元化和矛盾普遍性的前提下，针对社区公共事务和公共资源使用过程中的共同问题和冲突，通过民主协商，将社区中各方利益整合起来，从而化解矛盾、缓和冲突。简言之，利益整合是一个求同存异、合作共赢的过程。社区利益相关者主要包括社区居民、社区"两委"、辖区单位、街道办事处、社会组织等；利益整合机制主要包括沟通交流和冲突调解机制。沟通交流机制蕴含不同主张的表达和对立观点的交流，当社区发生冲突时，首先需要让冲突各方对其诉求进行充分表达或发泄，这就需要不同主张的表达机制。但是，主张得到表达并不完全代表诉求得到倾听，倾听需要冲突各方之间的相互交流。[1]

因此，沟通交流机制的关键是让各方利益平等、自由、理性地表达，各方尊重他方合理利益诉求，寻求对公共目标的认同。对立观点的表达与交流虽可消除误解、缓和冲突，但无法从根本上消除利益的对立，这需要进一步的冲突调解机制建设。冲突调解机制主要是指冲突各方针对公共目标，通过协商趋向公共利益，各方利益做出妥协让步从而对社区问题的解决达成共识。利益整合机制主要通过议事协商会议制度、联席会议制度、人大代表联系选民制度等在社区各行为主体之间形成横向合作网络，虽然各方的组织级别不同、规模各异，但都是自愿、平等地参与协商对话，对社区问题的解决达成共识，有助于培养各行动主体对社区的认同感。[2]

（三）有效的集体选择机制

理想状态的社区治理是社区全体居民都参与的治理，但是在实践中往往不可能让每位居民亲自参与其中，所以要通过一定的机制形成有效的集体选择，形成集中但又照顾个体的偏好表达。集体选择机制主要包括充分的利益表达和正式的民主投票制度，充分的利益表达是进行集体选择的前提，正式的民主投票制度是集体选择的重要保障。只有在包容精神下保障利益参与者

---

[1] 原珂：《中国城市社区冲突化解与治理机制研究》，《行政论坛》2017年第2期。
[2] 吴光芸、李建华：《协商民主理念下的社区治理》，《四川行政学院学报》2010年第6期。

的发言权和参与权，才有助于实现充分的利益表达、沟通，有助于各方利益群体通过投票机制制定规则和形成解决方案。比如，由居民代表多次议事协商、集体表决统一想法：电梯更换由产权人承担费用，由此制订了电梯更换方案，确定了每户 1500 元的集资标准，并对生活困难居民进行部分费用减免。

（四）监督机制

监督机制主要包括信息公开制度、问责制度。信息公开制度是确保信息对称、程序透明、决策民主、群众监督的前提，是社区事务管理民主化的重要基础。没有信息公开，就不可能实现有效的治理。通过建立健全信息公开制度，明确公示处理社区事务的基本程序和主要规则，在事关社区居民切身利益的重大决策方面征求和听取居民的意见和建议，在决策执行过程中由居民对执行过程进行有效监督，确保全过程的信息公开透明。比如：社区"两委"与居民代表召开协商会，将会议召开时间、地点、参加人员、讨论事项、涉及居民切身利益的事项，通过居务公开栏、书面通知、网站公告、电话通知、短信通知、楼门长传达等多种渠道公开。问责制度是对不遵守规则者进行制裁、惩罚，制裁的程度取决于违规内容的严重性。邻里的舆论压力和道德谴责是一种行之有效的制裁、惩罚方式。比如，在更换电梯集资过程中，对没有正当理由却不参加集资的居民，通过不发电梯卡的方式来进行区别，并对人员名单进行公示。

（五）外部支持机制

正所谓"众人拾柴火焰高"，外部支持机制是指充分调动除社区自治外的各领域的相关力量参与社区治理，通过多元共治化解冲突和矛盾的机制，从而提高治理策略的针对性和有效性。外部支持力量主要包括：政府、社会组织、市场企业、专家学者及志愿者等。社区是党和政府联系和服务群众的最后一公里，作为社区"两委"，在社区这个规模较小的公共事物治理和资源利用中，要善于搭建议事协商平台，在这个平台上，让各利益方充分沟通、协商，积极争取外部资源支持。比如，在治理老旧小区停车难问题中，作为街道，一方面投入资金对社区基础设施进行改造，降低物业公司管理前期投入成本。比如，针对停车管理，街道对小区进行道路整修、绿地改造，对车位划线等；针对治安防范，街道根据民意进行封闭改造，出入口安装电子抬杆，增设监控摄像头等。另一方面，通过优惠政策吸引企业进驻老旧小区，并鼓励其提高服务水平。作为市场企业，停车管理公司对停车资源进行摸底规划，确定管理思路和方式，在人员配备、技术上给予保障，在收费方式上通过减免一定年限的管理费或给予部分补贴等形式，让居民先免费试用3~6个月优质服务，以好的用户体验为正式运营收费赢得群众基础。

三 政策建议

尽管透过丰台区社区治理的这两个案例，可以看到有效社区治理的影子，但在社区治理机制建设上还有一些内容有待完善。

一是要加强居民自组织的培育，将居民个体力量向组织化靠近，有利于居民诉求表达，有利于公民意识和参与能力提升。只有社区居民作为公民的主体意识和参与能力转化为真实的行动力，社区治理的难题才会变得相对容易一些。否则，我们更多的还是传统的单向服务，而不是双向互动、多元共治。

二是社区应制定科学简洁的议事规则、运行规则，以保证民主决策的科学性、合理性和有效性，保证每个权利主体都能在协商过程中充分发表意见，实现按照规则民主、按照规则集中的共赢局面。

三是社区要加强信息公开，要与居民之间充分开展公开、有效的信息交流互动，特别是要善于借助社区微信群、微信公众号等新媒体发布信息并整合资源。

B.21
公众参与基层社会治理的探索

——以史家胡同风貌保护协会为载体

东城区社工委

摘　要： 北京市东城区朝阳门街道成立了以社区居民为主体的史家胡同风貌保护协会，以此为组织平台，积极探索公众参与基层社会治理的体制机制，推动老北京胡同历史风貌和文化保护工作。公众参与基层社会治理机制的确立，提升了基层社会治理能力和水平，推动了社会治理创新和居民公共精神的培育。

关键词： 公众参与　社区自治　社会组织

党的十八届四中全会提出，"要坚持和完善基层群众自治制度，构建程序合理、环节完整的协商民主体系，完善和发展基层民主制度"。这一指导思想为基层深入开展社会自治创新的探索实践提供了明确的方向引领和强大的力量支撑。在此背景下，基于对公众参与推动社区自治的深入思考，北京市东城区朝阳门街道成立了以社区居民为主体的史家胡同风貌保护协会，以此为平台积极探索通过公众参与，推动老北京胡同历史风貌和文化保护工作，提升社会基层治理能力和水平，取得了初步成效。

一　居民自主发起，街道支持引导，社会广泛参与

史家胡同风貌保护协会的成立缘起于史家胡同博物馆。作为北京市第一家胡同博物馆，在建成后获得了良好的社会效应，无论是博物馆的馆舍设计、展陈内容，还是开展的日常文化活动，都使热爱胡同和胡同文化的人们有了一个

可以寄托老北京乡愁的精神家园。尤其对史家胡同的居民而言，这里不仅是他们物理的生活空间，也是他们精神上的公共文化空间，胡同居民称之为社区的文化祠堂。在此基础上，居民的生活、文化和精神诉求需要有一个自治组织来运作和落实，街道也敏锐捕捉到通过公众参与推进社区自治、凝聚公民精神的契机。于是，史家胡同风貌保护协会便应运而生。2014 年，由史家社区居民集体倡议，国管局红星物业、红墙花园酒店等辖区单位积极响应，在市、区相关部门、朝阳门街道的支持指导和胡同保护专家学者、城市规划院等社会各界的大力支持下，史家胡同风貌保护协会正式登记注册，成为北京市第一家自下而上成立的胡同文化保护组织，属于北京市东城区社会团体登记管理机关核准登记的非营利性社会团体法人单位。

它是一个比较有代表性的群众自治组织，发起自民间，活跃于基层，为胡同生活服务，致力于老北京传统风貌和文化的传承保护。协会的成立，得到了辖区居民、社区、街道、企业、社会热心人士和专业志愿者的热情参与和支持。成员中，既有各院的大爷大妈，又有年轻居民代表；既有红墙酒店、史家小学等辖区单位，又有公安部、外交部等产权单位；既有国管局委托的物业公司，又有房屋管理部门，同时还有热爱老北京文化、关注胡同发展的社会人士。专家顾问中，有老一辈学者，如侯仁之先生弟子朱祖希先生、胡同画家郑希成先生等，也有年轻的专业规划师、建筑师。他们志愿成为协会的"胡同规划建筑师"，为胡同居民生活和风貌保护提供专业服务。新选理事中，涵盖了居民代表、居委会、产权单位、房管部门、辖区单位、基金会代表和胡同保护专家。志愿者队伍更是实现了从小学生到大学生、从老北京到外国朋友、从业余爱好者到专业人士的全面覆盖和广泛参与。同时，协会还与思诚朝阳门社区基金会、万通基金会等社会组织开展合作。通过史家胡同风貌保护协会这个平台，广泛而优质的社会资源得以汇聚，政府、居民、社会共议、共治、共享的格局初步形成，为进一步推进基层治理创新做出了积极探索。

二　公众参与提升院落环境，胡同景观换新颜

（一）"咱们的院子咱做主"

院落空间是北京旧城历史文化街区物质环境中最重要且最具特色的组成部

分。过去，四合院里的院子是最让人感到惬意的地方，大家庭的公共生活在这里发生，人们在此消夏乘凉、喝茶聊天，院子就是一片小天地。然而，随着人口增长、加建增多，四合院慢慢变成了大杂院，仅有的一点院落空间要解决大家通行、堆杂物、晾衣服等多种需求，院子越变越窄、越变越乱，路面破损、排水不畅、蚊虫滋生等问题出现，院子里的生活似乎也已不复存在。据统计，史家胡同有院落82处，其中有多处市级文保院落，另外还有很多散落各个院落的旧迹，有着深厚的历史文化底蕴。由于历史因素，部分院落年久失修，院落存在大量私搭乱建房屋，对胡同的整体风貌造成了破坏。因此，朝阳门街道以史家胡同风貌保护协会为平台策划了"咱们的院子——院落公共环境提升试点项目"，试图从小处做起，一方面通过对院落公共空间的设计，提升落实保护规划中对风貌保护、民生改善的相关要求，同时推动院落自治机制的建立，让居民重新讨论身边的公共事务，形成环境自我维护的良性循环，最终带领居民一起找回院子里的好生活。

（二）"一胡同一院落"

经过社区推荐、设计师现场踏勘等途径，结合保护规划中提及的具有保护价值要素的院落，以"一胡同一院落"的原则，筛选首批试点项目院落。以八个院落的公共环境提升为切入点策划了"咱们的院子"试点项目，其中包括"锦上添花"和"雪中送炭"两种院落类型。本次院落的选择注重对各种类型情况的覆盖，八个院落基本能够全面代表东四南区域内的典型环境特征与居民居住情况。

"锦上添花"类院落包括史家胡同5号院和45号院。其本为保护状况较好的有价值院落，从公共环境改善、公共建筑（如垂花门）修缮入手，营造更好的院落整体形象，保护并提升风貌价值。史家胡同5号院为普查登记在册文物，原有院落基础较好，且有居民自发种植的绿化景观。可在此基础上进一步合理利用空间、美化环境、展示历史文化价值，使之成为名副其实的"最美四合院"。史家胡同45号院为挂牌保护院落，格局基本完好，但由于年久失修，现存一座垂花门已严重破损、濒临坍塌，危及居民出入安全。然而对于这类保护等级不高的历史建筑，常规情况下难以获得足够的重视和资金来进行专业修缮，因此以协会为平台筹集到东城区名城保护委员会的70万元专项资金及找来北京工业大学建筑与城市规划学院等专业机构对风貌建筑进行妥善修缮，在解决安全问题的同时保护院落历史文化价值。

"雪中送炭"类则包括前拐棒胡同4号、本司胡同48号、礼士胡同125号、内务部街34号、演乐胡同83号、灯草胡同66号共六个院落。这些院落是典型的大杂院，院落空间目前已成为居民停自行车、堆杂物、晾衣服的地方，很多院落更存在路面破损、排水不畅、蚊虫滋生问题。因此，街道引入专业力量对这些院落公共空间进行改造设计，解决有限空间内的合理利用、排水、晾衣等问题，帮助居民一起找回院子里的惬意生活。同时，街道以协会为平台，采取街道专款、社区公益金、朝阳门社区基金会资助相结合的方式，多方筹集资金，为民生改善汇聚资源。

（三）公众参与推动实施

为保证改造方案符合风貌保护要求和居民需求，街道以协会为平台召集包括中央美院、北京工业大学、北京市弘都城市规划建筑设计院在内的六家专业设计机构，以协会志愿者身份开展八个院落的参与式改造设计。在设计过程中，央美、北京规划院、北工大的设计师让本院居民充分参与进来，保证了设计既能改善院落环境、提升居住品质，又符合老北京传统的院落景观风格，并配以院落公约和维修基金形成长效养护机制，制定了包括前期踏勘、参与式设计、实施准备、施工、总结收尾及长期维护等环节在内的工作流程。

在试点项目开展过程中，责任规划师负责把握规划实施原则、对接政府资源、召集社会协助、组织居民参与，发挥了提供专业技术、建立平台纽带、推动规划实施作用。在制定了任务书时，提出包括"合理利用空间、保障便利安全""美化院落和环境、展示文化特色""促进邻里交往、丰富公共生活""开展公众参与、建立资管机制"的改善预期，针对居民利用院落空间储物现象提出解决措施，并由街道组织向历史街区内的五个社区布置初选要求：主动改造需求迫切，居民关系团结，具有一定历史文化或风貌价值的院落。2016年1月，两处院落公共空间改善工程基本完成，在居民家中举行了项目总结会，共同总结经验并制定小院公约，为良好院落环境的保持和维护建立长效机制，在旧城历史街区更新与再设计方面做出积极实践。

三 出台《史家胡同居民公约》，让居民更自觉

一部共同遵守的乡约民规是营造和谐美好的社区环境、增强社区凝聚力和文化自豪感、凝聚公民精神的基石。协会以史家胡同博物馆为依托，运用"开放式空间讨论"的形式，组织社区居民开展了八次"胡同茶馆"活动，分层次、分主题、分小组就居民关注的问题进行讨论，历时八个月研讨形成了《史家胡同居民公约》初稿，通过多渠道开展网上网下公示，广泛征集民意，最终达成共识。2015 年北京国际设计周史家胡同分会场开幕式上，举行了公约发布仪式，由居民代表集体签字认可，正式悬挂在胡同内。《史家胡同居民公约》涵盖了社区公共道德、居民文明礼仪、婚姻家庭和邻里关系、胡同风貌环境保护、社区治安等多个方面，大力倡导居民参与和谐社区建设，秉承邻里守望、遵守社会公德，共同规范不文明行为，提升胡同整体人文素质。短短不到一千字的《公约》，浓缩了史家社区居民对于家园的热爱和期望，大家普遍认为这是最符合居民意愿、最接地气的乡约民规。随后，史家社区和风貌保护协会开展了多种形式的宣传，让《史家胡同居民公约》深入每个居民心中，并逐渐形成民众集体意志，进一步打牢思想基础，从思想自觉转化为行动自觉。

四 开展文化交流活动，风貌保护理念深入人心

（一）整理胡同史志

在协会理事和成员中，既有北京档案界的专家，又有出身历史学专业的年轻胡同居民，还有大学生专业团队。他们通过对历史档案和史料记载的梳理，通过对胡同老居民、老住户的访谈，记录整理了宝贵的胡同生活史料以及鲜活的历史记忆，在关注胡同内生活过的名人名家的同时，还记录了普通人家的家族史和生活风貌，初步整理形成史家胡同史志及口述资料，唤醒居民的胡同记忆和情感文化认同，使胡同风貌和文化保护理念深入人心。目前，协会已完成出版胡同史志和口述资料，后续还将推及东四南文保区内各条主要胡同，形成系列资料。

（二）搭建文化交流平台

在社区文化建设方面，协会以史家胡同博物馆为依托，组织居民开展故事会、文化沙龙、专题展示等活动，与北京档案学会合作，每月开展一次北京文化讲座，为传统民间文艺表演提供平台，戏曲、相声、老北京叫卖定期展演，成为街道、东城区乃至北京市传统文化传承交流的重要阵地，通过民间文化交流互动，不断提高居民文物保护意识，大力营造胡同风貌和文化保护氛围。

（三）亮相"北京国际设计周"

2015 年以来，协会先后在史家博物馆、内务部街举办"北京国际设计周"之"为人民设计"展区专场、"旧城历史街区保护更新中的社区参与"国际研讨会和沙龙展览。目的是让设计回归到为人服务的本源，展示设计如何改变生活；通过专家、学者与居民的交流和展示向市民普及城市规划理念，让居民群众共同分享对家园更深的理解和美好向往，调动居民参与城市建设的热情；也通过展示协会搭建公众参与平台提升院落环境的项目成果，使广大志愿者们分享成功和快乐，以吸引更多有志于此的社会资源和力量参与其中。在展示中，详细介绍和交流了史家胡同 45 号院垂花门修缮和史家胡同 5 号、前拐棒胡同 4 号等十个试点院落公共空间改善项目，近 5 万人次到访参观，社会各界对展览效果和街道、协会的工作给予高度评价，并鼓励朝阳门街道继续以协会为平台，开展更多聚合社会资源、发动居民参与的胡同保护更新探索。北京电视台、《北京日报》、《北京晨报》、《法制晚报》等多家主流媒体进行了跟踪报道，设计周主办方向史家/内务展区颁发了"优秀项目"奖，并给予专项奖励。

五 推动社会治理创新，培育居民公共精神

（一）多元参与汇聚民智

史家胡同风貌保护协会的功能定位的初衷是通过公众参与推动胡同风貌保护和文化传承，但在筹划阶段，街道办事处结合当前社会治理创新和地区发展

实际，为其注入新的更深层次的内涵和使命：一是从基层治理角度出发，通过协会来搭建政府、居民、社会三方聚力、多元参与、共治共享的基层治理桥梁和平台，为提高基层治理现代化水平进行有益尝试；二是最广范围、最大程度汇集民智、凝聚民心，调动社区居民参与社区建设和自我管理的积极性，不断增强归属感和自豪感，培育社区居民的公民精神、自治意识。因此，以胡同风貌保护和文化传承为引线，通过广泛充分的公众参与，史家胡同风貌保护协会逐步成为推动社区自治创新、凝聚培育居民公共精神的重要助推力量。

回首协会成立至今，得到了广大胡同保护专家学者和城市规划院等专业力量的支持，更有社会各界热爱老北京文化、关注胡同保护的人士和社会组织的鼎力支撑，大量优质的人才、理念、资金等的投入发挥了积极作用。此外，市、区政府部门也给予了大力扶持和具体指导，在协会启动的院落提升项目中，东城区政府专门拨付名城保护资金支持史家胡同两处院落的修缮改造。从基层治理的角度讲，协会在汇聚政府、居民和社会资源的基础上，实践了社会多元参与、共治共享的基层治理新模式。

（二）凝聚公共精神，提升社区自治能力

从居民自治意识和公共精神方面来讲，协会衍生于史家胡同博物馆，既是"建设一个活的胡同博物馆"的自然延伸，也是基于古老社区文化重建的一份努力。协会以风貌保护为宗旨，由居民主动发起，本身就具备了扎实的群众基础。在制定《史家胡同居民公约》过程中，参加"开放式空间讨论"的人员包括胡同常住居民、在校学生、在职人员、辖区单位、商户、外来人口等，年龄跨度从20岁到70岁，讨论氛围非常活跃。在实施院落提升项目的过程中，一改以往由政府或房管部门出面全程包揽修缮的方式，更多依靠居民参与确定实施方案，整个过程充分体现了居民自治精神，发挥了很好的示范带动作用。社区居民"生活在胡同、建设为胡同"的自治自觉意识显著增强，归属感、幸福感、获得感不断提升，社区公共精神得以凝聚，社区自治能力和水平实现了新跨越。史家胡同风貌保护协会的工作模式获得主流媒体的正面宣传，特别是在北京电视台《春潮》栏目、民政部《中国社区报》以及《瞭望周刊》中分别从不同角度对比进行了专题报道，也体现了各级政府和社会各界对此相关工作的关注与支持。

六 持续深化创新，寻梦"老胡同 新生活"

总之，史家胡同风貌保护协会致力于保护史家胡同及其周边区域的历史风貌及人文环境，从形成共识、拟定公约、聚拢资源、修缮院落、志愿服务、公益宣传等各方面出发开展了一系列活动，通过公众参与和引入社会资源，不仅推动了史家胡同的风貌保护，而且增强了社区凝聚力和文化自豪感，更提升了史家社区居民的公民精神、自治意识和自治能力，为提高基层治理现代化水平进行了有益尝试。在充分肯定其成绩的同时，我们也认识到，协会目前仍处于初创阶段，还存在一些问题和不足。比如，如何推动各方面力量的充分融合和有效互补，建立科学的资源吸纳机制，实现合力最大化、长效化，还需要进一步深入思考；在项目运作方面，如何对既有的院落提升、史志整理等项目进行延伸拓展，在突出本地特色优势的同时打造风貌保护和文化传承体系，并形成具有广泛适用性和推广价值的经验，还有待我们进一步探索实践；另外，在如何发挥示范效应，多种渠道鼓励和支持社会各方面参与，实现政府治理和社会自我调节、居民自治良性互动，不断提高社会治理水平等方面还需要深入研究。

下一步，我们将在市、区相关部门的关心支持下，不断加强协会建设，创新组织形式，完善工作模式，依托街道社会组织孵化平台，加大公众参与的广度和力度，凝聚社会资源和居民共识，继续深入探索胡同风貌保护新模式，不断推动社区自治和社会治理。同时，还要大胆拓展思路，积极寻找协会与区、街整体工作的契合点，把胡同风貌和文化保护工作融入平房区胡同物业服务和提高城市管理精细化的大格局中，在发展中保护，以保护促发展，为描绘"老胡同 新生活"尽情着笔添色，也为首都实现疏解整治促提升、建设"世界一流和谐宜居之都"做出更大的贡献。

调查报告篇

Survey Reports

B.22

北京市居民获得感调查

胡建国　兰　宇*

摘　要：　让人民群众有更多的获得感，是经济社会发展的重要价值取向与保障。基于对北京市常住居民的调查发现，北京市常住居民获得感整体较高。其中，北京户籍居民获得感高于外地户籍常住居民；体制内群体、高收入群体、参加社会保障群体，以及享有单位福利分房、保障性住房和购买商品房资质的居民获得感要高于平均水平。基于调查结果分析，报告提出加强收入分配、提高社会保障水平、消除体制内外差异的政策建议。

关键词：　发展社会学　获得感　生活质量　社会心理　公平

---

* 胡建国，博士，北京工业大学人文社科学院社会学系教授；兰宇，北京工业大学人文社科学院社会工作专业硕士研究生。

一 研究背景

获得感是人们从经济社会发展中获益程度的主观感受。当一个国家或地区的人们的获得感程度高时，其对现状和未来会持有积极与乐观的预期，反之则持有的是消极与焦虑的情绪，对未来持不乐观的态度。获得感作为人们社会意识的重要组成，在一定程度上反映人们主观生活质量和社会发展水平。

一般来看，影响人们获得感的客观因素主要包括生活水平、收入与消费状况、就业质量、民生保障等。改革开放以来，中国经济快速发展，人们生活水平显著提高，但是，一些民生领域的问题在近些年来也开始显现，并逐步成为突出的社会问题。其中，尤其突出的是住房、教育和医疗三大领域中的高房价，上学难和看不起病问题，在相当程度上冲击着公众的获得感。据相关调查显示，因为民生压力问题，公众普遍存在着一种紧张的心理状态，[①] "全民焦虑" 成为当下中国社会的一个突出现象。人们最焦虑的个人问题排在前三位的是 "看不起病、养不起老"，"人际关系紧张、信任危机" 和 "工作压力大"；在社会层面，人们最焦虑的三个问题是："物价涨得比工资快"，"权力不受制约、腐败易发多发" 和 "食品、药品、产品安全缺乏保障"。引发这些问题的原因主要是人们内心存在着 "不公正感"、"不安全感" 和 "被剥夺感"。[②] 概括言之，就是获得感的下降。也正是在这样的背景下，2015 年 2 月 27 日，中共中央全面深化改革领导小组第十次会议上，习近平提出要科学统筹各项改革任务，推出一批能叫得响、立得住、群众认可的硬招实招，把改革方案的含金量充分展示出来，让人民群众有更多的获得感。[③]

北京作为国内经济社会水平领先的城市，居民生活质量相对要高，那么居民的获得感又如何呢？对此，本文以北京市居民为研究对象，利用

---

① 吴忠民：《社会焦虑的成因与缓解之策》，《河北学刊》2012 年第 1 期。
② 人民论坛特别策划组：《全民焦虑症问诊——当前中国人为何焦虑》，《人民论坛》2013 年第 9 期。
③ 《习近平主持召开中央全面深化改革领导小组第十次会议强调：科学统筹突出重点对准焦距，让人民对改革有更多获得感》，《人民日报》2015 年 2 月 28 日。

2016 年北京市居民综合社会调查数据，① 考察北京市居民获得感的状况及其特征。

二　北京市居民获得感状况

从现有研究来看，关于获得感的测量并不多见。对此，根据获得感反映的是人们在经济社会发展中受益程度的这一思路，在问卷调查中调查了北京市常住居民对其生活改善状况的主观评价。调查共设计了两个变量，一个是"与五年前相比，您现在的生活变化情况"，另一个是"您认为五年后的生活和现在比会怎样"。调查使用李克特量表共给出了五个程度选项：①变得很差，②变得较差，③几乎一样，④变得较好，⑤变得很好。以此反映北京市常住居民对自己过去五年和未来五年获得感的评价及预期，相关调查统计结果见图 1。

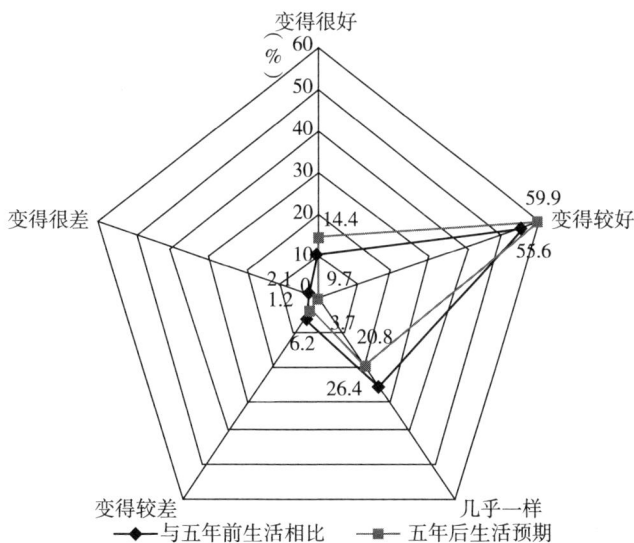

图 1　北京市居民获得感

---

① 北京市居民综合社会调查于 2016 年 3～4 月在北京市四城区和四个近郊区基于整群抽样方法的问卷调查，共调查了 3707 位北京市常住居民。其中，男性占 54.8%，女性占 45.2%；城镇户籍占 77.0%，农业户籍占 23%；平均年龄 35 岁。

从图1可以看出，有9.7%和55.6%的被调查者认为自己现在的生活水平与五年前比，变得很好和较好，合计为65.3%；而认为自己的生活水平与五年前相比变得较差和很差的分别只占6.2%和2.1%，合计只有8.3%，认为生活没有变化的为26.4%。可以看出，在过去五年中，被调查的北京市居民表现出较高的获得感，约2/3的被调查者认为生活水平得到了提高，而认为过去五年生活变差的不到10%。在对五年后的生活变化预期方面，有74.3%的人对未来充满预期，相信自己五年后的生活能够比现在好，其中有14.4%认为会变得很好，有59.9%认为会变得较好；认为会较差和很差的分别只有3.7%和1.2%，合计仅为4.9%；而认为生活维持现状不变的占20.8%。可以看出，对于未来的获得感，被调查的北京市居民表现出积极的预期与乐观的态度，大多数相信自己的生活会变得更好。

进一步分析不同群体被调查者的获得感情况。我们把获得感程度分别赋值1~5分，分值越高，获得感越强，反之越低。首先，从不同性别群体来看，女性获得感为3.6分，高于男性3.4分（见图2），原因可能主要是男性的压力普遍强于女性，导致其获得感低于女性群体。其次，从不同户籍群体来看，北京户籍居民获得感要略高于外地户籍常住居民（见图3），受户籍制度影响，北京户籍居民在居住、教育、医疗等民生领域，往往会被更多的惠及。最后，从不同年龄群体来看，总的趋势是随着年龄的增长，获得感逐渐提高（见图4）。比较而言，中青年群体正处于人生"爬坡"阶段，往往面临较大的工作与生活压力。然而近年来，中国社会领域的市场化改革导致公众民生压力过大成为

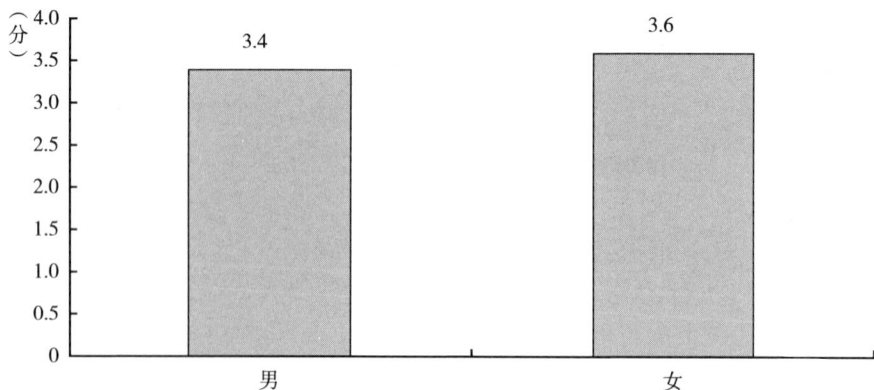

图2 不同性别群体获得感

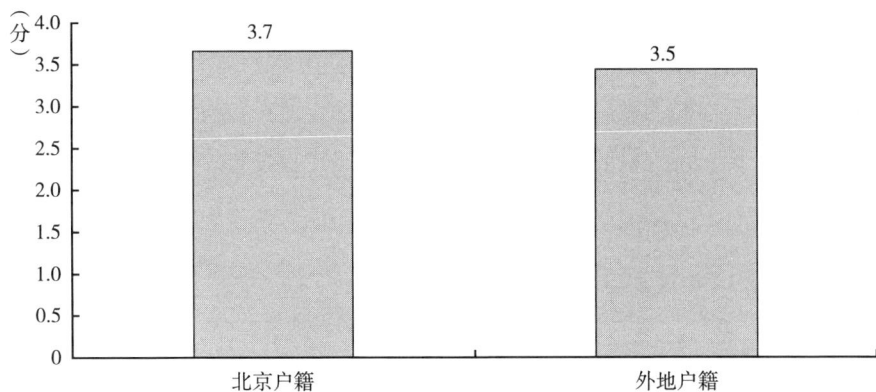

图3 不同户籍群体获得感

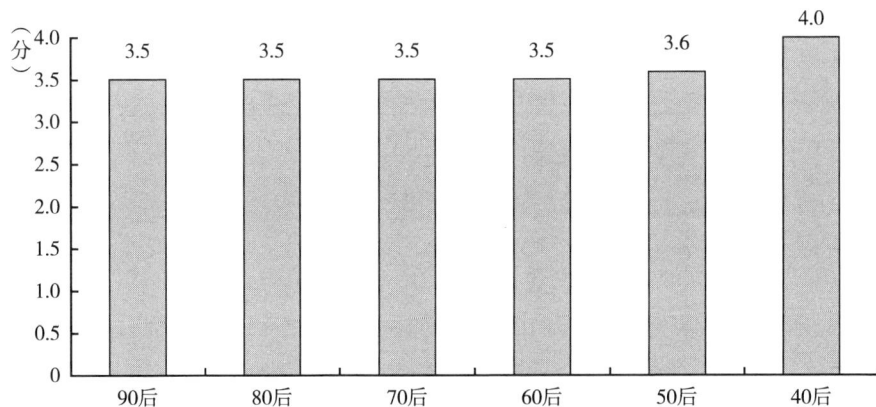

图4 不同年龄组群体获得感

普遍的社会现象，① 尤其是处于"刚需"时期的中青年群体，压力尤其明显。不过整体来看，被调查的北京市常住居民的获得感总体上处于较高的水平。

三 不同经济、社会地位群体的获得感

进一步分析不同经济、社会地位群体的获得感差异。第一，从不同社会

---

① 胡建国：《社会流动对收入分配公平感的影响——中国公众收入分配公平感的再探讨》，《人文杂志》2012 年第 6 期。

阶层群体来看，企业主阶层和农民阶层获得感最高，均为3.9分；而党政干部和经理人员阶层获得感最低，均为3.4分（见图5）。整体而言，除了企业主等个别阶层之外，随着社会阶层地位的上升，人们的获得感逐渐下降，大致呈现出"金字塔"形的特征。造成这种情况的因素，本文将在下一部分展开探讨。

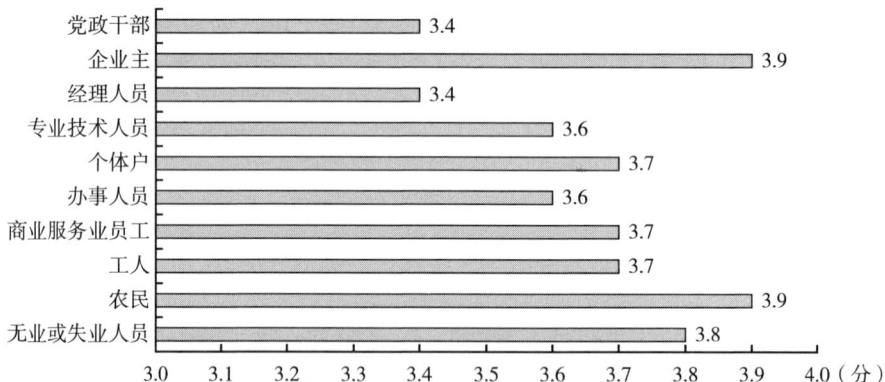

图5 不同社会阶层群体获得感

第二，从不同收入群体来看，随着收入水平的提高，人们的获得感不断增强（见图6）。事实上，增加居民获得感的一个重要实现途径是提升居民收入，对此，"十三五"规划报告中也提出要实现居民收入增长和经济增长同步。事实上，在以往的研究中，也表明人们收入水平与主观生活质量呈现出正相关的特征。[①] 本次调查结果与以往研究的结论相同，表明物质生活条件的改善对于居民获得感的提高有着重要的意义。

第三，从不同学历群体来看，随着学历的提高，获得感也不断提升，二者同样呈现正相关的关系（见图7）。随着市场经济的发展，高学历者往往能够获得一份体面的职业与收入，在获得感上相应地也呈现更高的水平。

第四，从不同就业单位从业人员来看，获得感最高的是党政机关和事业单位，获得感最低的是军队（见表1）。总的来说，体制内单位的获得感整体高

---

① 王佳：《经济发达地区居民主观生活质量的多重影响因素——基于北京、上海、广州三地的调查》，《华南理工大学学报》（社会科学版）2010年第5期。

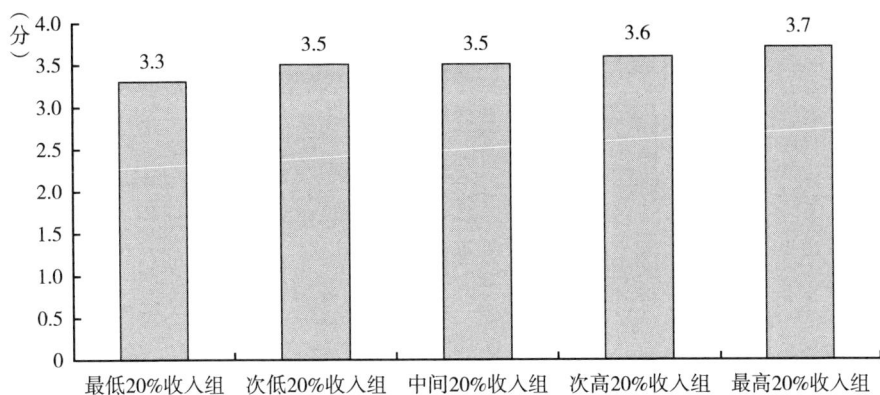

图6 不同收入获得感比较

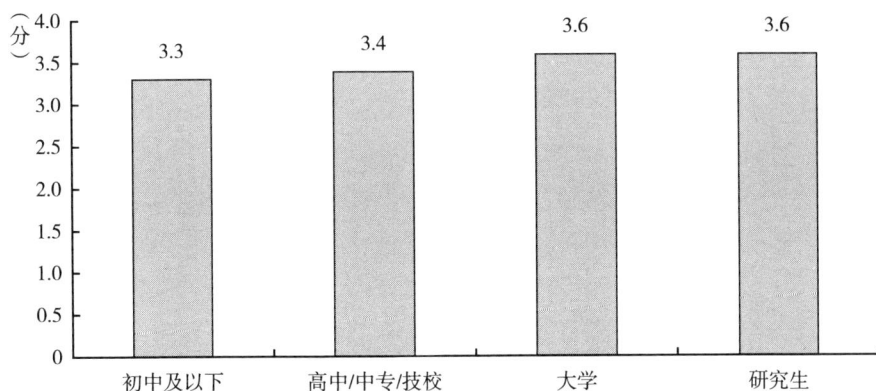

图7 不同学历群体获得感比较

表1 不同就业单位从业人员获得感比较

单位：分

就业单位（体制内）	均值	就业单位（体制外）	均值
党政机关	3.7	私营企业	3.4
国有企业	3.6	社会团体（社会组织）	3.4
事业单位	3.7	外资企业	3.5
集体企业	3.4	个体经营，单独做事	3.4
军队	2.8		
平均	3.6	平均	3.4

于体制外单位，这可能与体制内单位有较好的福利待遇有关。但是，从前面图5的统计结果来看，体制内的党政干部的获得感在各阶层群体中是最低的。综合图5和表1的结果，我们可以看出，体制内从业人员的获得感高于体制外从业人员，但是不包括党政干部。虽然党政干部地位高，但是其所承担的职业压力和工作责任与之实际获得不对等，这是其获得感偏低的重要原因。

第五，从不同社会保障参与群体来看，享有各项社会保障的群体的获得感均比其他群体要强（见图8）。一般来看，社会保障体系具有"安全阀"的功能，保证人们安居乐业。但是，在被调查的北京市常住居民中，有85.6%的被调查者参加了养老保险，有81.8%的被调查者参加了医疗保险，有80.8%的被调查者参加了工伤保险，有77.9%的被调查者参加了失业保险，有74.9%的被调查者参加了生育保险，有71.4%的被调查者享有住房公积金待遇。可以看出，社会保障的覆盖率较高，还有进一步提升的空间。

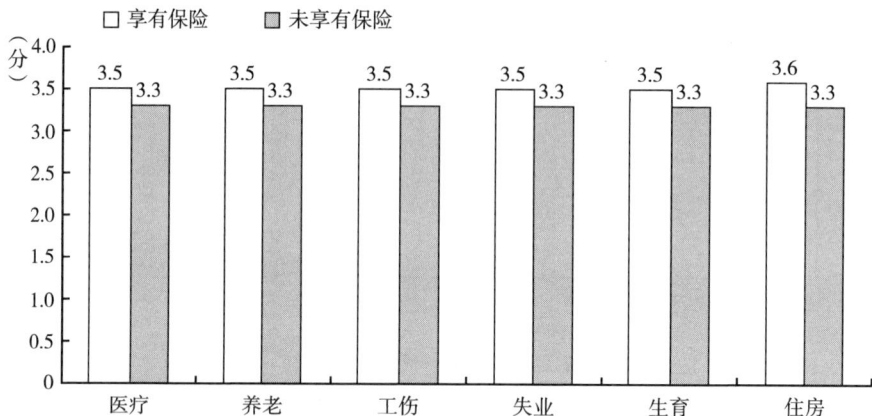

图8 不同社会保障参与群体获得感

第六，从不同住房条件群体来看，获得感最强的是享有单位福利分房的群体；排在第二位的是自购商品房群体，第三位的是购买经济适用房、两限房和自住商品房群体（见图9）。近些年来，北京房地产价格快速上涨，价格持续大幅攀升，"居有所住"成为突出的民生问题。对此，政府出台了诸多举措抑制房价过快上涨，同时加大保障房建设力度，加大保障房供给。可以看出，住房条件在很大程度上决定着人们的获得感，其中，那些通过政策保障解决住房问题的群体的获得感是最强的，尤其是享有单位福利分房的群体，这些群体往往通过比市场要低很多的价格获得具有产权性质的住房。另外，那些经济条件较好的群体，往往通过市场购买商品房，解决住房问题，随着房价的持续上涨，他们的获得感也排在前列。

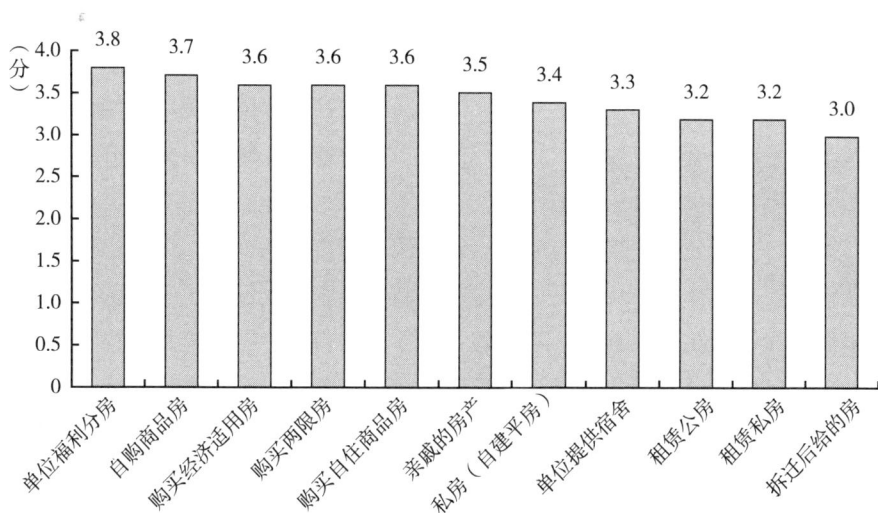

图9　不同住房条件群体的获得感比较

四　小结

全面深化改革，就是要以人为本，以人民群众的"获得感"去检验改革的成效，而人民群众的"获得感"的不断提升，也是凝聚改革共识，推动改革的重要保障。对此，"十三五"规划明确地将民生问题作为发展的短板，大力解决民生问题，让百姓有更多的"获得感"，坚持共享发展理念，建设共享社会，扭转社会过度分化，平衡各利益主体的发展诉求，提高全民的获得感，营造一个和谐的新社会。结合本调查研究发现，提出如下建议。

第一，努力实现人们收入水平稳定增长，这是提高人们"获得感"的重要途径。从调查结果来看，收入水平与"获得感"呈现密切的关联。对此，如何在社会经济增长过程中，让人们的收入跟上，这是实现全面小康、实现发展共享的内在要求。当前，收入差距过大是客观社会问题，由此引发的相当一部分社会成员"被剥夺感"较强，"获得感"较低，这也是客观事实。对此，在收入分配改革中，需要有针对性地进行顶层设计。

第二，进一步提升社会保障水平。从本调查结果来看，社会保障水平对人们的获得感的强化有着重要的意义。虽然北京市社会保障覆盖率已经实现了较高的水平，但是依然还有一些社会群体没有参与到社会保障体制当中来，而他们往往是社会普通群体甚至是底层群体。同时，社会保障覆盖率虽然较高，但是保障水平和力度相对较低，对此，进一步提升社会保障，以此提升公众获得感，还需要进一步推进相关工作。

第三，重视公众获得感的体制差异。从本调查结果来看，体制内从业人员的获得感要高于体制外从业人员，这种体制差异客观上反映了人们因就业单位的不同，在实际获得中存在着不平等，如住房、教育、医疗等相关福利的不平等，这与经济社会发展的公开开放导向是相违背的。对此，需要从社会管理角度进一步消除体制差异。

B.23
北京市城市社区居民自治
水平和能力研究

——以西城区、石景山区为例

北京市委社会工委政策法规处课题组*

摘　要：　本文以北京市西城区和石景山区138个社区的问卷调查为基础，重点分析了40个优秀社区。本文通过相关数据，描述了社区居民自治的基本情况，在对现有居民自治水平和能力进行评估的基础上，提出了未来北京市居民自治的发展建议。

关键词：　社区　居民自治　水平和能力

为了解北京市社区居委会的自治能力和水平，深入研究分析城市社区居民自治影响因素，对社区居民自治工作进行有针对性地指导，本文以西城、石景山辖区所有社区为样本框，按照常住人口数量排序，根据等距抽样原则选取1/3的社区（西城区89个、石景山区49个）进行问卷调查，并通过对138个社区的研究，分析两区居民自治的基本情况。在此基础上，对区社工委根据综合评比和日常工作表现推荐的优秀社区（西城区17个、石景山区15个）进行了补充调查，结合前期等距抽样涉及的优秀社区，深入分析40个优秀社区（西城区、石景山区各20个）在居民自治方面的特点。样本构成如表1所示。

---

*　课题组负责人：北京市委社会工委副书记张坚；课题组成员：唐志华、聂品、王涛、李筱婧等。

表1 样本构成

单位：个

城区	前期调查（等距抽样）		后期调查（区社工委推荐）	总体
	一般社区	优秀社区	优秀社区	
西　城	86	3	17	106
石景山	44	5	15	64
总　计	130	8	32	170

　　主要从五个方面对城市社区居委会开展居民自治的情况进行研究：①自我管理和规范运行能力；②承担社区服务管理事务的能力；③组织协调社会资源的能力；④与行政机构协调合作的能力；⑤与社区居民沟通的能力。调查内容由七大项（①社区基本情况；②社区居委会的组织化和规范性；③社区居委会服务管理范围；④社区居委会与其他组织的关系；⑤社区居委会与街道办事处的关系；⑥社区居委会与居民的关系；⑦对于社区居民自治的相关建议）36小项组成。

一　社区居委会开展居民自治的基本状况[①]

（一）社区居委会的组织化和规范性

1.居委会的选举方式以户代表选举和居民代表选举为主，两种方式代表参与率基本达到90%

　　户代表选举（55.1%）和居民代表选举（43.4%）是最为常见的居委会选举方式。两区都极少采用全体居民选举方式（1.5%）产生居委会（见表2）。前期138个样本中，只有石景山区八角街道八角南路社区和老山街道玉泉西路社区由全体居民选举进行居委会换届，居民参与率分别为90.1%和94%。

---

① 本部分仅对根据等距抽样原则选取的138个社区进行分析，推论西城区和石景山区居民自治的总体情况。

表2 居委会的选举方式

单位：个，%

选举方式	西城区		石景山区		总体	
	样本量	百分比	样本量	百分比	样本量	百分比
全体居民	0	0.0	2	4.1	2	1.5
户代表	52	59.8	23	46.9	75	55.1
居民代表	35	40.2	24	49.0	59	43.4
总 计	87	100.0	49	100.0	136	100.0

相对而言，西城区多采用户代表选举方式，且90.4%的社区户代表参与率超90%，比石景山区高12.1个百分点；石景山区多采用居民代表选举方式，且95.8%的社区居民代表参与率超90%（见表3）。

表3 本届居委会换届选举的参与率

单位：个，%

样本类型及选举方式		西城区		石景山区		总体	
		样本量	百分比	样本量	百分比	样本量	百分比
户代表	90%以下(含)	5	9.6	5	21.7	10	13.3
	90%以上	47	90.4	18	78.3	65	86.7
	小 计	52	100.0	23	100.0	75	100.0
居民代表	90%以下(含)	5	14.7	1	4.2	6	10.3
	90%以上	29	85.3	23	95.8	52	89.7
	小 计	34	100.0	24	100.0	58	100.0

2. 居委会下属委员会设置完备，西城区工作人员配置较多

西城和石景山的社区居委会均下设社会福利、综合治理、人民调解、环境卫生、人口计生、文化共建、老龄工作七个委员会。石景山区社区居委会上述各委员会工作人员多为两人以下；西城区在十人以下，分布较为平均。此外，石景山区鲁谷街道六合园南社区和西城区广外街道小马厂社区还设有常务委员会，工作人员各有11人（见表4）。

表4　居委会下属委员会组成及人员配置

单位：%

机构名称	城区	2 人以下(含)	3~5 人	6~9 人	10 人以上
社会福利委员会	西　城	34.8	38.2	27.0	
	石景山	65.3	24.5	10.2	
综合治理委员会	西　城	35.2	36.4	27.3	1.1
	石景山	71.4	14.3	12.2	2.0
人民调解委员会	西　城	38.2	31.5	30.3	
	石景山	67.3	18.4	14.3	
环境卫生委员会	西　城	37.1	32.6	29.2	1.1
	石景山	71.4	16.3	8.2	4.1
人口计生委员会	西　城	36.4	34.1	28.4	1.1
	石景山	71.4	18.4	8.2	2.0
文化共建委员会	西　城	37.1	32.6	29.2	1.1
	石景山	71.4	18.4	10.2	
老龄工作委员会	西　城	37.1	32.6	30.3	
	石景山	73.5	18.4	8.2	
其他常务委员会	西　城				1.1
	石景山				2.0

3. 超过九成的社区有居民小组，石景山数量多于西城

根据1989年颁布的《中华人民共和国城市居民委员会组织法》第十四条，"居民委员会可以分设若干居民小组，小组长由居民小组推选。"本次调查显示，93.5%的社区有居民小组，平均每个社区有24.55个；居民小组数量为22个的社区最多。石景山社区居民小组数量（平均31.30个）显著多于西城区（平均20.81个），并且离散度（标准差）大。数量较少的石景山老山街道玉泉西路社区有6个小组；数量最多的八宝山街道瑞达社区居委会下设多达196个居民小组。西城区牛街街道南线阁社区和新街口街道中直社区小组数量较少，都是9个；德胜街道马甸社区居民小组数量最多，也只有43个（见表5）。

表5　居委会下设居民小组情况

单位：个

城　区	居民小组平均数量	最小值	最大值	标准差	标准误
西　城	20.81	0	43	7.777	0.854
石景山	31.30	0	196	29.709	4.380

4.居委会在建章立制方面有一定作为，除了社区自治应有的基本制度外，西城区1/3的社区和石景山六成社区自主制定了相关制度

九成以上的社区按照法律规定制定了自治章程、公约（如居民公约、养犬公约、文明公约）、民主决策制度（如居民会议制度、议事协商制度、民主听证制度）、民主监督制度（如居务公开制度、民主评议制度）、日常工作制度（如例会制度、社区联席会议制度、走访制度、分片包户制度）等。但是五类制度都健全的社区只占总体的84.1%，部分社区缺失一类或两类制度（见表6）。

表6　居委会工作制度依法建设情况

单位：%

城区	自治章程	公约	民主决策制度	民主监督制度	日常工作制度
西　城	94.5	95.5	92.1	94.5	97.8
石景山	93.9	93.9	95.9	100.0	100.0
总　计	94.2	94.9	93.5	96.4	98.6

西城上述制度都健全的社区比例为83.1%，石景山为85.7%（见表7）。

表7　居委会工作制度健全情况

单位：%

城区	五类制度都有	缺少一类制度	缺少两类制度	情况不明（未回答）
西　城	83.1	11.2	4.5	1.2
石景山	85.7	12.2	2.0	0.1
总　计	84.1	11.6	3.6	0.7

21 个社区存在制度不健全的情况，占总体的 15.2%。其中 16 个社区缺少一类制度，5 个社区缺少两类制度。按缺失程度，依次为无民主决策制度（5.8%）、无自治章程（5.1%）、无公约（4.3%）、无民主监督制度（2.9%）、无日常工作制度（0.7%）。西城区主要缺失民主决策制度和民主监督制度，石景山区主要缺失自治章程和公约（见表8）。

表8　居委会工作制度缺失情况（"○"表示无此项制度）

城区	社区	自治章程	公约	民主决策制度	民主监督制度	日常工作制度
西城区	德胜街道新外大街社区	○				
	西长安街义达里社区	○				
	新街口街道西里一区	○	○			
	新街口街道安平巷社区		○			
	新街口街道官园社区			○		
	展览路街道阜外东社区	○		○		
	广外街道东站西街社区		○			
	广外街道马中里社区			○		
	什刹海街道米粮库社区			○	○	
	什刹海街道西安门社区			○		
	月坛街道三区三社区			○		○
	椿树街道椿树园社区				○	
	大栅栏街道延寿社区				○	
	陶然亭街道新兴里二社区				○	
	小计:社区制度缺失率(%)	4.5	3.4	6.7	4.5	1.1
石景山区	古城街道南路东社区	○				
	古城街道老古城东社区			○		
	鲁谷街道六合园南社区	○	○			
	鲁谷街道七星园南社区	○				
	五里坨街道东街社区		○			
	五里坨街道西山机械社区		○			
	八角街道景阳东街第一社区			○		
	小计:社区制度缺失率(%)	6.1	6.1	4.1	0.0	0.0
	总计:社区制度缺失率(%)	5.1	4.3	5.8	2.9	0.7

除此之外，30.4%的社区自主制定了相关制度。在前期等距抽取的138个样本中，西城29个社区自主制定了50项制度，占西城89个样本社区的32.6%，平均每个社区制定1.72项制度；石景山13个社区自主制定了29项制度，占石景山49个样本社区的26.5%，平均每个社区制定2.23项制度。

例如，西城区椿树街道椿树园社区的《社区工作人员廉洁自律规定》，德胜街道马甸社区的《民生问题"四个准确加一个对接"制度》《网格执法力量联合工作日制度》，展览路街道露园社区的《露园社区常委会制度》；石景山区八宝山街道沁山水南社区的党员驿站相关制度，金顶街街道金顶街四区的《物业自管会制度》《社区联系辖区单位制度》《与物业沟通协调制度》，鲁谷街道七星园北社区的《七星先锋奉献积分制管理》等。

5. 居委会日常运行基本正常

53.3%的社区上年度召开过全体居民会议。其中40.7%的社区开过2次以上会议，12.6%的社区开过1次会议。西城区和石景山区没有显著差异（见表9）。

表9　上年度社区居委会召开全体居民会议次数

单位：个，%

全体居民会议（次）	西城区		石景山区		总体	
	样本量	百分比	样本量	百分比	样本量	百分比
0次	40	46.5	23	46.9	63	46.7
1次	12	14.0	5	10.2	17	12.6
2次以上	34	39.5	21	42.9	55	40.7
总　计	86	100.0	49	100.0	135	100.0

99.3%的社区上年度召开过居民代表会议。其中近七成（69.6%）社区开过1~4次会，17%的社区开过5~8次会，12.6%的社区召开过9次以上居民代表会议。石景山区召开居民代表会议的次数显著高于西城区。西城区上年度只有两成社区召开居民代表会议次数超过5次；石景山区22.9%的社区会议次数为5~8次，25%的社区会议次数超过9次（见表10）。

表10 上年度社区居委会召开居民代表会议次数

单位：个，%

居民代表会议	西城区		石景山区		总体	
	样本量	百分比	样本量	百分比	样本量	百分比
0 次	0	0.0	1	2.1	1	0.7
1~4 次	70	80.5	24	50.0	94	69.6
5~8 次	12	13.8	11	22.9	23	17.0
9 次以上	5	5.7	12	25.0	17	12.6
总 计	87	100.0	48	100.0	135	100.0

92.6%的社区上年度居民小组开过会。一个社区的所有居民小组上年度约共召开16.49次会议。15.5%的小组召开了5次以上会议，77%的小组召开了1~4次会议，7.4%的小组没有召开会议。西城区和石景山区没有显著差异（见表11）。

表11 上年度社区居民小组会议次数

单位：个，%

居民小组会议	西城区		石景山区		总体	
	样本量	百分比	样本量	百分比	样本量	百分比
0 次	7	8.1	3	6.1	10	7.4
1~4 次	69	80.2	35	71.4	104	77.0
5~8 次	6	7.0	9	18.4	15	11.1
9 次以上	4	4.7	2	4.1	6	4.4
总 计	86	100.0	49	100.0	135	100.0

96.4%的社区居委会上年度进行了民主协商议事，其中58.7%的社区进行了1~4次议事，28.3%的社区进行了5~8次议事，9.4%的社区进行了9次以上议事（见表12）。

6. 社区党组织和党员发挥着一定作用

100%的社区居委会在上年度与社区党组织召开过联席会议，频率通常（44.1%）一月一次；近33%的社区联席会频率为一周一次或半月一次；20.9%的社区为双月一次或一季度一次；另有2.9%的社区半年召开一次联席会。西城区与石景山区没有显著差异（见表13）。

表12　上年度社区居委会民主协商议事次数

单位：个，%

民主协商议事	西城区		石景山区		总体	
	样本量	百分比	样本量	百分比	样本量	百分比
0 次	4	4.5	1	2.0	5	3.6
1~4 次	57	64.0	24	49.0	81	58.7
5~8 次	20	22.5	19	38.8	39	28.3
9 次以上	8	9.0	5	10.2	13	9.4
总　计	89	100.0	49	100.0	138	100.0

表13　上年度社区居委会与党组织召开联席会议次数

单位：个，%

联席会议	西城区		石景山区		总体	
	样本量	百分比	样本量	百分比	样本量	百分比
一周一次	19	21.6	8	16.7	27	19.9
半月一次	12	13.6	5	10.4	17	12.5
一月一次	39	44.3	21	43.8	60	44.1
双月一次	7	8.0	1	2.1	8	5.9
一季度一次	10	11.4	10	20.8	20	14.7
半年一次	1	1.1	3	6.2	4	2.9
总　计	88	100.0	48	100.0	136	100.0

39%的社区居委会中共党员的比例在50%以上。西城区居委会成员中党员比例显著高于石景山区。西城区48.3%的居委会中，党员数量过半；石景山区只有22.4%的居委会党员过半（见表14）。

表14　居委会成员中中共党员人数的比例

单位：个，%

党员比例	西城区		石景山区		总体	
	样本量	百分比	样本量	百分比	样本量	百分比
30%以下（含30%）	19	21.8	18	36.7	37	27.2
30%~50%（含50%）	26	29.9	20	40.8	46	33.8
50%~70%（含70%）	22	25.3	5	10.2	27	19.9
70%以上	20	23.0	6	12.2	26	19.1
总　计	87	100.0	49	100.0	136	100.0

居委会成员与社区党组织成员存在交叉任职的情况，但是只有8.7%的社区交叉任职人数超过一半，26.8%的社区交叉任职人数比例为30%～50%，64.5%的社区交叉任职人数比例在30%及其以下（见表15）。

表15　居委会成员与社区党组织成员交叉任职人数的比例

单位：个，%

交叉任职比例	西城区		石景山区		总体	
	样本量	百分比	样本量	百分比	样本量	百分比
30%以下（含30%）	56	62.9	33	67.3	89	64.5
30%～50%（含50%）	27	30.3	10	20.4	37	26.8
50%～70%（含70%）	4	4.5	1	2.0	5	3.6
70%以上	2	2.2	5	10.2	7	5.1
总　计	89	100.0	49	100.0	138	100.0

（二）社区居委会服务管理范围

1. 安保、纠纷调处和环卫是居民自我管理的三大事务

居委会动员居民对社区内部事务进行自我管理，按照比例由高到低依次为：安保（91.2%）、纠纷调处（88.8%）、环卫（82.4%）、养犬（78.2%）、绿化（72.9%）、垃圾分类（62.9%）、停车（38.2%）、其他事项（5.9%）。西城区组织居民开展养犬管理事务的比例比石景山区高13.7个百分点。石景山区组织居民开展纠纷调处事务及垃圾分类事务比西城区分别高9.6和9.1个百分点（见表16）。

表16　居委会组织开展的居民自我管理事务

单位：个，%

自我管理事务	西城区		石景山区		总体	
	样本量	百分比	样本量	百分比	样本量	百分比
安保	83	93.3	42	85.7	125	91.2
纠纷调处	75	84.3	46	93.9	121	88.8
环卫	74	83.1	39	79.6	113	82.4

自我管理事务	西城区		石景山区		总体	
	样本量	百分比	样本量	百分比	样本量	百分比
养犬	74	83.1	34	69.4	108	78.2
绿化	62	69.7	35	71.4	97	72.9
垃圾分类	50	56.2	32	65.3	82	62.9
停车	37	41.6	16	32.7	53	38.2
其他事项	6	6.7	3	6.1	9	5.9

2. 居委会的日常工作方式在社区之间乃至城区之间基本无差别

居委会日常工作的主要方式有协商议事、志愿服务、上门走访、网格包片、协作共建、结对帮扶等，比例均在90%以上。西城、石景山两区没有显著差异（见表17）。

表17　居委会日常工作主要方式

单位：个，%

日常工作方式	西城区		石景山区		总体	
	样本量	百分比	样本量	百分比	样本量	百分比
协商议事	88	98.9	48	98.0	136	98.2
志愿服务	87	97.8	47	95.9	134	97.6
上门走访	87	97.8	48	98.0	135	97.6
网格包片	86	96.6	45	91.8	131	95.9
协作共建	85	95.5	44	89.8	129	93.5
结对帮扶	82	92.1	45	91.8	127	92.4
其他方式	4	4.5	1	2.0	5	2.9

3. 居民在社区外开展最多的是文体活动

居委会动员居民开展最多的社会活动是文体活动（99.4%），其他事项按比例由高到低依次为：综治安全（89.4%）、社区公益（87.6%）、文明出行（87.1%）、环境卫生（85.3%）、扶贫济困（84.7%）、拥军优属（74.7%）等。在开展社区公益活动方面，石景山区比西城区高12.8个百分点（见表18）。

表18　居委会动员居民开展的社会活动

单位：个，%

社会活动事项	西城区		石景山区		总体	
	样本量	百分比	样本量	百分比	样本量	百分比
文体活动	88	98.9	49	100.0	137	99.4
综治安全	77	86.5	44	89.8	121	89.4
社区公益	74	83.1	47	95.9	121	87.6
文明出行	75	84.3	43	87.8	118	87.1
环境卫生	72	80.9	43	87.8	115	85.3
扶贫济困	72	80.9	43	87.8	115	84.7
拥军优属	70	78.7	33	67.3	103	74.7
其他事项	1	1.1	1	2.0	2	1.8

4. 居委会自主提供的各类服务中，志愿服务居首位

社区居委会自主提供的服务项目主要有志愿服务（98.2%）、文化教育（91.1%）、便民服务（89.9%）、社区帮扶（88.7%）、助残服务（86.9%）。其次是特殊人群服务（76.8%）和养老服务（74.4%）。55.4%的社区居委会还提供幼小服务。西城区和石景山区没有显著差异（见表19）。

表19　居委会自主提供的服务项目

单位：个，%

自主服务项目	西城区		石景山区		总体	
	样本量	百分比	样本量	百分比	样本量	百分比
志愿服务	87	98.9	47	95.9	134	98.2
文化教育	79	89.8	43	87.8	122	91.1
便民服务	76	86.4	44	89.8	120	89.9
社区帮扶	74	84.1	44	89.8	118	88.7
助残服务	75	85.2	42	85.7	117	86.9
特殊人群服务	65	73.9	37	75.5	102	76.8
养老服务	66	75.0	32	65.3	98	74.4
幼小服务	46	52.3	24	49.0	70	55.4
其他事项	3	3.4	0	0.0	3	1.8

（三）社区居委会与其他组织的关系

1. 居委会与社会组织的关系

与在民政部门正式注册登记的社会组织进行合作。上年度约七成（69.5%）居委会与在民政部门正式注册登记的社会组织有合作关系。根据社区提供的社会组织名单，西城区53个居委会共与68家社会组织合作，石景山区31个居委会共与36家社会组织合作。58.8%的居委会与1~3个社会组织合作，10.7%的居委会合作的社会组织在4个以上（见表20）。

表20 社区居委会合作的社会组织数量

单位：个，%

社会组织数量	西城区		石景山区		总体	
	样本量	百分比	样本量	百分比	样本量	百分比
0 个	25	29.8	15	31.9	40	30.5
1~3 个	48	57.1	29	61.7	77	58.8
4 个以上	11	13.1	3	6.4	14	10.7
总 计	84	100.0	47	100.0	131	100.0

15.4%的社会组织同时服务多个社区居委会。例如西城区睦友社会工作事务所一年内与19个社区居委会合作，睦邻社工事务所服务8个社区，西城区玖久缘文化养老中心服务6个社区；石景山区中正社工事务所服务8个社区，乐龄老年社会工作服务中心服务6个社区，长庚社工事务所、仁和公益服务中心、乐想未来公益活动中心、糖葫芦国艺传播中心分别服务3个社区（见表21）。

表21 与多个社区居委会合作的社会组织名单

单位：个

西城区活跃的社会组织	服务社区数量	石景山区活跃的社会组织	服务社区数量
睦友社工事务所	19	北京中正社会工作事务所	8
睦邻社工事务所	8	石景山区乐龄老年社会工作服务中心	6
西城区玖久缘文化养老中心	6	北京长庚社工事务所	3
福寿百年社会组织	2	仁和公益服务中心	3
悦群社工事务所	2	石景山区乐想未来公益活动中心	3

续表

西城区活跃的社会组织	服务社区数量	石景山区活跃的社会组织	服务社区数量
刘国祥党员帮扶服务队	2	糖葫芦国艺传播中心	3
常青藤可持续发展研究所	2	北京新儒律师事务所	2
乐活堂	2	鲁谷社区义工协会	2

31.9%的居委会同在民政部门正式注册登记的社会组织开展协议合作；四成（39.9%）合作由街道指派，例如睦友社工事务所；15.2%的合作是由机构联系开展的，例如北京梧桐学院公益发展中心；通过个人联系开展合作占8%，例如北京市青原心理健康服务中心。社区居委会与社会组织开展一年以上长期合作的（32.6%）是短期合作（15.9%）的两倍。西城区与社会组织开展一年以内短期合作的比例比石景山区高15.2个百分点（见表22）。

表22　社区居委会与在民政部门正式注册登记的社会组织的合作（多选）

单位：个，%

合作方式及期限	西城区		石景山区		总体	
	样本量	百分比	样本量	百分比	样本量	百分比
协议合作	24	27.0	20	40.8	44	31.9
街道指派	40	44.9	15	30.60	55	39.9
机构联系	12	13.5	9	18.40	21	15.2
个人联系	6	6.7	5	10.20	11	8.0
长期合作（一年以上）	31	34.8	14	28.60	45	32.6
短期合作（一年以内）	19	21.3	3	6.10	22	15.9

居委会与社会组织的合作领域主要有社区教育（42.8%）和便民服务（39.9%），其次为心理疏导（30.4%）、能力培训（26.8%）、法律援助（23.9%）和助残服务（22.5%），少数在护理服务（13.8%）、社区矫正（8.7%）等领域进行合作。石景山区社区居委会在护理服务方面同社会组织的合作（22.4%）显著高于西城区（9%），见表23。

表 23　居委会与社会组织合作的领域（多选）

单位：个，%

合作领域	西城区		石景山区		总体	
	样本量	百分比	样本量	百分比	样本量	百分比
社区教育	36	40.4	23	46.9	59	42.8
便民服务	36	40.4	19	38.8	55	39.9
心理疏导	30	33.7	12	24.5	42	30.4
能力培训	22	24.7	15	30.6	37	26.8
法律援助	20	22.5	13	26.5	33	23.9
助残服务	16	18.0	15	30.6	31	22.5
护理服务	8	9.0	11	22.4	19	13.8
社区矫正	5	5.6	7	14.3	12	8.7
其他	7	7.9	1	2.0	8	5.8

大力培育发展社区社会组织。92.4%的社区有由社区居民自发成立且在街道或社区正式备案的各类社区自组织（以下称"社区社会组织"）。西城区的社区社会组织数量显著多于石景山区。西城有 6～10 个乃至 11 个以上社区社会组织的社区比例分别比石景山高 37 个百分点和 9.4 个百分点。石景山区无社区社会组织的社区比例比西城区高 15.5 个百分点（见表 24）。

表 24　社区社会组织的数量

单位：个，%

社区社会组织数量	西城区		石景山区		总体	
	样本量	百分比	样本量	百分比	样本量	百分比
0 个	2	2.3	8	17.8	10	7.6
1～5 个	35	40.2	32	71.1	67	50.8
6～10 个	38	43.7	3	6.7	41	31.1
11 个以上	12	13.8	2	4.4	14	10.6
总　计	87	100.0	45	100.0	132	100.0

活动领域方面，文体活动类社区社会组织最多（84.8%），其次是志愿服务类（80.4%），养老助残类（60.9%）和生活服务类（52.2%）社区社会组织比例也较高。西城区从事文体活动、志愿服务、养老助残的社区社会组织比例均显著高于石景山区（见表 25）。

表25 社区社会组织的类型（多选）

单位：个，%

社区社会组织类型	西城区		石景山区		总体	
	样本量	百分比	样本量	百分比	样本量	百分比
文体活动类	83	93.3	34	69.4	117	84.8
志愿服务类	79	88.8	32	65.3	111	80.4
养老助残类	62	69.7	22	44.9	84	60.9
生活服务类	51	57.3	21	42.9	72	52.2
调解纠纷类	40	44.9	19	38.8	59	42.8
社区事务类	33	37.1	16	32.7	49	35.5
慈善公益类	29	32.6	14	28.6	43	31.2
法律援助类	25	28.1	16	32.7	41	29.7
其他类型	7	7.9	3	6.1	10	7.2

社区社会组织运行资金来源方面，社区社会组织运行资金2/3来自财政支持；社会组织自筹及社区自筹资金分别占18.8%和15.2%；社会主动资助社会组织的比例仅占2.9%。西城区社区社会组织得到财政支持的比例比石景山区高21.1个百分点（见表26）。

表26 社区社会组织运行资金来源（多选）

单位：个，%

资金来源	西城区		石景山区		总体	
	样本量	百分比	样本量	百分比	样本量	百分比
财政支持	66	74.2	26	53.1	92	66.7
社会组织自筹	18	20.2	8	16.3	26	18.8
社区自筹	10	11.2	11	22.4	21	15.2
社会主动资助	2	2.2	2	4.1	4	2.9
其他来源	10	11.2	2	4.1	12	8.7

居委会与社区社会组织的关系多为指导关系（47.1%），其次是合作关系（37.7%）。有14.5%的社区社会组织与居委会之间是独立关系（见表27）。

前期调查抽取的社区全都有社区志愿服务组织。72.5%的社区有1~5个社区志愿服务组织，19.6%的社区有6~10个社区志愿服务组织，8%的社区中志愿服务组织数量超过10个。西城区与石景山区没有显著差异（见表28）。

表27 居委会与社区社会组织的关系（多选）

单位：个，%

关系	西城区		石景山区		总体	
	样本量	百分比	样本量	百分比	样本量	百分比
独立关系	11	12.4	9	18.4	20	14.5
合作关系	42	47.2	10	20.4	52	37.7
指导关系	47	52.8	18	36.7	65	47.1
其他关系	0	0.0	2	4.1	2	1.4

表28 社区志愿服务组织的数量

单位：个，%

社区志愿服务组织数量	西城区		石景山区		总体	
	样本量	百分比	样本量	百分比	样本量	百分比
1~5个	62	69.7	38	77.6	100	72.5
6~10个	21	23.6	6	12.2	27	19.6
11个以上	6	6.7	5	10.2	11	8.0
总 计	89	100.0	49	100.0	138	100.0

参加社区志愿服务组织的志愿者通常（74.5%）在200人以内，其中45.3%的社区志愿服务组织中志愿者人数在101~200人。13.1%的组织中志愿者超过300人（见表29）。

表29 参加社区志愿服务组织的志愿者人数

单位：个，%

志愿服务组织志愿者人数	西城区		石景山区		总体	
	样本量	百分比	样本量	百分比	样本量	百分比
100人以下	24	27.0	16	33.3	40	29.2
101~200人	38	42.7	24	50.0	62	45.3
201~300人	14	15.7	3	6.2	17	12.4
301人以上	13	14.6	5	10.4	18	13.1
总 计	89	100.0	48	100.0	137	100.0

志愿服务内容近九成为环境卫生、文体活动和治安劝导（89.1%），其次是便民服务（73.2%）、养老助残（69.6%）、文化教育（65.2%）、调解纠纷

（59.4%）。需要专业知识的法律咨询志愿服务比重略小（43.5%）。石景山社区志愿服务组织从事环境卫生志愿服务的比例显著高于西城区（见表30）。

表30　社区志愿服务的内容（多选）

单位：个，%

志愿服务内容	西城区		石景山区		总体	
	样本量	百分比	样本量	百分比	样本量	百分比
环境卫生	76	85.4	47	95.9	123	89.1
文体活动	78	87.6	45	91.8	123	89.1
治安劝导	78	87.6	45	91.8	123	89.1
便民服务	65	73.0	36	73.5	101	73.2
养老助残	63	70.8	33	67.3	96	69.6
文化教育	57	64.0	33	67.3	90	65.2
调解纠纷	49	55.1	33	67.3	82	59.4
法律咨询	37	41.6	23	46.9	60	43.5
其他类型	3	3.4	0	0.0	3	2.2

2. 居委会与业委会的关系

77.1%的社区无业委会。在有业委会的30个社区中，居委会与业委会只存在两种关系——相互合作和指导监督。西城区和石景山区无显著差异（见表31）。

表31　居委会与业委会的关系

单位：个，%

关系	西城区		石景山区		总体	
	样本量	百分比	样本量	百分比	样本量	百分比
相互合作	11	13.3	6	12.5	17	13.0
指导监督	6	7.2	7	14.6	13	9.9
无业委会	66	79.5	35	72.9	101	77.1
总　计	83	100.0	48	100.0	131	100.0

3. 居委会与物业公司的关系

25.2%的社区无物业公司。在有物业公司的社区中，绝大多数居委会与物业公司是相互合作关系（见表32）。

表32　居委会与物业公司的关系

单位：个，%

关系	西城区		石景山区		总体	
	样本量	百分比	样本量	百分比	样本量	百分比
相互合作	59	70.2	36	76.6	95	72.5
其他关系	2	2.4	1	2.1	3	2.3
无物业公司	23	27.4	10	21.3	33	25.2
总　计	84	100.0	47	100.0	131	100.0

4. 居委会与驻区单位的关系

驻区单位最多的是六小门店（65.9%），其次是区属单位（55.8%）、市属单位（42.8%）、中央单位（37.7%）。西城区各社区驻区中央单位、市属单位、区属单位、非公组织及服务机构、六小门店的比例都显著高于石景山区（见表33）。

表33　驻区单位类型（多选）

单位：个，%

驻区单位类型	西城区		石景山区		总体	
	样本量	百分比	样本量	百分比	样本量	百分比
中央单位	46	51.7	6	12.2	52	37.7
市属单位	52	58.4	7	14.3	59	42.8
区属单位	59	66.3	18	36.7	77	55.8
非公组织及服务机构	34	38.2	11	22.4	45	32.6
驻区部队	22	24.7	10	20.4	32	23.2
六小门店	67	75.3	24	49.0	91	65.9
无以上单位或组织	1	1.1	3	6.1	4	2.9

石景山区的社区通常只有一类或两类驻区单位；西城区的社区有三类以上驻区单位的比例显著高于石景山区（见表34）。

表34　驻区单位类别数量

单位：个，%

驻区单位 类别数量	西城区		石景山区		总体	
	样本量	百分比	样本量	百分比	样本量	百分比
有一类驻区单位	15	16.9	22	44.9	37	26.8
有两类驻区单位	11	12.4	17	34.7	28	20.3
有三类驻区单位	27	30.3	4	8.2	31	22.5
有四类驻区单位	18	20.2	2	4.1	20	14.5
有五类驻区单位	14	15.7	0	0.0	14	10.1
有六类驻区单位	3	3.4	0	0.0	3	2.2
无驻区单位	1	1.1	4	8.2	5	3.6
总　　计	89	100.0	49	100.0	138	100.0

居委会与驻区单位的合作方式以长期合作的全面共建（65.2%）为主，以短期的项目合作（23.2%）为辅。西城区全面共建的比例比石景山高25.2个百分点。石景山区两成（20.4%）社区居委会与驻区单位（均为六小门店）无合作关系（见表35）。

表35　居委会与驻区单位的合作方式（多选）

单位：个，%

合作方式	西城区		石景山区		总体	
	样本量	百分比	样本量	百分比	样本量	百分比
全面共建	66	74.2	24	49.0	90	65.2
项目合作	21	23.6	11	22.4	32	23.2
长期合作	46	51.7	20	40.8	66	47.8
短期合作	15	16.9	5	10.2	20	14.5
无合作关系	1	1.1	10	20.4	11	8.0
其他方式	1	1.1	1	2.0	2	1.4

居委会与驻区单位合作主要是从驻区单位获得人员支持（63.8%）和设施共享（63.0%）。西城区居委会与驻区单位以人员支持和设施共享形式进行合作的比例显著高于石景山区（见表36）。

表 36　居委会与驻区单位的合作形式（多选）

单位：个，%

合作形式	西城区		石景山区		总体	
	样本量	百分比	样本量	百分比	样本量	百分比
人员支持	62	69.7	26	53.1	88	63.8
设施共享	65	73.0	22	44.9	87	63.0
项目支持	25	28.1	12	24.5	37	26.8
物资支持	16	18.0	11	22.4	27	19.6
技术支持	16	18.0	9	18.4	25	18.1
资金帮助	11	12.4	7	14.3	18	13.0
其他形式	4	4.5	1	2.0	5	3.6

居委会与驻区单位合作主要内容有文化教育（63.0%）、生活服务（60.9%）、环境美化（58.0%）、社会治安（52.9%）、体育健身（37.0%）等。西城区与石景山区无显著差异（见表37）。

表 37　居委会与驻区单位的合作内容（多选）

单位：个，%

合作内容	西城区		石景山区		总体	
	样本量	百分比	样本量	百分比	样本量	百分比
文化教育	56	62.9	31	63.3	87	63.0
生活服务	56	62.9	28	57.1	84	60.9
环境美化	56	62.9	24	49.0	80	58.0
社会治安	51	57.3	22	44.9	73	52.9
体育健身	34	38.2	17	34.7	51	37.0
其他内容	4	4.5	4	8.2	8	5.8

（四）社区居委会与街道办事处的关系

街道召集居委会开月度工作例会的比例最高（86.2%），其次是年度总结大会和专项工作会议（均为72.5%），召开季度工作例会的比例最低（33.3%）。石景山区街道召集居委会召开月度工作例会的比例显著高于西城区（见表38）。

表38　街道召集居委会召开会议制度（多选）

单位：个，%

会议制度	西城区		石景山区		总体	
	样本量	百分比	样本量	百分比	样本量	百分比
月度工作例会	73	82.0	46	93.9	119	86.2
季度工作例会	30	33.7	16	32.7	46	33.3
年度总结大会	61	68.5	39	79.6	100	72.5
专项工作会议	61	68.5	39	79.6	100	72.5

社区居委会向街道申请办理事项比例最高的是社区服务项目（89.9%）和社区服务管理设施设备（87.7%）。西城区向街道申请招录使用社区工作者的比例比石景山区高17.4个百分点（见表39）。

表39　社区居委会向街道申请办理事项（多选）

单位：个，%

办理事项	西城区		石景山区		总体	
	样本量	百分比	样本量	百分比	样本量	百分比
社区工作者招录使用	50	56.2	19	38.8	69	50.0
社区服务管理设施设备	74	83.1	47	95.9	121	87.7
社区服务项目	77	86.5	47	95.9	124	89.9
其他事项	1	1.1	0	0.0	1	0.7

社区居委会在资金、项目、物资、设施、政策、人力各方面都得到街道的支持，其中资金支持的比例最高（92.0%），并且石景山区的街道给予居委会的资金支持显著高于西城区（见表40）。

居委会和街道双向评议情况较好，特别是居委会评议街道工作（91.3%）和社区工作者年度评优（90.6%）方面。86.2%的社区接受街道对社区工作分项评议打分；83.3%的社区实行居委会主任向街道述职。西城区和石景山区没有显著差异（见表41）。

表40 社区居委会取得街道相关支持（多选）

单位：个，%

从街道取得的支持	西城区		石景山区		总体	
	样本量	百分比	样本量	百分比	样本量	百分比
资金支持	79	88.8	48	98.0	127	92.0
项目支持	75	84.3	46	93.9	121	87.7
物资支持	76	85.4	42	85.7	118	85.5
设施支持	73	82.0	42	85.7	115	83.3
政策支持	73	82.0	41	83.7	114	82.6
人力支持	71	79.8	40	81.6	111	80.4
其他支持事项	1	1.1	0	0.0	1	0.7

表41 居委会和街道双向评议情况（多选）

单位：个，%

双向评议	西城区		石景山区		总体	
	样本量	百分比	样本量	百分比	样本量	百分比
居委会主任向街道述职	73	82.0	42	85.7	115	83.3
社区工作分项评议打分	80	89.9	39	79.6	119	86.2
社区工作者年度评优	81	91.0	44	89.8	125	90.6
评议街道工作	84	94.4	42	85.7	126	91.3

（五）社区居委会与居民的关系

1. 七成社区居民代表普遍参与居委会工作考评

73.9%的社区居民代表参与考评的比例在90%以上；16.7%的社区代表参评率在80%～90%；9.4%的社区代表参评率在80%以下。西城区和石景山区没有显著差异（见表42）。

2. 居民代表对居委会工作监督形式多样，内容全面

居民代表主要通过居民会议（98.6%）、居务公开（98.6%）、居委会工作报告（92.8%）三种形式对居委会工作进行监督。37.0%的居委会还接受居民代表的专项质询（见表43）。

表42 社区居民代表参与居委会工作考评的情况

单位：个，%

居民代表参评比例	西城区		石景山区		总体	
	样本量	百分比	样本量	百分比	样本量	百分比
80%以下（含80%）	10	11.2	3	6.1	13	9.4
80%~90%（含90%）	17	19.1	6	12.2	23	16.7
90%以上	62	69.7	40	81.6	102	73.9
总　计	89	100.0	49	100.0	138	100.0

表43 居民监督居委会工作的方式（多选）

单位：个，%

监督方式	西城区		石景山区		总体	
	样本量	百分比	样本量	百分比	样本量	百分比
工作报告	84	94.4	44	89.8	128	92.8
居民会议	87	97.8	49	100.0	136	98.6
居务公开	88	98.9	48	98.0	136	98.6
专项质询	36	40.4	15	30.6	51	37.0
其他方式	4	4.5	0	0.0	4	2.4

居民监督的主要内容按比例由高到低依次为：居民会议决定落实情况（97.1%）、财务管理情况（96.4%）、工作计划完成情况（94.2%）、公益捐赠情况（91.3%）、服务项目实施情况（89.9%）、意见及建议落实情况（89.9%）、评比表彰（80.4%）、社区公约执行情况（69.6%）。西城区与石景山区无显著差异（见表44）。

3. 居委会普遍组织开展社区公益活动，居民参与率较低

上年度所有的居委会都组织开展了社区公益活动。三成社区开展了1~10次公益活动，组织11~20次活动以及21次以上活动的社区各占35.0%。西城区与石景山区无显著差异（见表45）。

表44　居民监督主要内容（多选）

单位：个，%

监督内容	西城区		石景山区		总体	
	样本量	百分比	样本量	百分比	样本量	百分比
居民会议决定落实情况	87	97.8	47	95.9	134	97.1
财务管理情况	87	97.8	46	93.9	133	96.4
工作计划完成情况	86	96.6	44	89.8	130	94.2
公益捐赠情况	81	91.0	45	91.8	126	91.3
服务项目实施	78	87.6	46	93.9	124	89.9
意见及建议落实情况	83	93.3	41	83.7	124	89.9
评比表彰	73	82.0	38	77.6	111	80.4
社区公约执行情况	64	71.9	32	65.3	96	69.6
其他内容	1	1.1	0	0.0	1	0.7

表45　上年度居委会组织开展社区公益活动的次数

单位：个，%

组织公益活动次数	西城区		石景山区		总体	
	样本量	百分比	样本量	百分比	样本量	百分比
1~10次	24	27.3	17	34.7	41	29.9
11~20次	30	34.1	18	36.7	48	35.0
21次以上	34	38.6	14	28.6	48	35.0
总　计	88	100.0	49	100.0	137	100.0

居民参加公益活动的频率较低。一半（50.7%）社区上年度居民参加公益活动的频率在30%及其以下。如果按人数计算的话，参与率更低。26.8%的社区居民参与率在30%~50%，只有22.5%的社区居民参与率超过半数（见表46）。

居民参与公益活动的事项主要有：绿化美化（84.6%）、社区安全（82.2%）、社区互助（80.5%）、环境卫生（79.9%）、宣传教育（73.4%）、文化教育（71.6%）、特殊人群服务（69.8%）等（见表47）。

表 46　上年度居民参加社区公益活动的人次总数占社区常住人口的比例

单位：个，%

居民参与率	西城区		石景山区		总体	
	样本量	百分比	样本量	百分比	样本量	百分比
10%以下（含10%）	6	6.7	2	4.1	8	5.8
10%~30%（含30%）	38	42.7	24	49.0	62	44.9
30%~50%（含50%）	26	29.2	11	22.4	37	26.8
50%~70%（含70%）	10	11.2	10	20.4	20	14.5
70%以上	9	10.1	2	4.1	11	8.0
总　计	89	100.0	49	100.0	138	100.0

表 47　居民参与的社区公益活动事项（多选）

单位：个，%

公益活动事项	西城区		石景山区		总体	
	样本量	百分比	样本量	百分比	样本量	百分比
绿化美化	74	84.1	41	83.70	115	84.6
社区安全	58	65.9	49	100.0	107	82.2
社区互助	73	83.0	37	75.5	110	80.5
环境卫生	58	65.9	46	93.9	104	79.9
宣传教育	56	63.6	41	83.7	97	73.4
文化教育	52	59.1	41	83.7	93	71.6
特殊人群服务	63	71.6	33	67.3	96	69.8

4. 居民反映需求和意见的情况

居民反映需求和意见主要通过居委会入户（97.8%）、电话（97.1%）、面谈（94.2%）和会议（92.0%）。通过网络途径（46.4%）的比例与意见箱持平，略低于书信渠道（53.6%）。西城和石景山两区没有显著差异（见表48）。

5. 居委会调处社区纠纷的情况

近六成的社区上年度调处纠纷数量在20次以下；两成社区调处量在21~30次；21.3%的社区纠纷调处量超过30次（见表49）。

表48 居民反映需求和意见的途径（多选）

单位：个，%

居民反映需求和意见的途径	西城区		石景山区		总体	
	样本量	百分比	样本量	百分比	样本量	百分比
居委会入户	88	98.9	47	95.9	135	97.8
电话	88	98.9	46	93.9	134	97.1
面谈	83	93.3	47	95.9	130	94.2
会议	82	92.1	45	91.8	127	92.0
书信	48	53.9	26	53.1	74	53.6
网络	38	42.7	26	53.1	64	46.4
意见箱	39	43.8	25	51.0	64	46.4

表49 居委会上年度调处社区纠纷数量

单位：个，%

调处纠纷数量	西城区		石景山区		总体	
	样本量	百分比	样本量	百分比	样本量	百分比
0次	1	1.1	2	4.1	3	2.2
1~10次	24	27.6	18	36.7	42	30.9
11~20次	21	24.1	14	28.6	35	25.7
21~30次	19	21.8	8	16.3	27	19.9
31~40次	9	10.3	2	4.1	11	8.1
41次以上	13	14.9	5	10.2	18	13.2
总　计	87	100.0	49	100.0	136	100.0

居委会调处最多的三个事项是邻里纠纷（95.7%）、扰民纠纷（84.8%）和家庭纠纷（79.7%）。其余调处事项依次为养狗纠纷（61.6%）、停车纠纷（58.0%）、违建纠纷（57.2%）、物业纠纷（43.5%）、租赁纠纷（16.7%）和其他纠纷（3.6%）。西城区调处违建纠纷的比例显著高于石景山区；调处停车纠纷的比例略高于石景山区（见表50）。

77.2%的社区居委会上年度纠纷调处成功率超过60%，其中四成社区调处成功率在90%以上。西城区和石景山区无显著差异（见表51）。

表50 居委会上年度纠纷涉及事项（多选）

单位：个，%

涉及事项	西城区		石景山区		总体	
	样本量	百分比	样本量	百分比	样本量	百分比
邻里纠纷	84	94.4	48	98.0	132	95.7
扰民纠纷	78	87.6	39	79.6	117	84.8
家庭纠纷	72	80.9	38	77.6	110	79.7
养狗纠纷	55	61.8	30	61.2	85	61.6
停车纠纷	56	62.9	24	49.0	80	58.0
违建纠纷	59	66.3	20	40.8	79	57.2
物业纠纷	35	39.3	25	51.0	60	43.5
租赁纠纷	17	19.1	6	12.2	23	16.7
其他纠纷	2	2.2	3	6.1	5	3.6

表51 居委会上年度纠纷调处成功率

单位：个，%

调处纠纷成功率	西城区		石景山区		总体	
	样本量	百分比	样本量	百分比	样本量	百分比
30%以下（含30%）	4	4.6	1	2.0	5	3.7
30%～60%（含60%）	17	19.5	9	18.4	26	19.1
60%～90%（含90%）	30	34.5	20	40.8	50	36.8
90%以上	36	41.4	19	38.8	55	40.4
总　　计	87	100.0	49	100.0	136	100.0

6. 社区事务民主协商情况

调查显示，居民、居委会和社区党组织是目前社区事务民主协商的三大主体。石景山区居民小组参与民主协商的比例（71.4%）显著高于西城区（53.9%），见表52。

表52　社区事务民主协商主体（多选）

单位：个，%

协商主体	西城区		石景山区		总体	
	样本量	百分比	样本量	百分比	样本量	百分比
居民	84	94.4	46	93.9	130	94.2
居委会	85	95.5	45	91.8	130	94.2
社区党组织	81	91.0	48	98.0	129	93.5
居民小组	48	53.9	35	71.4	83	60.1
街道	45	50.6	29	59.2	74	53.6
物业公司	43	48.3	29	59.2	72	52.2
驻区单位	47	52.8	23	46.9	70	50.7
社会组织	32	36.0	11	22.4	43	31.2
居务监督委员会	22	24.7	16	32.7	38	27.5
业委会	6	6.7	5	10.2	11	8.0

上年度社区民主协商比例最高的三项事务是环境美化（84.1%）、设施改造（76.8%）和文体活动（72.5%）。50.0%的社区就"项目立项"进行了民主协商。其他民主协商事项还有停车管理（45.7%）、文明养犬（45.7%）、养老托幼（30.4%）、商业网点（20.3%）等。西城区就停车管理（51.7%）进行民主协商的比例显著高于石景山区（34.7%），见表53。

表53　上年度社区事务民主协商事项（多选）

单位：个，%

协商事项	西城区		石景山区		总体	
	样本量	百分比	样本量	百分比	样本量	百分比
环境美化	78	87.6	38	77.6	116	84.1
设施改造	70	78.7	36	73.5	106	76.8
文体活动	65	73.0	35	71.4	100	72.5
项目立项	42	47.2	27	55.1	69	50.0
停车管理	46	51.7	17	34.7	63	45.7
文明养犬	45	50.6	18	36.7	63	45.7
养老托幼	31	34.8	11	22.4	42	30.4
商业网点	16	18.0	12	24.5	28	20.3

居民议事会（94.9%）是社区民主协商最主要的形式。民主评议（68.8%）及民主恳谈（51.4%）也是较为普遍的协商形式。38.4%的社区还采用居民决策听证的形式进行社区事务民主协商。通过业主协商（15.2%）、居民理事会（12.3%）及网上论坛（3.6%）进行社区事务协商的社区不太普遍。石景山区采用民主恳谈方式（69.4%）进行协商的比例显著高于西城区（41.6%）（见表54）。据了解，石景山推进"参与型"民主协商，制定了《石景山区社区协商工作规程》。在社区广泛推行"参与型"民主协商模式，拓宽居民参与社区事务管理的沟通渠道。目前，全区149个社区均已开展了"社区议事厅"建设。

表54　社区事务民主协商形式（多选）

单位：个，%

协商形式	西城区		石景山区		总体	
	样本量	百分比	样本量	百分比	样本量	百分比
居民议事会	84	94.4	47	95.9	131	94.9
民主评议	58	65.2	37	75.5	95	68.8
民主恳谈	37	41.6	34	69.4	71	51.4
居民决策听证	32	36.0	21	42.9	53	38.4
业主协商	13	14.6	8	16.3	21	15.2
居民理事会	12	13.5	5	10.2	17	12.3
网上论坛	4	4.5	1	2.0	5	3.6
其他形式	1	1.1	1	2.0	2	1.4

上年度98.6%的社区进行了民主协商。大多数（62.3%）社区协商次数在1～5次，23.9%的社区进行了6～10次协商，12.3%的社区协商次数超过10次（见表55）。

表55　上年度社区协商次数

单位：个，%

社区协商次数	西城区		石景山区		总体	
	样本量	百分比	样本量	百分比	样本量	百分比
0次	2	2.2	0	0.0	2	1.4
1～5次	54	60.7	32	65.3	86	62.3
6～10次	22	24.7	11	22.4	33	23.9
10次以上	11	12.4	6	12.2	17	12.3
总　计	89	100.0	49	100.0	138	100.0

73.6%的社区的社区协商一致率在60%以上，其中近四成社区协商取得一致的事项比例在90%以上。11.0%的社区协商取得一致的比例在30%及以下，成效较低（见表56）。

表56　上年度社区协商事项取得一致的比例

单位：个，%

社区协商一致率	西城区		石景山区		总体	
	样本量	百分比	样本量	百分比	样本量	百分比
30%以下（含30%）	13	14.9	2	4.1	15	11.0
30%~60%（含60%）	14	16.1	7	14.3	21	15.4
60%~90%（含90%）	27	31.0	20	40.8	47	34.6
90%以上	33	37.9	20	40.8	53	39.0
总　计	87	100.0	49	100.0	136	100.0

二　优秀社区居民自治的特征

为挖掘优秀社区居民自治的特点和优势，对其他社区提高居民自治水平和能力提供借鉴和参考，课题组对西城区和石景山区40个优秀社区进行了深入分析，并与130个普通社区进行对比研究，结果如下。

（一）自我管理和规范运行能力

1. 优秀社区居委会的换届选举以户代表选举方式为主

从居委会的选举方式看，优秀社区由户代表选举的比例高于普通社区，参与率无显著差异；由居民代表选举的比例低于普通社区，参与率显著低于普通社区。

西城区优秀社区采用居民代表选举的比例比普通社区低12.7个百分点，而由全体居民选举的比例高11.1个百分点。石景山区以居民代表选举为主，但在优秀社区中，由户代表进行选举的比例比普通社区高6.8个百分点（见图1）。

在接受调查的170个社区中，共有4个社区由全体居民选举产生居委会。2个普通社区全体居民参与率平均为92%；2个优秀社区全体居民参与率平均

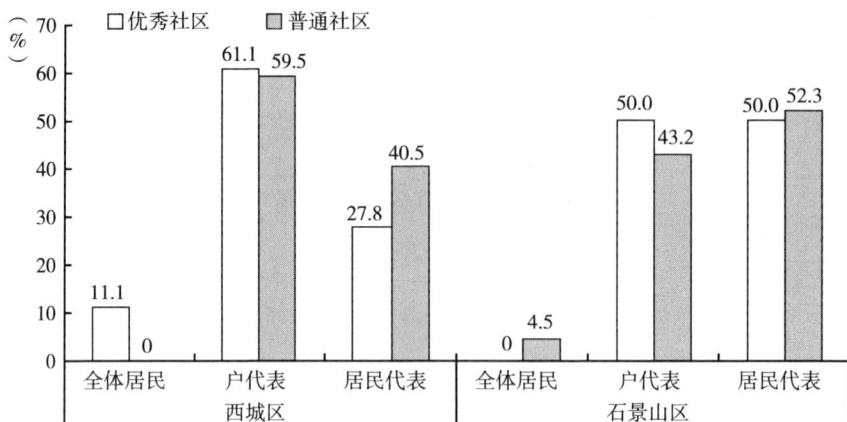

图1 居委会的选举方式

为93%，略高于普通社区。

2. 优秀社区居委会下属委员会人员配置普遍多于普通社区，特别是综合治理、人民调解、文化共建委员会人员配置显著多于普通社区

优秀社区居委会下属各委员会人员通常为3~5人，普通社区通常为2人以下。

综合治理委员会、人民调解委员会、文化共建委员会人员配置在10人以上的优秀社区比例显著高于普通社区（见图2）。

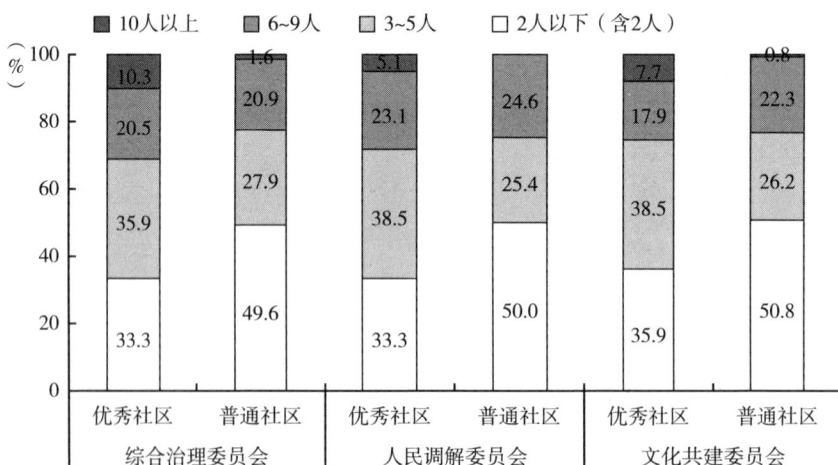

图2 居委会部分下属委员会人员配置

3. 优秀社区的制度健全程度好于普通社区

优秀社区按照法律规定制定了自治章程、公约、民主决策制度、民主监督制度、日常工作制度五类制度的比例为87.5%，其中公约和日常工作制度的健全率达100%。普通社区五类制度都具备的比例为86.2%，略低于优秀社区，且各类制度均未达到100%的社区覆盖率（见表57）。

表57　居委会工作制度建设情况

单位：%

居委会工作制度建设		普通社区	优秀社区
具备五类制度	（制度健全）小计	86.2	87.5
具有四类制度	缺自治章程	2.3	7.5
	缺公约	3.1	
	缺民主决策制度	3.1	2.5
	缺民主监督制度	2.3	
	小　计	10.8	10.0
具有三类制度	缺自治章程、公约	0.8	
	缺自治章程、民主决策制度	0.8	
	缺自治章程、民主监督制度		2.5
	缺民主决策制度、民主监督制度	0.8	
	缺民主决策制度、日常工作制度	0.8	
	小　计	3.2	2.5

在上述五类制度之外，42.5%的优秀社区自主制定了其他相关制度。例如，西城区广内街道西便门东里社区的《社工之星评选制度》《调研学习评比制度》，月坛街道白云观社区的《公益金小组审议制度》，石景山区古城街道古城路社区的普法教育制度等。普通社区中只有29.2%的社区自主制定了居委会工作制度。

4. 优秀社区居委会日常运行好于普通社区

67.5%的优秀社区上年度召开了全体居民会议，其中20%的社区召开1次全体会，47.5%的社区召开了2次以上全体会。普通社区只有52.8%召开了全体居民会议，比优秀社区低14.7个百分点。普通社区召开两次以上全体会的比例比优秀社区低7.3个百分点（见图3）。

上年度所有优秀社区都召开了居民代表会议、进行了民主协商议事。优秀

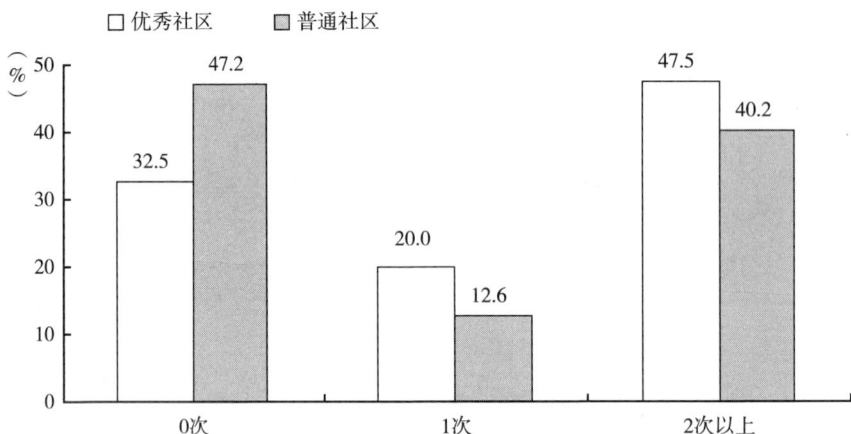

图3 上年度全体居民会议次数

社区召开居民代表会议的次数以及进行民主协商议事在5次以上乃至9次以上的比例均高于普通社区（见图4）。

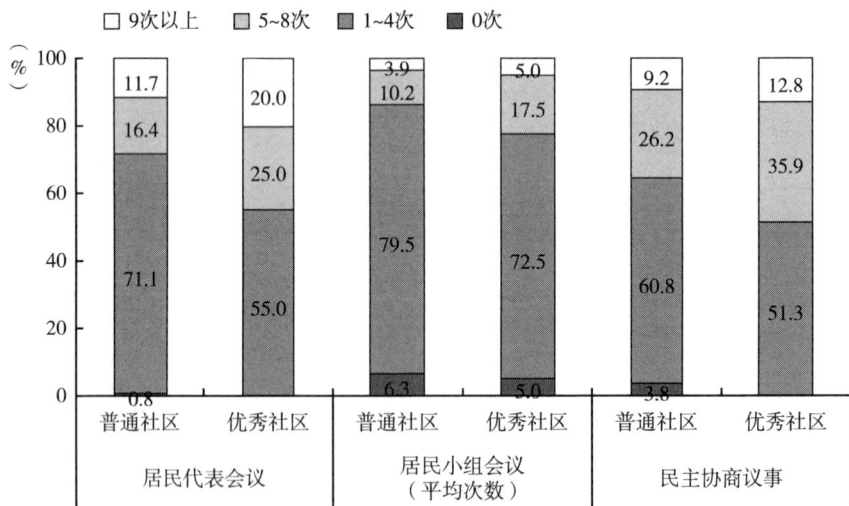

图4 居委会日常运行情况

优秀社区平均有28.43个居民小组，普通社区平均只有22.47个居民小组，数量上存在显著差异。优秀社区居民小组平均会议次数在5次以上乃至9次以上的比例也高于普通社区。

5. 优秀社区居委会与党组织关系密切

优秀社区居委会与党组织召开联席会议的频次高于普通社区。上年度100%的优秀社区至少每季度与党组织召开1次联席会。其中35%的社区一周开一次联席会，比普通社区高16.2个百分点（见表58）。

表58　上年度居委会与党组织召开联席会议次数

单位：个，%

联席会频次	普通社区		优秀社区	
	样本量	百分比	样本量	百分比
一周一次	24	18.8	14	35.0
半月一次	17	13.3	3	7.5
一月一次	55	43.0	16	40.0
双月一次	8	6.2	1	2.5
一季度一次	20	15.6	6	15.0
半年一次	4	3.1	0	0.0
总　计	128	100.0	40	100.0

优秀社区居委会成员的中共党员人数比例与普通社区无显著差异，但是居委会成员与社区党组织成员交叉任职人数比例高于普通社区。优秀社区交叉任职人数比例在30%以下的比普通社区低12.1个百分点，交叉任职人数比例超过半数的比普通社区高10.8个百分点（见图5）。

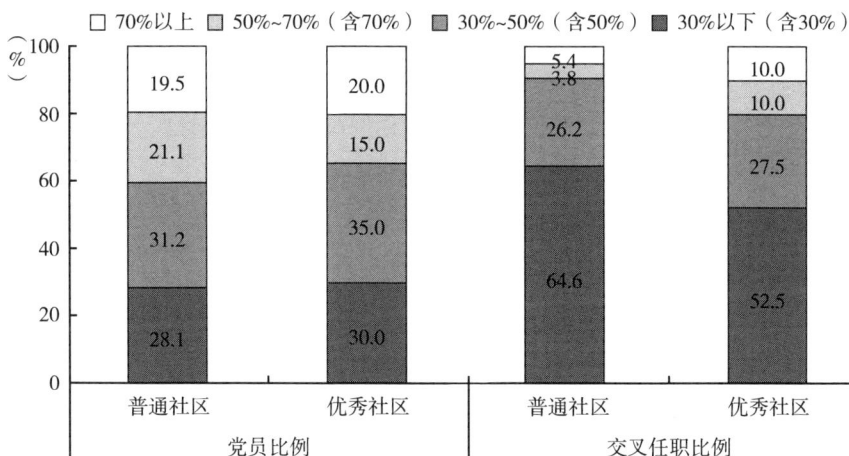

图5　居委会成员中党员及与社区党组织成员交叉任职情况

6. 优秀社区居委会主任任职年限长，工作经验丰富

六成优秀社区居委会主任是连任数届的老主任；普通社区连任数届的居委会主任只占到38%，比优秀社区低22个百分点。另外，普通社区新任居委会主任较多，比优秀社区高8.2个百分点（见图6）。

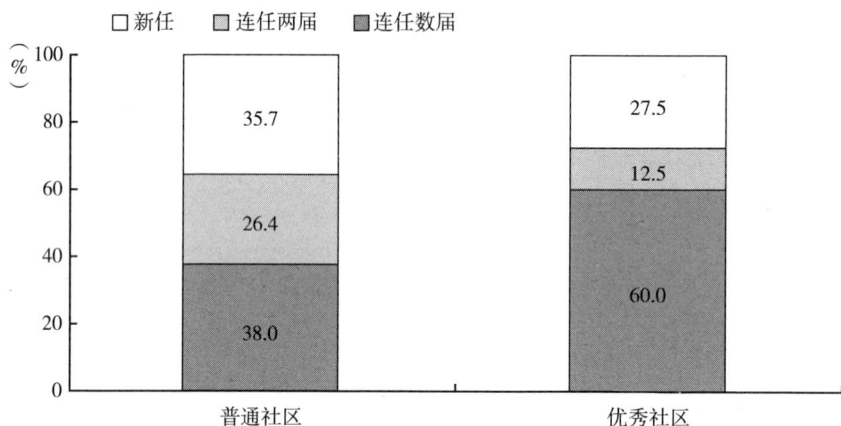

图6　居委会主任任职年限

（二）承担社区服务管理事务的能力

1. 优秀社区开展绿化美化等居民自我管理事务比例高于普通社区

优秀社区居委会组织居民开展绿化美化的比例为85%，比普通社区高15.8个百分点，存在显著差异。优秀社区开展垃圾分类、环境卫生、纠纷调处等居民自我管理事务的比例也高于普通社区（见图7）。

2. 优秀社区居委会自主提供服务项目的比例普遍高于普通社区

优秀社区居委会自主提供志愿服务、社区帮扶、便民服务、文化教育等服务项目的比例高达97.5%，并且开展幼小服务、养老服务、社区帮扶、特殊人群服务、便民服务等的比例显著高于普通社区（见图8）。

（三）组织协调社会资源的能力

1. 优秀社区取得合作的社会组织数量显著多于普通社区，较少接受街道指派，大多为协议合作，开展社区教育的比例显著高于普通社区

87.5%的优秀社区与在民政部门正式注册登记的社会组织有合作，比普通

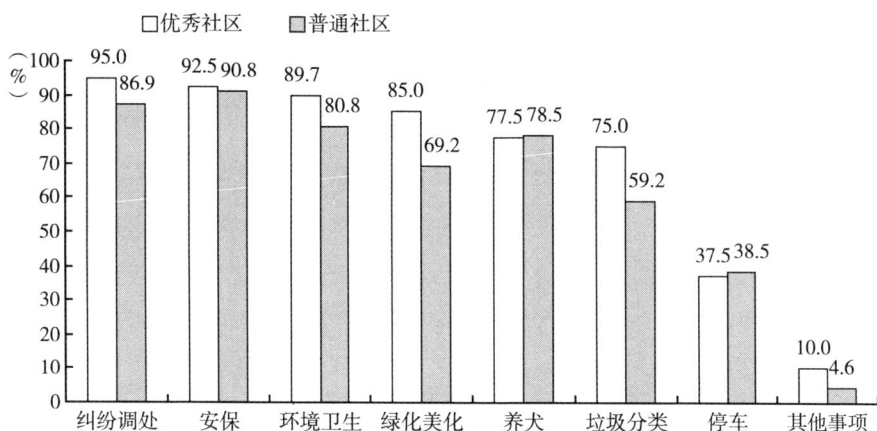

图7 居委会组织开展的居民自我管理事务

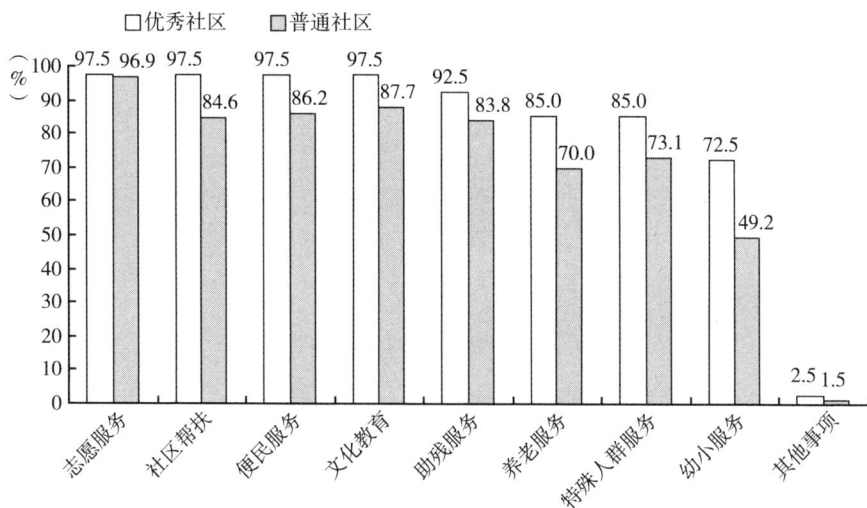

图8 居委会自主提供的服务项目

社区高 20 个百分点。优秀社区与 1~3 家社会组织合作的比例比普通社区高 17.3 个百分点，与 4 家以上社会组织合作的比例比普通社区高 2.7 个百分点（见图9）。

优秀社区多与社会组织直接进行协议合作（45%），比普通社区高 15 个百分点；接受街道指派合作的比例（35%）比普通社区低 5 个百分点；由机

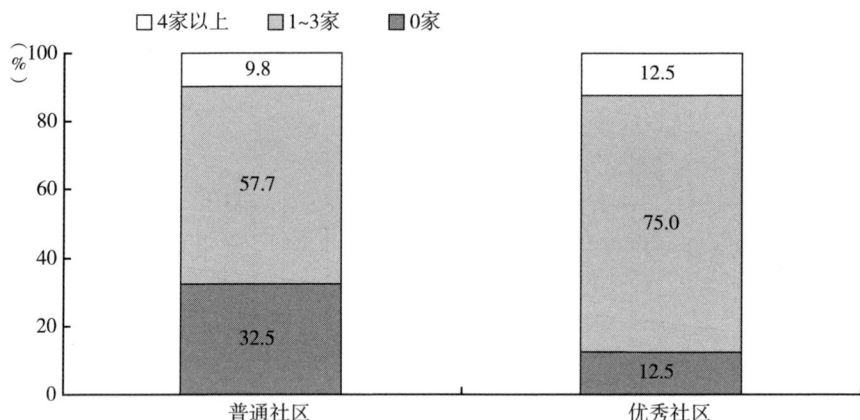

图9　居委会合作的社会组织数量

构或个人直接联系接洽，达成合作的比例分别比普通社区高 5.4 个和 4.8 个百分点（见图 10）。

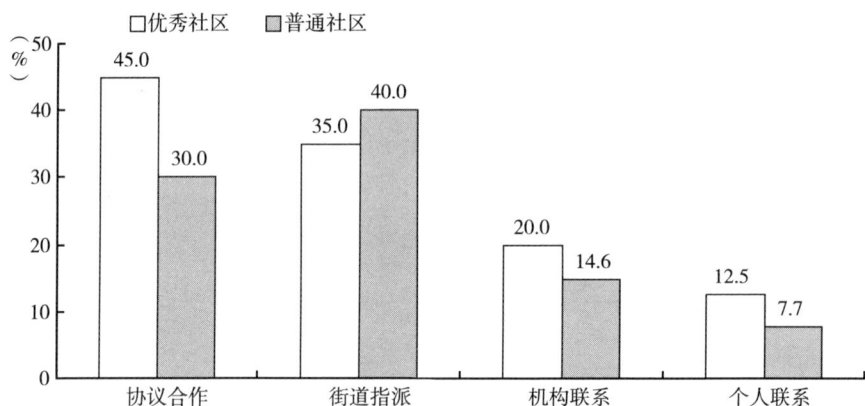

图10　居委会与社会组织合作的方式

社区教育是居委会与社会组织合作比例最高的领域。优秀社区更注重社区教育，开展社区教育的比例比普通社区高 16.7 个百分点（见图 11）。

2. 优秀社区居委会的志愿服务类社区社会组织比例显著高于普通社区，参加志愿服务组织的志愿者人数也更多

优秀社区中，由社区居民自发成立且在街道或社区正式备案的各类自组织

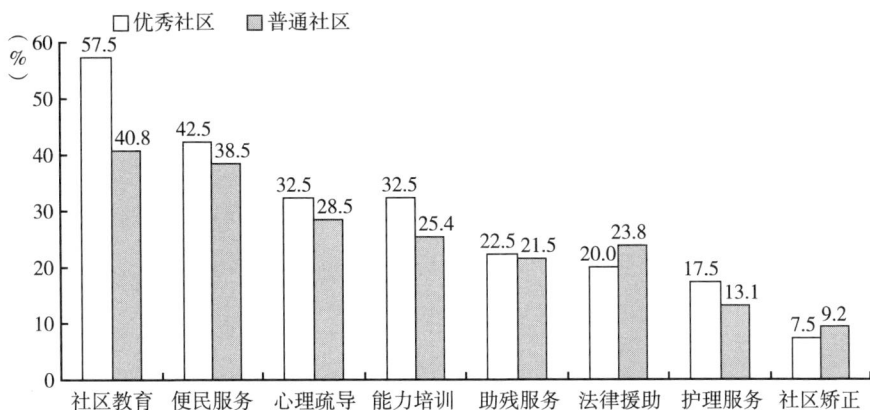

图11　居委会与社会组织合作的领域

在数量上与普通社区没有显著差异。但是多达95%的优秀社区有志愿服务类社会组织，比普通社区高15.8个百分点（见图12）。

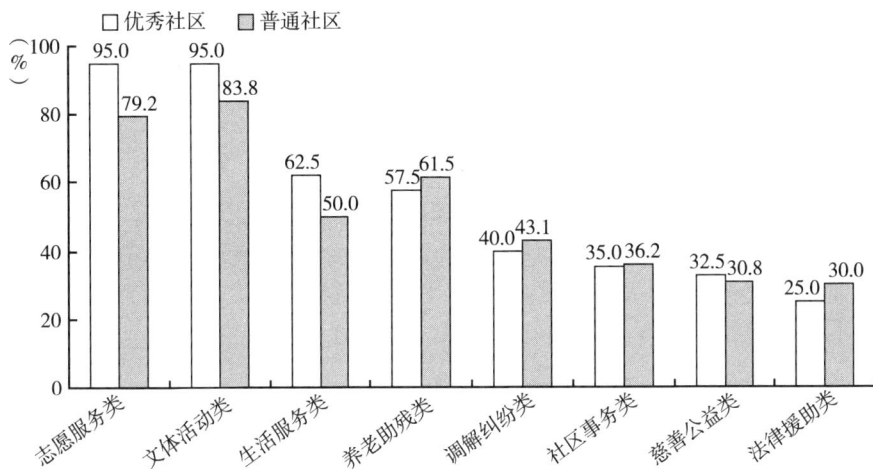

图12　社区社会组织的类型

95%的优秀社区参加志愿服务组织的志愿者在百人以上，显著高于普通社区（69.8%）（见图13）。

3. 优秀社区成立业委会的比例略高，居委会与业委会多为指导监督关系

1/3的优秀社区有业委会，比普通社区多9.7个百分点。20.5%的优秀社区与业委会之间是指导监督关系，比普通社区高9.9个百分点（见表59）。

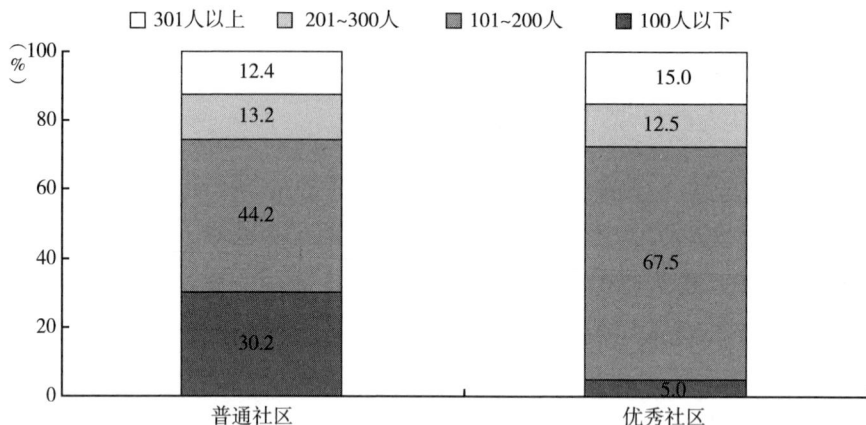

图13 社区参加志愿服务组织的志愿者人数

表59 居委会与业委会的关系

单位：个，%

关系	普通社区		优秀社区	
	样本量	百分比	样本量	百分比
相互合作	16	13.0	5	12.8
指导监督	13	10.6	8	20.5
无业委会	94	76.4	26	66.7
总　计	123	100.0	39	100.0

4. 优秀社区有物业公司的比例略高，居委会与物业公司有相互合作的比例高于普通社区

87.2%的优秀社区有物业公司，比普通社区多13.2个百分点。优秀社区中与物业公司有相互合作关系的比普通社区多13.1个百分点（见表60）。

表60 居委会与物业公司的关系

单位：个，%

关系	普通社区		优秀社区	
	样本量	百分比	样本量	百分比
相互合作	88	71.5	33	84.6
其他关系	3	2.4	1	2.6
无物业公司	32	26.0	5	12.8
总　计	123	100.0	39	100.0

5.优秀社区与驻区单位开展长期合作，并且得到项目支持和技术支持的比例显著高于普通社区

65%的优秀社区与驻区单位长期合作；普通社区与驻区单位长期合作的比例只有46.9%，相差18.1个百分点（见表61）。

表61 居委会与驻区单位的合作

单位：个，%

合作期限	普通社区		优秀社区	
	样本量	百分比	样本量	百分比
长期合作	61	46.9	26	65.0
短期合作	20	15.4	4	10.0
其他	49	37.7	10	25.0
总 计	130	100.0	40	100.0

优秀社区和普通社区一样，都从驻区单位得到较大比例的人员支持和设施共享，但其获得驻区单位项目支持（42.5%）和技术支持（32.5%）的比例分别比普通社区高15.6个和14.8个百分点（见图14）。

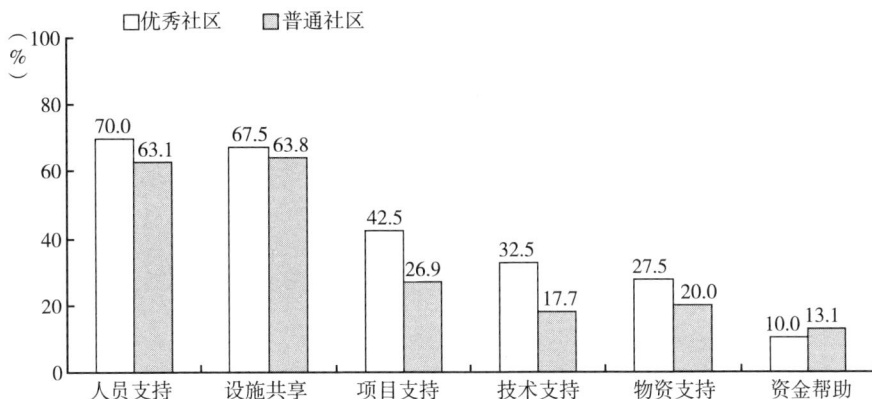

图14 居委会与驻区单位的合作形式

（四）与行政机构协调合作的能力

1.优秀社区居委会参加街道召集各种会议的比例略低

与普通社区相比，优秀社区参加街道月度工作例会、季度工作例会的比例分别低0.8个和6.2个百分点；参加年度总结大会和专项工作会议的比例分别低10.2个和7.7个百分点（见表62）。

表62　街道召集居委会召开会议制度（多选）

单位：个，%

会议制度	普通社区		优秀社区	
	样本量	百分比	样本量	百分比
月度工作例会	118	90.8	36	90.0
季度工作例会	47	36.2	12	30.0
年度总结大会	101	77.7	27	67.5
专项工作会议	101	77.7	28	70.0

2. 优秀社区居委会向街道申请办理社区服务管理设施设备和社区服务项目的比例略高

优秀社区在向街道申请办理社区服务管理设施设备和社区服务项目上的比例均达100%，比普通社区略高（见表63）。

表63　社区居委会向街道申请办理事项（多选）

单位：个，%

办理事项	普通社区		优秀社区	
	样本量	百分比	样本量	百分比
社区工作者招录使用	67	51.5	21	52.5
社区服务管理设施设备	120	92.3	40	100.0
社区服务项目	123	94.6	40	100.0
其他事项	1	0.8	0	0.0

3. 优秀社区从街道获取资金支持、项目支持、政策支持的比例较高，对设施、物资、人力等方面支持的需求较小（见表64）

（五）与社区居民沟通的能力

优秀社区与普通社区在居民代表参与居委会工作考评、监督方面没有显著差异；在居民参与社区公益活动、反映意见需求、矛盾调处、民主协商方面差异显著。

表64 社区居委会取得街道相关支持（多选）

单位：个，%

从街道取得的支持	普通社区		优秀社区	
	样本量	百分比	样本量	百分比
资金支持	126	96.90	40	100.00
项目支持	119	91.50	39	97.50
政策支持	114	87.70	37	92.50
设施支持	115	88.50	35	87.50
物资支持	118	90.80	35	87.50
人力支持	108	83.10	31	77.50
其他支持事项	1	0.80	0	0.00

1. 优秀社区参加公益活动的人次总数比例高于普通社区

在上年度居委会组织开展的公益活动中，优秀社区参加公益活动的人次总数占常住人口的比例高于普通社区。17.9%的优秀社区中，居民参加公益活动的人次总数占社区常住人口的70%以上，比普通社区高11个百分点（见图15）。

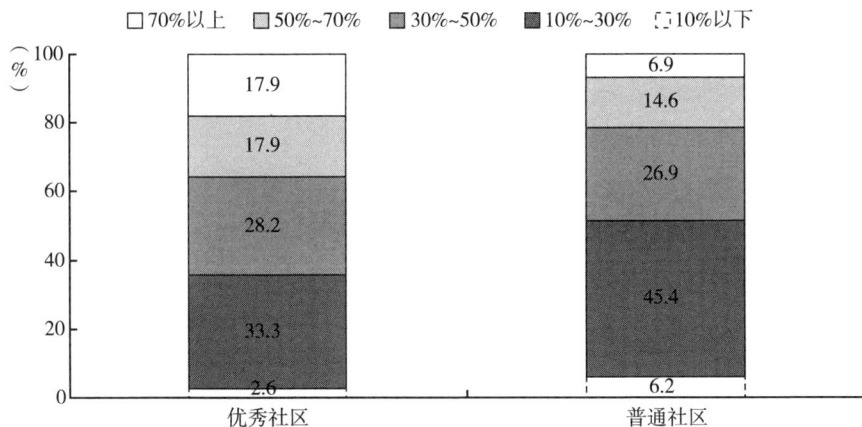

图15 居民参加公益活动的人次总数占社区常住人口的比例

2. 优秀社区的居民充分利用各种渠道反映需求和意见

优秀社区居民利用居委会入户、电话、面谈等各种渠道向居委会反映需求和意见的比例均高于普通社区的居民，特别是通过会议、书信、网络、意见箱渠道反映意见的比例显著高于普通社区（见图16）。

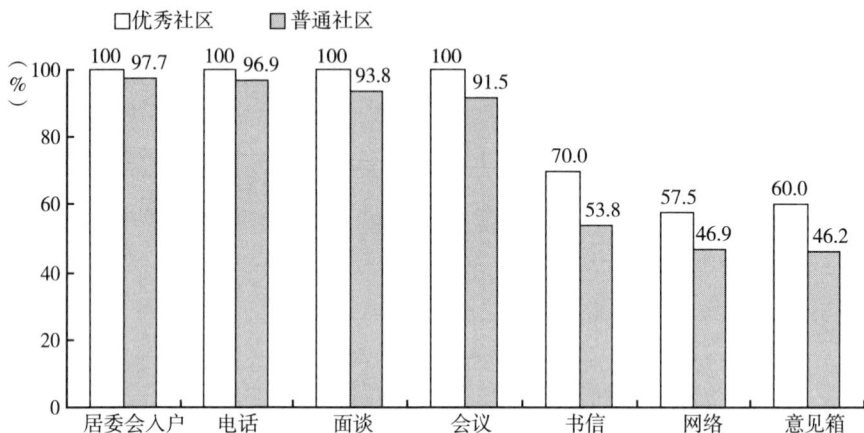

图16　居民反映需求和意见的渠道

3. 优秀社区居委会调处社区纠纷数量较多，成效较好

上年度调处社区纠纷10次以上的优秀社区为80%，普通社区只有65.7%（见图17）。优秀社区物业纠纷比例显著高于普通社区，违建纠纷和停车纠纷显著低于普通社区（见图18）。

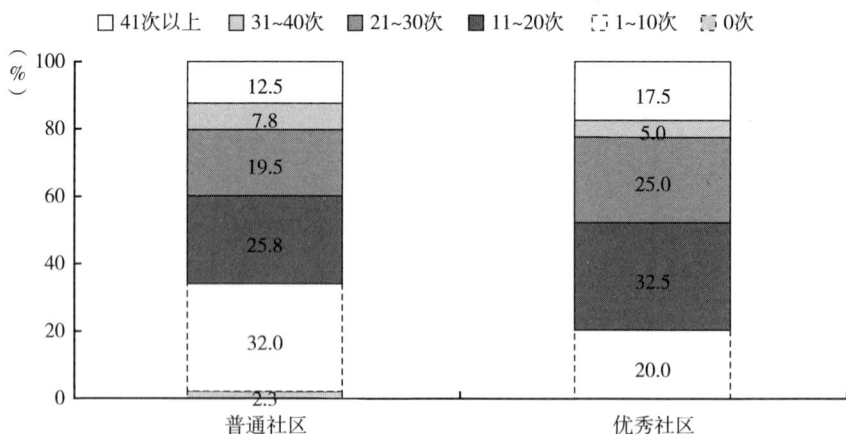

图17　居委会上年度调处社区纠纷的数量

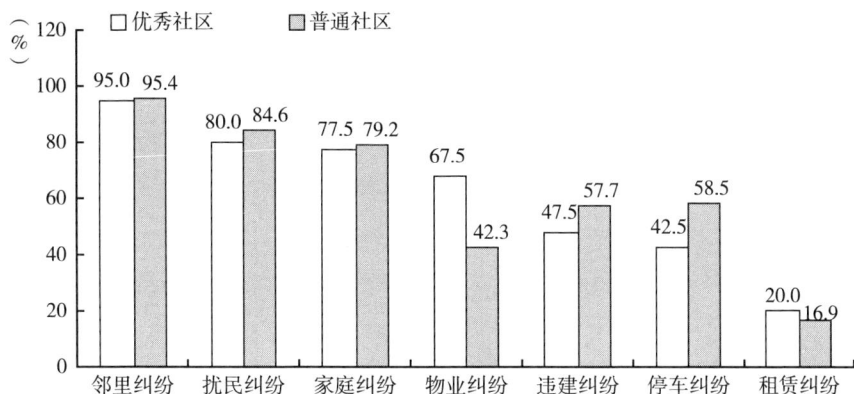

图18 社区纠纷涉及事项

52.5%的优秀社区纠纷调处成功率可达到90%以上，能调处到同等程度的普通社区只有40.6%（见图19）。

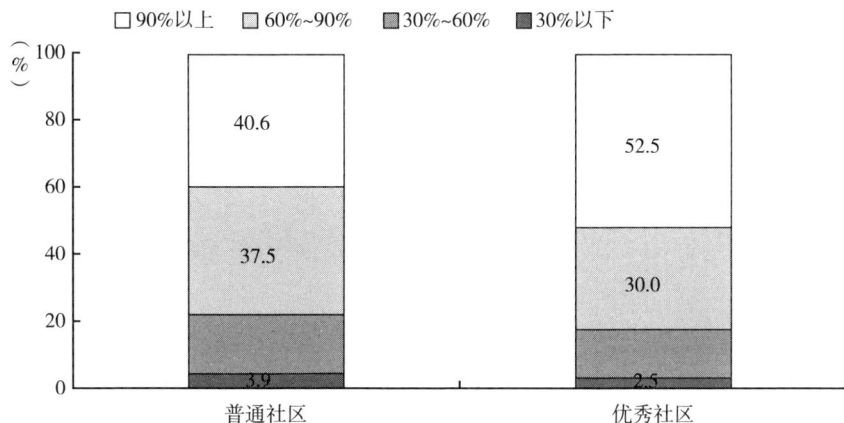

图19 上年度社区居委会纠纷调处成功率

4. 优秀社区民主协商、民主评议情况好于普通社区

除养老托幼外，优秀社区进行民主协商事项的比例均高于普通社区。特别是优秀社区就"项目立项"（70.0%）进行民主协商的比例显著高于普通社区（53.1%），见图20。

优秀社区通过网上论坛（15.0%）进行民主协商的比例高于居民理事会

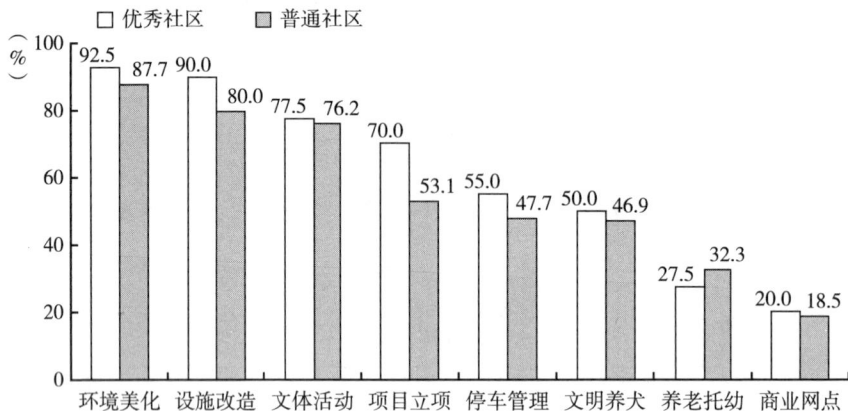

图20 社区民主协商事项

（12.5%），并且与普通社区通过网上论坛进行民主协商（3.8%）之间存在统计学意义上的显著差异。此外，在以民主评议、民主恳谈、业主协商形式进行民主协商方面，优秀社区比普通社区分别高14个、9.2个和7.1个百分点（见图21）。

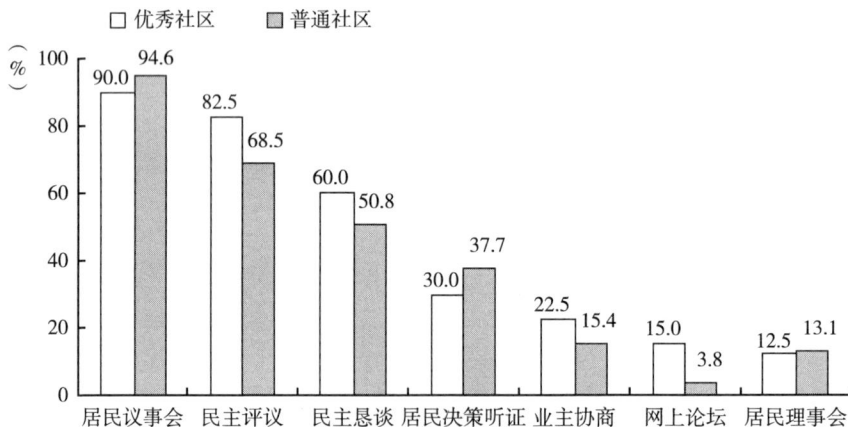

图21 社区协商形式

上年度优秀社区协商次数显著多于普通社区。优秀社区进行6~10次民主协商的比例比普通社区高7.1个百分点；进行10次以上协商的比例比普通社区高15个百分点（见图22）。

优秀社区协商事项达成一致的比例高于普通社区。优秀社区协商事项达成

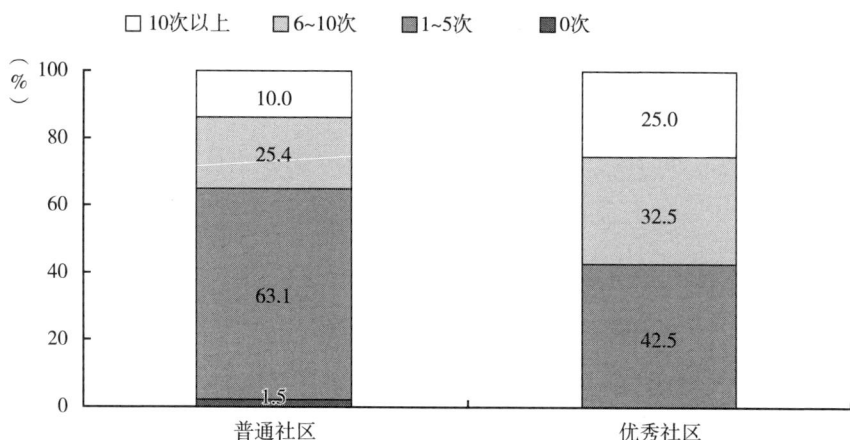

图22　上年度社区协商次数

一致的比例至少在30%以上。47.4%的优秀社区协商事项达成一致的比例超过90%，比普通社区高10.7个百分点（见图23）。

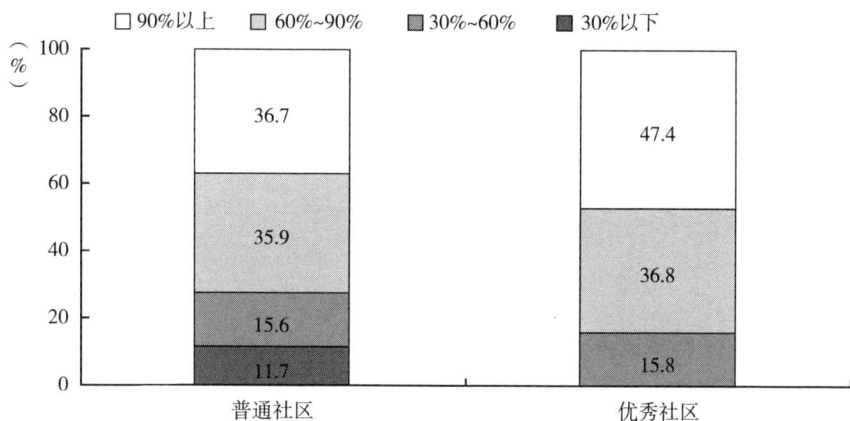

图23　上年度社区协商一致事项的比例

三　影响社区居民自治的客观因素

（一）社区的多样性和差异性

社区类型、住宅类别、社区规模、人口构成等方面存在多样性和差异性，社区居民自治的基础和条件不同，这对社区分类治理提出了现实要求。

1. 社区类型

西城以非单位职工居民型社区为主（56.8%），单位职工型社区（含部队家属院）比例为22.7%，没有农居混合型社区。石景山区单位职工型社区与非单位职工居民型社区各占近四成（38.8%），比例为1∶1，农居混合型社区占12.2%，其他类型社区占一成。

与西城区相比，石景山区单位职工型社区（含部队家属院）高出16.1个百分点，农居混合型社区高出12.2个百分点（见表65）。

表65 社区主要类型

单位：个，%

社区类型	西城区		石景山区		总体	
	样本量	百分比	样本量	百分比	样本量	百分比
单位职工型（含部队家属院）	20	22.7	19	38.8	39	28.5
农居混合型	0	0.0	6	12.2	6	4.4
非单位职工居民型	50	56.8	19	38.8	69	50.4
其他类型	18	20.5	5	10.2	23	16.8
总 计	88	100.0	49	100.0	137	100.0

2. 住宅类型

从社区住宅类型看，半数社区为混合社区。西城区的混合社区所占比重达到57.3%，其中商品房、平房混合社区比石景山区多14.1个百分点。西城区纯平房社区比石景山区多6.7个百分点；石景山区纯商品房社区和经济适用房、两限房社区分别比西城区多10.5个百分点和7.1个百分点，房改房社区、回迁安置房社区均比西城区多6个百分点（见表66）。从住宅类型上，也体现了西城区社区较为老旧，石景山社区较新的特点。

3. 人口数量与结构

根据市两办《关于全面加强城乡社区居民委员会建设工作的意见》，按照便于管理、便于服务、便于居民自治的原则确定管辖范围，社区规模原则上在1000～3000户。西城区和石景山区七成左右的社区为1001～3000户，11.6%的社区在3000户以上。社区规模过大，导致熟人社区难以形成。

表66　社区住宅类型

单位：个，%

住宅类型	西城区		石景山区		总体	
	样本量	百分比	样本量	百分比	样本量	百分比
商品房（含自住型商品房）	7	7.9	9	18.4	16	11.6
经济适用房、限价房	1	1.1	4	8.2	5	3.6
公租、廉租房	2	2.2	0	0.0	2	1.4
房改房	11	12.4	9	18.4	20	14.5
平房	15	16.9	5	10.2	20	14.5
回迁安置房（含棚户区改造安置房）	2	2.2	4	8.2	6	4.3
商品房、平房混合社区	18	20.2	3	6.1	21	15.2
其他混合社区	33	37.1	15	30.6	48	34.8
总　　计	89	100.0	49	100.0	138	100.0

从人口来看，石景山区多为5000人以下的社区，其中，3001～5000人的社区所占比重最大，其次是3000人以下社区，分别比西城区多13.4个百分点和7.9个百分点。西城区5001～8000人的社区所占比重最大，比石景山区高20.1个百分点（见表67）。由此可知，西城区的社区人口更稠密。

表67　社区常住居民人口数

单位：个，%

居民总人口数	西城区		石景山区		总体	
	样本量	百分比	样本量	百分比	样本量	百分比
3000人以下	20	22.7	15	30.6	35	25.5
3001～5000人	26	29.5	21	42.9	47	34.3
5001～8000人	32	36.4	8	16.3	40	29.2
8001人以上	10	11.4	5	10.2	15	10.9
总　　计	88	100.0	49	100.0	137	100.0

国际上通常看法是，当一个国家或地区60岁以上老年人口占人口总数的10%，或65岁以上老年人口占人口总数的7%，即意味着这个国家或地区的

人口处于老龄化阶段。调查显示，西城97.8%的社区以及石景山95.8%的社区已达到国际标准，成为老龄化社区。更为严重的是，西城区60岁以上人口占常住居民人口比例超过20%的社区达到了77.5%，比石景山高21.3个百分点。德胜街道煤炭社区和新外大街北社区60岁以上的人口更是占到40%以上（见表68），说明西城区社区的老龄化程度非常高。

表68 社区的老龄化程度

单位：个，%

60岁以上的人口占常住人口比例	西城区		石景山区		总体	
	样本量	百分比	样本量	百分比	样本量	百分比
10%以下（含10%）	2	2.2	2	4.2	4	2.9
10%~20%（含20%）	18	20.2	19	39.6	37	27.0
20%~30%（含30%）	45	50.6	17	35.4	62	45.3
30%~40%（含40%）	22	24.7	10	20.8	32	23.4
40%以上	2	2.2	0	0.0	2	1.5
总 计	89	100.0	48	100.0	137	100.0

西城区14%的社区和石景山区28.6%的社区存在户籍人口与外来人口倒挂问题，7.4%的社区外来人口超过七成。石景山区20.4%的社区外来人口占常住人口的比例为50%~70%，比西城区高13.4个百分点，人口倒挂问题更为严重（见表69）。

表69 京籍人口与非京籍人口倒挂情况

单位：个，%

京籍人口占常住人口的比例	西城区		石景山区		总体	
	样本量	百分比	样本量	百分比	样本量	百分比
30%以下（含30%）	6	7.0	4	8.2	10	7.4
30%~50%（含50%）	6	7.0	10	20.4	16	11.9

京籍人口占常住人口的比例	西城区		石景山区		总体	
	样本量	百分比	样本量	百分比	样本量	百分比
50%~70%（含70%）	33	38.4	9	18.4	42	31.1
70%以上	41	47.7	26	53.1	67	49.6
总　计	86	100.0	49	100.0	135	100.0

（二）居委会的工作基础

1. 居委会组建时间

社区居委会多建于2000年以后，石景山区新成立居委会比例高于西城区。总体上，超过六成（63.5%）的社区居民委员会组建于2000~2009年，西城区和石景山区比例相当。石景山区2010年后组建的社区居委会比西城区多7.7个百分点。2000年以前组建的社区居委会占29.1%，其中西城区1979年之前就有居委会的老社区比石景山区多6.8个百分点（见表70）。

2. 社区工作力量

西城区居委会工作人员数量显著少于石景山区。西城区社区居委会工作人员多在7人（含）以下，其中5人以下占32.6%，6~7人占46.1%。石景山区社区居委会工作人员多在8人（含）以上，其中8~9人占31.2%，10人以上占35.4%（见表71）。

表70　社区居委会组建时间

组建时间	西城区		石景山区		总体	
	样本数量	百分比（%）	样本数量	百分比（%）	样本数量	百分比（%）
1979年之前	15	17.0	15	10.2	20	14.6
1980~1989年	3	3.4	2	4.1	5	3.6
1990~1999年	10	11.4	5	10.2	15	10.9
2000~2009年	56	63.6	31	63.3	87	63.5
2010年以后	4	4.5	6	12.2	10	7.3
总　计	88	100.0	49	100.0	137	100.0

表71　社区居委会工作人员数量及分布

单位：个，%

居委会 工作人员	西城区		石景山区		总体	
	样本量	百分比	样本量	百分比	样本量	百分比
5人以下	29	32.6	10	20.8	39	28.5
6~7人	41	46.1	6	12.5	47	34.3
8~9人	7	7.9	15	31.2	22	16.1
10人以上	12	13.5	17	35.4	29	21.2
总　计	89	100.0	48	100.0	137	100.0

　　石景山区的社区服务站工作人员1~3人、4~6人、7人以上的比例大体相当。西城区的社区服务站工作人员多为7人以上，这一比例（56.2%）比石景山区高23.5个百分点；服务站工作人员在1~3人的比例（4.5%）比石景山区低26.1个百分点（见表72）。

表72　社区服务站工作人员数量及分布

单位：个，%

服务站 工作人员	西城区		石景山区		总体	
	样本量	百分比	样本量	百分比	样本量	百分比
0人	1	1.1	0	0.0	1	0.7
1~3人	4	4.5	15	30.6	19	13.8
4~6人	34	38.2	18	36.7	52	37.7
7人以上	50	56.2	16	32.7	66	47.8
总　计	89	100.0	49	100.0	138	100.0

　　西城区社区党组织工作人员多数在2人以上，其中42%的社区有2名党组织工作人员，21.6%的社区党组织工作人员在3人以上，共比石景山区高出33个百分点。49%的石景山社区只有1名党组织工作人员，20.4%的社区没有党组织工作人员，分别比西城区多22.9个百分点和10.2个百分点（见表73）。

表73　社区党组织工作人员数量及分布

单位：个，%

党组织工作人员	西城区		石景山区		总体	
	样本量	百分比	样本量	百分比	样本量	百分比
0 人	9	10.2	10	20.4	19	13.9
1 人	23	26.1	24	49.0	47	34.3
2 人	37	42.0	6	12.2	43	31.4
3 人及以上	19	21.6	9	18.4	28	20.4
总　计	88	100.0	49	100.0	137	100.0

两区无协管员以及协管员数量在 7 人以上的比例均低。从数值上看，石景山区社区协管员在 1~3 人的比例较大，但在统计学上，两区各类协管员数量及分布没有显著差异（见表74）。

表74　社区各类协管员数量及分布

单位：个，%

各类协管员	西城区		石景山区		总体	
	样本量	百分比	样本量	百分比	样本量	百分比
0 人	6	6.8	1	2.0	7	5.1
1~3 人	38	43.2	30	61.2	68	49.6
4~6 人	43	48.9	16	32.7	59	43.1
7 人以上	1	1.1	2	4.1	3	2.2
总　计	88	100.0	49	100.0	137	100.0

3. 居委会主任的资历与居住地

四成居委会主任连任数届（39.4%），1/4 连任两届（26.3%），只有 1/3 新任职（34.3%），两区没有显著差异（见表75）。

表75　居委会主任任职年限

单位：个，%

任职年限	西城区		石景山区		总体	
	样本量	百分比	样本量	百分比	样本量	百分比
连任数届	35	39.8	19	38.8	54	39.4
连任两届	21	23.9	15	30.6	36	26.3
新　任	32	36.4	15	30.6	47	34.3
总　计	88	100.0	49	100.0	137	100.0

按照《居委会组织法》第八条规定，居委会成员应在本居住地区有被选举权的居民中产生，即对居委会成员有属地化要求。但调查显示，三成多（32.4%）的居委会主任居住在本社区乃至本街道以外的其他地区，只有67.7%的居委会主任符合属地化要求。石景山区居住在本社区的居委会主任（30.6%）比例显著高于西城区（11.5%），见表76。

表 76　居委会主任居住地

单位：个，%

居住地	西城区		石景山区		总体	
	样本量	百分比	样本量	百分比	样本量	百分比
本社区	10	11.5	15	30.6	25	18.4
本街道	48	55.2	19	38.8	67	49.3
其他地区	29	33.3	15	30.6	44	32.4
总　计	87	100.0	49	100.0	136	100.0

从任职年限上看，不论连任数届、连任两届还是新任职的居委会主任，都是住在本街道的最多，住在本社区的最少。新任职的社区居委会主任只有8.5%的人居住在本社区。居委会主任居住在属地外，与居民之间缺乏沟通了解，是社区居民自治的制约因素（见表77）。

表 77　居委会主任任职年限与居住地的关系

单位：个，%

居住地	连任数届		连任两届		新任职		总体	
	样本量	百分比	样本量	百分比	样本量	百分比	样本量	百分比
本社区	12	22.6	9	25.0	4	8.5	25	18.4
本街道	26	49.1	15	41.7	26	55.3	67	49.3
其他地区	15	28.3	12	33.3	17	36.2	44	32.4
总　计	53	100.0	36	100.0	47	100.0	136	100.0

（三）社区治理主体的多元化

西城区什刹海街道双寺社区和石景山区八角街道杨庄北区社区民主协商社区事务时，居民、居委会、社区党组织、居民小组、街道、物业公司、驻区单位、社会组织、居务监督委员会、业委会十个主体全都积极参与。七成（70.3%）社区有5个以上的主体参与社区事务民主协商（见图24）。引导社会力量向社区治理延伸，合理发挥不同角色与功能的社会力量在社区治理中的作用非常重要。

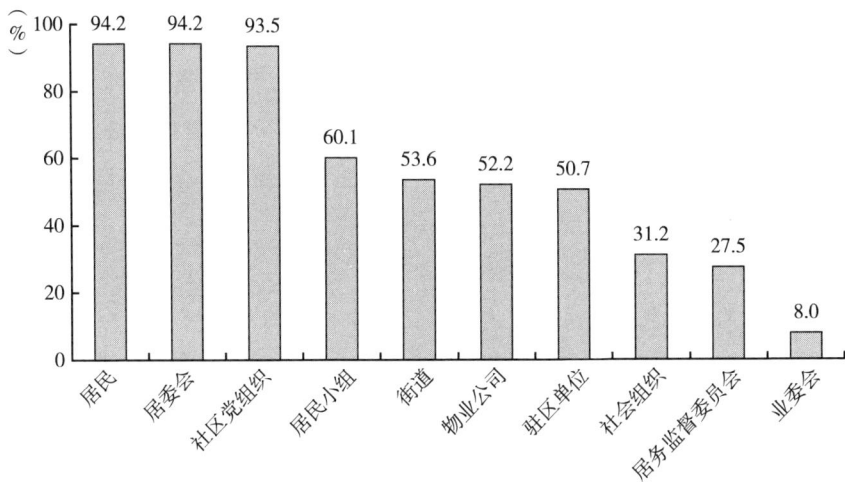

图24　社区事务民主协商主体参与的比例

四　对策建议

落实市委市政府2011年8月印发的《关于全面加强城乡社区居民委员会建设工作的意见》，尊重居民群众的主体地位，进一步明确社区居民委员会的职责任务，坚持"一分、三定、两目标"，加强分类指导，实现社区居民委员会与社区服务站职能分开，定事、定人、定钱，建设一支专业化、高素质的社区工作者队伍，建设一批有中国特色的社会主义新型和谐社区。

（一）加强社区居委会的组织化和规范性

（1）法治先行，尽快推动北京市社区居民自治条例出台。

（2）稳步推进社区居委会"直选"进程。大力推广户代表"一户一票"的选举方式，试点采取居民"一人一票"的直选方式，根据候选人的现场竞职演说，公开、透明地选出新一届社区居委会"班子"。力争到2020年使社区居民委员会户代表选举和全体居民直接选举比例达到60%。户代表选举参与率与全体居民选举参与率均应达到90%以上。

（3）健全社区居民委员会下属委员会。增加居委会下属各委员会人员配置，各委员会工作人数在2人以下的，可适当增至3~5人。特别要加强综合治理委员会、人民调解委员会、文化共建委员会的工作力量。

（4）充分发展社区基层组织网络。利用多样的居民自治形式，发展社区基层组织网络。使居民小组社区覆盖率由目前的93.5%，发展到2020年实现100%全覆盖。努力形成社区居民委员会及其下属委员会、居民小组、楼院委员会等上下贯通、左右联动的社居委会组织体系。

（5）健全居委会工作制度。使自治章程、公约、民主决策制度、民主监督制度、日常工作制度五类制度俱全的比例由目前的84.1%提升至90%。其中公约、日常工作制度健全比例应达到100%。鼓励社区结合实际，自主制定其他相关制度。

（6）社区居委会应每年至少召开一次全体居民会议，每季度至少召开一次居民代表会议；居民小组应每月召开会议或开展活动。每年社区民主协商议事不少于4次（含）。到会率（或参与率）须超过应到人数的一半。

（二）提升承担社区服务管理事务的能力

（1）组织开展好自我管理事务。在搞好安全保卫、纠纷调处、环境卫生三大事务基础上，条件比较好的社区可以进一步组织居民搞好绿化美化、垃圾分类事务；老旧小区可以进一步组织居民加强养犬自律和文明停车管理。

（2）动员开展好社会活动。除开展居民喜闻乐见的文体活动外，更要大力开展公益活动，并且动员居民投身加强社会治安综合治理。例如，通过北京市公安局朝阳分局会同相关单位研发的"朝阳群众"APP对"儿童拐卖""老人走失""遗失招领""肇事违章""疑似嫌犯"等进行举报。

（3）以需求为导向，提供好自主服务。强化社区服务功能，在社区服务供给方面加大力度、完善结构、改革方式、提高质量，建立和完善具有社会救助和社会福利性质的社区服务体系和惠及全体社区居民的"便民、利民"的社会化社区服务体系。广泛开展志愿服务、社区帮扶、便民服务、文化教育等服务项目，根据社区人口构成，有针对性地开展幼小服务、养老服务、特殊人群服务。

（三）增强组织协调社会资源的能力

（1）与在民政部门正式注册登记的社会组织开展广泛而深入的合作。心理疏导、法律援助、社区矫正、能力培训、护理服务等专业社区服务，委托专业社会组织承担。对于资源较少的社区，街道可提供社会组织名录及简介，或推荐资质好、信誉佳、能力强的部分社会组织与社区协议合作，但要避免硬性指派合作。

（2）大力培育社区社会组织，特别是志愿服务类社会组织。通过设立志愿服务岗和志愿服务项目，吸纳更多的社区志愿者注册登记，实现社区志愿者注册率占居民人口15%的目标。通过组织志愿服务活动，发动更多的社区居民参加志愿服务。关于社区社会组织的运行资金，除鼓励社会组织自筹及社区自筹外，可在街道的指导下，通过政府购买社区社会组织服务等渠道，加大财政支持力度。

（3）理顺与业委会、物业公司的关系，加强相互协作。因客观原因未能选举产生业委会的，居委会应当在街道办事处的指导和监督下，组织业主讨论决策住宅小区公共管理事务，或者经业主大会授权，由居委会代行业委会的相关职责。房管部门应当加强对居委会代行业委会相关职责的业务指导和服务工作。在无物业的老旧小区，推进老旧小区自我服务管理试点建设。进一步加强自管会规范化建设，深化物业自主式、社区自治式、单位自助式服务管理。

（4）与驻区单位开展长期合作、全面共建。充分利用属地资源，做好驻区单位资源共享。初级合作与共建是从驻区单位获得人员支持和设施共享，高级的合作与共建则谋求从驻区单位得到项目支持和技术支持。社区居民委员会要为驻区单位提供必要的服务，为驻区单位建设和发展提供良好的社会环境。

（四）强化与行政机构协调合作的能力

（1）进一步理顺政府与社区职责边界。加快转变政府职能，全面减少社区承担的行政事务，减少考核、评比、验收、会议等，为社区自我发展留出空间和时间。规范社区准入事项的行政审批制度，制定清单，形成公开透明的制度安排。

（2）街道要根据社区居委会的申请，对社区居民自治给予大力支持，特别是在资金、项目、政策以及社区服务管理设施设备方面的支持。居委会要学会通过购买服务减轻自己的负担，依托网格化进行社区信息采集。

（五）提高与社区居民沟通的能力

（1）增强干部素质和文化水平。加强专业培训，提高为居民服务的本领和素质，加强干部交流。培养选拔一批社区自治带头人，为推进社区建设提供人才支持。

（2）增加在本辖区居住的居委会成员比例。居委会主任居住在本社区的比例应达到25%，居委会成员在本社区或本街道居住的比例应达到80%，以利于居委会了解居民家庭事务，服务到位。

（3）依托社区内外资源和互联网，深入开展社区教育。通过教育宣传，使居民逐渐认识到社区共同利益与自身利益的紧密关系，从而产生主动参与社区治理的意识并付诸行动。

（4）建设居民参与社区事务的渠道。在正式渠道建设上，建立健全相关法律规章，保证居民参与的各种权利，提高居民参与积极性；在非正式渠道建设上，加大扶植力度，鼓励社区社会组织的发展，为居民参与社区生活提供路径。

（5）建立"两代表、一委员"进社区民情联络机制，为"两代表、一委员"履职尽责提供平台，为社情民意通畅提供渠道。

（六）发挥社区党组织的领导核心作用

（1）加大居委会成员与社区党组织成员交叉任职比例。到2020年实现半数社区交叉任职比例达30%的目标。

（2）拓宽党员服务群众渠道，充分发挥党员在和谐社区建设中的先锋模范作用。

（3）推广社区党员或党员代表议事制度，引导党员参与民主实践，带动和促进居民民主自治。

（4）成立社区党组织、社区居民委员会、驻区单位大党委联席会议制度，每月召开联席会。广泛吸纳社区驻区单位参与社区民主协商，实现党的组织和党的工作全覆盖。

B.24
北京市居民对"京津冀协同发展"相关举措及依法行政评价调查报告

吴镝鸣　张晓锐*

摘　要：　2016 年是习近平总书记视察北京，提出"京津冀协同发展"战略的第三个年头，三年来，北京市信访矛盾分析研究中心围绕北京市居民对"京津冀协同发展"及相关举措的态度及行为选择、政府在落实"京津冀协同发展"战略过程中依法行政情况等内容进行了系列调查。调查研究发现，公众对"京津冀协同发展"的知晓度明显提升，对交通、医疗等举措更加关注。公众普遍反映政府对"京津冀协同发展"政策的信息公开、意见反馈渠道的建设较为完善，但对行政执法情况评价一般。总体来看，居民对"京津冀协同发展"政策的影响持积极态度，整体行为选择比较缓和，对依法行政和规范执法的期待较高。

关键词：　京津冀协同发展　依法行政　社会调查

2017 年 2 月 23～24 日，习近平总书记在北京考察城市规划建设和北京冬奥会筹办工作。这是继 2014 年总书记视察北京提出"京津冀协同发展"战略之后，再次就城市规划建设和冬奥会筹办工作进行视察。总书记强调，北京城市规划建设和北京冬奥会筹办工作是当前和今后一个时期北京市的两项重要任务，要认真

---

* 吴镝鸣，博士，副研究员，北京市信访矛盾分析研究中心副主任；张晓锐，北京市信访矛盾分析研究中心工作人员。

贯彻党中央决策部署，坚持首善标准，解放思想、开阔思路，求真务实、攻坚克难，统筹生产、生活、生态，立足提高治理能力、抓好城市规划建设，着眼精彩、非凡、卓越，筹办好北京冬奥会，努力开创首都，发展更加美好的明天。三年来，北京市坚持深刻学习、领会习近平总书记讲话精神，切实把思想和行动统一到京津冀协同发展的重大战略决策部署上来，扎实有序推进非首都功能疏解，推动交通、生态环境、产业对接协作三大重点领域重大项目建设。坚持创新驱动，加快打造京津冀协同创新共同体，稳步推进公共服务均衡发展，高起点推进北京城市副中心建设。自 2014 年开始，北京市信访矛盾分析研究中心协同零点研究咨询集团对北京市公众对"京津冀协同"战略及相关举措的认知态度、行为选择及政府依法行政情况进行系列问卷调查，截至 2016 年底，该调查项目已连续实施了三年，有助于及时了解公众对"京津冀协同发展"顶层设计及推进落实情况的态度，对指导政府科学决策和政策调整具有现实意义。

一　调查背景和设计思路

2014 年 2 月 26 日，习近平总书记在北京主持召开座谈会，就京津冀协同发展提出了加强顶层设计、加快推进产业对接协作、调整优化城市布局和空间结构等七点要求。2015 年 4 月，中共中央政治局审议通过《京津冀协同发展规划纲要》。其核心是有序疏解北京非首都功能，要在京津冀交通一体化、生态环境保护、产业升级转移等重点领域率先取得突破，明确了以"一核、双城、三轴、四区、多节点"为骨架，有序推动疏解北京非首都功能，构建以重要城市为支点，以战略性功能区平台为载体，以交通干线、生态廊道为纽带的网络型空间格局。

2016 年是实施"十三五"规划的开局之年，是深入实施京津冀协同发展的关键之年。随着《"十三五"时期京津冀国民经济和社会发展规划》的相继出台，疏解北京非首都功能稳步推进，可以说京津冀协同发展步入了"快车道"。从具体实施情况来看，三地产业、交通、生态一体化持续取得新进展，优势互补、互利共赢、协调发展的趋势逐步显现。① 如《京津冀地区城际铁路

---

① 《京津冀产业分工格局初步形成三地上半年 GDP 占全国 10.1%》，北京市统计局、国家统计局北京调查总队，2016 年 8 月 10 日。

网规划修编方案（2015～2030 年)》获得批复、津冀交通一体化法制和执法协作第二次联席会议召开、《推进京津冀民航协同发展实施意见》获得通过、《京津冀大气污染防治强化措施（2016～2017 年)》颁布、《京津冀公立医院医用耗材联合采购框架协议》的签订、《京津冀大数据综合试验区建设方案》以及《北京市"十三五"时期教育改革和发展规划（2016～2020 年)》的实行等。

随着国务院《法治政府建设实施纲要（2015～2020 年)》的实施，推进依法行政、建设法治政府的任务和措施也进一步明确。2016 年 2 月，习总书记主持召开中央全面深化改革领导小组会议时强调，凡属重大改革都要于法有据，在整个改革过程中，都要高度重视运用法治思维和法治方式，发挥法治的引领和推动作用，加强对相关立法工作的协调，确保在法治轨道上推进改革。京津冀协同发展作为三地发展改革的重大举措，不能为了快而不顾一切，不能为了协同而让法律让路，因此京津冀协同发展必须要靠法治来保证，如何通过法治协同来突破三地协调发展中的制度障碍，进一步转变政府职能、完善依法行政制度体系，进一步加强组织领导、推动各项工作充分落实，从而实现三地共同繁荣发展，成为京津冀协同发展中的重要问题。

推动京津冀协同发展，是党中央、国务院在新的历史条件下做出的重大决策部署，是一项意义重大而深远的国家战略，需要国家和地方政府多部门协作。自政府工作报告中第一次提出"京津冀协同发展"以来，"京津冀协同发展"的相关规划越来越受到社会的关注，也成为公众讨论的热点话题。"京津冀一体化"是国家区域经济发展规划的重大举措，涉及产业、金融、社保、环境、交通、医疗、行政等多方面的一体化，为了了解公众对于"京津冀协调发展"相关举措的知晓程度及侧重点，本项目调查涉及了京津冀协同发展的十余项具体举措。"京津冀协同发展"工作也会影响京津冀地区居民的生活现状与未来规划。北京在京津冀协同发展中居于核心地位，居民对这一政策的态度在一定程度上反映了居民对国家政策的制定和发展规划的信心与期望。此外，为疏解北京的非首都功能，必然涉及一些资源的外迁，这可能对少部分群体的利益造成损害，进而引发部分居民的不满情绪。因此，从社会矛盾的角度出发，我们需要关注并了解居民对"京津冀协同发展"的态度与认知，以及京津冀协同发展各项举措实施过程中可能带来的利益损害，同时特别关注相关部门等实施主体在实施过程中在依法行政方面的表现。

具体而言，随着"京津冀协同发展"的推进，这一政策不但会对北京市的发展产生一定影响，也间接关系居民的实际利益。因此首先来看，居民对"京津冀协同发展"的关注重点，一方面反映了居民对政策的总体认知与评价，另一方面也可以从中挖掘出可能引发冲突行为的问题焦点。其次，透过"京津冀协同发展"涉及的资源外迁问题，以及公众对此的行为选择，我们大致可以预测影响社会稳定的风险点，从而提前加以规范。最后，居民对"京津冀协同发展"的整体态度与建议，反映了居民对国家相关政策的信心和期许。

总体而言，本次主要从两大方面来了解公众对京津冀协同发展的认知和评估情况，一方面连贯地了解公众对京津冀协同发展的总体认知和评价情况，另一方面是重点评价依法行政的有关举措，主要参照国家在依法行政和法治政府建设方面的指标，同时结合普通公众评价的可行性来确定，最终围绕京津冀协调发展相关规划（政策）在行政决策、行政执法、信息公开、社会矛盾防范和化解四大方面的表现展开。

二 调查研究发现

（一）政策知晓程度明显提高，公众更关注行政、交通等举措

2016 年公众对"京津冀一体化"政策和相关举措的知晓度和了解程度有了明显的提高。在 2016 年的调查过程中发现，只有 14.8% 的受访者表示对"京津冀一体化"的相关举措"都没有听说过"，相比较于 2014 年的 39.6% 和 2015 年的 25.0%，这一比例有明显下降。不过，仍有少数居民表示没有听说过相关举措，政策的宣传和推广工作仍有待进一步提升。①

在"京津冀协同发展"具体举措方面，公众对北京建设城市副中心和京津冀共同打造"一小时交通圈"的知晓程度最高，分别占受访者的 46.0% 和 42.7%。此外，对北京新机场产业园建设（38.3%）、在京工业企业外迁津冀

---

① 该题为多选题，累计百分比为 325.5%。

（37.4%）、北京百余家农贸批发市场外迁津冀（34.6%）、京津冀取消三地电话长途漫游（30.2%）等举措的知晓比例也比较高。从知晓度较高的内容中我们可以了解到公众对于三地之间行政、交通及市场的统一充满期待。

比较而言，对于与居民生活息息相关的京津冀居民可三地补换身份证（20.0%）、京津冀三地跨区建设生态屏障（17.4%）、京津冀统一环境重污染相关标准（17.0%）、京津冀推动教育资源共享（10.5%）等关注比例较低，而对于京津冀建设农产品直采直供体系（8.3%）、京津冀医药产业实现异地监管（8.3%）的知晓度最低（见图1）。

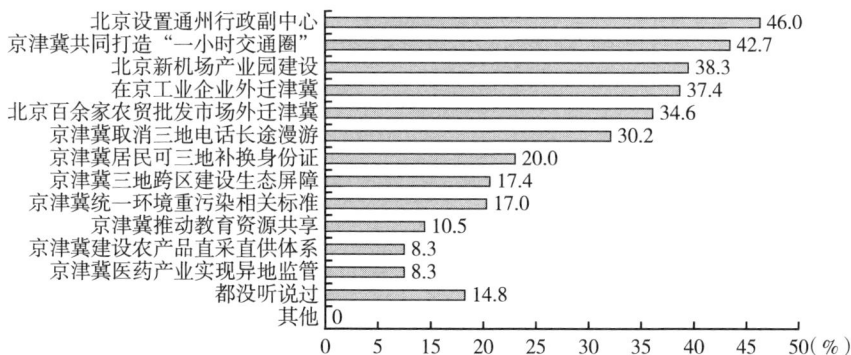

图1 居民对"京津冀协同发展"相关举措知晓情况

（二）信息公开、意见反馈渠道建设相对突出，行政执法待提升

1. 政策前期意见征集工作有待加强，养老、医疗等话题关注高

在行政决策方面，相关部门在重大行政决策前需通过民意调查、听取意见、社会听证等方式向相关公众公开征集意见和建议，以完善民主决策机制。因此，我们首先调查了相关部门在做出"京津冀协同发展"相关重大决策前（如重要规划、重大建设项目、重要管理措施等），向公众公开征求意见和建议的情况（如是否通过召开座谈会、听证会或基层调研等形式了解公众的政策需求）。

研究认为，公众在相关部门决策前的参与度较为一般，参与水平有待进一步提升。数据显示，在5分制下，公众对政府意见征集评价的均值为3.48分，总体评价较为一般。具体来看，其中45.2%的受访者表示相关部门在政策决策公开征求意见及建议方面做得非常充分或比较充分，具体来看，38.3%的受访者认为比较充分，6.9%的受访者认为非常充分。同时，25.1%的受访者认为一般，10.3%的受访者认为意见征集不太充分或很不充分（见图2）。

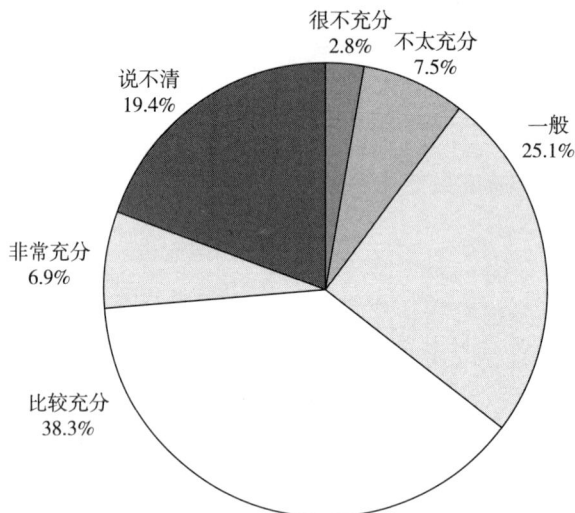

很不充分
2.8%
不太充分
7.5%
一般
25.1%
说不清
19.4%
非常充分
6.9%
比较充分
38.3%

图2　公众对政府在政策需求的公开征求意见及建议方面评价情况

为了了解公众对"京津冀协同发展"相关决策事项的关注重点和侧重领域，问卷设置了"如果公开征求您的意见，您更愿意参与哪几个事项的意见表达?"的题目，统计结果显示：28.9%的受访者愿意参与养老等社会保障一体化建设，27.9%的受访者表示愿意参与医疗卫生服务的跨地区合作与发展，27.7%的受访者愿意参与生态保护与环境治理的推进，26.9%的受访者表示愿意参与交通运输网络一体化建设，24.7%的受访者关注教育、教学资源的合作与协同发展。同时还有公众表示愿意参与"京津冀协同发展"的总体规划（18.2%），金融、资本、人才等市场一体化建设（12.8%），北京功能区的调整与土地使用、拆迁计划（10.9%），产业布局及北京行政副中心的迁移（10.7%），法律、税务、政务等一体化发展（4.5%），见图3①。

从数据结果中可以了解到：民生问题依旧是公众最为关注的领域，在政策

① 该题为多选题，累计百分比为211.4%。

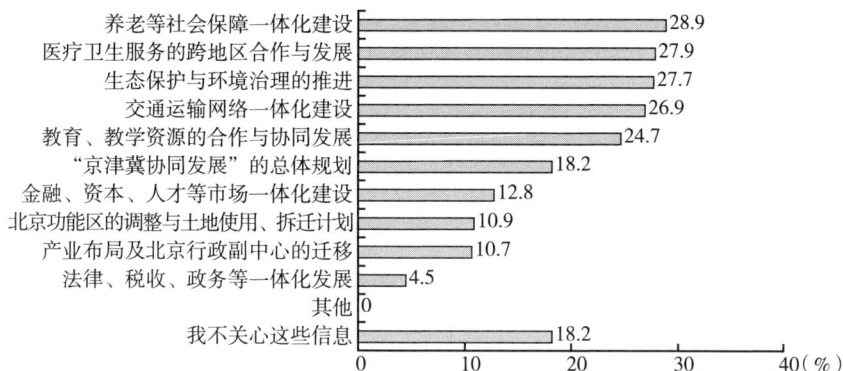

養老等社會保障一體化建設 28.9
醫療衛生服務的跨地區合作與發展 27.9
生態保護與環境治理的推進 27.7
交通運輸網絡一體化建設 26.9
教育、教學資源的合作與協同發展 24.7
"京津冀協同發展"的總體規劃 18.2
金融、資本、人才等市場一體化建設 12.8
北京功能區的調整與土地使用、拆遷計劃 10.9
產業布局及北京行政副中心的遷移 10.7
法律、稅收、政務等一體化發展 4.5
其他 0
我不關心這些信息 18.2

图3 居民对"京津冀协同发展"事项参与意愿

制定过程中，应格外重视养老、医疗、生态环境、交通、教育等与居民切身利益和生活息息相关的问题。

2. 信息公开工作受到肯定，政策科学合理性整体评价高

在信息公开方面，有数据显示，在"京津冀协同发展"各项政策、规划的制定、出台、实施过程中，相关部门向社会公众进行信息公开的均值为3.67分，整体评价较好，信息公开工作较为到位，超过一半的公众对信息公开工作表示肯定，其中49.8%的受访者认为比较好，8.5%的受访者认为非常好，另外，25.7%的人认为一般，仅5.5%的受访者认为做得很不好和不太好（见图4）。

在各项规划的制定过程中，政策科学性与合理性是影响政策实施效果的重要因素。从调查数据来看，5分制下，政策合理性的评价均值为3.79分，总体评价较高。其中，51.0%的受访者表示科学性、合理性比较好，11.7%的受访者认为非常好，同时也有18.8%的受访者认为一般，5.1%的受访者表示做得不好（见图5）。

从数据结果来看，相关部门在对"京津冀协同发展"决策之前的需求了解的投入和准备工作较为充分，但仍有进步空间。同时，虽然公众对政策信息公开和政策科学合理性的评价较为肯定，但仍有部分公众对京津冀协同发展各项规划的相关信息表示不清楚，13.4%的公众对相关规划的科学性、合理性评价模糊。

3. 行政执法情况总体评价一般，仍待全面规范和进一步提升

京津冀协同发展，不仅要靠全面深化改革来实现，而且本身就是全面深化

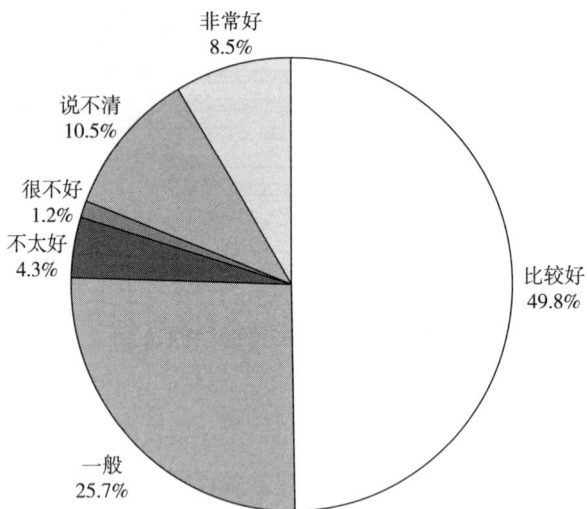

图4 居民对政策信息公开评价情况

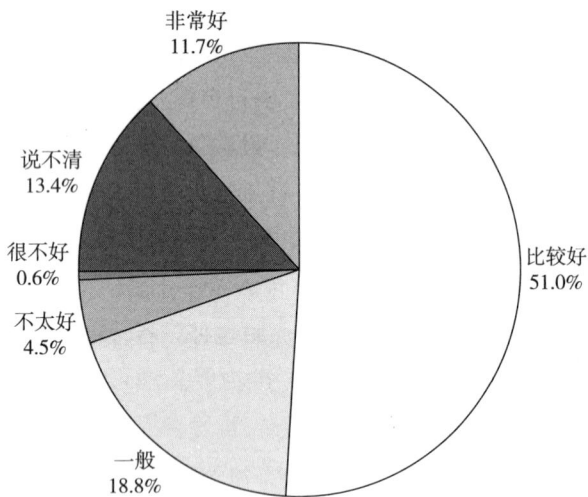

图5 居民对政策合理性评价情况

改革的重要内容，因此，京津冀协同发展必须凭借法治方式推进，遵循法治轨道前行，京津冀一体化的核心就在于依法行政。为了解公众对政策执行过程中依法行政情况的评价，我们在问卷中设置了"您认为政府相关部门在'京津冀协同发展'各项规划、政策推进实施的过程中，在以下各方面的表现如何?"等相关问题，让公众从规范执法、文明执法等方面对京津冀一体化政策的依法行政状况进行评价。

从问卷调查结果来看：公众对行政执法方面的评价一般，其中在"积极主动性"、"对工作对象平等对待"以及"不存在吃拿卡要"等三方面的评价均为3.2分，评价较为一般，还有一定提升空间"积极履行工作职责，严格处罚违法违规行为"与"政策落实和执法过程中行为规范、执法文明"两方面评价相对较高，得分均为3.5分（见图6）。

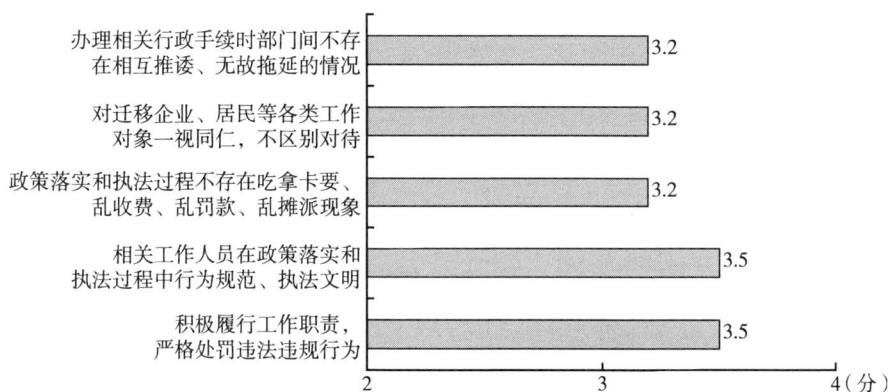

图6　居民对各项规划、政策推进实施中依法行政方面的评价

从具体的数据来看，在"积极履行工作职责，严格处罚违法违规行为"的评价方面，有12.1%的受访者认为非常符合，40.9%认为比较符合，32.1%的受访者认为一般；在"相关工作人员在政策落实和执法过程中行为规范、执法文明"方面，12.9%的受访者表示非常符合，40.2%的受访者表示比较符合，33.9%的受访者表示一般；在"政策落实和执法过程不存在吃拿卡要、乱收费、乱罚款、乱摊派现象"方面，12.5%的受访者表示非常符合，34.7%的受访者表示比较符合，26.6%的受访者表示一般；在"对迁移企业、居民等各类工作对象一视同仁，不区别对待"方面，9.8%的受访者表示非常符合，35.3%的受访者表示比较符合，28.8%的受访者表示一般；在"办理相关行政手续时部门间不存在互相推诿、无故拖延的情况"方面，10.3%的受访者表示非常符合，36.0%的受访者表示比较符合，28.5%的受访者表示一般。由此可见，约有半数的受访者对政府依法行政持积极的评价，落实"京津冀协同发展"政策过程中依法行政的规范化工作应进一步加强。

4. 意见建议反馈渠道较为通畅，纠纷化解机制有待完善

在"京津冀一体化"各项规划、政策推进实施过程中，不可避免地会使部分普通公众的利益受到影响和损害，公众利益如果没有得到及时有效的补偿，或者没有正当的矛盾化解和反馈渠道，很可能会产生社会矛盾。为避免社会矛盾的演化升级，在规划、政策推行过程中，社会矛盾的防范及化解显得尤为重要，这就要求政策执行过程中的反馈渠道通畅，且反馈得到有效回应。

数据显示，公众对政府在"京津冀协同发展"各项规划、政策推进实施过程中关于相关对象或普通公众的各项意见、建议和诉求的反应渠道的畅通度评价较为肯定，近六成（59.4%）受访者表示非常畅通和比较顺畅（见图7）。

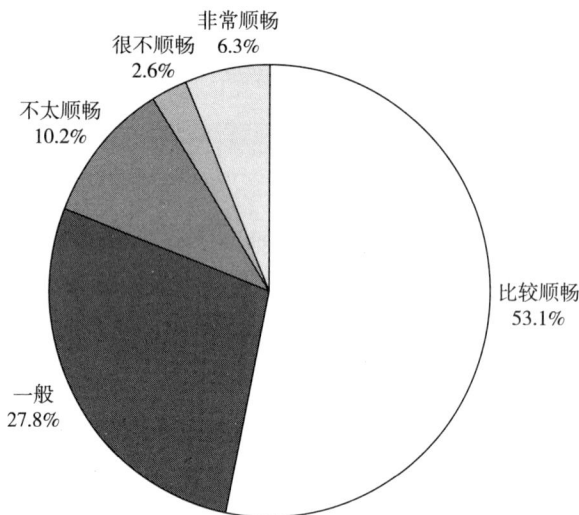

图7　居民对意见、建议反映渠道畅通度的评价情况

在"京津冀协同发展各项规划、政策实施推进中，您见过或听说过与之有关的集体信访、上访、冲突性事件或纠纷矛盾吗？"问题中，有56名受访者表示"见过也听说过"，占比11.3%。

在这些冲突、纠纷、矛盾事件中，涉及土地征用、房屋拆迁的矛盾问题最多，占比达到73.2%，房价上涨过快导致矛盾纠纷的占比达到42.9%，相比之下，医院、医疗方面（23.2%），农贸、建材市场、批发市场等市场迁移（17.9%），企业外迁、单位办公地点变化（10.7%）以及学校选择等教育方面（7.1%）引起的矛盾纠纷占比较小（见图8）。①

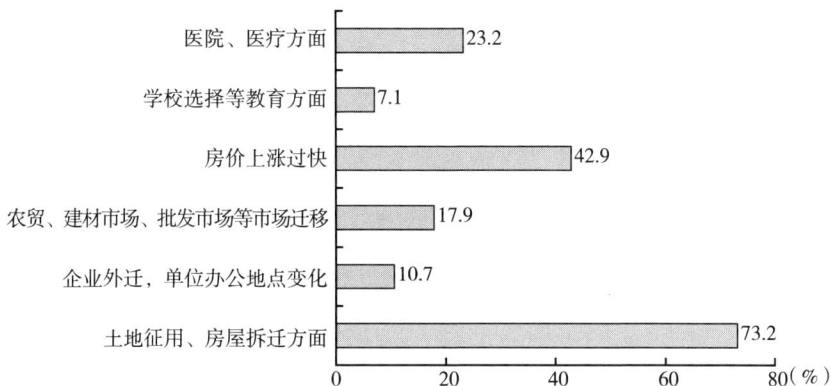

医院、医疗方面　23.2
学校选择等教育方面　7.1
房价上涨过快　42.9
农贸、建材市场、批发市场等市场迁移　17.9
企业外迁，单位办公地点变化　10.7
土地征用、房屋拆迁方面　73.2

0　　20　　40　　60　　80(%)

图8　居民认为政策实施过程中矛盾具体表现情况（N = 56）

而对于在上述冲突、纠纷、矛盾等事项中，相关部门在工作中是否存在违规、违法操作的情况，39.3%的受访者表示存在，14.3%的受访者表示不存在，46.4%的受访者表示说不清、不了解、不知道。

通过事前风险评估预警，事后调解赔偿、补偿等应对措施，建立矛盾防范和化解机制，对于纠纷的预防、解决等至关重要。但从居民评价来看，现有纠纷化解机制的方式、效果等较为一般，5分制下评价得分仅2.9分，没有达到及格水平，有待重点提升。其中不足1/4（23.3%）的受访者对其表示肯定，认为矛盾纠纷化解措施非常恰当或比较恰当，高达46.5%的受访者认为其效果一般，甚至30.3%的受访者认为不太恰当或很不恰当，效果有待提升（见图9）。

（三）公众对"京津冀协同发展"政策的影响持积极评价，整体上行为比较缓和

1. 公众对环境、交通方面的评价较高，担心房价上涨和就业压力加大

就城市层面的影响而言，在谈及"京津冀协同发展"战略实施以来，对

---

① 该题为多选题，累计百分比为175.0%。

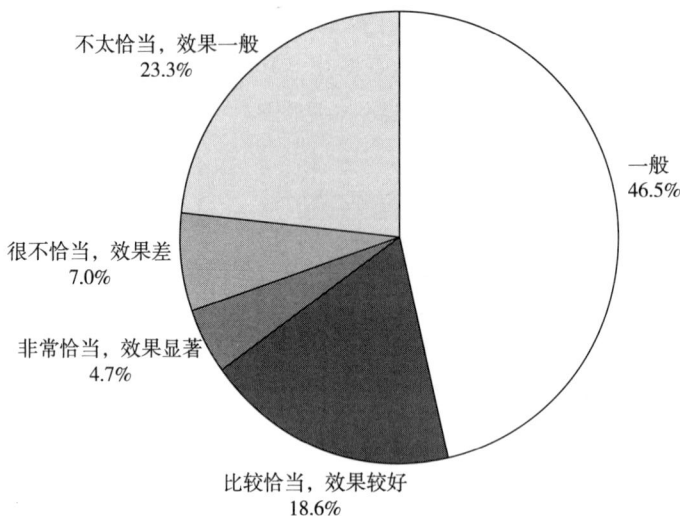

图9　居民对相关部门矛盾化解措施的评价情况（N＝43）

北京已经产生的影响时，调查对象对政策影响的评价褒贬不一，总体评价仍以积极影响为主。具体来看，公众认为在实际政策实施中对北京已经产生的积极影响主要包括空气质量变好、环境污染改善（21.3%）、交通拥堵改善（19.4%）、城市综合地位上升（17.2%），同时其他有益影响还包括人口压力减少（15.6%）、社会治安变好（15.0%）等方面。

　　而对于"京津冀协同发展"带来的消极影响，调查结果显示主要集中在房价上升（15.4%）、人口压力增大（14.2%），同时，有部分受访者担心交通拥堵加重（6.7%）、就业压力更大（6.1%），见图10。①

　　据此，综合上述结果来看，公众普遍认为"京津冀协同发展"政策的影响多为积极方面，主要集中在环境质量和交通方面，消极影响则集中在房价、人口和就业方面。

　　就个人生活层面的影响而言，因"京津冀协同发展"战略的实施对个人整体的生活质量、水平有什么变化的评价，5分制下评价均值得分为3.45分，总体来看评价一般，超过半数（53.3%）的受访者表示没什么变化，38.6%

----

①　该题为多选题，累计百分比为190.2%，由于三年选项设置的差异，选项有数据缺失情况。

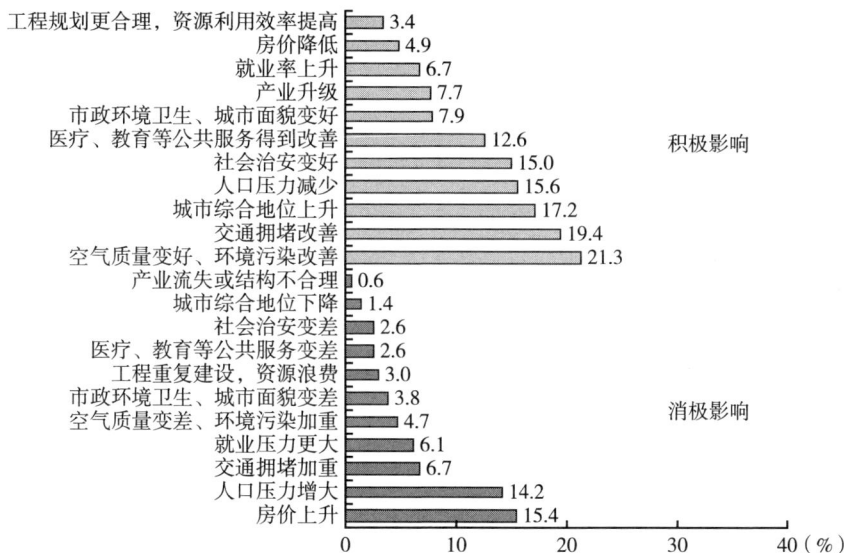

图10 "京津冀协同发展"可能带来的利益影响

的受访者表示变好一些,只有4.9%的受访者表示变好很多。总体来看,公众多数虽对京津冀协同发展的战略实施持肯定态度,但尚未对自身生活产生大的影响和变化。

2. 公众应对"京津冀协同发展"政策的行为选择以不作为为主,改变置业计划的比重提升

"京津冀协同发展"的核心目标在于北京非首都功能的疏解,北京作为资源聚集程度最高的城市,未来将逐步进行产业转移和资源外迁工作。上文数据显示,北京居民普遍认为这将会产生正向的影响,但仍对一些关乎自身利益的问题略有担忧。为进一步了解居民在应对"京津冀协同发展"时的行为选择,本研究从不同维度对其进行了调查。

针对"在'京津冀协同发展'政策提出以来,您和您的家人采取了哪些行为?"这一问题,调查结果显示,77.7%的受访者没有采取行动的计划,较2015年的69.9%有了小幅度的增加,[①] 表明更多的居民对"京津冀协同发展"持观望态度。改变置业计划、离开北京地区是最主要的行为变化,具体来看,

————————

① 该题为多选,2014、2015、2016三年的年累计百分比分别为99.8%、106%、108.7%。

改变自家买房、投资计划的比重较 2015 年和 2016 年有较大幅度的提升，达到 7.5%；准备离开京津冀地区的比例较上年也有较大提升；而向亲友、同事或邻居讨论政策利弊、关注媒体相关报道或在网络上主动讨论的比例均明显下降。同时激进性行为的选择比例有明显下降（见图 11）。① 以上调查结果表明，大多数居民应对"京津冀协同发展"政策的行为以不作为为主，改变置业计划和离开北京地区到其他地方发展成为部分外来人口的行为选择。

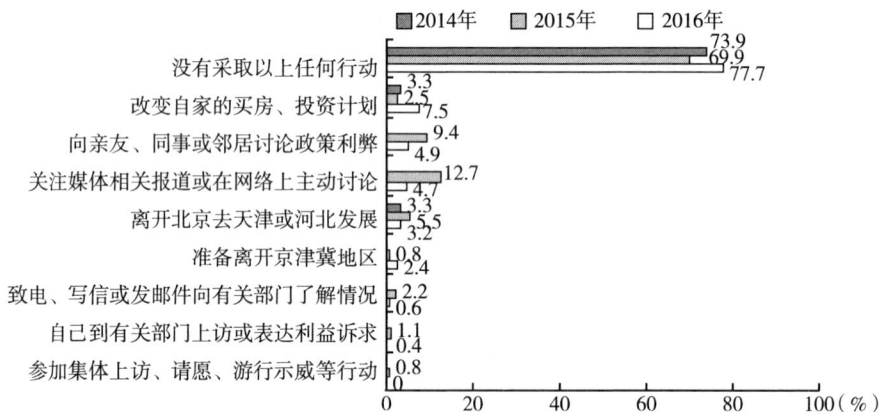

图 11　2014 ～ 2016 年居民面应对"京津冀一体化"的行为选择比较

（四）公众肯定"京津冀协同发展"工作，对发展前景充满期待

1. 居民支持政策实施，看好政策发展前景

北京居民对"京津冀协同发展"的总体评价较高，超过半数的居民表示非常支持这一工作。具体来看，近八成（79.1%）受访者表示非常支持或比较支持，14.0% 的受访者表示一般，不太支持与完全不支持各占 1.8% 和 0.6%（见图 12）。

结合 2014 年及 2015 年的数据，可以看出居民对"京津冀协同发展"战略表示支持的比例总体变化不大。但是，"非常支持"的比例较前两年尤其是上年，有明显下降，较 2014 年下降了约 10 个百分点，较上年下降约一半。这表

---

① 该题为多选题，累计百分比为 108.7%。

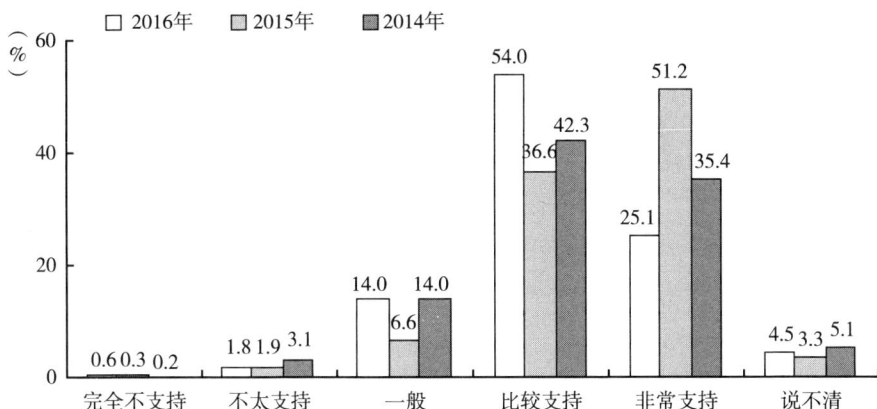

图12 公众对"京津冀协同发展"的支持度

明在对待京津冀协同发展战略上居民的态度有了微妙变化，应得到重视。

同样，从公众对"京津冀协同发展"战略未来的发展前景的评价来看，5分制下，评价均值为4.10分。总体来看，大家比较看好该战略，其中非常看好和比较看好的比例达到85.1%，一般占到11.0%，很不看好与不太看好各占到0.6%和3.2%（见图13）。

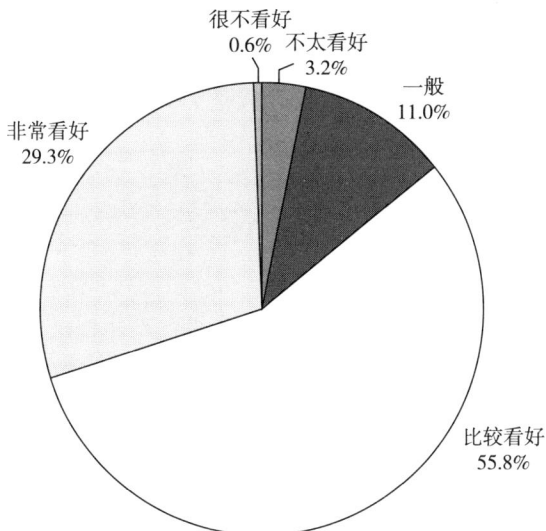

图13 公众对"京津冀协同发展"的评价

2. 对政策执行提出更高要求，期待执法规范和制度建设

在推动"京津冀协同发展"的相关措施及政策推行过程中，公众对政府在依法行政的具体执行方面也提出了更多的要求。具体包括行政执法行为合法、合规（29.6%），加强制度建设，相关工作立法（28.1%），社会矛盾防范和化解（22.3%），相关制度、举措的信息公开（21.5%），群众监督、舆论监督等行政监督工作机制（21.3%），依法行政机构建设、经费落实等保障（13.4%），行政决策程序、民主决策机制建设（13.8%），领导干部、工作人员依法行政能力建设（13.2%），除此之外0.4%的受访者表示以上方面都需要加强（见图14）。①

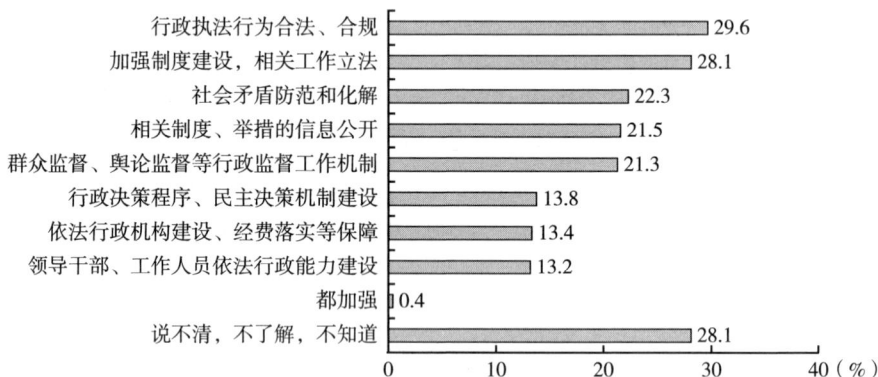

图14 居民认为政府在依法行政方面应该加强的内容

结　论

2017年初，习近平总书记第二次视察北京时提出：要深入思考"建设一个什么样的首都，怎样建设首都"这个问题，既要做好北京市城市总体规划，做好顶层设计，又要关注广大人民群众对"京津冀协同发展"战略的认知态度，这对顺利推进相关举措具有重要作用。通过调查居民对"京津冀协同发展"政策实施的支持度以及未来发展的整体态度，我们可以看出，北京居民

---

① 该题为多选题，累计百分比为191.5%。

看好并支持"京津冀协同发展"战略,但在战略实施过程中仍面临一些问题。需要关注和解决此类问题,集中在政策前期征集意见,在政策落实中做到行为规范、严格依法行政,以及进一步完善纠纷化解机制等。总体来看,北京市各级政府在落实"京津冀协同发展"战略及相关措施的过程中,政务公开到位,意见征集及反馈渠道比较畅通。

根据上述相关调查结论,我们的建议如下。

第一,京津冀各级政府要坚持依法协同,规范行政执法,这是赢得广大居民支持的必由之路,也是京津冀协同发展工作的持续推进的可靠保障。

第二,在"京津冀协同发展"的背景下,把握好战略定位、空间格局、要素配置,坚持城乡统筹,按照法定程序科学制定城市发展规划,赋予城市总体规划法定效力,维护规划的严肃性和权威性。围绕"京津冀协同发展"的战略目标,立足区域发展的高位,落实"多规合一",形成"一本规划、一张蓝图",着力提升首都核心功能,做到服务保障能力同城市战略定位相适应,人口资源环境同城市战略定位相协调,城市布局同城市战略定位相一致。

第三,要以市民最关心的问题为导向,以解决人口过多、交通拥堵、房价高涨、大气污染等问题为突破口,提出解决问题的综合方略。要健全制度、完善政策,不断提高民生保障和公共服务供给水平,增强人民群众获得感。

Abstract

This book is an annual research result of Beijing university of technology's "Beijing society building analysis report" team in 2016 – 2017, which is divided into seven parts, including Genenal report, special report, social structure, public service, social management, local social construction and survey reports. The report made full use of the statistics data and materials, which was published by the Beijing municipal government and relevant departments, combined with the investigation and observation of the team members, analyzed the main achievements of Beijing society building in 2016 and the challenge for Beijing society building, put forward several policy suggestions for the future of Beijing society building.

2016 is an important year for Beijing to accelerate the relief of non-capital functionsand accelerate the construction of Beijing vice center. The system and mechanism of Beijingsociety building has been further improved, the society building model of the characteristics of the capital has been further shaped, remarkable achievements have been made in the basic public service supply, grassroots social governance and social structure optimization and etc aspects, a new contribution has been made to relief the non-capital functions, accelerate the construction of vice center, maintain social stability, construct the livable city and improve people's well-being. Population growth has been moderated, floating population has been reduced, urban and rural gap has been narrowed and the employment structure has been optimized; basic public services have been strengthened, such as education, health care, housing and other basic public services have been strengthened, public transport construction has been accelerated and shared traffic has been boomed. Of course, there are still some challenges in Beijing society building, under the location of new capital function, we need further drag the equality of public services, improve the mechanism of social governance, optimize the social structure and increase the fiscal investment of society building greatly.

Thesociety building of Beijing needs to be promoted in the following ways.

First, we should improve social policies and improve the level of public service. Second, we should strengthen the cultivation of social governance's main body and improve the mechanism of social governance. Third, we should develop high-end industries and adjust social structures.

Keywords: Society Building Construction; Social Governance; Public Service; Social Structure

Contents

I　General Report

　　　　Abstract: under the background of removing non-capital function, targeting the goals of social governance modernization, develop new social governance planning, Beijing promote the fine municipal management, improve the level of basic public services, and actively cultivate social organizations, improve social services and grassroots social governance mechanism and purchase social service, achieved good performance on society-building in 2016. The society-building of Beijing is still facing traffic congestion, housing crowded and other "urban diseases" and insufficient investment of society-building, inefficient social management and many other challenges。 in the new year, Beijing still need further development of social organization, to improve the level of public service, consolidate the foundation of social governance, improve the urban governance mechanism and social policy to promote the modernization of social governance.

　　　　Keywords: Social Construction; Social Governance; Public Service

II　Special Report

　　　　Abstract: Based on the new practice, focusing on new development, Beijing improved the top-level design of society-building, laid a solid foundation of society-building, and achieved new achievements of the society-building, reform and management in 2016,. The next step, Beijing needs to further accelerate the reform of the social governance system, improve the modernization of social governance capacity, improve the precision of the social service, improve ability and level of precision management of the city service, strengthen social organizations building, social work team building and the party-building in social areas.

Keywords: Society-building; Social Governance; Social Service

Ⅲ Social Structure

B. 3 Analysis of Beijing Population Regulation Policy
　　—*From the Internal Structure of Population Growth*
　　　　　　　　　　　　　　　　　　　　Yang Guihong / 048

Abstract: The Beijing city population control has repeatedly defeated. why? This paper analyzes the effect of population regulation policy in Beijing from the perspective of the internal structure of population growth. From the perspective of the household population, Beijing's population adjustment policy, not only did not have a more stringent operating space, but to broaden the growth channels, because of the full liberalization of the two child policy and residence permit system. Based on the analysis of the employment and non employment population of floating population, the control effect can be verified from the data, but the total amount is still increasing. Therefore, Beijing's population control policy change ideas, from "control" to "sparse", from the ease of low-end industries to the ease of high-end industry.

Keywords: Structure of Population Growth; Population Regulation Policy; Floating Population

B. 4　The Analysis of Beijing's Floating Population

Li Xiaozhuang / 059

Abstract: Based on the dynamic monitoring data of the National Health and Family Planning Commission from 2011 to 2015, the paper analyzed the structural characteristics of the floating population in Beijing from five aspects: the basic structure, the survival structure, the spatial structure, the status structure and the security structure. The study found that the overall quality of the floating population in Beijing is relatively low and the trend of family mobility is obvious; Employment structure, class structure and the industrial structure match, but the employment status is not high, the social status is relatively low and the class structure hollowing is obvious; Income and consumption structure has been optimized, but the income level and the consumption level is not high; The characteristics of Urban-rural regional structure reflect that in the floating population, agricultural household registration are more, their household registered provinces are concentrated and they mainly live in the six districts in central Beijing; Living conditions are acceptable and the structure of social insurance has been optimized, but under the influence of the relevant policies, the living environment and the insured rate is difficult to change significantly.

Keywords: Beijing; Floating Population; Structural Characteristic

B. 5　Report on the Social Stratification of the Land − Lost Peasants in Beijing

Song Guokai, Li Geshi / 073

Abstract: The land − lost peasants have appeared and the group itself has been differentiated with the process of urbanization and industrialization. According to the standards of owning economic resources, cultural resource and political resources, the land − lost peasants has differentiated into 7 types, such as administrators, private entrepreneurs and so on. Living condition varies from type to type, and the reason lies in the differences in degree of owning human capitals, social capitals and social policies. Hence, narrowing the gap among the land − lost peasants needs deepening the reform of the present land expropriation system, and construction of social security for this group.

Keywords: Urbanization; Land expropriation; The land −lost Peasants; Social stratification

B. 6 Analysis Report on Floating Elderly's Characteristics in Megacities *Li Sheng, Huang Zaoyu* / 084

Abstract: The report, based on the migrant population dynamic monitoring data of National Health and Family Commission of P. R. C in 2015, analyzes the characteristics of floating elderly people's flow and lives in megacities. In terms of flow characteristics: there are differences in the source of floating elderly people's household registration, floating elderly in Beijing and Shanghai are mainly non-agricultural residents, while floating elderly in Guangzhou and Shenzhen are mainly agricultural household residents; Floating elderly have the choice tendency on "nearby" inflow areas, Inter-province mobilization in nearby provinces appears in Beijing and Shanghai, while Intra-province mobilization is the bigger part in Guangzhou; There are differences in the time that floating elderly lived in megacities, compared to Guangzhou and Shenzhen, migrating time in Beijing and Shanghai are longer. Taking care of the younger generation, pension and seeking jobs or doing business are main flow reasons, floating elderly who choose "pension" are mostly have non-agricultural household registration, and those who choose "seeking jobs or doing business" are mostly have agricultural household registration; In terms of living characteristics: the retirement pay of retirees is the main source of economic support for floating elderly, followed by family support and labor income; There are differences in floating elderly people's income and discrepancy between different megacities. Families in Guangzhou with floating elderly have the lowest income on average, and those in Beijing have the highest housing expenditure; Most of floating elderly are in good health, which are related to education and family income, and most floating elderly have health insurance; The majority of floating elderly have friends in Megacities, and the more healthy floating elderly are, the easier they have more friends.

Keywords: Megacity; Floating Elderly; Flow Characteristics; Living Characteristics

B. 7 An Analysis of the Social Mentality of the Children of the Capital Middle Class to Study Abroad

Zhao Liqin, Wu Qunli / 102

Abstract: Recently people who choose to study abroad at their own expense grow rapidly, especially the people from these cities such as Beijing, Shanghai, Guangzhou, Shenzhen. The paper aims to explore the factors which may have influence on the overseas study tendency of the capital middle class, and analyze the social mentality of this phenomenon, and propose our suggestion for Beijing social construction.

Keywords: Middle Class; Overseas Study; Social Mentality

IV Public Service

B. 8 Current Situation and Policy Rethinking of Effective Supplies of the Affordable Housing in Beijing

Wang Min / 116

Abstract: Beijing as Chinese housing system reform vanguard, has initially formed a more comprehensive multi-level affordable housing system. Based on the policy evolution of the affordable housing system, this paper shows the basic situation and data of the supply of affordable housing in Beijing, and summarizes the characteristics of the development of affordable housing in Beijing from aspects of housing security policy logic, the idea of affordable housing supply and structural changes, as well as affordable housing planning and design. The paper believes that for a long time, Beijing's affordable housing supplies were used as a tool to make the short-term control in real estate market, and have been greatly influenced by housing market fluctuations and commodity housing policy, which is neither decided by the actual demand of the low-income families, nor have a stable supply mechanism. The research Proposes the policy recommendations and reflection on how to embed the affordable housing system in a long-term real estate regulation and control mechanism, and how to change the arbitrary and unsustainable situation of the "camera choice".

Keywords: Beijing; Housing Security; Affordable Housing

B. 9 The Flouting Population and Housing Rental
Market of Beijing   *Hu Yuanrui, Li Junfu* / 129

Abstract: According to the survey data of floating population dynamic monitor of all China and network data based on China housing market, describes the Beijing housing rental market and the rental housing situation of floating population in Beijing, and analyzes the influencing factors of the floating population in Beijing housing. The results show that the income level, education level, household nature, age, marital status, age, occupation types have a significant relation with the housing rental. According to the rent level of floating population in Beijing, the floating population is mainly Tenants of informal housing.

Keywords:

B. 10 Sharing Transportation and Transportation
Development in Beijing   *Zhu Tao* / 145

Abstract: Since 2016, transportation development and the mobile Internet is becoming more and more profound connection in Beijing. In this paper, the author discusses the transportation demand of Beijing based on the development of "sharing transportation" (net-booking car and sharing bicycle). In net-booking car, the government has strengthened supervision of "Beijing Hukou and license plate" and brought a significant impact on the enterprise platform, drivers and passengers. In sharing bicycle, rapid development leads to some problems. It needs working together to regulate using. In the future, there will be different paths for the development of net-booking car and sharing bicycle based on different transportation development orientation.

Keywords: Sharing Transportation; Net-booking Car; Sharing Bicycle

B. 11   A Study on Project Management Mode of Four − Level − Two − Way Process

—*Management Practices on Outsourcing Social Services to*

CSOs from the Government of ChaoYang District   *Huang Li* / 157

Abstract: Party Committee and government of Chaoyang District attaches great importance to social construction. They make it as the starting point and the foothold of the social governance to safeguard and improve people's livelihood, to improve the level of social service . Outsourcing Social Services to CSOs of Chaoyang District has now entered its seventh year. During this seven years, the government of Chaoyang District explores a project management mode of four-level-two-way process, including entrust a third sector to assess project performance, audit, satisfaction investigation and last the supervision by the government. This mode is not only a useful and also effectively improved efficiency of social organization and implementation effect of Outsourcing Social Services to CSOs of Chaoyang District.

Keywords: Outsourcing Social Services to CSOs; Project Management Mode; *Four − Level − Two − Way Process* Management

Abstract: This article presents the basic situation of sharing economy development of the general urban communitiesby investigating the sharing economic activities in S community of Beijing HaidianDistrict, attempts to explore the trendon social inclusion in urbancommunitiesof the Internet era. The study shows that, with the development of Sharing economy, the sharing economic activities become gradually accepted by the urban communities. It is not only brewing emerging economic mode and the economic development potential of urban communities, but also profoundly affects the community social structure and social relations. It has changed the status of the community governance and social construction, returning the urban community to its natural community ecologic essence. It foundsthat the sharing economic activities are promoting social inclusionby enhancing the value of social inclusion of urbancommunities, causing "de-stratification" of the community association and the socialization of community participation.

Keywords: Community; Sharing Economy; Social Inclusion of Urban Communities

V　Social Management

Abstract: The urban management and social governance process in Beijing encountered many problems, posing new challenges to community workers who mainly undertake community management and community services. Based on the in-depth analysis of the competency of community workers, this paper adopts the construction method of competency model, and puts forward the competency model for community workers in the capital. According to the actual situation of community workers, this paper also analyzes the competency of ordinary community workers, community neighborhood committee, community Party committee, community service station and other personnel in detail.

Keywords: Community Social Worker; Competence Model; Beijing

B. 14 The Research on Setting Management and Incentive
Guarantee of Social Work Positions in the Private
Social Work Agencies
—A Case Study of Beijing   *Lu Lei* / 193

Abstract: The setting management and incentives guarantee of professional social work positions increasingly become an important issue in the development of professional social work. It relates to the retention of social workers and social work occupational level. The Private social agencies is an important carrier of social work development. However, the current development of the private social agencies is still in early stages of development, facing with many challenges and problems. In this study, the author in-depth investigate and analysis the basic status and the main problems of setting management and incentive guarantee of social work positions in the Beijing private social work agencies, and Systematically put forward relevant countermeasures and suggestions.

Keywords: Private Social Work Agencies; Post Setting; Incentive Guarantee; Professionalism

B. 15 The Governance Report of Multi-agent Negotiation
and Cooperation in Beijing: From the Case of a
Community in Chaoyang District   *Han Xiuji, Du Peng* / 217

Abstract: Multi-agent negotiation and cooperationwill be the main patterns ofcommunity governance and local service in the future. Based on the field survey in BeilangdongCommunity of Chaoyang District, the paper outlines the details of cooperation governance amongdifferent agents, and describes the frame works, which include different agents, various service and public mechanism to promote the result of governance. So it will provide the reference for next practice.

Keywords: Local Community; Multi-agent; Negotiation and Cooperation; Regional Party Building

B. 16　The Research of China Urban Community
　　　　Network Governance　　　　　*Li Xiaoting , Geng Mengran* / 226

Abstract: Network governance is the innovation development of the urban community governance pattern in our country, which embodies the change of the local government in the ruling ideology and the way of governance. Under the leading role of the government body and the power of the community social organizations, community B of Beijing Dashilan street has set up street government, social organizations and community residents' committees, community residents and other multiple subject community governance network model of cooperation, which improves the relationship between the government and the society, improves social management level and the innovation of social management system, enriches the urban community governance practices in China.

Keywords: Network Governance Urban Community Social Organizations; Government-oriented

B. 17　Analysis Report on Beijing Internet Public Discourse, 2016
　　　　　　　　　Ju Chunyan , Ren Yi and Wu Bin / 237

Abstract: In Beijing2016, the internet public opinion is stable and orderly, thepublic opinion hot is highly concerned aboutthe people's livelihood. The younger generation has become the voice of the main body in internet. The games between the new media and the traditional is normal, the positive energy lead the whole public opinion. Although the government led the initial results of the Internet governance, but in the service of the general trend of escalation, the government at all levels of the site should do a better job in Beijing. The government's legal norms and the improvement of the quality of Internet users are the two wings of the network governance. From the long-term development, with an open, tolerant attitude towards Internet public opinion is more important.

Keywords: Internet; Public Opinion Analysis; Governance

B. 18 Study on the Community Participation of Urban Residents in Beijing Based on the Case of Community Revitalization in D Street in Beijing *Cao Feilian, Liu Hongqiao* / 248

Abstract: this article follows Robert D. Putnam's theory and research results, proposed the inference that Urban community participation can carry on the autonomy gradually, also can produce the community social capital, and promote community development. Based on this, The authorfieldwork for 6 months in B city D street. Through the analysis of the D street community revitalizationcase, the working process of community revitalization training courses and public welfare projects can effectively promote urban community participation. With the increase of residents' community participation, formed the community norms gradually, enhance community trust, and build up the informal social networkto promote community relations network formation, the community social capital was created. At the same time, community social capital increase to promote community participation once again and form a virtuous circle. In such a virtuous circle, community residents met its own interests as well as the community needs implemented, the community's sense of belonging and identity is deepened, community trust, community-based and relational networks make more resources involved in community development, So as to optimize the management costs, improve governance efficiency, promote community autonomy, promote community development, to achieve community "good governance".

Keywords: Community Participation; Social Capital; Community Revitalization

VI　Local Social Construction

Abstract：Hub-social organization has become an important link between the party and the people. At present, Shunyi District has achieved good results in promoting the hub-social organizations to Participate in Social Governance, but there are still problems. How to effectively solve the existing problems, how to effectively promote the hub-social organizations actively and actively participate in social governance, this has become an important task in the current social governance.

Keywords：ShunYi District; Hub-social Organizations; Social Governance

Abstract：By the case study of elevator renovation and parking management in community management in Fengtai district, this paper analyzes the mechanism of the effective self-governance. The purpose of these mechanisms is to allow residents to participate in community public affairs by the democratic consultation, use the public resources of community, establish community norms, resolving community conflicts and to achieve good governance of community.

Keywords：Community Governance; Democratic Consultation; Good Governance

B. 21   Public Participation in Community Governance in
Dongcheng District

Society-building Committee of Dongcheng District / 277

Abstract: "Shijia Hutong Style Conservation Association" as a platform, Dongcheng district actively explore the institutional mechanism of public participation in community governance, and to promote the protection of old Beijing Hutong culture. By the mechanism of public participation in community governance, enhance the ability and level of community governance, promote social governance innovation and the cultivation of public spirit.

Keywords: Public Participation; Community Autonomy; Social Organization

Ⅶ   Survey Reports

B. 22   Investigation on Residents' Sense of Gain in Beijing

Hu Jianguo, Lan Yu / 285

Abstract: Let people have more sense of gain, it's the important value orientation and guarantee of economic and social development. Based on the survey of usual residents in Beijing, Beijing residents'sense of gain feel higher overall. At the same time, Beijing residents get higher than the residents of outsiders; institutions within the group, high-income groups, to participate in social security groups, as well as the unit welfare housing, affordable housing and the purchase of commercial housing groups get higher than average. According to the survey, put forward policy to strengthen income distribution, improve the level of social security and eliminate institutional differences.

Keywords: Sociology of Development; Sense of Gain; Living Quality; Social Psychology; Justice

B. 23　Study on the Level and Ability of Beijing City

　　　Community Residents Self-governance

　　　—*Taking Xicheng District and Shijingshan District as examples*

Research group of Beijing Municipal Social Work Committee

Research Group of Policy and Law of Beijing Society-building Committee / 295

Abstract: This study is based on a questionnaire survey of 138 communities and focuses on the analysis of the 40excellence communities in Xicheng and ShijingshanDistrict in Beijing. Based on the relevant data, this paper describes the basic situation of the community residents' autonomy, and puts forward some suggestions forthe development of Beijing residents' autonomy in the future.

Keywords: Community; Residents'Autonomy; the Level and Ability

B. 24　An Investigation Report about Beijing Residents

　　　on the Evaluation of "Beijing-Tianjin-Hebei

　　　Collaborative Development" the Relevant

　　　Initiatives and Law-based Administration Beijing

　　　Institute of Letters and Visit to Government

Wu Diming, *Zhang Xiaorui / 353*

Abstract: 2016 is the third year after Secretary-general Xi Jinping visited Beijing and put forward the strategy of "Beijing − Tianjin − Hebei Collaborative Development". In the past three years, Beijing Institute of Letters to Government has conducted a series of researches on Beijing residents' attitude and behavior choice of "Beijing − Tianjin − Hebei Collaborative Development" and the relevant measures, as well as the government's administration according to law when implementing the strategy of "Beijing −Tianjin −Hebei Collaborative Development". The researches find that public awareness of "Beijing − Tianjin − Hebei Collaborative Development" has significantly improved and the transportation & medical measures also receive more attention. The public commonly reflects that the government has achieved "Beijing – Tianjin – Hebei Collaborative Development" policy information public and improved the suggestion feedback channels, but the administrative enforcement remains to be perfected. In general, the residents are positive toward the influence of "Beijing – Tianjin – Hebei Collaborative Development" policy with relatively moderate behavior choice and they have high expectations for administration according to law & standardized law enforcement.

Keywords: Beijing-Tianjin-Hebei Collaborative Development; Administration According to Law; Social Research

❖ 皮书起源 ❖

"皮书"起源于十七、十八世纪的英国,主要指官方或社会组织正式发表的重要文件或报告,多以"白皮书"命名。在中国,"皮书"这一概念被社会广泛接受,并被成功运作、发展成为一种全新的出版形态,则源于中国社会科学院社会科学文献出版社。

❖ 皮书定义 ❖

皮书是对中国与世界发展状况和热点问题进行年度监测,以专业的角度、专家的视野和实证研究方法,针对某一领域或区域现状与发展态势展开分析和预测,具备原创性、实证性、专业性、连续性、前沿性、时效性等特点的公开出版物,由一系列权威研究报告组成。

❖ 皮书作者 ❖

皮书系列的作者以中国社会科学院、著名高校、地方社会科学院的研究人员为主,多为国内一流研究机构的权威专家学者,他们的看法和观点代表了学界对中国与世界的现实和未来最高水平的解读与分析。

❖ 皮书荣誉 ❖

皮书系列已成为社会科学文献出版社的著名图书品牌和中国社会科学院的知名学术品牌。2016年,皮书系列正式列入"十三五"国家重点出版规划项目;2012~2016年,重点皮书列入中国社会科学院承担的国家哲学社会科学创新工程项目;2017年,55种院外皮书使用"中国社会科学院创新工程学术出版项目"标识。

中国皮书网

发布皮书研创资讯，传播皮书精彩内容
引领皮书出版潮流，打造皮书服务平台

栏目设置

关于皮书：何谓皮书、皮书分类、皮书大事记、皮书荣誉、
皮书出版第一人、皮书编辑部

最新资讯：通知公告、新闻动态、媒体聚焦、网站专题、视频直播、下载专区

皮书研创：皮书规范、皮书选题、皮书出版、皮书研究、研创团队

皮书评奖评价：指标体系、皮书评价、皮书评奖

互动专区：皮书说、皮书智库、皮书微博、数据库微博

所获荣誉

2008 年、2011 年，中国皮书网均在全国新闻出版业网站荣誉评选中获得"最具商业价值网站"称号；

2012 年，获得"出版业网站百强"称号。

网库合一

2014 年，中国皮书网与皮书数据库端口合一，实现资源共享。更多详情请登录 www.pishu.cn。

S 子库介绍
ub-Database Introduction

中国经济发展数据库

涵盖宏观经济、农业经济、工业经济、产业经济、财政金融、交通旅游、商业贸易、劳动经济、企业经济、房地产经济、城市经济、区域经济等领域，为用户实时了解经济运行态势、把握经济发展规律、洞察经济形势、做出经济决策提供参考和依据。

中国社会发展数据库

全面整合国内外有关中国社会发展的统计数据、深度分析报告、专家解读和热点资讯构建而成的专业学术数据库。涉及宗教、社会、人口、政治、外交、法律、文化、教育、体育、文学艺术、医药卫生、资源环境等多个领域。

中国行业发展数据库

以中国国民经济行业分类为依据，跟踪分析国民经济各行业市场运行状况和政策导向，提供行业发展最前沿的资讯，为用户投资、从业及各种经济决策提供理论基础和实践指导。内容涵盖农业，能源与矿产业，交通运输业，制造业，金融业，房地产业，租赁和商务服务业，科学研究，环境和公共设施管理，居民服务业，教育，卫生和社会保障，文化、体育和娱乐业等100余个行业。

中国区域发展数据库

对特定区域内的经济、社会、文化、法治、资源环境等领域的现状与发展情况进行分析和预测。涵盖中部、西部、东北、西北等地区，长三角、珠三角、黄三角、京津冀、环渤海、合肥经济圈、长株潭城市群、关中一天水经济区、海峡经济区等区域经济体和城市圈，北京、上海、浙江、河南、陕西等34个省份及中国台湾地区。

中国文化传媒数据库

包括文化事业、文化产业、宗教、群众文化、图书馆事业、博物馆事业、档案事业、语言文字、文学、历史地理、新闻传播、广播电视、出版事业、艺术、电影、娱乐等多个子库。

世界经济与国际关系数据库

以皮书系列中涉及世界经济与国际关系的研究成果为基础，全面整合国内外有关世界经济与国际关系的统计数据、深度分析报告、专家解读和热点资讯构建而成的专业学术数据库。包括世界经济、国际政治、世界文化与科技、全球性问题、国际组织与国际法、区域研究等多个子库。

法 律 声 明

"皮书系列"（含蓝皮书、绿皮书、黄皮书）之品牌由社会科学文献出版社最早使用并持续至今，现已被中国图书市场所熟知。"皮书系列"的LOGO（🖊）与"经济蓝皮书""社会蓝皮书"均已在中华人民共和国国家工商行政管理总局商标局登记注册。"皮书系列"图书的注册商标专用权及封面设计、版式设计的著作权均为社会科学文献出版社所有。未经社会科学文献出版社书面授权许可，任何使用与"皮书系列"图书注册商标、封面设计、版式设计相同或者近似的文字、图形或其组合的行为均系侵权行为。

经作者授权，本书的专有出版权及信息网络传播权为社会科学文献出版社享有。未经社会科学文献出版社书面授权许可，任何就本书内容的复制、发行或以数字形式进行网络传播的行为均系侵权行为。

社会科学文献出版社将通过法律途径追究上述侵权行为的法律责任，维护自身合法权益。

欢迎社会各界人士对侵犯社会科学文献出版社上述权利的侵权行为进行举报。电话：010 - 59367121，电子邮箱：fawubu@ ssap. cn。

社会科学文献出版社